RESEARCH ON THE DEVELOPMENT OF

CHINA'S CULTURE AND TOURISM

(2019-2020)

主 编 / 孔 蓉 杨晓能

中国文化旅游发展研究报告

（2019~2020）

主编简介

孔　蓉　文化和旅游部艺术发展中心副主任，“文旅中国建设工程”发起者与负责人。毕业于四川大学，中央党校在职研究生，留学英国。中国摄影家协会会员，中国艺术摄影学会理事，中国女摄影家协会会员。历任原中央文化管理干部学院教务处科长，原文化部教育科技司成人教育处副处长、教育处副处级调研员，离退休干部局文体活动处处长，曾扶贫挂职山西省静乐县县委副书记，由中组部选派任职青海省文化和新闻出版厅副厅长。从事文化领域跨界融合研究多年，在业界推动“文化+”及文化旅游产业融合发展理论研究与产业实践。2017年7月，在北京故宫博物院组织举办首届“中国文化旅游高峰论坛”，开展文旅融合先导区试点，探索文旅融合创新实践，提出“文化+旅游+产业+空间载体”四位一体区域发展模式及“IP Town”开发模式。同年8月，在原文化部财政立项项目“文旅中国建设工程”审批通过，2018年启动实施。主持“中国特色小镇文化建设与发展导则及评价标准体系”“以特色小镇建设为抓手，探索文化与空间融合的文化产业创新发展”“文旅融合与空间载体：IP Town模式试点研究”“中国马文化旅游融合创新发展研究”等多个跨界融合课题研究，多次获评文化和旅游部系统年度优秀调研报告。

杨晓能　博士，历任美国收藏中国文物重镇纳尔逊-阿特金斯艺术博物馆东方部主任，美国国家美术馆高级客座主任，美国斯坦福大学坎特艺术中心亚洲主任和教授，上海交通大学文博首席专家，上海交通大学艺术、考古与文化遗产研究中心主任等职。侧重于艺术史、文化史、考古学、博物馆学、文化遗产等学科的交叉研究，曾策划组织一系列具有重大国际影响的中外文化交流活动。学术成果得到国际学术界和主流媒体的好评，《华盛顿邮报》《纽约时报》《华尔街日报》等均发文赞誉。著作《中国考古学的黄金时代：中华人民共和国辉煌考古成就》在美获评2000年杰出学术出版物；《中国历史的新思维：二十世纪中国考古学》获2006年全美院校艺术协会最佳美术史著作提名；《汲古开新：二十世纪中国水墨画大师》获2011年全美院校艺术协会最佳美术史图录提名；《另一种古史：青铜器纹饰、图形文字与图像铭文的解读》在详尽分析考古发现、视觉图像、铭文资料和古代文献的基础上，提出了研究与重建古代中国社会、文化、宗教和艺术的一个新的理论模式。

摘　要

《中国文化旅游发展研究报告（2019～2020）》以可以获悉的信息与数据为依据，注重跨学科、跨行业研究，从不同的角度梳理文化旅游发展现状，指出成绩、问题、机遇和挑战，提出对策和建议。

文化和旅游以其较高的开放度与较强的关联性，在丰富人民生活、发展经济、提升国家软实力方面发挥了独特作用。本书围绕如何解决人民群众日益增长的文化需求与旅游经济间的矛盾，如何进一步推进文旅事业改革以确保人民群众能够享有更加便利的旅游体验和丰富的精神文化生活，如何实现文化旅游的多元化、人性化和舒适化，如何满足不同客群的文化需求，如何促进文旅产业融合与发展等重要议题，系统梳理了2018年以来国内文化旅游融合发展的总体状况，分析和探讨了迫切需要解决的问题以及当前面临的机遇与挑战，指出可行性方向并且尽可能提供可借鉴的对策。

本书由年度主题报告、战略篇、专题篇三个部分组成，立足全球化产业经济视野和中国本土化产业实践，对新兴融合行业和细分业态进行分析与思考，并对文化旅游现状进行全方位透视，以期呈现当前中国文化旅游产业发展全貌。

年度主题报告是对我国文化旅游发展的整体研究，对新时代中国文化旅游产业融合发展与创新这一重大问题进行了具有前沿性和理论性的探索，同时对中国文化旅游基本问题进行了宏观分析与展望。

战略篇聚焦我国文化旅游发展的重大热点问题，分析了文化和旅游政策体系、文化科技融合背景下的新型旅游业态、生态文明建设与文旅融合、文化与旅游融合背景下的人才升级、文化金融和旅游产业金融、“一带一路”沿线国家和地区的文旅融合、文化和旅游业数据等。

专题篇是对文化旅游细分行业的专门研究，内容涉及中国出境文化旅游、中国入境文化旅游、旅游 App 市场介入、国家历史文化名城文化旅游、中国历史文化村镇旅游、中国主题公园、中国文化生态旅游、红色旅游、上海现代都市文化旅游、博物馆旅游、文化旅游演艺、现代文化节庆旅游、工业旅游、少数民族文化旅游、文旅融合与空间载体等。

关键词： 文化旅游　文旅融合　创新发展

序

《中国文化旅游发展研究报告（2019～2020）》作为文化和旅游部艺术发展中心（以下简称中心）“文旅中国建设工程”系列工作内容之一，被纳入2020年度研究成果出版计划。

2017年8月，中心在原文化部财政立项项目“文旅中国建设工程”审批通过，2018年启动之时恰逢文化和旅游部成立，故期望本书能够从国家整体战略部署出发，以跨行业、跨领域的多重视角研究文化和旅游的融合发展，解读文化和旅游融合的内在逻辑，寻找推动文化和旅游产业融合发展的动力与规律，从而促进文化和旅游产业高质量发展。

中心作为文化和旅游部的直属单位，承担着推动文化和旅游繁荣发展的职能，在理论研究和产业实践层面展开创新性探索是义不容辞的责任。中心依托“文旅中国建设工程”搭建文化和旅游融合发展的跨界资源整合平台，探索“政、产、学、研、用”一体化发展，主要围绕以下四个方面展开：一是立足前瞻性的课题调研和试点示范模式研发，为政策措施出台提供理论的基础性导引、市场消费数据的初步验证以及产业化运作的可行性论证；二是组织举办论坛、会展，搭建全球性跨界学术理论交流和产业资源要素聚集的平台；三是通过与跨行业团体联动，推动新业态发展与行业新标准制定，规范市场主体行为和市场秩序，形成企业、市场、政府三者之间的良性互动循环；四是组建国际化跨界专家委员会，加强行业领军型人才培养，为文旅融合提供高端智库人才和领袖型企业家。

本书从学术理论和产业实践两个维度展现文化旅游宏观发展和行业细分状况。本书之所以命名为《中国文化旅游发展研究报告（2019～2020）》，可从以下三个方面来理解。一是基于新一轮国务院机构调整，“文化和旅游部”成立，以“文化旅游”为题进行研究，能有效对接改革、服务改革。二是有效对接新时代深化改革大战略，基于国家对大文化整体部署的战略思维，以文化旅游为切入点有助于全方位理解国家对优秀传统文化、文化软实力、文化旅游的宣传与外交、文化产业、旅游业、乡村振兴、新型城镇化建设等各个战略部署层面有机整合的宏观布局，有利于为国家战略的体系化实施提供市场化运作的工具性抓手，有利于社会效益与经济效益的有机统一和良性循环。三是积极对接文化旅游产业融合发展新趋势，基于新时代产业发展的新趋势，特别是在文化和旅游部“推动文化事业、文化产业和旅游业融合发展”的新背景下，定位于跨界融合之下的大文化旅游经济，从产业融合的角度探索文化和旅游融合发展的产业实践，为行业发展提供引领和前瞻性的案例借鉴。

始于探索，本书旨在为相关政府部门决策者、管理者和行业从业者提供参考。立足融合，中心与上海交通大学杨晓能教授领衔的课题组合作，会集了北京、上海、深圳三地文化遗产、文化产业、文化科技、文化金融、旅游经济、创意产业、传媒与市场等多学科、多领域的专家学者，凝心聚力，扎实开展课题研究工作，并以这种方式传递一种文化自觉与文化自信，表达一份来自坚守者的信念。

杨晓能教授和我作为本书主编，在此由衷感谢社会科学文献出版社对本书出版给予的大力支持，感谢参与“文旅中国建设工程”项目的所有人员，对所有支持本书编写工作的人员致以诚挚的谢意！

尽管由于各种原因推迟了本书的出版时间，但我们相信只要心中有爱、有诗和远方，文旅人将矢志不渝；我们更坚信命运掌握在自己手中，光明属于同舟共济、齐心协力、开拓创新的中国文旅人！愿这本书带给我们至亲的读者不一样的感受。

文化和旅游部艺术发展中心副主任
孔　蓉
2020 年 7 月 28 日于北京

目　录

Ⅰ　年度主题报告

Ⅱ　战略篇

Ⅲ　专题篇

年度主题报告

Annual Theme Reports

新时代中国文化旅游产业融合发展与创新

孔 蓉 刘军胜*

摘 要： 在全球化与科技革命背景下，现代产业经济发展推动行业生产要素、商业模式、价值链格局与行业边界重构，文化产业和旅游业呈现多方位、全链条融合的新趋势。文化与旅游均是满足人民追求美好生活需要、彰显文化与制度自信的重要内容和途径，这决定了二者具有天然的融合性。文旅融合是文化与旅游两个系统之间相互作用、相互影响与相互关联的现象，并在各子系统之间的互动作用下，产生相互依赖、相互协调与相互促进的动态联系。被纳入国家整体战略部署的文旅融合，呈现业态创新、跨界聚合、内容活化、文化创意

* 孔蓉，文化和旅游部艺术发展中心副主任，中央党校在职研究生，留学英国，“文旅中国建设工程”发起者与负责人，研究方向为“文化+”产业融合、文旅融合战略研究与发展规划、城市更新与特色小镇；刘军胜，西北大学经济管理学院讲师，管理学博士，研究方向为文化与旅游融合、旅游经济与旅游地理。

驱动下的产品设计、强IP驱动等新态势。新时代文化旅游产业融合发展的重要任务是以文化基因繁育为核心，打造特色文化旅游空间载体，推动中国优秀传统文化传承与发展，推动文旅产业成为经济转型升级的新动能，提升中华文化软实力，构筑中国精神、中国价值、中国力量。

关键词： 文化旅游　融合发展　产业融合

伴随中国改革开放，在市场经济浪潮中，中国文化产业和旅游业日益发展壮大，正逐步成长为国民经济支柱性产业。2018年3月，国务院机构改革，文化与旅游被纳入同一行政管理机构，省、市各级文化和旅游部门也陆续完成机构合并。新机构在行政职能上统筹文化事业、文化产业发展和旅游资源开发，推动“文化事业、文化产业和旅游业融合发展”，按照“宜融则融、能融尽融”的原则，探索融合发展之路，中国文化和旅游融合发展进入新时代。文化旅游融合发展是社会生产力进步的标志，是实现可持续发展的动力。文化产业和旅游业都属于特殊的产业门类，关联度高、涉及面广、辐射力强、带动性大，已成为世界经济社会发展中最具活力的新兴产业之一。在全球现代经济发展呈现产业融合的强劲趋势下，文化和旅游融合发展势必催生更多新业态、新产品、新模式、新行业，跨行业、跨领域不同产业之间的融合，将推动传统文化旅游产业向跨界融合背景下的新型文化旅游产业快速发展。

一　中国文化与旅游融合：新风向、新视角与新业态

（一）新时代中国文化旅游的新风向

人类物质文明发展历经原始经济、农业经济、工业经济时代，到20世

纪下半叶进入后工业经济时代，并且从20世纪末开始迈向创意经济时代，在互联网信息技术、人工智能、量子力学、区块链等科技革命的高速驱动下，业态创新、商业模式创新和多元主体参与带来产业格局的巨大变革，打破了行业边界，正在成为“未来”超维结构系统的基石。是按照“现有”的框架体系还是用“未来”的眼光思考未来？未来是什么？发展的目的和本质是什么？发展的最终结果又是什么？《20世纪80年代联合国可持续发展战略》将人类发展作为重点关注对象，根据联合国的定义，人类发展的目标是增强人们按照自己希望的方式生活的能力。[①] 正如联合国文化发展委员会所指出的，“从人类的角度重新定义发展，便将文化从发展思想的边缘带到了中央舞台。在这样的情况下，经济发展观、人类发展观和文化发展观可能融合为一种更全面的发展中世界转型理论”。“重新定义发展思想有显而易见的文化含义。人既是发展对象，又是发展手段，每个人都不是孤立存在的。人与人之间在一定的框架下以各种方式相互作用，他们的文化——共同的信仰、价值观、语言、传统等——提供了这一框架，从而构成人们日常生活的背景。”这是当代思潮中的新发展范式。

当今世界，随着国际政治、经济与文化的关系日益紧密，文化价值与经济价值、社会价值的叠加效应呈现放大与加速的趋势。信息时代，第四次工业革命与科技变革以及经济全球化进程加速，通过对传统生产要素及商业流程的改造，新价值链格局正在形成，重构行业边界已成为经济发展的一个新趋势。中国企业争夺全球产业价值链高端的行为将成为常态，而重点在于新的价值链打造。这不仅意味着一个新商业模式时代的到来，将不断跨界催生新的行业业态，更重要的是在平衡经济价值因素和文化价值因素的重要性方面，如何将文化作为一种特定领域的措施上升为政策工具，为达到更广泛的社会目标而推动文化发展的方向与国家经济、社会发展有机统一。[②] 同时，

① 〔澳〕戴维·思罗斯比：《经济学与文化》，王志标、张峥嵘译，中国人民大学出版社，2011，第72~73页。

② 〔澳〕戴维·思罗斯比：《经济学与文化》，王志标、张峥嵘译，中国人民大学出版社，2011，第160~161页。

在国家供给侧结构性改革背景下，由于传统动能减弱，需要提升改造，急需新动能异军突起，让新旧动能结合形成混合动能。基于对文化价值的再认识和再评估，如何改变计划经济体制下固有的思维模式与管理方式，推动文化产业、旅游业融合发展，使其更好地与市场经济接轨，实现社会效益与经济效益的同步增长，是促使文化和旅游部成立的重要因素之一。

发达国家的文化产业发展路径和文化经济的学科理论研究以及国际经济发展的过程表明，传统的资本驱动正让位于技术驱动和创新驱动，文化与科技的深度融合已经成为全世界经济发展的重要引擎，而未来创意、服务设计和 IP 授权将成为多种产业跨界融合的催化剂。美国的文化产业引领者着力于知识产权交易框架下的授权经济，英国的文化产业发力于创意与设计双重驱动下的创意经济，日韩在推动文化产业发展过程中，以动漫游戏和文娱为突破点，构建文创与数字经济产业生态圈。其共同之处在于以创新性知识占主导地位的文化新经济形态催生新技术、新业态、新模式，推动文化经济持续、快速、健康发展。

中国文化旅游产业的融合发展，需要置于全球现代产业经济发展所呈现的新态势中去考量，其核心在于产业新价值链构成过程中价值要素的混搭与商业模式的重构，是各种生产力新要素的涌现与要素驱动之间的重组，从而打破传统的行业边界，重构传统的产品设计、产品生产、产品销售、产品市场的概念。

丹麦未来学家沃尔夫·伦森指出，人类在经历狩猎社会、农业社会、工业社会和信息社会之后，将进入一个以关注梦想、历险、精神及情感生活为特征的梦幻社会，人们消费的注意力将从物质需要转移到精神需要。伴随中国经济的快速发展，社会主要矛盾已转化为人民日益增长的美好生活需要和不平衡不充分的发展之间的矛盾，文化产业和旅游业正是满足人民精神需求和美好生活需要、建设美丽中国的基本途径之一，文化旅游不仅是休闲、快乐产业，而且在愉悦身心、陶冶情操的同时对提升国民素质、培育社会主义核心价值观起到重要作用。习近平总书记提出的“一带一路”倡议正在不断深入推进中，我国与“一带一路”沿线国家和地区的交流与合作离不开文化与旅游领域的交流与合作，文化旅游产业融合发展能够更好地助力我国多方位“走出去”“引进来”，以文化旅游产业大力提升国家的文化软实力和中华文化的影响力，充分彰显中华民族精神，构筑民心相通、文化共容、和谐共处的战略通道。

未来，国家机构调整、职能合并所带来的政策性预期和市场消费端与供给端的互动将形成合力，成为引领文化旅游行业发展速度、发展规模和发展效能的风向标。

（二）中国文化旅游产业发展的新视角

1. 从宏观层面看中国文化旅游产业发展的驱动因素

关于中国文化旅游产业发展的驱动因素，从国家整体战略层面看，其一，党的十九大召开，中国进入中华民族伟大复兴阶段，文化发展体现国家意志；其二，社会主要矛盾转化为人民日益增长的美好生活需要和不平衡不充分的发展之间的矛盾，发展文化旅游成为供给侧结构性改革的战略需要；其三，全球经济面临挑战，逆全球化趋势愈演愈烈，贸易保护主义抬头，在国际发展环境不确定性增加和国内经济下行压力增大的双重背景下，文化产业和旅游业以国内消费市场的升级为依托，加速发展的可能性增大；其四，科学技术进步是文化旅游发展的助推器，在创意与数字化的双重驱动下，以跨行业产业融合为支撑的大文旅形成大市场格局令人期待。在国际政治、经济、文化、社会、生态等多维度交织的力量角逐下，除人、财、物三大传统要素之外新的生产要素驱动下的生产力发展，将重新调整和构建未来商业和社会图景。从市场层面看，作为市场主体的企业在信息优势、创新优势、运营优势、业务边界与流程、成本效率等方面，以商业、顾客、技术、创意为导向的创新模式必将取代传统创新模式，实现跨越式发展，从而驱动企业实现转型升级与指数型增长。

2. 从旅游“繁荣”背后的忧患看中国文化旅游发展的潜力

“旅游绿皮书”《2018～2019 年中国旅游发展分析与预测》提出“全球旅游呈现繁荣的忧虑”，认为主要问题在于旅游业的发展过度强调经济功能，在功能定位、发展目标、绩效评估等方面单纯以经济指标衡量发展，而随着旅游人口的大幅增长，对旅游地资源进行掠夺式开发，导致可持续发展问题成为全球关注的焦点。2017 年是联合国确定的可持续旅游发展年，正如联合国世界旅游组织秘书长瑞法依先生所言，要继续以负责任和可持续的方式管理旅游业，最大限度地实现旅游业的社会效益和经济效益，尽量减少对当地环境的任何负面影响，政策制定者、企业和游客都应为实现这一共同目标做出贡献。中国几十年来的旅游发展，面临同样的问题。因此，如何使旅游功能超越经济功能，以可持续发展的方式发挥旅游业对当地就业、民生、经济的拉动作用，以经济、社会、文化、生态的综合平衡发展来实现传统旅游业的转型升级，同样是国务院机构改革成立文化和旅游部的初衷，也是文化旅游融合发展的重要方向。旅游产业的结构性调整、产品的结构调整与市场的需求结构调整应当统筹兼顾社会效益与经济效益的有机统一，以文化资源开发平衡对自然资源的过度依赖，以文化舒适性原则消除旅游人口过度、经济效益单一导致当地文化根脉消失的隐患。忽视社会成本与生态成本有悖于中国发展的根本宗旨，在自然生态保护与文化旅游融合、文化生态保护与文化旅游融合、产业资源禀赋与文化旅游融合三方面，立足新型的产业融合发展范式，将在挖掘旅游市场潜力、释放文旅产业融合的效益红利、推动区域社会经济结构性调整方面发挥新动能的作用。

3. 从区域层面看产业融合与区域发展

近年来，我国旅游业持续高位增长和全域旅游深化发展，尤其是在新型城镇化快速推进过程中，城市更新、特色小镇与新农村建设都对文化旅游发挥综合功能和实现综合效益提出新需求，分别从两个维度加以体现：一是“文化＋科技＋金融”打造的新经济形态通过促进传统产业转型升级，对区域经济结构性调整发挥作用；二是创新区域社会综合（城市经济）发展，结合全域范围内的资源禀赋和经济特点构建“文化＋产业＋旅游”区域生态文化旅游发展新范式。

4. 从创新层面看文化旅游与新经济

文化旅游产业作为创意、创新活跃型产业，从一般资源要素竞争、具体项目竞争、企业创新竞争走向产业创新生态系统竞争，为提升我国文化旅游产业整体发展能力、促进旅游业从传统服务业向现代服务业深刻转型提供了可持续的动力和保障。创新是引领发展的第一动力，只有将文化新经济形态作为产业价值链提升的重要方向，构建融合发展的新产业生态系统，才有可能将中国丰厚的文化资源、旅游资源通过市场化运作转化为文化旅游资产，在资本与技术赋能之下，立足国内消费市场优势，使文化旅游成为文化产业集群中新的生力军，并追赶发达国家。

（三）文化旅游成为文化与旅游融合的新业态

关于文化旅游的概念，传统语境下侧重于旅游大概念从属下的文化之旅游，将文化产品和服务作为旅游要素构成之一，使人文主题类旅游与自然景观类旅游相对应。但近年来，随着消费者需求的改变，旅游产品市场供给发生了巨大变化，文化主题类旅游从观赏人文景观扩大到对社会生活方式的多种体验，文化旅游的种类不仅仅指游览人文景点、参观博物馆和美术馆等，还包括参与休闲体育赛事、观光农业、观光工坊、研学游学、生态康养、商务旅行等，因此伴随着旅游消费升级，传统狭义的文化（人文景观类）旅游正逐步被广义的文化（景观＋体验）旅游所取代。

文化旅游是通过旅游实现感知，了解体察人类文化具体内容之目的的行为过程。文化旅游的核心是创意，“创造一种文化符号，然后销售这种文化和文化符号”，并强调文化旅游的“文化”是一种生活形态，“产业”是一种生产行销模式，两者的连接点是“创意”，因此可以将文化旅游产业理解为“蕴含人为因素创造的生活文化的创意产业”（陈少峰等，2015）。文化旅游是一种集知识密集型、综合性、延展性、载体性于一体的特殊产业形态，其基本特征是文化资源旅游化、文化消费旅游化、生产消费场景化、旅游过程体验化。产业的发展程度与载体的品种和密集程度相关，多元复合型载体与旅游多个环节共同构成完整的文化旅游产业链，载体布局越密集、越完整，产业链就越长，因此产业载体是产业链及产业发展的关键性因素。

二　文旅融合研究：关系辨析与实证探析

（一）文旅融合关系辨析

身份认同视角下的文旅融合。张朝枝（2018）从身份认同的视角，探讨了文化与旅游的关系以及文旅融合的可能性，并认为旅游者个体或者民族与国家集体寻找文化身份认同是旅游与文化关系的起源，而文化变成旅游者的身份符号则是旅游与文化关系的进一步强化，文化与旅游的融合需要通过调整角色、培育文化自信以增进相互理解与合作。

协同发展理论下的文旅融合。黄永林（2019）认为文化与旅游融合的目的是推动文化产业与旅游产业协同实现高质量发展，文化与旅游融合的动力是文化精神满足与文化资源价值的创造性转化，文化与旅游融合的重点是构建具有中国特色的文化旅游产业体系，文化与旅游融合的关键是推动资源和技术的全面融合发展。

文旅融合内涵的多学科辨析。宋瑞（2019a）首先从社会学、心理学、政治经济学、制度经济学与产业经济学等角度透视了文化与旅游之间的关系与方向，其次从学理、实践和政策三方面，综合探讨了文化与旅游如何融合发展。他认为，在学理上，文化和旅游各自内涵丰富、界定不一，需从不同视角分析二者之间的关系；在实践中，应从本源、机理、管理、发展、支撑、效果等不同层面来理解和推动文化与旅游的融合发展；在未来，要从中国特色社会主义新时代的要求出发，在推进文化和旅游融合发展中处理好共性与个性、产业与事业、政府与市场、居民与游客等的关系，并从体制机制、法规政策、产业统计、资金支持、人才培养和科学研究等方面提供支持。

文化与旅游的产业融合。姚战琪和张玉静（2016）提出了构建文旅融合的战略目标及融合领域。其中，战略目标包括产业开发多元化，体现饮食文化；满足旅游者住宿文化需求，延长产业链条；全面提升交通服务质量，大力推动交通文化产业链条延伸；推动文化景观的保护与发展，带动观光旅游；发展购物市场，推动购物与旅游文化紧密结合；大力发展娱乐业，满足游客需求。融合领域包括以旅兴文，推动文化产业向旅游延伸；以文促旅，延长旅游价值链；拓展产业链，实现文化、旅游与其他产业融合发展。

价值链理论下的文旅融合。张海燕和王忠云（2010）从价值链的角度分析了旅游产业与文化产业融合的过程与路径，具体包括用先进的体制观念引领旅游与文化产业融合，以市场为导向为旅游与文化产业融合营造环境，以整合为纽带推动旅游与文化产业融合发展。邢晟（2012）与董少辉（2015）认为文旅融合需要整合开发特色资源，培育打造系列化新业态、新模式，创新管理体制和机制，加快文化部门的产业化发展，打造精品品牌。

政策体制下的文旅融合。苏卉（2012）从政府规制改革的角度，提出了文旅融合的措施，包括进一步推进文化及旅游管理体制改革，减少行政干预，逐步完善文化旅游产业的市场竞争机制；进一步推进文化旅游产业政府机构职能的转变，打破行政垄断和部门分割的利益格局；规制部门有必要密切关注文化旅游产业的动态融合过程，保持规制政策的灵活性，调整产业规制的着力点，实施激励性规制，强化社会性规制。

（二）文旅融合实证探析

文化和旅游融合程度较低，但融合深度在不断拓展。梁君等（2014）发现广西文化产业与旅游业之间的融合度较低，文化产业与旅游业之间的融合程度差距较大。尹华光等（2016）测度了张家界文化产业与旅游产业的融合发展程度，发现两大产业的融合发展尚处于初中级阶段。侯兵等（2016）发现长江三角洲地区文化产业和旅游产业发展水平逐年提升，两类产业在各地融合发展的差异性不大，但耦合协调程度很低，文化产业发展水平和融合度低是普遍现象。

文旅融合发展的区域不平衡性突出。李凌雁和翁钢民（2015）、翁钢民和李凌雁（2016）以及曲景慧（2016）认为中国旅游与文化产业的发展并不均衡，耦合协调程度总体偏低；两个产业的融合发展水平在空间上存在显著的正向集聚性，且空间集聚程度呈逐年递增趋势；东西部地区融合程度差距较大，东南沿海地区旅游与文化产业融合发展较快，新兴业态丰富，为“高－高”关联区域，溢出效应明显；中部地区旅游与文化资源丰富，是未来产业融合发展的重要区域；西部地区则重在引进先进技术和人才，打破“低－低”集聚僵局。

袁俊和高智（2018）发现珠三角地区文化产业与旅游业融合发展水平稳步上升，但呈现由广州、深圳核心区向外围城市迅速递减的空间格局。珠三角地区两类产业融合发展等级不高，文化产业发展普遍滞后于旅游业，绝大多数地区处于初级融合发展水平以下。许春晓和胡婷（2018）认为大湘西文化与旅游融合潜力分布不均衡，由东到西呈梯度下降趋势，表现为正三角的潜力等级格局；融合要素分布不均匀，区域间差异较大。

丘萍和张鹏（2019）发现浙江文化产业和旅游业的融合程度等存在地区差异，杭州和宁波两地的文化产业与旅游业发展较好，成为浙江省文旅发展的两个增长极；金华和台州两地的文化产业发展水平高于旅游业；嘉兴和湖州两地的旅游业发展水平高于文化产业；温州和绍兴两地两大产业的发展水平较均衡。孙剑锋等（2019）发现山东文旅融合协调发展水平总体不高，濒临失调状态，区域融合协调程度差异明显；济南市文旅融合协调程度最高，东营市协调程度最低；按区域协调程度高低来看，依次为鲁中地区、半岛地区、鲁南地区、鲁西地区、鲁北地区。

文旅融合对旅游产业结构升级的正向效应明显。周春波（2018b）测度了文旅融合对旅游产业结构的影响效应，发现我国旅游产业结构升级的进程具有正向的动态惯性，存在收敛趋势，且具有空间溢出效应和空间反馈机制。文化与旅游产业融合、市场化与政府规制都对旅游产业结构升级具有显著的正向影响效应，市场力量会增强旅游产业结构升级效应。

（三）文旅融合的机制与模式

1. 文旅融合的因素与机制

文旅融合的“推力－拉力－阻力－支撑力”。赵蕾和余汝艺（2015）从产业融合的推力、拉力、支持力和阻力四个层面构建了旅游产业与文化产业融合的动力模型，其中推力是企业竞争压力与求利能力，拉力是市场需求及其转换，支持力是政府管制、技术创新与社会观念，阻力是行业壁垒与制度管制。张俊英和马耀峰（2016）发现青藏高原多民族聚居区旅游产业与文化产业融合的内在驱动力是企业，拉力是文化旅游需求，推力是政府主导，支撑力是经济环境。蔡寅春和方磊（2016）发现物质文化遗产与旅游业融合的动力系统包括“非遗”保护需求的推力、“非遗”旅游开发成功案例的引力、国家政策的支持力、地方经济发展的压力、文化产业发展的拉力、旅游需求层次提高的驱动力。

文旅融合的“消费需求－技术创新－政府规制”驱动力。周春波（2018a）分析了我国旅游产业与文化产业融合动力，发现我国文化产业与旅游产业融合的推进呈现正向收敛的动态惯性；消费需求动力、技术创新动力、政府规制动力都对我国文化产业与旅游产业融合具有推动作用，且高市场化程度地区更易融合发展。但红燕和徐武明（2015）认为旅游产业与文化产业融合的动因主要包括市场需求、企业对效益最大化的追求、技术革新、管制放松等。黄蕊和侯丹（2017）发现通过增加区域技术创新投入、减少政府制度干预、紧跟市场消费动向以促使文化产业融合，成为经济增长的新动力。

2. 文化与旅游融合模式

“居民＋企业＋政府”融合发展模式。张俊英（2013）在分析少数民族文旅融合程度的基础上，提出了民族地区不同旅游产业与文化产业融合发展模式，包括民众自觉、企业主导融合模式，以及政府主导、企业推进融合模式。

“文化旅游产业”创意发展模式。郭爱玲（2015）提出了天水文旅融合的整体发展模式，即“文化＋旅游＋创意＋品牌”，具体可分为“文保与旅游融合”模式、“演艺与旅游融合”模式、“旅游节会融合”模式。

“文旅产业”融合模式。黄丽萍和王余强（2013）以及陈兴旺（2015）以产业融合理论为基础，对文化产业与旅游产业融合的模式进行研究，认为文旅融合的模式有三种，即延伸型融合发展模式、重组型融合发展模式和渗透型融合发展模式。王玲（2017）认为东北地区文化产业和旅游产业有五种产业融合模式，具体包括集约化的融合开发模式、以区域资源优势为导向的融合发展模式、创新现有文化旅游产品的融合发展模式、开发文化产品项目进行融合的运营模式和以市场为导向的融合模式。王敏（2019）在分析河北省文化旅游融合发展基础与优势的基础上，提出延展型、创新型和主推型乡村文化旅游融合发展模式。

三 文旅融合：概念内涵、发展定位与空间载体

（一）文旅融合的概念与内涵

通过对文旅融合发展背景与学术研究的梳理，本报告认为廓清文化与旅游的根本属性及发展目的是确定文化旅游概念及内涵的前提。从文化与旅游的根本属性来看，文化与旅游兼具事业与产业的二重性，但就目前的发展情况看，文化的属性较多偏向于事业，而旅游的产业属性更加突出。从文化与旅游的发展目的来看，二者均是满足人民追求美好生活的需要，彰显文化与制度自信的重要内容和途径，二者存在发展目标与内容的一致性和交叉性。文化与旅游属性及发展目的的互通性决定了二者具有天然的融合性，为文化旅游概念及内涵的提出奠定了基础，也为二者从产业角度进行深度融合提供了前提条件。

通过对文化与旅游根本属性、发展目的、概念演变及现实发展的理解与辨析，发现二者存在天然的互通、互联与互融的耦合关系，这为从融合的角度界定文化旅游的概念及内涵提供了理论与实践支持，在此背景下，文旅融合的概念可以界定为文化与旅游两个系统之间相互作用、相互影响与相互关联的现象，并在各子系统之间的互动作用下，产生相互依赖、相互协调与相互促进的动态联系。文旅融合的主要内涵是，文旅融合的根本目的是满足人民追求美好生活的需要及彰显制度与文化自信，文旅融合的主要途径是通过

文旅产业的发展实现融合，文旅融合具备系统的层次性、整体性、开放性、目的性与稳定性，文旅融合的发展具有动态性，根据融合程度的差异，可划分为低质量融合与高质量融合。

（二）文旅融合的发展定位

中国特色社会主义发展进入全面建成小康社会的决胜阶段，在为统筹推进“五位一体”总体布局、协调推进“四个全面”战略布局、实现中华民族伟大复兴的中国梦不懈奋斗时期，在中国经济发展进入新常态、践行五大发展理念的新阶段，文化事业、文化产业和旅游业承载着中华文脉传承、文化自觉建立、文化自信培育、文化繁荣复兴、文化软实力提升、满足人民美好生活需求与美丽中国建设等诸多重任，尤其是在树立社会主义核心价值观、彰显中华民族精神、打造人文精神价值高地方面，文化有着不可推卸的责任与无可替代的作用。

文化旅游产业融合应当体现国家意志与综合竞争力，统筹纳入国家整体战略部署中进行战略顶层设计和路径设计，成为贯彻落实优秀传统文化传承与发展、乡村振兴战略、生态文明建设、产业转型升级、新型城镇化建设的供给侧聚合点，将生态资源、文化资源、产业资源协同转化为国家产业竞争力和社会核心竞争力。同时，文旅产业融合在供给侧结构性改革、区域经济结构调整和传统产业转型升级方面应当发挥跨界融合新动能的作用，以拉动国内消费市场升级和提高国际消费市场份额，孵化和培育新龙头企业，壮大市场主体群，使文化产业和旅游业提速增效，真正成为国民经济的支柱性产业。

文化是旅游的“灵魂”和“内核”，旅游是文化的重要载体，旅游的优势体现在市场，而文化的优势则体现在其内涵和价值。从旅游的角度来看，抓住了文化就抓住了核心价值；从文化的角度来看，抓住了旅游就抓住了一个巨大的市场。彰显文化特色的旅游就是传承和繁育中华民族隐性的 DNA，以文化为抓手，以旅游为支撑，立足全球国际化趋势和创新性发展态势打造文化旅游的引导力、创造力、竞争力，构筑中国精神、中国价值、中国力量，为世界贡献中国智慧与中国方案，这是文化旅游产业融合的核心价值、作用与意义。

（三）文旅融合发展的空间载体

立足中国特色社会主义大文化建设，文化旅游融合的空间载体形态包括城市中的大型文旅商综合体、文旅类特色小镇、旅游景区和文化产业园区、历史文化名村名镇等几大类别。它们承载着确定中华文明延续的自主地位、重建中国文化自信、培养文化精英意识、提高公民人文素养、原真性还原传统人文结构和逻辑体系的历史责任与当代使命，发挥从乡村文化建设到人文新城、从文化教育到全面复兴的优秀传统文化的纽带和桥梁作用。通过集群式文旅形态的空间载体构建文化传承创新体系，使“文化中国”落地实体项目空间并实现产品化，形成可看、可游、可吃、可住、可购、可体验的产品系列，以此确立中国在世界文化丛林中的中华文化定位，在人与自然关系的生态文明中的文明定位，在人文资源保护与发展、有形资产与无形资产经营、国家软实力竞争和产业价值链条中的产业定位，以及在世界历史时空中认识和导读中华文化缘起、逻辑、关系及重大成果的历史定位。以文旅产品、市场消费、空间载体网格化结构联动打造“文化中国”。

文化旅游产业融合发展的主要任务是，以文化基因的繁育为核心，对属地特色人文资源进行深度挖掘和整合提炼，以文化元素的提炼、创意和再生设计为手段，打造理念识别、行为识别、视觉识别、社会反馈等系统化的特色文化旅游空间载体，使其成为具有历史记忆、文化传承、现代时尚并面向未来的生命体，成为中华民族复兴和国家富强的重要活体细胞，成为世界文化之林中焕发异彩的中华文化基因繁育之地。

以文化旅游融合推动中国优秀传统文化的传承与发展，建设国家级文化旅游产业融合示范区。

第一类是以中华优秀文化传承保护与发展为目标的传承主导型示范区。此类示范区秉承文化价值与生态价值叠加的理念，倡导“各美其美，美其所美”，以极具个性、高品质、旺盛生命力等特色彰显其社会存在价值，巩固其市场消费地位，遴选于中国文化名镇、名村，以及汇集名人、名品、名产等资源的名地，立足区域性物质与非物质文化遗产资源禀赋，是中华优秀文化体系建设的基石，承担着文脉传承、人文涵养、文化自信的民族重任。

第二类是以文化产业及其他关联性产业的生态集聚为目标的产业主导型示范区。此类示范区秉承文化价值与工业价值叠加的理念，倡导传统产业价值链提升与新产业、新经济模式探索，立足经济发达地区，遴选于产业集聚区、企业总部基地、知名旅游景区、大城市周边等，是传统经济转型升级和新经济模式试点、示范基地，承担着经济转型升级、结构性调整的国家战略重任。

第三类是以打造全球影响力为目标的国际交流型示范区。此类示范区秉承国家全球战略价值理念，是经得起国际行业考验以及国际社会和消费者认可的中国超级文化 IP，是具有龙头带动作用和标杆示范效应，在国际舞台展示中国精神、中国价值、中国力量的超级品牌类示范基地，承担着与世界对话和多元文化交流的责任与使命。

四　产业融合：文旅融合的主要突破口

（一）文旅融合的业态形式：文化旅游产业

从狭义和广义两方面理解文化旅游产业，有助于我们在产业融合发展过程中更好地推动文旅产业的融合创新与实践。

狭义的文化旅游产业是在旅游业范围内，将文化产品和服务内容作为旅游内容供给要素之一，如将文化遗产、博物馆、文化商品和文化活动等作为旅游业中的有机供给部分。狭义的文化旅游产业目前在国家统计分类上属于文化产业九大门类之一。广义的文化旅游产业是产业融合推动下的一种新型产业形态，它是建立在新价值链的基础上，以市场需求为导向，通过科技应用和金融赋能形成复合型商业模式的新经济形态。它通过文化产业、旅游业与其他行业（体育、教育、科技、信息、农业、工业、健康医疗、商贸等）

关联性要素的整合，打破传统的生产要素、产品形态、空间形态、产业链、盈利模式等方面的限制，呈现跨行业资源要素整合、复合型商业模式、不同产业链交错链接等多重属性。在中国本土化的产业实践过程中，这种跨行业、多元化市场主体参与的融合型新业态，正在尝试以特定的产品逻辑、商业逻辑构成新的产业逻辑。

目前对文化旅游产业的研究存在两种倾向。一种是基于对人文景观类旅游范畴的界定，从文化资产在经济价值维度的可评估性出发进行研究，这是因文化产品、文化内容及文化服务与旅游业的结合而派生出的狭义的文化旅游产业。国外学术界一般从经济学的角度研究文化资产的价值，在文化产业的细分门类中形成文化旅游业。戴维·思罗斯比在《经济学与文化》一书中提到旅游业和文化在利基市场中合二为一被称为“文化旅游业”。另一种是基于产业融合的角度去审视现代文化旅游产业经济的发展范式，主要依托中国国内市场和产业发展实践过程中涌现出来的大文旅产业融合观，即文化产业和旅游业作为一种基底层的融合，能够与其他产业进行再融合。如果从产业应用的角度出发去分析和研究产业的可融合性，给出的将是一个非线性产业融合的方向，能够极大地提高新产业在跨行业要素融合、产业链融合、商业模式融合等多个层面融合发展的可能性。

（二）中国文化旅游产业创新发展的两大突破口：价值链条与要素聚合

1. 以创意思维下的 IP 授权经济构建产业价值链，打造大文旅产业生态圈

社会经济的高速发展，使我们从物质需要时代进入精神需要时代，打开了市场消费升级的闸门。伴随着物质互联时代到精神互联时代的转换，文化作为现代社会发展的重要媒介，为产业要素提供了新的价值转换方式，而创意设计和数字手段为产业在更大范围内实现更多种类的生产要素的交换提供了有效途径和工具，互联网技术作为新型的营销媒介能够影响消费者的消费方式与消费决策，从而推动传统文化旅游向大文化旅游生态系统转变。

文化互联极大地促进了文化旅游与其他相关产业的融合，在业态创新与生态蜕变方面带来文化旅游生态的革命性变化。如果说信息技术影响价值法则，从而变成互联网法则[①]，那么文化附加值就是对传统产业价值链的重新改造，它使文化和旅游产品载体不仅仅是物质的、数字的、可视化的、体验化的，还能与移动端、云服务、大数据相连，并从消费场景进入社交领域和一个由互联网虚拟现实所构成的无限扩展的生态系统，这就是基于“文化 +”产业所形成的一种蜂巢型结构的新型业态，在这个生态系统中，依靠新价值法则去构建产业价值链系统，并重新定义产品概念及构建新产业链，而人作为第一生产力的核心价值是围绕创意思维的 IP 授权经济展开的。因此，2017 年我们在针对特色小镇的空间载体形态提出“IP Town”模式、“文化 + 旅游 + 产业 + 空间载体”四位一体模式，以及对国际成熟模式引进开展本土化改造的探索时，都始终围绕 IP 思维模式展开，其核心在于将 IP 与空间载体的深度融合作为产业实现裂变式跨越发展的突破口。

2. 从景区旅游到全域旅游，实现由点到面区域（空间载体）内资源要素的综合性聚合

文化旅游独特的产业特征，决定了生产要素配置的多样性与产业链构建的复合性，在传统旅游产业升级过程中，全域旅游概念的提出，是对市场需求与产业实践需求最好的回应。鉴于文化旅游的综合性和知识密集度，如何打造产业载体是搭建完整产业链和推动产业发展的关键性因素。要素散点式分布的传统旅游产业，很难承载工业化生产方式的规模化与效益化，更难以围绕创意设计和知识产权进行产业经济规模化拓展，金融资本因难以突破无形资产评估与回报周期较长的两大瓶颈而无法规模化进入，直接导致在文化旅游投融资领域发生一系列并购重组上市的标的和规模难以放量突破。因此，如何实现一定区域范围内（或者以项目空间载体

---

① 〔美〕乔·韦曼：《新动能　新法则：新一代信息技术驱动企业实现转型与指数型增长》，胡西悦等译，人民邮电出版社，2016，第 2 页。

为标的）综合要素的有机聚合与商业逻辑的构建，将是文化旅游产业发展的一个创新性突破。

五 预见未来：中国文旅融合发展的方向、趋势与路径

（一）中国文化旅游产业融合的因素与方向

文化产业和旅游业都具有“朝阳产业”和“无烟产业”的美誉，在经济下行压力增大的情况下，文化产业和旅游业增加值保持两位数的高速增长，并占到GDP的1/10。因此，为进一步加强文化和旅游产业融合，必须从业态融合、市场融合、服务融合、对外和对港澳台融合等方面入手，推进文化和旅游各领域、多方位、全链条的深度融合，创造文化旅游大市场，形成文化旅游大产业。文化、旅游二者的内部属性决定了其融合发展的可能性和必然性，二者的深度融合不是简单地将文化产品和服务纳入旅游内容供给要素之一，而是将文化赋能于旅游业全产业链条的每个节点（吃、住、行、游、购、娱等18大旅游要素），实现内涵拓展和价值提升，并实现与其他相关行业（包括农业、工业、生态、体育、健康、教育、科技、商贸等）的跨界融合，以新理念、新思路、新路径形成大文化旅游产业，推动产业走内涵式、高质量、跨越式发展之路。

中国文化旅游融合发展历经几个阶段，从传统自然景观旅游到开发文化资源旅游、从传统文化旅游到文化旅游生态系统的初步构建，再到未来产业融合发展形成大文化旅游产业格局。从产业实践的层面看，文化旅游产业正由传统的文旅服务商、文旅地产商向文旅综合运营商、文旅关联性产业辐射和延展。近年来，来自科技、金融、房地产等跨行业大型企业的战略性布局和生态圈构建的步伐日益加快。

在中国本土化产业实践过程中，影响文旅产业融合发展的因素主要包括以下几个方面：首先，文化资源从初级形态开发到创意化开发再到附加值开发，不仅能够推动文化旅游供给要素的拓展，而且可以催生新一轮旅游内容

和服务创新，推动业态发展模式变革，形成新的消费模式；其次，文化对旅游全产业链节点的赋能作用，对重塑传统旅游产业链与价值链产生了革命性改变；再次，三次产业融合拓宽了业态边界并与其他关联产业交叉融合，形成新的产品供给，以构建大文旅内容供给体系；最后，文化旅游与科技融合改变了生产方式，提升了效率，同时改变了生产端和消费形态，尤其是数字化技术推动了创意产品生产方式的变革，互联网技术丰富了文旅产品的展示媒介、营销方式和营销手段。例如，腾讯进行新文创探索和泛文娱产业布局，并以腾讯资本与联通大数据公司合作切入文旅大数据；复兴资本定位产业金融深度进入产业运营层面，旗下复兴文旅以控股并购方式全球化布局文旅休闲目的地；融创地产继全线收购万达文旅资产后，新成立的文化集团战略性控股梦之城，国内知名动漫形象“阿狸”成为融创“首席欢乐大使”，其着力点在于依托自有空间孵化优质文化 IP 并布局全产业链的商业化运作。这些来自互联网、信息科技、金融、地产行业的大型龙头企业的跨界进入，拉开了大文旅融合时代的序幕，未来 3 ~ 5 年将成为大文旅行业发展的战略机遇期。

从文旅产业发展的现实路径、产业体量、发展空间以及金融资本可规模化进入等多个维度考察，广义的文化旅游产业更有利于市场化和产业规模化的快速推进。充分认识新技术（特别是数字技术）给人类经济社会文化带来的革命性影响，充分认识经济文化创意化、文化创意经济化，充分认识产业大融合、产业边界模糊的发展新趋势，开展大文旅产业理论的创新研究，为中国经济社会转型升级提出重要的实践突破口，将成为探索中国特色文化旅游产业融合发展的一个重要方向。

（二）中国文旅融合发展的新趋势

从“文化 +”产业融合的角度审视，文化旅游产业融合发展的新趋势主要包括以下五个方面。

1. 业态创新

前两次科技革命主要以物质生产的效率提高为目的，第三次科技革命则更多地转向非物质生产效率的提高，其核心内容是以精神生产和物质生产的高度融合为目的，在科技创新与文化创意的高度融合下，不断催生新业态。这种业态创新表现为市场主体以新的经营方式、经营技术、经营手段来运作传统或新创的业态，由此创造出形式新、产品组合新的文化旅游业新形态，以满足不同市场的消费需求，新技术应用在数字文化产业方面尤其突出，新文旅消费场景不断涌现。在旅游产品和业态方面，与科技、教育、卫生、体育结合，出现科技旅游、研学旅游、医疗健康旅游；与交通、环保结合，出现自驾车旅游、房车营地旅游、邮轮旅游、游艇旅游、低空旅游；与农业、林业结合，出现田园综合体、共享农庄、沙漠公园、定制农业、精品民宿等；与城镇化、工业化、商贸等结合，出现城市文创综合体、工业小镇、森林小镇、文旅小镇等；与互联网结合，出现旅游互联网金融、旅游大数据应用、智慧旅游交通等。

2. 跨界聚合

跨界聚合是文化和旅游融合创新的必经过程。在产业融合的基础上，文化产业、旅游业与其他产业之间不断跨界，文化要素、旅游要素不断通过互动聚合对原有产业进行转型或升级。一是产业“跨界”，即文化旅游及其关联型产业链条中某环节多个企业合并重组的横向整合和上、中、下游不同行业合并重组的纵向整合。二是要素“聚合”，主要是指创意、资本、市场、人才、品牌、信息、渠道等产业内部要素的聚合创新，但这种要素不能简单直接融合，需要借助产业跨界以商业盈利模式的构建为基础实现聚合。以迪士尼为典型案例，其文旅跨界融合是依托高科技与娱乐产业的结合，以 IP 授权为基础的综合商业模式发展而得以不断更新和升级换代。休闲体育、观光农业、商旅、研学旅游、康养等各种新型的旅游形态，在文化与旅游融合的过程中跨界实现与其他行业的融合发展，但核心在于寻找可持续盈利的商业模式。

跨界聚合使得技术、产品和市场都走向融合，从而企业也必将融合，不同业务特色的企业在同一平台上运作，从而相互之间具有某种互补性。从事文化旅游、文化会展、文博、娱乐、动漫等业务的大量企业在线上线下合作，许多横向一体化、混合一体化、虚拟一体化的转变正在业界发生，诸多文旅综合体的出现，以及科技和地产企业集团内部新增文化旅游业务板块等就是现实的例证。

3. 内容活化

以旅游形式表现文化内涵是“内容活化”的精髓。文化内容的创作、生产、传播、消费等各个层面都可以与旅游的基本要素相结合，以旅游为载体提高文化影响力、表现力、传播力。这种融合的表现之一是文化内容的“静态活化”，主要指建筑、景观、旅游纪念物等物化形态载体的呈现。表现之二是文化内容的“动态活化”，主要指艺术氛围、文化活动等互动体验感的呈现，通过改变文化内容的外在形态，使之生动、活泼，并更具“能量”和“感染力”。这就更加强调文化内容的原创力和讲故事的能力。尤其是对传统文化的挖掘、体验式动态文化产品及服务的设计，以及内容活化具有非常重要的作用。

4. 文化创意驱动下的产品设计

文化创意驱动下的产品设计是指在文化创意的驱动下，注重核心文化元素的提炼，将艺术化的美感、价值的情感化与实用的功能性相结合，从而使产品兼具人文性、美观性和生活性，其本质是文化型旅游产品。在纵向上，文化创意产业对文化产业自身的转型升级发挥了作用；在横向上，文化创意产业在与传统产业融合发展的过程中，对传统产业的生产、销售起到了画龙点睛的作用，在提升产品价值、增强消费者黏性、提高品牌忠诚度等方面都具有极大的空间。

5. 强 IP 驱动

强 IP 的重要核心不仅在于有趣、有料、有故事、有内涵、有想象空间、有出人意料而又符合情理的人性展现，而且在于完整世界观的展现与持续商业变现的能力。从 IP 价值体系的五个基本要素——文化发源、文艺创作、粉丝社群、开发授权、产品变现来看，文化产业和旅游业在 IP 孵化和培育方面具有得天独厚的优势。2016 年，国内 IP 授权经济尚处于起步和摸索阶段，时隔三年，在文化创意、科技应用和金融资本的推动下，文化旅游行业在文学艺术、影视动漫、游戏电竞、娱乐、旅游等各个细分市场涌现了越来越多的文化 IP，在生产要素、产品形态、产业链构建以及商业模式变现方面呈现遍地开花的新局面。国外知名 IP 巨头纷纷登陆中国市场，继迪士尼之后，环球影城、太阳马戏团、维康国际、变形金刚等在国内纷纷落地。

（三）中国文化旅游产业融合发展的新路径

1. 以文化基因整合价值、利益、情绪、传统为创新原动力，赋能社会与经济

文化基因是指相较于生物基因而言的非生物基因，主要指先天遗传或后天习得、主动或被动、自觉或不自觉植入人体内的最小信息单元和最小信息链路，主要表现为信念、习惯、价值观等。文化基因根植于中国传统优秀文化，文化旅游的融合主要以挖掘具有农耕特质、民族特色、地域特点的物质文化遗产与活态的乡土文化、民间艺术、戏曲曲艺、手工技艺、民族服饰、民俗活动等非物质文化遗产为基础，创造性地将传统优秀文化与现代文明相结合，系统性推进传统文化创新传承与创造发展，建设社会和谐、文化繁荣、价值广泛的“文化中国”。历史文化名村名镇、特色文旅小镇等都能够通过挖掘属地的特色文化资源，提炼文化基因，打造地方特色文化 IP，形成新旧共融、可持续发展的有机生命体。

2. 以“文化＋”提升创新经济的“软动力”，聚焦新兴产业，探索文化新经济产业开发新模式，推动新业态、新行业发展

探索文化新经济产业开发新模式，通过跨行业融合发展，推动文化产业与传统产业转型升级，以“文化＋三次产业”融合发展孵化培育新业态、新产业。提升产业附加值，增加无形资产，重塑传统产业要素与价值链，为传统产业提供新的成长和变革空间，培育新型产业，促进产业迈向全球价值链中高端，以创新、创业双孵化培育壮大文旅产业的市场主体。

文化旅游产业融合应落实国家供给侧结构性改革方针，顺应信息时代、互联网时代、知识经济时代的全球发展趋势，顺应先进生产力、生产方式的

变革潮流，突破以土地、能源、材料等为主的传统产业资源要素的制约瓶颈，推动非物质资源、无形资产等无形价值渗透到传统产业的价值链中，为传统产业的成长和变革拓展空间，构建文化新经济产业生态体系的价值链、创新链。注重将已具规模的新兴产业做大做强，为正在成长的新兴产业预留发展空间，对处于萌芽状态的新兴产业进行超前谋划布局。鼓励、扶持、推动文化聚合、实体经济、科技创新、现代金融、人力资源在区域范围内的协同创新发展。“文旅 + 产业”类特色小镇和文化产业园区的转型升级可成为创新经济的孵化器。

3. 结合国家新型城镇化建设，以城市更新、特色小城镇创建中的产城人文融合为抓手，加强顶层设计与模式研发，开展试点示范工作

新时代中国城市和特色小城镇文化建设与发展应秉承“立足国家战略、实现文化繁荣、传播核心价值、践行以人为本、建设生态文明、对接国际理念、推动区域发展、引领创新驱动”原则。城市和特色小城镇既是弘扬中国特色社会主义文化的自觉选择，也是推动新经济发展的实践场，未来新型城市和小城镇建设的核心任务是通过产城人文融合发展，实现“生产、生活、生态”三生融合。通过社会综合治理创新体系建设，使城市、村镇成为物质文明与精神文明同步发展的新载体。以先进的社会主义文化理念与社会主义核心价值观为导引，以高度的文化自觉与文化自信激发人的精神力量，以人的城镇化为目标，高质量发展特色小城镇，集聚优质人才与新产业要素，实现城乡统筹发展，以点带面、集群式联动，形成网格化布局，最终实现人的全面发展和社会的文明进步。

4. 用先进的体制机制引领文化旅游产业融合

只有树立全新的产业融合发展意识，才能更好地把握大文旅产业融合发展的方向。充分发挥政府在文化旅游规划统筹、产业引导、管理机制转变等方面的组织协调作用和市场执法监督作用。管理部门要制定和完善推动产业融合发展的产业政策；在已有文化产业和旅游业发展规划的基础上，制定产业融合发展的整体规划；指导两大产业行政管理机构的归并工作，发挥其在领导和协调中的积极合力功能，制定发展大文化、大旅游，培育大产业的战

略方针。

在跨界融合中，探索建立市场主体的协同创新机制是整合资源和做大做强文旅产业的组织保障。旧观念制约、行业要素条块分割、企业业务能力的边界线是目前阻碍融合发展的要素，如何满足人才、业务、市场三大需求，如何进行企业内部的机制创新和企业主体外部的联动创新，都是亟待解决的问题。2017 年，我们尝试筹建文化新经济联合实验室和文化旅游融合创新中心，待条件成熟后将继续推动。

5. 创新文化旅游产业融合的运营机制

探索对文化旅游资源进行所有权、管理权和经营权“三权分立”改革，实行政府管理、企业化经营；推动国有企业改制转型，整合组建跨行业的产业集团；加强对文化和旅游市场的研究，创新产品的开发手段；创新营销方式，通过节庆活动开展、主题推介、融媒体宣传、影视创作等方式加强对文旅产品和品牌的宣传。

时代让我们处于学习模仿、实践探索、创新发展交互叠加的阶段性过程，从最初的借鉴国际经验到形成中国特色的创新发展，求真务实地夯实理论、技术、操作层面的基础，强化从制度理性向技术理性的转化，构建大文化旅游生态系统，建立新产业良性发展的内部运行机制和外部发展模式，为国际社会和发展中国家贡献中国方案，这是中国文化旅游产业发展的责任与使命。综观国际，在“地球村”和“人类命运共同体”的双重概念下，我们每一个人作为“地球村”村民、作为中国公民、作为华夏子孙，推动文旅融合，建设“文旅中国”，立足大文化观做大做强文化旅游产业，为“人类命运共同体”贡献中国文化的智慧和中国文化的方案，是中国特色社会主义新文化的发展之路。

参考文献

蔡寅春、方磊：《非物质文化遗产传承与旅游业融合发展：动力、路径与实例》，

《四川师范大学学报》（社会科学版）2016 年第 1 期。

陈少峰、王起、王建平主编《中国文化旅游产业报告（2015）》，华文出版社，2015。

陈兴旺：《凤阳县文化与旅游产业融合模式研究》，《安徽科技学院学报》2015 年第 3 期。

〔澳〕戴维·思罗斯比：《经济学与文化》，王志标、张峥嵘译，中国人民大学出版社，2011。

但红燕、徐武明：《旅游产业与文化产业融合动因及其效应分析——以四川为例》，《生态经济》2015 年第 7 期。

董少辉：《论黑龙江省文化与旅游融合发展的实现路径》，《黑龙江省社会主义学院学报》2015 年第 2 期。

郭爱玲：《天水市文化与旅游融合发展模式探析》，《发展》2015 年第 4 期。

《郭广昌：复星的投资逻辑》，新浪网，2019 年 7 月 22 日。

侯兵、周晓倩、卢晓旭、陶然、张爱平：《城市文化旅游竞争力评价体系的构建与实证分析——以长三角地区城市群为例》，《世界地理研究》2016 年第 6 期。

黄丽萍、王余强：《景德镇旅游产业与文化创意产业融合模式探究》，《价格月刊》2013 年第 8 期。

黄蕊、侯丹：《东北三省文化与旅游产业融合的动力机制与发展路径》，《当代经济研究》2017 年第 10 期。

黄永林：《文旅融合发展的文化阐释与旅游实践》，《人民论坛·学术前沿》2019 年第 11 期。

《决定中国智慧城市未来发展的三个方面》，智能网，2019 年 7 月 29 日。

孔蓉、何丽红：《以特色小镇建设为抓手　探索文化与空间融合的文化产业创新发展研究》，文化部 2017 年度系统优秀调研报告，2017。

李凤亮主编《文化科技创新发展报告（2018）》，社会科学文献出版社，2018。

李凌雁、翁钢民：《我国旅游与文化产业融合发展水平测度及时空差异分析》，《地理与地理信息科学》2015 年第 6 期。

厉以宁：《文化经济学》，商务印书馆，2018。

梁君、陈显军、杨霞：《广西文化产业与旅游业融合度实证研究》，《广西社会科学》2014 年第 3 期。

《旅游产业创新生态系统优化路径》，搜狐网，2018 年 8 月 14 日。

〔美〕迈克·华莱士、比尔·阿德勒编著《60 位巨人看未来》，丁康吉等译，中国青年出版社，2009。

《Mob 研究院：2019 动漫行业研究》，Useit 知识库，2019 年 8 月 14 日。

《没有超级 IP 就没有生命力！　超级 IP 才是旅游景区的强大引擎》，搜狐网，2018 年 12 月 22 日。

〔美〕乔·韦曼：《新动能　新法则：新一代信息技术驱动企业实现转型与指数型增长》，胡西悦等译，人民邮电出版社，2016。

丘萍、张鹏：《浙江省文化产业与旅游业耦合协调及融合评价》，《浙江理工大学学报》（社会科学版）2019 年第 6 期。

曲景慧：《中国文化产业与旅游产业融合发展的时空变动分析》，《生态经济》2016 年第 9 期。

宋瑞：《文化和旅游：多视角的透视》，《旅游学刊》2019a 年第 4 期。

宋瑞主编《2017～2018 年中国旅游发展分析与预测》，社会科学文献出版社，2018。

宋瑞主编《2018～2019 年中国旅游发展分析与预测》，社会科学文献出版社，2019b。

苏卉：《文化旅游产业的融合发展及政府规制改革研究》，《资源开发与市场》2012 年第 11 期。

孙剑锋、李世泰、纪晓萌、秦伟山、王富喜：《山东省文化资源与旅游产业协调发展评价与优化》，《经济地理》2019 年第 8 期。

王玲：《东北地区文化产业与旅游产业融合模式探析》，《现代商贸工业》2017 年第 26 期。

王敏：《乡村振兴背景下河北省乡村文化旅游融合模式研究》，《南方农业》2019 年第 15 期。

翁钢民、李凌雁：《中国旅游与文化产业融合发展的耦合协调度及空间相关分析》，《经济地理》2016 年第 1 期。

邢晟：《河南文化产业与旅游产业融合发展的必要性及实现途径》，《中国发展》2012 年第 4 期。

许春晓、胡婷：《大湘西地区文化与旅游融合潜力及其空间分异》，《经济地理》2018 年第 5 期。

《杨振之剖析文旅产业热点趋势：下一轮机会在垂直细分领域》，执惠网，2018 年 8 月 2 日。

姚战琪、张玉静：《文化旅游产业融合发展的进程、战略目标及重点领域探讨》，《学习与探索》2016 年第 7 期。

尹华光、邱久杰、姚云贵、王换茹：《武陵山片区文化产业与旅游产业融合发展效益评价研究》，《北京联合大学学报》（人文社会科学版）2016 年第 1 期。

袁俊、高智：《珠三角地区文化产业与旅游业融合发展水平测度》，《资源开发与市场》2018 年第 1 期。

张朝枝：《文化与旅游何以融合：基于身份认同的视角》，《南京社会科学》2018 年第 12 期。

《张广瑞：关于文化与旅游融合的理性思考》，搜狐网，2019 年 5 月 8 日。

张海燕、王忠云：《旅游产业与文化产业融合发展研究》，《资源开发与市场》2010

年第 4 期。

张俊英、马耀峰：《民族地区旅游产业与文化产业融合的动力机制研究——以青海互助为例》，《山西农业大学学报》（社会科学版）2016 年第 6 期。

张俊英：《民族地区旅游产业与文化产业融合动力机制与模式研究》，陕西师范大学博士学位论文，2013。

赵蕾、余汝艺：《旅游产业与文化产业融合的动力系统研究》，《安徽农业大学学报》（社会科学版）2015 年第 1 期。

《2019 中国文旅产业发展趋势报告》，搜狐网，2019 年 1 月 16 日。

周春波：《文化与旅游产业融合动力机制与协同效应》，《社会科学家》2018a 年第 2 期。

周春波：《文化与旅游产业融合对旅游产业结构升级的影响效应》，《当代经济管理》2018b 年第 10 期。

中国文化旅游宏观分析与展望

杨晓能　曹贞华*

摘　要： 由于文化和旅游部以及全国各级管理机构在2018年刚组建，加之业界对文化旅游和广义旅游的区别尚处于摸索中，因此有必要从宏观视角进行理论性探索和具体分析。本报告首先勾勒文化旅游的范畴，对其范畴的界定或可作为管理部门和业界从事研究、规划、实施、统计的参考。秉持报喜也报忧的客观态度，本报告从更开阔的视野来分析当前文化旅游发展现状，着力从全局中提炼迫切需要解决的问题以及当今面临的机遇与挑战，指出可行性方向并且尽可能提供可借鉴的对策。在概述文旅融合、跨界协作发展，以及文旅助推经济增长、生态文明建设、国家外交战略实现的积极作用后，指出当前博物馆旅游中存在的娱乐化和商业化现象，以及海外品牌对本土主题公园旅游的冲击。针对文化旅游发展中冒文旅之名的房地产开发、伪造的文化旅游景区、强迫式的文化旅游消费、过度的商业化与庸俗化等不良现象，提出应平衡文旅发展和文化遗产保护，"文创热"下应关注产品品质和知识产权，建立科学的、独立的文化旅游统计体系，关注养生文化旅游和高端定制旅游两个业态的崛起等战略性建议。

关键词： 文化旅游　文旅融合　文旅产业　转型升级

---

* 杨晓能，博士，上海交通大学艺术、考古与文化遗产研究中心主任，上海交通大学文博首席专家，博士生导师，侧重于艺术史、文化史、考古学、博物馆学和文化遗产等学科的交叉研究；曹贞华，博士后，中国艺术研究院副研究员、硕士生导师，研究方向为文化遗产、中国古代音乐史。

一 “文化旅游”范畴界定

以旅游为载体、以文化为内涵的文化旅游，近几十年来风靡全球，但其具体范畴依然处在动态、充实、扩展、定义化的进程之中。20 世纪 70 年代末至 80 年代初，文化旅游作为文化和旅游融合的产物，在欧美地区逐步从旅游业中分化并演变成为一个重要的支柱性产业。改革开放以来，随着经济的发展、生活水平的提高，人们对精神文化生活的需求愈加强烈，文化旅游成为大众日常生活和节假日的热门选择，国内相关设施、景点、项目与服务的建设蒸蒸日上，形成了独树一帜的文旅产业，成为中国文化事业和旅游业的中坚、第三产业的新星。文旅产业对国家的综合贡献度逐年提升，2018 年旅游业增加值已占我国 GDP 的 11% 以上①，其中文旅产业在旅游业增加值中的比重亦越来越高，成为经济发展的重心。实际上，文化旅游的功用远远超越经济效益、生活品质、娱乐观光、休闲度假，其在弘扬中华文化、提升文化自信、促进中外交流、增进人民友谊等方面亦效果彰著，功不可没。文化旅游不仅属于经济型产业，而且弥漫着浓重的文化属性，同时肩负着发展软实力、传播中华文明、增进互动、造福社会、展现国家形象的历史使命。为适应文化和旅游趋向融合、旅游中文化含量剧增这一发展大势，原文化部和国家旅游局于 2018 年整合组建成文化和旅游部，各省、自治区、直辖市的下属管理机构也相继建立，管理体制改革与文化旅游的多重性接轨，有益于促进文化旅游的发展。

（一）国内外研究现状

有关文化旅游的研究、管理及其范畴（或概念）的界定兴起于西方国家。1977 年美国出版的《旅游：原理、实践与哲学》② 初步分析了“文化

---

① 《全年全国旅游业综合贡献占 GDP 总量 11.04%》，《中国文化报》2019 年 2 月 13 日，第 1 版。

② Robert W. McIntosh, *Tourism*: *Principles*, *Practices*, *Philosophies*, 2nd ed., Grid Publishing, Inc., Columbus, 1977.

旅游”的特点，认为文化旅游最重要的积极因素在于它覆盖了旅游的所有方面；游客通过文化旅游可以了解目的地的历史和生活方式，包括饮食、待客之道和制造业等。1991 年，欧洲旅游与休闲教育协会（ATLAS）从两个角度定义文化旅游：其一为技术界定，是指旅游者离开常住地，前往文化遗产所在地，利用该地区的艺术文化表现以及艺术与戏剧文化景点等开展旅游活动；其二为概念界定，即旅游者远离常住地，前往文化景点，旨在收集最新的资讯和提升旅游体验，以满足其文化需求。① 这种文化需求包括通过观察外在的“他者”而聚合的文化认同。1995 年英国出版了《文化旅游质量管理》，涉及文化旅游的定位、组成部分和预期目标。② 2002 年出版发行的《文化旅游——旅游和文化遗产管理的协作关系》对文化旅游进行概念界定，以旅游衍生、动机、经验期望以及使用层面为考量，将文化旅游聚焦于旅游、文化遗产资源利用、体验和产品消费、游客四个重要因素。③随后出版的《文化旅游》认为文化旅游应是定义一种产品类别的伞形术语，并引用著者2005 年对文化旅游概念提出的观点，“文化旅游是一种旅游形式，依赖于目的地的文化遗产优势并将其转化为可供游客消费的产品”，进一步明确界定了文化旅游的内涵。④

另一本不同作者撰写的《文化旅游》认为，文化旅游包括城市旅游，是围绕游客所熟知的在历史上有重要影响或存见于大都市的博物馆或剧院等展开的旅游。⑤ 普遍认为以文化为主题旅游的游客较普通游客而言，其潜在的旅行时间更长，这种旅游类型在全球范围内越来越受欢迎。在经济合作与发展组织的报告中，亦强调文化旅游在世界不同国家的区域发展中具有重要作用。

---

① Richards Greg (ed.), *Cultural Tourism in Europe*, CABI, Wallingford, 1996.

② Priscilla Boniface, *Managing Quality Cultural Tourism* (*Heritage: Care-Preservation-Management*), London and New York: Routledge, 1995.

③ Bob McKercher and Hilary du Cros, *Cultural Tourism—The Partnership between Tourism and Cultural Heritage Management*, London and New York: Routledge, 2002.

④ Hilary du Cros and Bob McKercher, *Cultural Tourism*, 2nd ed., London and New York: Routledge, 2015.

⑤ Milena Ivanovic, *Cultural Tourism*, Cape Town: Juta and Company Ltd., 2008.

2011 年出版的《文化遗产和旅游导论》主要探讨文化消费、立法保护、营销模式等方面，并以博物馆、考古遗址、自然景观、工业遗产等鲜明个案，探讨文化遗产和旅游如何更好地融合。① 2013 年出版的《劳特利奇文化旅游指南》由 50 篇论文组成，从历史、哲学和理论，政治、政策和经济，社会模式和趋势，交流发展，景点定义，重建计划，游客体验等角度，对文化旅游进行诠释与解读。②

《文化旅游问题研究》发行于 2016 年，主要研究了文化旅游架构、文化旅游动机和需要，进而从地理、政治等层面展开论述。同时，从遗产、旅游和博物馆，艺术、节日和文化旅游，创意旅游等方面，对发展文化旅游提出建设性意见。③ 同年出版的《文化旅游与当地可持续性发展》将文化旅游发展作为一项可持续性战略，分析了可持续性旅游和旅游资源政策，并通过 5 项个案研究，提出制定新政策进行评估的必要性。④

此外，国外学者对文化旅游方法论也有所拓展。2010 年出版的《文化旅游研究方法》共收录 17 篇论文，从文化旅游研究嬗变谈及定量和定性相结合的研究方法、定性研究方法、跨学科研究方法在文化旅游研究中的应用。⑤

相较于国外学界趋于成熟的前沿研究，国内学界也相继发布了相关研究成果。例如，2008 年出版的《文化旅游——经营·体验·方式》试图界定文化旅游概念，认为狭义的“文化旅游”是指旅游者作为旅游主体，借助旅游中介和旅游目的地等外部条件，通过对信仰、精神、知识、艺术、语言、风俗、习惯、历史、传说和自然遗产、人文遗产等旅游客体的某一类或

① Dallen J. Timothy, *Cultural Heritage and Tourism*: *An Introduction*, Bristol: Channel View Publications, 2011.

② Smith Melanie and Richards Greg (eds.), *The Routledge Handbook of Cultural Tourism*, London and New York: Routledge, 2013.

③ Melanie Kay Smith, *Issues in Cultural Tourism Studies*, London and New York: Routledge, 2016.

④ Luigi Fusco Girard and Peter Nijkamp, *Cultural Tourism and Sustainable Local Development*, London and New York: Routledge, 2016.

⑤ Richards Greg (ed.), *Cultural Tourism Research Methods*, CABI, Wallingford, 2010.

几类旅游资源的观察、鉴赏、体验和感悟，从而得到一种文化享受和收获的旅游活动。从旅游产业发展来说，它通常包括历史文化游、现代文化游和民族民俗文化游三个部分。[①] 2009 年出版的《欧洲旅游：关于产业发展及组织管理的全新研究》以欧洲为例，认为文化旅游可以看成人们通过收集新信息和新体验以满足其文化需求为目的，去往常住地区之外的文化吸引场所如遗产地、艺术文化场所、剧院等处的探访活动。[②] 2017 年出版的《中国文化旅游概论》综述了文化、旅游及文化旅游的概念、种类、特征与意义，针对文化旅游业及我国文化旅游业的发展历史、现状、存在问题和对策建议等展开研究，分析了我国具有代表性的文化旅游资源种类及特征。[③] 2019 年有学者在会议上提出，文化旅游的核心是文化感和文化的体验。文化感需要结合现代人的旅游需求，将不同的文化元素和基因转化为场景和故事，通过技术性和艺术性的创新，带给游客感官、行为、思维和情感体验。这种体验，才是文化旅游的核心。[④]

（二）文化旅游的范畴

由于文化旅游是一个年轻的产业，而且一直在发展和演变，即使国内外学者历经数十年的研究，学界对“文化旅游”的范畴也尚无明确的共识。不过从目前文化旅游发展的成熟度、学界的认知度来看，我们还是有条件界定其范畴的。本报告以人文精神为主导，以旅游为媒介，立足物质文化遗产和非物质文化遗产，以通俗、非概念化的语言来界定文化旅游的范畴。在出游的前提下，文化旅游范畴的大轮廓可以用“时间”与“空间”勾勒，“时间”可以追溯远古、近揽现代，诸如从北京猿人、埃及金字塔、庞培古城、汉唐陵墓、明清皇宫、革命圣地，到节庆民俗、

① 该书认为，“广义而言，文化旅游如同人生的行旅”。参见王明星《文化旅游：经营·体验·方式》，南开大学出版社，2008。

② 冯翔：《欧洲旅游：关于产业发展及组织管理的全新研究》，中国旅游出版社，2009。

③ 骆高远：《中国文化旅游概论》，浙江大学出版社，2017。

④ 《张辉：以人民为中心的旅游，不仅仅是文旅融合这点事》，搜狐网，2019 年 4 月 2 日，http：//m. sohu. com/a/305572103_ 771801/。

艺术建筑等。"空间"亦为"地域"，既有国内与国外之别，也有国内地区与文化的不同，诸如从国外的欧美博物馆游、日本京都奈良古都游、柬埔寨吴哥窟游，到国内的敦煌游、西安古迹游、西藏文化游、彝族村落游等。细看，时空又时常交织融为一体，时间中蕴含地域的广阔，空间中穿插历史的纵深；文旅之行时常跨越时空，摆脱景点的局限，诸如丝绸之路游与红色旅游等。值得指出的是，文化旅游容纳不同需求和不同层次，观光、度假、休闲、体验、研学、养生共存；有的享受文化氛围中的放松与愉悦——沉浸于苏州园林的雅致、印象西湖的表演；有的把文旅作为修养和学习的殿堂——好奇古玉的制作、饕餮的含义、陶瓷的演变。即使到同一个景点，比如故宫，参观者的目的也不一样：有的是观光的游客，赞叹皇宫的雄伟、窥视皇家的奢华；有的为研学的观众，浏览珍藏书画、琢磨乾隆品位。前者游览了文化景点，后者获得了文化需求。无论何种情况，参与文化旅游的游客都或多或少地期望满足某种文化的动机、探奇、意愿或需求。

文化旅游几乎涉及人类社会与生活的各个主要层面，游客在旅游的过程中，能够亲自感受、体验、了解、欣赏、享受丰富多彩的历史文化、当代文化、民俗文化、生态文化、艺术文化、养生文化、精神文化、宗教文化等。但文旅实体是一个由带有文化动机和需求的游客、文化景点、文化遗产资源、风俗演艺、文创产品、市场经营、文旅消费、文旅服务（包括吃、穿、住、行、通信）等组成的环环相扣的产业链。这个产业链在中国已经配套成形，创意也接二连三，主要以历史文化遗产旅游、博物馆旅游、文化活动旅游、艺术展览文化旅游、文化创意旅游等文旅类型呈现。但还有许多不尽如人意、亟须改进之处，完善文旅管理机制迫在眉睫。例如，文旅产业鱼龙混杂，冒文旅之名的房地产开发、山寨景点、低劣的文创产品、强迫式的消费、过度的商业化与庸俗化等玷污了文化旅游的内涵，损害了游客的感知和体察，造成了负面影响。同时，文化旅游对文化遗产的超额"消费"与文化遗产保护之间的矛盾此起彼伏，如何平衡文旅发展和文化遗产保护是长期面临的挑战，近年来以文旅发展促进生态环境保护的方针可以作为借鉴。民众希望文化旅游名副其实，期待文化旅游专业化、规范化、多元化、人性化、品质化。文化旅游成为民众日常生活的常态，游客的素质也发生了可喜的变化，最显著的变化是以往把博物馆当作乘凉避暑胜地的游客越来越少，取而代之的是研学观众、志愿者和博物馆之友。只有各方携手努力，吸取国内外经验和教训，创意与规范并重，才能使中国文化旅游的发展越来越好。

二 “文旅融合”战略部署带来的变化与发展

为统筹文化事业、文化产业发展和旅游资源开发，推动文化事业、文化产业和旅游业融合发展，提升国家文化软实力和中华文化影响力，国务院决定整合文化部与国家旅游局，组建“文化和旅游部”，并于2018年4月8日正式挂牌。文化和旅游部的组建是党中央“合其时、合其势、合其市”的重要战略决策和部署，由此我国文化旅游业正式进入“文旅元年”，共同开启文化旅游协同发展新纪元。

（一）政府主导文旅融合，文化助推旅游

在文化和旅游部成立之前，旅游业自身已开始推动行业内的改革。在2016年全国旅游工作会议上，国家旅游局局长李金早正式提出要推动我国旅游从“景点旅游”向“全域旅游”转变，并于2017年列入《政府工作报告》。国务院办公厅于2018年3月22日正式发布《关于促进全域旅游发展的指导意见》，旨在推进产业融合，探索名胜、名城、名镇、名村“四名一体”全域旅游发展模式。文化和旅游部成立后，明确了“宜融则融、能融尽融，以文促旅、以旅彰文”的文旅融合工作思路。① 文旅融合旨在充实旅游中的文化含量，发挥旅游的普及性以推广文化。

文化旅游产业也经历了逐步升级的历程，从1.0模式发展到5.0模式，

① 《雒树刚在2018旅游集团发展论坛上的讲话》，中国旅游研究院（文化和旅游数据中心）网站，2018年12月13日，http：//www.ctaweb.org/html/2018-12/2018-12-13-10-27-25064.html。

即观光式旅游、度假式旅游、体验式旅游、研学式旅游、养生式旅游五种模式（见图1）；在资本、创意和科技的驱动下，其特点显现出以历史文化资源为依托、以休闲娱乐为取向、以身临其境的参与和经历为主导、以探索求知为动机、以健康颐年为意愿的演变（见图2），而且日益凸显游客越来越注重沉浸式体验、探索求知、颐养生命的需求。随着文化旅游产业资本运作水准的不断提升，更加强调创新这一内驱力，也更讲求运用最新科技来推动文化旅游产业的升级。不过这五种发展模式共存，不是直线、排他式的发展轨迹，而是融合式、协同式发展。

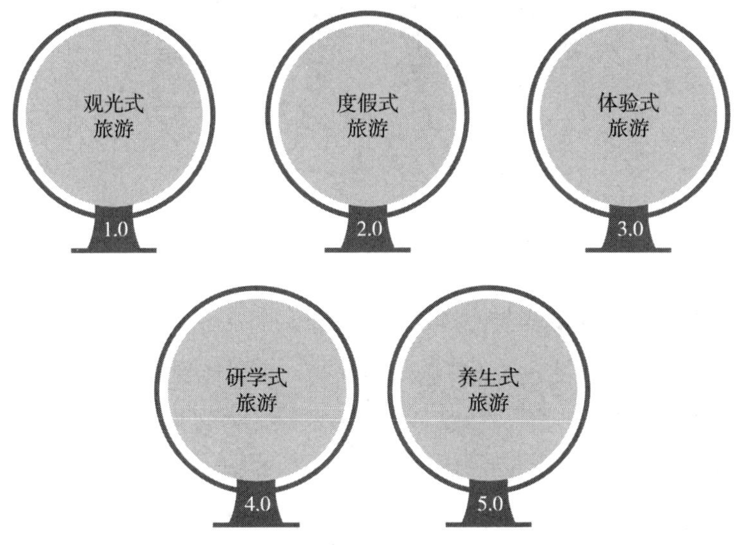

图1　文化旅游产业发展升级模式

文化和旅游部成立以来，其倡导和推动的工作主要体现在以下三个方面。

1. 打造“文化 + 旅游 + N”产业链

《2018年全国旅游工作报告》明确提出“旅游 +”这一理念，着力推进产业融合与协作，“旅游 +”成为文旅体系升级扩充的新动力，为文化旅游注入新鲜血液。全面深化供给侧结构性改革，就是要以“旅游 +”“ + 旅

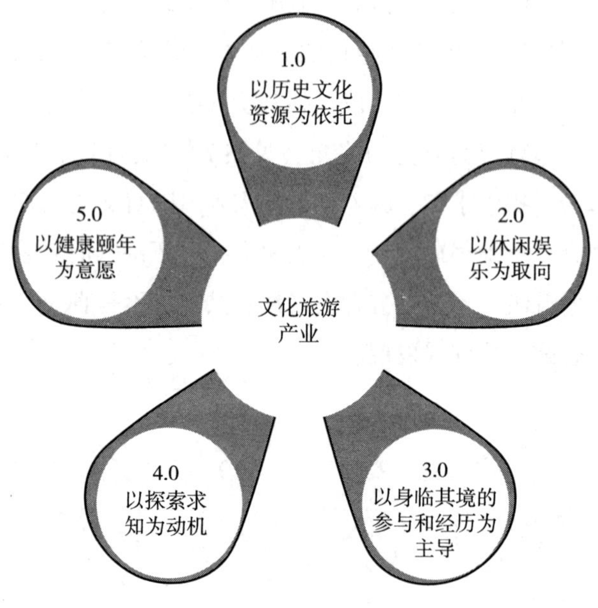

图2　文化旅游产业发展升级内涵

游”推动形成多产业融合与协作发展的新格局。文旅融合使“文化＋旅游”逐步细化并形成“文化＋旅游＋N”的模式，主要体现为“文化＋旅游＋生态”“文化＋旅游＋科技”“文化＋旅游＋创意”“文化＋旅游＋演艺”“文化＋旅游＋互联网”“文化＋旅游＋区块链”等领域（见图3）。具体来说，应关注文化旅游与生态文明建设；以VR、AR、MR等新兴技术为指导，开展方兴未艾的文创产品研发；以科技手段助力旅游演艺，提倡沉浸式体验；借助互联网平台，实现文化旅游全程预订、景区数字化建设；挖掘传统文化和地域文化，在区块链的基础上推动文化旅游高度融合；探索推进“智慧旅游”向纵深发展。

2. 文化旅游推进生态文明建设

早在2013年，习近平总书记就已指出生态文明建设的重要性，提出了“绿水青山就是金山银山”的理念。此后他在全国各地多次考察时指示，要以生态文明建设为基点，推进文化旅游发展。文化旅游与生态文明建设相得

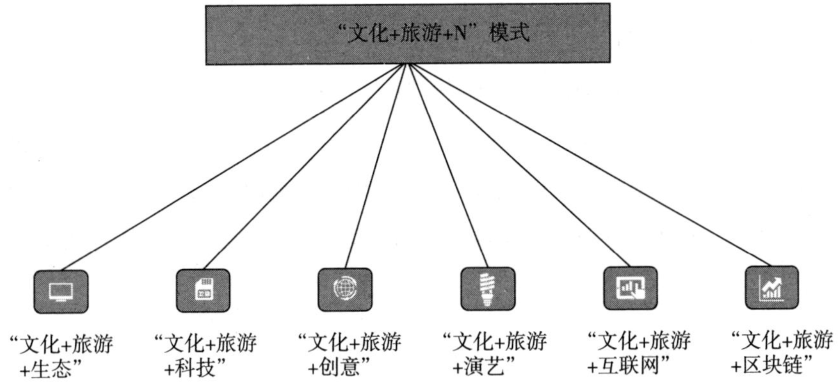

图 3　文化旅游与其他产业协作与融合

益彰，也受到主管部门的重视，取得了一些成绩。[①] 国家政策激励了对开发文化生态旅游的探索，与森林、草原、雪山、湿地、海洋相关的产业规模迅速增长。文化生态旅游的基础是文化内涵和生态资源匹配，旅游活动与自然环境和人文环境相和谐，讲求文化中的生态和生态中的文化，从生态旅游到生态文化旅游的升级势在必行。文化生态旅游业在扶贫、就业等领域发挥了重要作用，游访农家乐、民宿、渔牧聚落、生态景区、文化村落带动了偏远地区的经济发展。

3. 发挥文化旅游在"一带一路"建设中的重要作用

2013 年以来，"一带一路"倡议获得沿线国家和地区越来越广泛的响应，我国已与 69 个沿线国家和国际组织签署共建"一带一路"合作协议。[②] "一带一路"沿线国家和地区丰富多样的历史文化遗产、日益紧密的合作关系，以及丝绸之路多姿多彩的自然风光，为文化旅游提供了历史性发展契

① 文化和旅游部部长雒树刚在"2018 旅游集团发展论坛"上指出，旅游是生态文明建设的积极倡导者和坚定实践者。随着旅游业的发展，"绿水青山就是金山银山""冰天雪地也是金山银山"取得了有目共睹的成就。

② 2013 年 9 月，国家主席习近平在哈萨克斯坦提出共建"丝绸之路经济带"倡议，同年 10 月，他在印度尼西亚提出"21 世纪海上丝绸之路"。

机。根据中国旅游研究院发布的《“一带一路”旅游大数据专题报告》，“一带一路”沿线国家和地区赴中国旅游游客数量保持稳定增长，中国游客是“一带一路”沿线国家和地区入境旅游收入的主要来源。历史悠久的丝绸之路再现生机，成为当今文化旅游的亮点，带动了“一带一路”沿线国家和地区基础设施的建设、经济的发展、文化遗产的保护、与中国的密切合作，提升了中国文化软实力和中国文明的影响力，是推动构建人类命运共同体的一条主干道。

（二）行业与民众自主推动的文旅进展

中国文化旅游业密切关注国际业界同行的成果和发展趋势，努力与国际接轨，既借鉴国外较为成熟的文化旅游模式，又在此基础上尝试拓展具有中国特色的文旅类型；国内民众对旅游的要求越来越高，体验与研学越来越受欢迎。随之，一些国外流行的文旅项目，如博物馆游和主题公园旅游，被国内广泛采纳，并融入自有的文化元素而成为热门。同时，国内也出现了一些中国独有的文化旅游活动，如红色旅游等。

1. 国外典型个案与经验借鉴

国内近年兴起的主题公园旅游、文化遗产旅游、博物馆旅游等文化旅游，在国外由来已久。美国的主题公园旅游风靡全球，欧洲文化旅游类型主要有历史文化遗产旅游、博物馆旅游、文化活动旅游、艺术展览和文化旅游、文化创意旅游等（见图4）；日本和澳大利亚等国家也流行这样的文化旅游模式。近几十年来许多欧洲国家将文化旅游置于国家文化发展战略中，相继制定出台推动文化旅游发展的政策，促进旅游经济的增长和社会价值的提升。文化旅游既是中国也是全球旅游需求增长最快的领域。不少欧洲国家的政府设置了国家级的文化（和旅游）管理机构，其文化旅游的政企合作模式与中国相近。

国外不同国家的文化旅游各具特色、各有侧重，但世界各国的文化旅游政策基本秉承两个目标：其一是为国家带来经济收益；其二是推动国家文化发展与传播。文化旅游的成功与否，取决于旅游的过程、服务和目的地能否

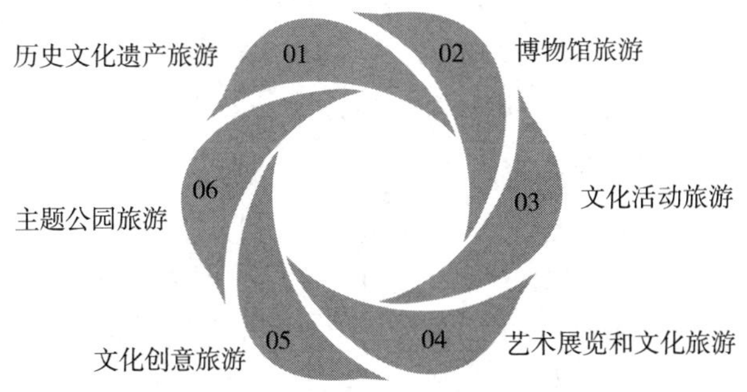

图4　欧美文化旅游主要类型

满足游客的动机、心理预期以及相关的需求。各国都致力于提供与众不同、令人难忘的文化旅游，使游客舒心满意，尽量消费，满载而归。其中，美国、英国、意大利等国从不同维度开发特点鲜明的文化旅游或加大力度保护其根基文化遗产，引领文化旅游发展潮流。

（1）美国多元主题公园的文化旅游模式

主题公园（Theme Park）的模式源自1955年建成的美国洛杉矶迪士尼乐园（见图5）。主题公园是围绕某些特定的主题（历史、神话、科幻等），采用现代科技手段和多重活动设置，集娱乐、消遣、餐饮、酒店、购物中心和其他服务设施于一体的现代旅游目的地。迪士尼乐园开业后取得了空前的成功，随后又陆续在奥兰多、东京、巴黎、香港和上海修建了适应当地情况的迪士尼乐园。迪士尼乐园的成功经验在于营销收入来源不局限于门票这项单一收入，其收入还来自文创产品、餐饮、酒店等多种渠道。在以文化和科技为支柱、以动漫产业为依托的基础上，不断改进和丰富主题公园的建设，同时延伸开发周边产品与产业链，极大地推动了区域文化旅游经济的发展。

（2）英国科技助力博物馆的文化旅游模式

英国约有2500座博物馆，其中位于伦敦的大英博物馆除了直接观看展品的传统参观方式外，还提供了别出心裁的辅助措施，如2000年初推出的

图5　迪士尼乐园产业模式

“触摸文物”服务，游客可在讲解员引导下触摸文物，使听觉、视觉、触觉三位一体。随着VR、AR技术的快速发展，大英博物馆推出的Micropasts项目使用3D技术扫描藏品，并开放扫描的数据源，观众通过高科技虚拟和实物对比的方式探索藏品。大英博物馆还通过特殊灯光营造气氛，让观众体验青铜时代古人的祭祀仪式，有助于深入了解藏品。此外，大英博物馆与VR开发商Oculus合作，启动React VR项目，使用JavaScript编程语言，推出了一种全新的互动式观展方式，游客可以享受身临其境的VR体验过程，游客可在Web端、移动端和VR设备上进行这种交互式体验，与藏品互动（见图6）。数字化是博物馆建设的一个重要发展方向。

（3）意大利文化遗产保护与追索的经验

意大利是全球被列入“世界遗产名录”数量较多的国家之一，拥有世界遗产55项（其中自然遗产5项、文化遗产50项），而且文化遗产数量位居世界榜首。[①] 意大利在保护文化遗产方面成绩斐然，成立于1969年5月

① 在2019年第43届世界遗产大会上，良渚古城遗址和盐城黄海湿地申遗成功，至此，中国拥有55项世界遗产，与意大利并列榜首。

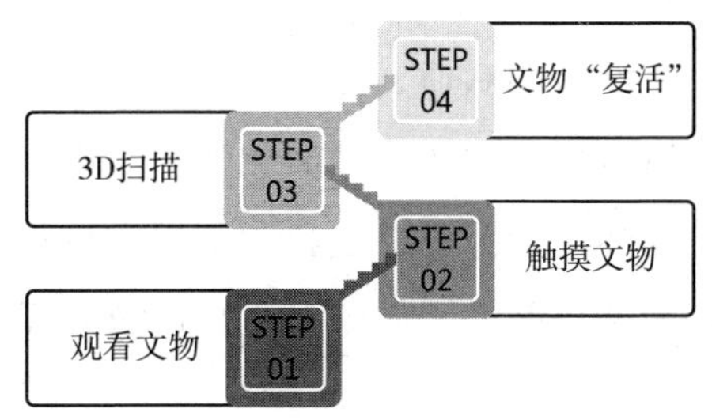

图6　大英博物馆观展方式变迁

的意大利保护文化遗产宪兵司令部（Carabinieri Command for the Protection of Cultural Heritage）发挥了重要作用，该部门专门负责考古遗址保护、打击盗窃盗掘文物犯罪、流失文物追索等工作。这是世界上第一支，也是规模最大的一支专职文物警察队伍。目前设有罗马总部与15个地方分部。意大利保护文化遗产宪兵司令部成立以来，共缴获185万件文化遗产和考古发掘物，成功追回大量流失在美国、荷兰、德国等地的意大利文物，并积极参与跨国文化遗产保护行动，派遣援助团队参加伊拉克、叙利亚等地的抢救工作，保护当地文化遗产，避免发生类似因阿富汗战乱而遭受破坏的卡米扬大佛等情况，阻止盗窃盗掘。2019年3月，习近平主席访问意大利期间，与意大利总理孔特共同见证了意大利返还中国文物，此次是意大利最大规模的返还中国文物，共计796件。这批流失文物回国后，2019年4月，国家博物馆主办了“归来：意大利返还中国流失文物展”。意大利和中国均为文明古国，文物古迹是文化旅游中的重头，保护文物古迹才能使文化旅游天长日久。

国际文化旅游行业，诸如美国、英国和意大利越来越重视科技的作用以及跨行业的协调合作、软实力内涵的融入、产业链的扩展，为中国文化旅游同向发展提供了有益借鉴。

2. 国内文化旅游的新气象

国内文化旅游的整体气象呈蒸蒸日上之势。其中，博物馆旅游和主题公园旅游是群芳中的亮点，成就、契机与问题同存，喜忧参半，值得深入讨论。两者虽起始于海外，但在国内已经发扬光大，具有持续性和普遍性，深受不同类型文旅游客的欢迎，是休闲娱乐和研学修养的强项。在游客来源方面，两者略有区别，博物馆和文化遗产是游客入境游的首选，现在也是国内游客游览的热门选择；主题公园则以国内游客为主，海外市场游客有限。博物馆旅游和主题公园旅游在文化旅游发展潮流中具有指标性意义。

（1）博物馆旅游的功能及娱乐化、商业化现象

博物馆旅游因其兼具欣赏艺术、了解历史、探索研究、科普教育等社会功能，加之国内博物馆免费参观政策的多年实施①，截至 2019 年，全国已有 5000 多家博物馆，2018 年游客人数约 10 亿人，现已成为文化旅游发展的前沿阵地，如何将博物馆参观与文化旅游市场开发相结合，国外同行久经实践，积累了宝贵经验，国内多有学习。近年来，国内博物馆不断推出高质量、雅俗共赏的展览，其中不仅有以中国文明和文物为主题的展览，而且还引进了来自不同国家的文化和艺术，加之日益提升的陈列水平、采取的科技辅助措施、举办的公共讲座、提供的导游服务以及推出的出版物和文创产品，逐步让文物“活起来”②，激发了民众对博物馆和文物古迹参访的兴趣。同时，政府、教育等部门积极推进中小学生研学旅行，明确将研学纳入学校教育计划，参观博物馆成为校外教育的重要组成部分，大大提升了博物馆游客中青少年的比重，博物馆旅游的教育功能日益凸显。

然而，当下国内热衷于以影视节目、网络、科技、新媒体等方式展示、演绎藏品和文物，博物馆直接参与的综艺节目热度空前。部分博物馆在此时髦的潮流中有失冷静，呈现“过度娱乐化”“商业化”“庸俗化”的现象。一些文创产品虽走红但褒贬不一，个别综艺节目探访文博单位未开放区域、

① 2008 年，有关部门联合出台针对全国各级文化文物部门实施的免费开放政策。

② 2013 年 12 月 30 日，习近平总书记在中共中央政治局第十二次集体学习时对博物馆旅游做出重要指示：“要系统梳理传统文化资源，让收藏在禁宫里的文物、陈列在广阔大地上的遗产、书写在古籍里的文字活起来。”随后，2014 年 2 月，习近平总书记在参观首都博物馆时再次指出：“让文物说话，把历史智慧告诉人们。”

营销新产品，用“探秘”和“明星流量”吸引粉丝，助卖文创产品，成为热点话题并引起争议。[①] 商业节目若借助博物馆的场地和珍贵的文物古迹作为卖点应谨慎，要多从博物馆的学术性、庄重性和教育性角度考虑，避免偏离让文物“活起来”的初衷。

2019 年 3 月，国家文物局针对当前博物馆存在的问题及时表明官方立场：“博物馆是公共文化教育和服务的机构，它不是庙堂、集市，也不是娱乐场所，它应该是高尚社会风气展示和引导的场所。博物馆高雅而不深奥、亲和但不媚俗，这是博物馆的基本属性所决定的，要坚持底线。”[②] 博物馆是为社会发展服务、向公众开放的非营利性机构，集教育、研究、艺术鉴赏等功能于一体，致力于征集、保护、研究在人类发展进程中具有代表性的文化遗产。国外与国内博物馆的重要功能相近，如美国博物馆协会在 1990 年明确将“教育”和“为公众服务”视为博物馆职能的核心要素。影视单位和商业机构制作以文物古迹为题材的娱乐节目未尝不可，但博物馆参与主导这些演义化、虚构性、商业化、娱乐化的节目，不仅误导观众，而且使博物馆丧失应有的学术尊严。

政府的支持、民众尤其是青少年的热情造就了博物馆旅游的需求。每逢寒暑假，全国各大博物馆涌入大量前来研学的中小学生，许多旅行社和社会教育机构打着“博物馆研学”的旗号，趁机谋利。但其组织的研学活动参差不齐，有的“走马观花”，有的“只游不学”，名不副实；而且缺乏专业的讲解导览，监管机制也不到位。学校组织的研学活动则相对规范，结合课程设置，授课教师还亲临现场讲解。不过，有的博物馆研学出现形式主义的现象，缺乏游学目标和实施计划，造成虽到此一游，但没有达到应有的效果。另外，一些博物馆的陈列、解说以及电子导览显示屏等辅助设施，在内

---

① 文博单位的“夜景灯光秀”也引发了关爱文化遗产的专业人士和人民群众的批评以及对博物馆功能的深思。此灯光秀使用大量的灯光和激光投影，是否有损文物安全和存在火灾隐患？灯光秀是否植入商业宣传？夜间拥挤的游客是否导致潜在的人身安全灾难？

② 2019 年 3 月，全国政协第十三届二次会议开幕会结束后，国家文物局局长刘玉珠亮相“部长通道”时的讲话。

容设置和知识性上无法满足游学者的需要。博物馆应根据游学者年龄段的不同和学习特点，利用科技（如 VR、AR、3D 打印等技术）提供体验、加强互动，确保研学的品质与实效。有关部门需制定博物馆研学旅行的行业标准，规范研学的组织与管理，并可适时启动“校馆联动”机制，利用移动互联网，实现博物馆教育功能的拓展。

（2）主题公园旅游和海外品牌的冲击

主题公园概念进入中国后，发展速度较快，全国不少地区都在兴建主题公园，其中以华侨城、长隆欢乐世界、方特欢乐世界、欢乐谷、宋城演艺公园等较具代表性。国内对主题公园的理解较为宽泛，相关数据显示，目前国内有近 3000 家主题公园，其中以中小型主题公园为主，行业密集度高，竞争激烈，同质化严重，淘汰率高，升级加速，已进入主题公园行业的繁盛时期。虽然国内以“主题公园”命名的景点数量很多，也在学习海外同行的经营模式，但多数定位不准确、特色不鲜明、服务不完善，游客体验度较低，缺乏认知度高的品牌，运营状况也不理想。

中国市场庞大，且即将成为全球主题公园市场的首强，近年来，以美国华特迪士尼公司和环球影城为代表的海外文旅巨头积极开拓中国市场。继 2005 年在香港建立迪士尼乐园后，又于 2016 年建成上海迪士尼乐园。上海迪士尼乐园落成开业后，持续发力，市场份额逐年攀升，跃居国内主题乐园参观人数和经济收入前列，成为国内游客最期待的主题公园，其品牌影响力在中国排名第一。环球影城在北京布局全球第六个、亚洲第三个环球主题乐园，总投资超过 500 亿元，预计 2021 年正式运营。除此之外，据报道，2017 年，由二十世纪福克斯电影公司投资开建的全球第三家、中国首家二十世纪福克斯国际主题乐园落户晋江；2018 年，索尼主题公园落户武汉长江新城。海外文旅产业进军中国市场，给国内主题公园自主品牌的开发与推广带来了严峻的挑战。国外主题公园旅游模式的兴起比国内早 30 余年，其定位明确、创意不断、开发力度大、金融运作娴熟、娱乐趣味浓郁、自主文化特色鲜明、管理体制健全、服务优质、品牌影响力大。普遍采用迪士尼乐园的产品、价格、渠道、促销 4P 营销模式，以及交通、酒店、购物、餐饮、娱乐一条龙的经营体系。

即使面临国外品牌的冲击，国内自主品牌主题公园也还有很大的发展空间。首先，要针对主题公园的主要游客，开发符合其需求的产品，使游乐多样化和高端化，兼顾探险、休闲、娱乐功能，为游客提供沉浸式互动体验，推出相异于海外品牌但有吸引力的项目。其次，跟上主题公园硬件建设和创意设计所需的科技更新的步伐，在声、光、电等技术手段已经不能满足发展需求时，注重运用5G和人工智能等新一代技术加强主题公园开发建设，使游客在梦幻或逼真的氛围中，享受身临其境的感官体验。以上努力的最终目的是要开发跨越地域的自主品牌，这样不仅能让国内游客喜欢，而且能产生国际影响力，从而有效地开拓海外市场。关于国内自主品牌主题公园的研发，首先需要从中国传统文化中汲取灵感，而仅仅以“中国元素”为卖点来开拓主题公园的海外市场是不够的，以国际语言和艺术手法塑造民众喜爱、中外皆宜的文化艺术符号、形象、节目、IP，才是成功的关键。

三 “文旅元年”以来文化旅游的现状与分析

2018年以来，出入境旅游保持增长态势，稳居世界旅游市场第一梯队，尤其是出境游荣居魁首。文化旅游选项的剧增，使海外博物馆和文化古迹到处可见中国游客，中文说明和讲解也成为海外文博单位的常备。体量巨大和出手大方的中国游客，甚至影响了出访国GDP的增长率。经济利益和外交关系密切相关，便利中国游客、保持与中国良好的关系，是有关国家和地区必要的考量。除时常跨越国界的“‘一带一路’游”外，国内的文化生态旅游、历史文化村镇旅游、历史文化名城旅游、现代都市旅游、博物馆旅游、主题公园旅游、文化节庆旅游、少数民族文化旅游、工业旅游、红色旅游等分支方兴未艾，广受欢迎。在分析文化旅游发展趋势、类别和数据的基础上，本报告按照“‘文化旅游+’拓展”和“文旅融合业态”两部分，对不同文化旅游业态进行总结、分析与展望。

（一）“文化旅游+”拓展

本部分主要探讨文化旅游在金融、生态文明、外交、科技、人才等领域的拓展与潜力，以及“一带一路”倡议对文化旅游的影响，分析文化与旅游融合为文旅产业带来的发展和变革，同时对文旅产业现状进行研判，提出具有前瞻性和战略性的建议（见图7）。

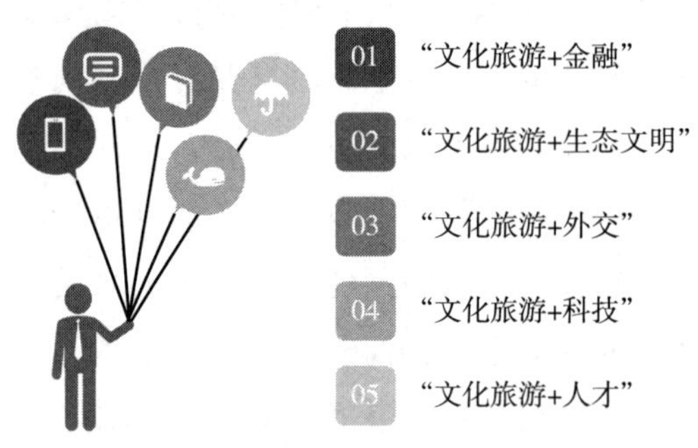

图7　“文化旅游+”拓展情况

1.“文化旅游+金融”

金融赋能文化旅游产业或可带来文化消费升级，如何以金融资本助力文化旅游产业发展引起广泛关注。从业态、金融、城市经济、政策体系四个维度来看，“文化旅游+金融”将呈现以下发展趋势：资本主体更加多样化，规模继续增长；金融体系日渐完善，基础设施建设取得实质性进步；融入城市发展和区域经济发展；政策体系不断丰富，制度供给和相关配套更加完善。未来将在文化金融服务中心及文旅金融服务中心系统标准化、机制化，金融机构之间合作机制化，以及社会化组织建设等方面有所突破，期待行业组织提供更多、更规范的服务。

2.“文化旅游+生态文明”

以促进生态系统有机循环运行、调整经济发展结构、优化经济发展方式为主导的生态文明建设具有重要的战略意义。生态文明建设有助于为文旅融合提供绿色环境和惬意的氛围，生态文明将助力文化旅游产品进一步创新与产业链延伸。“文化旅游 + 生态文明”倡导以和谐共生思想推动文旅融合，坚持“文化 + 自然”的文旅发展模式，探索“红色 + 绿色”的旅游发展模式。生态文明建设不应简单强调原生态，而是要激发生态文明的活力，以此促进我国经济结构和发展方式的转型与优化。

3. “文化旅游 +外交”

近年来，文化旅游发挥的外交功能不断彰显，“一带一路”倡议带动了沿线国家和地区文化的交流、互动与合作，激发了持续发展的潜能，促进了中国与“一带一路”沿线国家和地区跨区域与跨国界的政治认同、文化旅游、经济合作、商贸交易、人员往来、基础建设、设施互通。随着各项举措的实施，“一带一路”沿线国家和地区的文旅融合呈现百花齐放的特色，跨国文旅合作成为新趋势，文化和旅游融合助推“一带一路”倡议向纵深发展。

外交的实施是政府行为，而通过文化旅游的民间往来对促进双方的相互理解与深化友谊功不可没。出境文化旅游增幅最快的客群是“一带一路”沿线国家和地区的文化旅游，其中博物馆旅游成为出境旅游热点。旅游安全对国民选择海外旅游目的地有直接的影响，需完善跨国和跨地区旅游安全合作机制，健全国际旅游安全合作的法律法规。出境游客是所访地人民了解中国的窗口，文明之行可加深当地人民对中国的正面认识和好感。入境文化旅游是推动文化旅游外交、“一带一路”建设，构建对外开放新格局的重要部分。在原有的基础上开发访问前令人向往、访问后令人难忘、具有中国特色的文化景点和项目是业界成功的关键，确保导游和翻译等“文化中介者”的职业道德和专业水准有助于提高入境游客的满意度。

4. “文化旅游 +科技”

科技已成为推动文化旅游发展的重要力量，不仅改变了文化旅游实施与消费的模式，而且为提高文化旅游的质量注入了新动能。“互联网 + ”时代对文化旅游产业发展提出了新的要求：必须充分利用科技手段助力文化旅游，推进文化旅游产业的转型升级，实现文化旅游产业融合的突破；以科技创新推动新型文化旅游业态创新；坚持政府引导与政策支持，推动文化旅游新业态的形成。旅游 App 通过手机终端助推智慧旅游发展，在 5G 时代将继续发挥重要作用，打造“超级旅游 App”模式，需增强游客互动体验，及时修复 App 使用过程中的缺陷。由于微信平台对旅游 App 的冲击，“后 App 时代”将呈现“微信 + 旅游 App”的发展趋势。

5. “文化旅游 + 人才”

文旅融合给创新人才培养模式和人才升级带来新的挑战，如何打造高素质、专业化的文化旅游人才梯队引起学界和业界的思考。文化旅游人才需围绕“故事 IP、形象 IP、产品 IP 和企业 IP”的“四合一”IP 发展模式来培养和深造。在经济转型升级背景下，文化旅游产业需要一大批专业化、复合型人才，推动文化旅游产业突破传统文化产业与旅游产业的发展瓶颈，开辟可持续的新型发展空间。

（二）文旅融合业态

本部分涉及历史文化名城/村镇旅游、主题公园旅游、文化生态旅游、红色旅游、城市文化旅游、博物馆旅游、现代文化节庆旅游、工业旅游、少数民族文化旅游、文化旅游演艺等旅游业态的发展现状，同时结合文化旅游演艺产业发展情况，诠释当前中国文化旅游发展现状，在对各种业态进行深入研究的基础上，展现中国文化旅游发展全貌。

1. 历史文化名城/村镇旅游

历史文化名城旅游对开展精神文明建设、进行爱国主义教育、扩大国际影响力具有积极意义，要与国家战略整体政策导向相一致，要与城市发展的谋篇布局相吻合，弄清历史文化名城与文化旅游的辩证关系。历史文化村镇旅游需定位清晰明确，休闲、养生、教育、创意是打造体验、生态、智慧和低碳旅游的主攻方向，应把握改革发展机遇期，切实解决历史文化村镇发展的基础性问题，形成“政府统筹、学者支持、商家竞标、企业赞助”的发展模式。

2. 主题公园旅游

主题公园旅游要在战略部署的高度上，重视以 IP 为中心的品牌开发，加强管理人才和服务人才建设，提升主题文化内涵，积极利用科技手段提高游客体验。今后主题公园的市场规模将继续扩大，市场竞争会更加激烈，全球性超大型主题公园和具有地方特色的小而精的主题公园将更受欢迎，应注重消费合理性及承受能力与文化内涵、项目创新、科技含量、市场需求等因素有效结合。

3. 文化生态旅游

我们每个人都是生态文明建设的受益者和参与者，文化生态旅游方兴未艾，产业人才的培育是其进一步发展的基础。与此同时，应打造品牌，完善服务，满足游客差异化、个性化的需求；加强文化生态旅游资源融合，增强“互联网+”和“文化+”的聚合力；实施保护和发展并重的产业战略，活化旅游地文化与经济；顺应国家发展战略，开辟产业发展新渠道。

4. 红色旅游

红色旅游近年来持续发力，所占市场份额激增，秉承讲求社会效益的宗旨，形成“政府主导、市场运作、多方参与”的多元发展模式。行业主攻的方向包括：结合当前文化发展战略，加强红色旅游示范基地建设；适当引入商业运作，探索适合游客的消费模式；结合红色旅游演艺，提高参与度，强化教化作用；运用最新科技建设红色景区数字化博物馆，丰富游客现场体验；紧跟政策导向，以发展红色旅游为契机，助推扶贫攻坚。

5. 城市文化旅游

城市文化旅游对振兴文化旅游产业具有举足轻重的作用。城市不仅是文化旅游资源的聚合平台，而且是文化旅游产业的辐射枢纽，都市文化是复合多元且层累交织的，文化旅游产业发展要留出弹性空间，使都市内的多元文化得以充分展现。

6. 博物馆旅游

博物馆旅游的快速发展得益于经济的繁荣和人民群众对高品质精神文化日益增长的需求，也得益于博物馆展览教育水平的提升与管理服务意识的增强，互联网背景下的“文博旅游”浪潮将持续涌现。当今，游玩向游学转变，教育功能凸显；时尚与创意并重，文创产品热销；文化与商业交织，形成不断延伸的文博旅游产业链。今后要加强对博物馆旅游的深入研究，科学指导博物馆旅游资源的开发，只有保护好博物馆收藏的文化遗产，才能实现博物馆旅游的持续性发展。

7. 现代文化节庆旅游

现代文化节庆旅游是人民群众享受美好生活的典型体现，是一种老少皆宜的文化旅游模式。现代文化节庆旅游的进一步发展，需要系统化、深度挖掘现代文化节庆旅游产业中的文化资源；围绕 IP 打造适宜的外观环境，营造具有吸引力的营商氛围；满足旅游者的多元化内容需求和深度情感抒发需要；提升品牌 IP 的影响力，促进消费行为转化；与城市形象互动，与城市文化景观相统一。

8. 工业旅游

工业旅游是一种工业与旅游业相互交叉的综合型专项主题式的新兴旅游活动。通过对国内外工业旅游案例的研究，可以归纳出以下几个结论：进行工业旅游开发必须深入了解当地工业的核心资源，利用创意设计产品对当地工业资源进行适应性再利用是工业旅游发展的主导动力；同时需编制工业旅游发展专项行动计划，运用各种方式整合营销工业旅游项目，打造工业旅游知名品牌。

9. 少数民族文化旅游

少数民族文化旅游是民族地区经济发展的重要推动力，为我国文化旅游产业的发展做出了非凡贡献。旅游 IP 运用于少数民族传统文化将有助于增强民族文化的旅游吸引力和提升经济价值。同时，要促进少数民族文化资源与旅游资源的融合升级；以文化共性协调民族差异和价值利益，并作为民族稳定与创新发展的原动力；形成少数民族文化旅游完整的产业链，推动资源保护与使用的有机融合。

10. 文化旅游演艺

文化旅游演艺是文化旅游产业不可或缺的重要组成部分，推动了夜间经济的出现。为了促进文化旅游演艺项目长足发展，必须把握区位优势，整合资源，打造“演艺＋文化＋旅游”的生态模式，主题性强、亮点突出、有文化特色的原创轻型或小型文化旅游演艺项目或将成为业界新宠。一方面，要加强政府引导文化旅游演艺产业发展，搭建标准化平台，发挥示范作用；另一方面，对消费者进行综合研究并制订对应方案，将有助于行业的进一步发展。

四　文旅融合新时代的机遇与挑战

随着文旅融合的不断深化，新兴旅游产品和业态更加丰富，文化旅游界以“文化＋旅游”的模式，聚焦开发文化体验游、生态和谐游、研学知识游、红色教育游、休闲度假游、乡村民宿游、城市购物游、工业遗产游、康养体育游、中医药健康游、邮轮游艇游和自驾车房车游等专项旅游，文旅项目的扩展和中产阶层的增多为文旅产业的发展带来了新生机。2014 年 8 月国务院印发的《关于促进旅游业改革发展的若干意见》指出，文化和旅游的融合成为拓展旅游发展空间的一个重要方面，强调要坚持融合发展，打造跨界融合的产业集团和产业联盟。然而，在上述专项旅游或业态中，有的文化元素一目了然，有的则不太明晰。如何将文化元素融入这些不太明晰的旅游分支，如何在这些分支中提炼文化意义及魅力，打造名副其实的文化旅游，既面临机遇也面临挑战。在文旅产业迅猛发展的当下，创新内驱力跟不上步伐，独创性和自主性不足，行业品质与内涵亟须优化，有创意和远见的专业人员缺乏，有待寻觅与培养。在整体形势良好的局面下，文旅产业中存在的问题和不良现象也应引起业界和政府部门的关注，应加强管理，及时预防与纠正，防患扰乱大局。

（一）文化旅游发展中的不良现象

1. 冒文旅之名的房地产开发

自 2017 年党的十九大报告提出“乡村振兴战略”以来，全国各层级共同发力，积极推动乡村建设发展，为开发乡村旅游助力。在文旅融合大潮的驱使下，文旅产业逐步成为带动中国经济发展的重要组成部分，房地产行业对文旅产业的开拓也发挥了一定的作用。但在推进乡村旅游发展以及特色村镇、生态园区、城镇文创空间打造等过程中，以及在开展主题公园和文化艺术区建设时，要警惕冒文化旅游或文化之名变相进行房地产开发，杜绝在开发建设时通过不正当手段违规获得土地所有权，破坏文化脉络和生态植被，恶化环境，以及私建奢华别墅、度假别墅、住宅区、商业建筑的行为。

2. 伪造的文化旅游景区

文化旅游景区是文化旅游的重要组成部分，但近年来伪造文化旅游景区现象频出，山寨景点陆续出现，产生了一定的负面影响。有关部门在开发文化旅游景区的过程中，要注重文化景区中自身历史文化的传承与利用，切忌奉行低俗的“拿来主义”，粗劣地复制著名世界地标，避免再次出现“山寨白宫”“山寨伦敦塔桥”“山寨埃菲尔铁塔”等伪造景点。改革开放初期，国人很少出国，有的企业抓住商机，复制国外景点。然而在改革开放 40 多年后的今天，此举是文化自信缺失和投机取巧的体现，管理部门应严格遏制此类现象的发生，确保文旅景点的品质。

3. 强迫式的文化旅游消费

生活水平的提高带来旅游市场的迅猛发展，游客群体的结构也在不断发生变化，全民旅游时代已悄然来临。日益增长的客群数量极大地带动了文化旅游消费的增长，景点、商家、旅馆、饭店、旅行社、导游等想方设法让游客掏腰包。如果遵守规则、契约和常理，无可非议，但部分旅行社以低价参团费吸引游客，尤其是将目标锁定为中老年客群，进行隐性收费，比如导游每逢景点必带游客进入景区指定商场购物，若不购物，游客会在旅行途中被刁难甚至羞辱，这种非自愿式消费不仅偏离了旅游的目的，令旅游的品质无法得到保证，而且破坏了游客的好心情。此种现象还时常出现在海外华人旅行社安排的旅行中，应注意防范。

4. 过度的商业化与庸俗化

文化遗产过度商业化会引发文化、经济和社会效益之间的失衡，其对文化遗产带来的负面影响是长期的甚至是难以逆转的。例如，过度商业化的乌镇正在被商业化所蚕食，已今非昔比，商铺遍及整个小镇，庸俗的氛围淹没了原有的文化气息。诸如此类的文化小镇或历史文化街区不胜枚举。目前全国已经公布的 400 多家特色小镇中有多少真正具备个性和本土性？过度商业化不利于文化遗产的可持续发展，背离了旅游景区在公共文化服务中的作用，庸俗化的弥漫有损文化生态环境。如何防止文化景点和古镇旅游过度商业化，如何平衡文化传播与经济收益的关系，是有关部门亟须解决的问题。“唯门票”“唯收益”“唯市场”或可满足业主的欲望，却压抑了文化遗产乃至文化旅游的社会效益。伪冒行为、低劣产品以及旅游产品同质化现象还会带来市场泡沫化。

（二）平衡文旅发展和文化遗产保护

截至 2019 年 7 月，我国的世界遗产数量已达 55 项（其中世界文化遗产 37 项、世界文化与自然双重遗产 4 项、世界自然遗产 14 项），与意大利并列世界第一。探访中国各文化遗产所在地是国内外游客的普遍向往，文化遗产是文化旅游的中坚。文化遗产对游客的吸引力呈逐年上升趋势，带动了文化遗产旅游的发展。旅游助推文化遗产中所蕴含的文化与艺术的弘扬，同时也促进了文化旅游业的发展和当地经济的增长，二者相辅相成。

文化遗产游火爆的同时，也产生了副作用。旅游有时不仅会造成文物古迹的损坏，而且可能破坏原有的文化遗产生态。这种情况在国内外都有发生，严重时还会影响“世界遗产”的荣誉。2016 年 6 月，联合国教科文组织专家在考察威尼斯文化遗产后，指出威尼斯及其潟湖正遭受巨型游轮和旅游业发展带来的压力，建筑物缺少维护、居民背井离乡、传统工艺失传等威胁，对其现状提出了警示，并建议应基于“世界遗产与可持续旅游项目”保护范例，采取紧急措施进行整改。[①] 中国也面临同样的问题。例如，被列入世界文化遗产的安徽古村落西递、宏村，既是当地居民生息之处，也是国家 5A 级旅游景点，社会空间里当地居民与游客交织，每逢节假日景点拥挤

① 2016 年 6 月，联合国教科文组织专家在第 40 届世界遗产大会上通过了对威尼斯调查报告，报告中提及“旅游业的高压正威胁着突出的普遍价值（OUV）”。

不堪。徽州传统建筑是学生写生的主题，这里成为诸多高校学生的写生实习基地，在此过程中，不少写生者在景区月沼湖、南湖等处涮笔，将大量含有化学物质的颜料溶入水中，严重污染水质，威胁到当地居民的饮用水安全。

文化旅游对文化遗产的“超额消费”现象是另一个棘手的问题。每逢节假日，文化遗产景点和知名博物馆人满为患，客流量爆满，滚滚人流大煞风景，游客不可能体验景点原有的氛围与宁静。有关部门采取游客限量、景点分流等措施，但尚未治本。这涉及节假日的灵活使用、文化旅游的多样化、增强保护文化遗产的意识、健全法规等更深层和更广泛的问题。文化遗产，尤其是文物古迹，没有再生性，保护文化遗产是开展文化旅游的前提。

（三）“文创热”下应关注产品品质和知识产权

文创产品作为文化旅游活动的延展，备受游客关注，也是经济收益的重要来源。国内众多文博单位相继推出各种各样的文创产品，形成“文创热”。其中，以故宫博物院、国家博物馆、上海博物馆为代表的国内大型博物馆纷纷拓展文创市场资本运作方式，加速与电商合作布局，先后入驻天猫旗舰店，拓宽文创产品营销渠道，天猫已逐步成为 IP 文创产品集散地。一些国外博物馆亦同步做出类似的营销布局。2018 年 12 月 13 日，英国大英博物馆携手天猫，宣布拓展商业伙伴关系，使其文创产品进军中国市场，在天猫开设“大英博物馆旗舰店”，推广大英博物馆 IP 文创衍生品。①

近年来，故宫博物院在旅游文创产业中发展较快，其文创产品收入由 2013 年的 6 亿元增加到 2017 年的 15 亿元，涨幅高达 150%。截至目前，故宫博物院携手企业推出 1 万余种文创产品，年收入已超过门票收入。②同时，故宫博物院加强媒体营销，有的产品一度呈现“一支难求”的局面。但一些问题也随之暴露，如故宫文创产品“俏格格娃娃”因知识产权质疑

① 《大英博物馆借力天猫扩大授权合作范围与周边创新》，人民网，2018 年 12 月 13 日，http：//world. people. com. cn/n1/2018/1213/c1002 -30465822. html。

② 《2019 中国文旅十大趋势报告发布》，搜狐网，2019 年 5 月 25 日，http：//www. sohu. com/a/316405493_ 160257。

而下架；天猫故宫博物院文创旗舰店推出的六色口红因造型与创意皆类似于Tom Ford而被戏称为“外观贴胶带的中国版黑管TF”。随后，故宫淘宝推出首款整套彩妆产品（含口红，亦为六色，但与天猫故宫博物院文创旗舰店推出的六色口红产品设计理念有所不同），在推出三周后，因品质等问题于2019年1月初停产。[①] 上述问题不仅涉及质量而且涉及知识产权。

文创产品开发缺乏原创性，高度模仿复制情况比比皆是，且同一文博单位推出的文创产品在不同平台也存在一定的利益纷争。文创研发部门需增强知识产权保护意识，深入了解知识产权方面的法律法规，加强对生产合作方的资质审核，以原创性为主导，及时申请商标和专利，避免文创产品因知识产权不清晰、抄袭等引起纷争，不要急功近利、过度追求市场收益，要接受游客监督。

低劣同质化的文创产品遍及全国和各行业，打着文创产品的幌子，实为谋取生财之道的动机，导致国内文创产品市场鱼龙混杂，“抄袭门事件”频发，文创产品制作工艺粗糙、质量低劣、材质低廉，但出售价格不菲。景区文创产品已经形成“人云亦云”“有钱赚就好”的同质化状况，有品位、有创意、有文化艺术含量的文创产品则较少见。令人担忧的是旅游景区随处可见千篇一律的“义乌小商品批发市场模式”，售卖的旅游纪念品毫无特色可言，失去了文创产品的真正价值，有悖于游客购买旅游纪念品的初衷。因此，亟待端正文创产品的研发理念，成功的产品不仅能够展现景点的独特性，而且具有使游客追忆的纪念性，同时还具备实用性、装饰性、安全性，以及与普通商品相区别的文化艺术性。

2018年10月，腾讯首倡“新文创”理念[②]，提出以IP构建为核心的文

---

① 《故宫“俏格格娃娃”被指侵权　官方：已全部退款返厂》，网易财经，2018年3月24日，http://news.163.com/18/0324/01/DDKJ8AOM00018AOR.html。关于Tom Ford的争议见《故宫文创背后的秘密与隐忧：紊乱的架构体系已不匹配于市场发展》，搜狐网，2018年12月16日，http://www.sohu.com/a/282227593_100175948。故宫淘宝于2019年1月5日晚在其官方微博公告故宫淘宝系列彩妆因品质等问题全线停产。

② 《腾讯程武：构建新文创生态　打造中国文化符号》，中国日报中文网，2018年8月2日，http://caijing.chinadaily.com.cn/2018-08/02/content_36694532.htm。

创生产方式，以打造具有影响力的中国文化符号为目标。在这个数字技术赋能文创研发的时代，要加速传统文旅产业转型，充分利用移动互联网、大数据、云计算、AI 等技术，以科技推动文创产品开发，共促文创产业实现新发展。

（四）建立科学的、独立的文化旅游统计体系

文旅融合战略实施已一年有余，文化旅游在旅游业中的占比越来越大，其社会效益也愈加显著，及时对年度文化旅游发展状况进行梳理和统计，是制定工作发展规划的重要基础。然而截至目前已出版、发表或公布的各类旅游统计资料中，尚未将“文化旅游”作为广义旅游统计中的一个专项来统计，因而缺乏对“文化旅游”数据全面系统的分析与统计。研究者只能从散见于各种出版物和报道中的数据中提取相关信息，无法全面、客观地掌握当年文化旅游的整体情况。

历年出版的《中国旅游统计年鉴》是国家文化和旅游部门总结旅游业年度发展情况的资料性汇编，如《中国旅游统计年鉴 2018》从入境旅游人数、入境外国游客主要特征、国际旅游（外汇）收入、国内旅游基本情况、地方接待入境过夜游客情况、星级饭店基本情况、旅行社基本情况、A 级旅游景区基本情况、旅游企事业单位基本情况等方面进行系统的数据统计。将文化旅游统计从广义旅游统计中剥离出来是新事物，而区分普通游客与文化旅游游客有一定的难度，文化旅游统计的具体项目和内容也需要制定统一的行业标准，这是一个需要国家有关部门牵头组织的大工程。文化旅游的内涵在拓展，统计数据既需要理论支撑，也需要与产业接轨，获取全面的资料信息，逐步建立科学的、独立的文化旅游统计体系，提供真实、准确、及时的年度统计报告。

（五）关注养生文化旅游和高端定制旅游两个业态的崛起

1. 养生文化旅游

随着“健康养生”理念的普及，近年来文化旅游的动机和功能呈现一

种由休闲娱乐向健身颐年拓展的倾向，截至2018年3月，已有73个国家中医药健康旅游示范基地建立①，养生文化旅游成为文化旅游中充满活力的新业态，由中医药健康旅游和康养体育旅游组成。前者注重疗养、休闲与康复，通过走访名医、理疗保健、参观药用植物园和中药老店、药膳食疗，以及游览相关的博物馆和文化遗迹了解中医药知识和文化。后者则以锻炼身体为主，如选择赴自然风光和人文环境俱佳的旅游景区徒步旅行，既可以健身，也增加了知识，还能怡情养性。徒步旅行的游客中老、中、青皆有。游客主要来自“北上广深”等一线城市以及成都、杭州等大城市，中年客群增幅明显，女性客群增长迅速，“研学徒步”越来越受欢迎。近年来在中青年客群中兴起了“环岛环湖式骑行文化旅游”和“半马 & 全马打卡式文化旅游”，骑行和马拉松等体育项目需要提升运动装备，进而促进了户外文化旅游的消费。

当今生活水平提高，人们希望益寿延年。同时，中青年工作和生活压力较大，喜好减压健身。因此，养生文化旅游有广泛的社会需求，市场发展潜力巨大。但养生文化旅游还处在初级阶段，中医药健康和体育锻炼的文化内涵有待进一步提升，如何与文化融合也在摸索，期望真正实现既不失文体医药乐趣，又能达到传播文化知识、修身养性的效果。

2. 高端定制旅游

定制旅游在国外由来已久。定制旅游有别于传统的跟团游和自由行，而是根据游客需求，专门安排行程。国内游客对定制旅游的认知度和需求度逐年提升，高收入阶层和中产阶层为主体客户，高端定制出境旅游颇受青睐。高端定制旅游的特点主要是个性化、私密化、舒适化，服务周到，旅行定制师在了解游客想法后，为其制订方案和规划路线，提供办理签证以及行、住、吃、游等方面的服务。对旅行定制师这一新兴职业要求阅历、游历和能力三者兼备，能够为游客旅游全程提供各种深度服务。由于服务对象多为高

① 原国家旅游局和国家中医药管理局于2018年3月16日公布了第一批73个国家中医药健康旅游示范基地名单。

知、高收入、高品位的中产阶层，对目的地的认知度较高，因此对旅行定制师的资质和能力要求很高。

随着旅游 App 的迅速发展，以及智能手机的广泛使用，目前高端定制旅游已不再局限于 PC 端和旅行定制师。携程、同程、途牛、飞猪、驴妈妈等 App 均设有“定制游”板块，可随时随地通过旅游 App 预订高端定制旅游产品，获取旅游目的地的各种资讯。旅游 App 和在线旅游（OTA）平台着力开拓高端定制旅游客源，驴妈妈推出的“极光之旅”高端定制旅游产品受到中产阶层游客家庭的喜爱；高端定制旅游服务平台赞那度通过与商家合作，了解分析中产阶层游客的旅游需求，逐步形成高端定制旅游产品的标准化。另据携程定制游及中国出境游研究所（COTRI）发布的《中国高端出境定制游报告》，高端定制亲子游市场最热，占 45%①，可针对这一特点和其他游客的偏好，结合全球重要文化活动、音乐表演、博物馆特展、体育竞赛，以及学府考察和求学体验等拓展高端定制旅游市场。

自 2018 年文化和旅游部成立以来，文化旅游在摸索与磨合中发展。2019 年 8 月国务院办公厅印发《关于进一步激发文化和旅游消费潜力的意见》，从供需角度出发，提出挖掘文化和旅游消费潜力的具体政策，通过推出消费惠民措施、优化旅游环境和景区、保障产品供给、发展假日经济和夜间经济、促进产业融合等，旨在促进文化旅游消费升级及经济增长。管理机构的重组、文旅新业态的形成、国民经济发展的减速和调整、国际形势的不确定性，是主管部门和文旅业界当前面对的主要挑战。文化旅游的政策、计划、项目、运营、管理都是由人来落实执行的，因此要以人为本，广聘优秀人才和加强专业团队建设是确保文化旅游业发展、壮大、成功的根本。

---

① 《携程定制游及 COTRI 中国出境游研究所：中国高端出境定制游报告》，搜狐网，2019 年 5 月 17 日，http://www.sohu.com/a/314715976_169814。

战 略 篇

Strategy Reports

我国文化和旅游政策体系研究

郭万超　杨传张*

摘　要： 党的十八大以来，我国文化和旅游政策从初成体系到不断优化，为扩大文化和旅游生产、培育市场主体、优化产业结构、拉动文化和旅游消费、激发创新活力、完善文化和旅游市场体系等发挥了重要作用，有力地保障了文化和旅游产业的快速成长。但是，随着文化和旅游产业的持续发展以及改革的不断深入，文化和旅游领域政策体系不健全、不完善、不适应的问题逐步显现。文化和旅游政策体系必须适应新时代文化和旅游产业发展的新要求、新特征，以全面建设现代文化和旅游市场体系为核心，加快调整文化和旅游扶持方式，不断优化文化和旅游管理方式，促进文化和旅游产业进一步提质增效和高质量发展。

* 郭万超，经济学博士后，研究员，北京市社会科学院传媒研究所所长，北京市文化产业研究中心主任，APEC 中小企业信息化促进中心数字经济部部长；杨传张，中国传媒大学文化产业管理学院博士研究生。

关键词： 文化旅游　宏观引导政策　扶持促进政策　规范管理政策

文化和旅游政策对产业发展的方向、速度及重心等具有关键的引导、调节和驱动作用。特别是在我国，文化和旅游产业的高速发展与体制性松绑和政策性助推密不可分。2009 年，国务院先后出台《文化产业振兴规划》和《关于加快发展旅游业的意见》，分别提出将文化产业培育成国民经济新的增长点、把旅游业培育成国民经济的战略性支柱产业和人民群众更加满意的现代服务业的战略目标，文化和旅游产业对经济发展的重要作用进一步明确，产业发展的战略地位不断提升。此后，尤其是党的十八大以来，文化和旅游政策总体呈现由少到多、由笼统到具体、由总体到局部的发展趋势，已经逐步形成较为完善的政策体系，不断引导、促进文化和旅游产业由总量扩张向综合效益提升转变。但总体来看，文化和旅游政策与当前产业由高速发展向高质量发展转变的需求，以及与产业发展的阶段特征不相适应的问题，存在优化调整的迫切需求。

一　我国文化和旅游政策的现状

文化和旅游产业政策的构成与类型，有多种划分方法。本报告根据文化和旅游产业政策功能作用的不同，将其分为宏观引导政策、扶持促进政策、规范管理政策三种类型①，并以这三种类型为依据，梳理当前文化和旅游产业政策的总体情况。

（一）宏观引导政策

宏观引导政策主要是指从宏观角度为文化产业发展指明方向、明确各项

① 王长松、何雨、杨矞：《中国文化产业政策演进研究（2002～2016）》，《南京社会科学》2018 年第 7 期。

原则、提出发展规划等，主要包括产业引导政策、结构调整政策、布局优化政策等。

1. 产业引导政策

近年来，国家层面的产业引导政策具有以下几个特点。一是注意与国家总体战略发展相结合，如乡村旅游、红色旅游、特色文化产业、文化和旅游扶贫等受到较多关注，重大文化和旅游区域发展战略正在不断推进。二是引导文化和旅游产业充分发挥对社会经济发展的综合带动效应。主要是针对文化和旅游业带动效应强、产业链长等综合性产业特征，注重促进文化和旅游业与相关产业融合发展，强调旅游地区推进全域旅游发展战略，以及文化和旅游融合发展路径。三是引导文化和旅游产品及服务质量提升。特别是旅游领域，近年来重点在旅游基础设施和旅游公共服务建设，厕所革命，旅游安全保障体系建设和智慧旅游，全域全息旅游信息系统建设，旅游企业、从业人员服务质量提升以及旅游市场秩序规范等方面加强监管，在很大程度上提升了我国旅游服务的质量和水平。

2. 结构调整政策

一是为了顺应产业转型和消费升级的需要，强调要解决文化和旅游产业资源利用效率不高、市场主体发育不充分、过度依赖传统的景点旅游发展模式等问题。要推动文化和旅游产业从主要依靠要素投入、投资拉动、规模扩张的速度增长模式向依靠科技进步、服务质量提升，以及创新驱动的品质化发展模式转变。二是促进新产品和新业态发展，推动旅游产业结构不断优化。尤其是随着科技创新速度的加快，文化和旅游新产品、新业态层出不穷。旅游业的科技支撑政策，一方面体现在通过发展智慧旅游，全面提升旅游业发展水平，提高旅游满意度；另一方面将先进装备制造业应用于旅游场景，通过发展邮轮游艇、大型游船、旅游房车、旅游小飞机、景区索道、大型游乐设施等旅游装备制造业，促进旅游业的供给侧结构性改革，提高旅游品质。文化领域则强调将文化和科技的深度融合作为文化高质量发展的重要引擎，通过文化共性关键技术研发、文化科技创新体系建设、加快文化科技成果转化、推动媒体融合等，促进文化生产传播和消费的现代化。

3. 布局优化政策

布局优化政策主要是针对重点区域以及城乡区域的文化和旅游产业发展问题而制定的。一是根据文化和旅游资源及要素分布的差异性，培育重点区域优势产业和特色产业。二是加强区域旅游合作，打造文化和旅游功能区和集聚区、跨区域文化和旅游城市群、国家精品文化和旅游带、国际旅游风景道和项目特色旅游目的地。三是推进重点区域先试先行，如打造国家文化产业示范园区、推进文化消费试点城市建设、推进边境旅游实验区和跨界旅游合作区建设、打造全域旅游示范区、打造国家中医药健康旅游示范区等。四是针对城乡产业布局，响应国家乡村振兴战略的号召，推动“文化旅游＋城镇化”“文化旅游＋农业现代化”建设，打造适宜的城乡产业业态。尤其是对东部地区、中西部地区和东北地区的乡村旅游产业发展提出了针对性的举措，优化乡村旅游区域整体布局，大力推进旅游扶贫和旅游富民。

（二）扶持促进政策

扶持促进政策主要是指与文化和旅游产业有关的财税、金融、土地、人才等支持措施，是促进产业快速发展的重要保障，也是引导社会资本投资文化和旅游领域、提升资源配置效率和调整产业结构的重要方式。

1. 在财税政策方面，倡导平等对待民营文化和旅游企业，清理对民间文化和旅游投资的歧视性法规政策规定

分别为对外文化贸易企业、增强文化自信和保障国家文化安全的影视剧、小微文化和旅游企业、特色文化产业、落实国家重大战略要求的项目、文化创意和设计服务与相关产业融合发展、旅游基础设施、乡村旅游经营户等提供重点支持。

2. 在金融政策方面，主要包括银行信贷扶持、资本市场融资、保险支持、投资基金等政策

多数文化企业固定资产少、规模小，存在融资难的问题，国家总体上鼓励和支持金融机构对文化和旅游企业进行融资授信与金融产品创新。特别鼓

励不断完善融资担保、版权质押、无形资产评估等信用增强体系，鼓励能够产生可预期现金流的文化旅游项目和资产抵（质）押及证券化，如旅游景区经营权质押和门票收入权质押业务。同时，为中小文化和旅游企业、乡村旅游提供融资贷款优惠政策。

3. 在土地政策方面，近年来中央和地方在较多文件中提及要适当增加和扩大文化建设用地与旅游建设用地

在文化产业领域，主要侧重于对文化产业项目、文化产业园区、特殊文化产业主体实施优惠的土地供应和利用政策。在旅游领域，主要对旅游重点项目和旅游扶贫优先保障供地。支持旅游新产业用地，如明确自驾车、房车营地，新建邮轮、游艇码头用地以及文化和研学旅游用地政策。同时，提倡多方式供应建设用地，如鼓励以长期租赁、先租后让、租让结合方式供应旅游项目建设用地。对于农民集体所有的农用地、未利用地，可依法通过承包经营流转的方式，从事与旅游相关的种植业、林业、畜牧业和渔业生产等。

4. 在人才政策方面，具有相对完善的文化和旅游人才培养、培训以及评价、激励制度

如推动现代旅游职业教育建设和旅游校企合作，建设职业院校旅游类专业示范点，加强专业教师培养培训。重视对地方特色工艺人才的技能和经营能力培训。不断完善旅游人才评价制度，培育职业经理人市场，建立旅游人才数据库。在人才激励方面，不断完善文化艺术以及旅游职业资格和职称制度，健全职业技能鉴定体系。

（三）规范管理政策

规范管理政策主要是指在文化和旅游市场经营过程中提供有效的监管和服务，形成良好的发展秩序。由于文化和旅游领域近年来发展速度较快，新业态、新产品层出不穷，尤其是文化领域具有很强的意识形态特殊性，因此相应的规范管理政策也较多。但总体来看，文化和旅游领域的规范管理政策法治化程度不断提升，规范管理方式不断优化。

1. 内容管理不断规范

尤其是对互联网等新的文化业态的内容管理不断加强，对文艺作品社会效益的要求不断提高，如出台了《网络表演经营活动管理办法》《互联网直播服务管理规定》《互联网新闻信息服务管理规定》《关于进一步加强网络剧、微电影等网络视听节目管理的通知》《网络出版服务管理规定》《关于移动游戏出版服务管理的通知》等文件。对新的文化行业总体上是对文化企业的行业经营资质、产品创作资质等加强管理，实现对文化产品和服务内容的管控。

2. 行业标准体系不断完善

行业标准体系，尤其是旅游标准体系不断完善，旅游标准化管理不断加强。如针对旅行社在线经营、旅游民宿、旅游经营者处理投诉、研学旅游、红色旅行经典景区服务、旅游电子商务相关服务等各个细分领域出台相应的标准，对整体提升旅游服务质量起到重要保障作用。但也存在标准覆盖领域不够宽广、实施推广机制不够完善的问题。

3. 规范管理的方式不断优化

随着《旅游法》《电影产业促进法》《公共文化服务保障法》《图书馆法》的出台，以及《文化产业促进法》的即将出台，文化和旅游领域相关制度措施得以体系化、明确化，对推动整个文化和旅游领域政策法规的体系化和结构化具有重要作用。与文化和旅游有关的演出娱乐市场、音像制品市场、网络文化市场、广播影视市场、新闻出版市场、旅游厕所、旅游市场黑名单等，各行业各领域的管理办法、条例，以及地方规章规范性文件大幅增加。同时，随着综合执法改革的不断推进，网络化、信息化、信用管理等新的管理手段不断应用，管理方式持续优化。

二　我国文化和旅游政策实施存在的问题

我国文化和旅游政策对明确产业发展过程中的主要思路，特别是文化领域的体制改革思路，引领产业发展方向，推动优势行业快速发展等具有重要的宏观指导作用。各类文化和旅游产业支持政策及规范管理政策的实施和完善，对文化和旅游领域市场主体的快速成长、社会资本的不断投入、产品和业态的丰富、产业发展环境的持续优化、市场秩序的规范、文化和旅游资源的有效配置等都起到了重要作用。但是在文化和旅游产业持续发展过程中，其政策的系统性、科学性、有效性和针对性仍存在很多不足。

（一）从宏观引导政策来看，存在普适功能性政策少而倾斜选择性政策多的问题

对重点行业和重点领域的倾斜选择性政策，有利于集中各类要素和引导投资驱动产业快速发展，形成一定的产业规模。但是随着产业成熟度的不断提升，过度利用倾斜选择性政策，以各类要素和投资驱动产业发展，而忽视现代市场体系和基本制度环境建设，则不利于促进产业从要素驱动、投资驱动的规模增长向创新驱动的高质量发展转变。从本质上看，倾斜选择性政策是一种政府主导和替代市场配置资源功能的发展方式。当前，从地方层面来看，文化和旅游领域倾斜选择性政策较多，而普适功能性政策缺乏创新。例如，在旅游领域，由于旅游投资对周边社会经济发展具有综合带动效应，因此地方存在大量政府主导的旅游招商引资项目，往往运行效率欠佳。在文化产业领域也类似，各种文化地产、文化产业园区、文化娱乐项目的实施，往往是政府倾斜选择性的产业政策引导行为，而非完全的市场配置资源的发展方式，往往会导致项目空壳化发展和效率低下的问题。

（二）从扶持促进政策来看，存在落实不到位、扶持方式单一、扶持效率有待提升的问题

文化和旅游产业扶持促进政策，对激励、引导和培育各类主体进入，构建完善的文化和旅游市场要素及支撑体系具有重要作用。但是目前文化和旅游领域的扶持促进政策在实践中仍然存在较多问题。第一，财政资金投入结构有待完善，尤其是农村和中西部地区在文化和旅游建设方面存在弱势。同

时，不同文化和旅游产业门类或主体的中央财政支持存在不均衡的情况，如新闻出版、动漫电影、大型企业获得的支持较多。财政支持杠杆效应不明显，多以一次性补贴、多次减免费用、税收减免等传统支持方式为主，缺乏多元化的支持方式与手段，财政资金的管理和绩效考核机制不健全。第二，税收政策缺乏系统性。主要表现在现行税收政策不配套，规定笼统，缺乏可操作性，能享受税收优惠的企业较少。没有通过税率、纳税期限、征收管理、减免税、出口退税、成本核算、税项扣除、亏损弥补、投资减免等多种方式构建全面、规范的激励文化和旅游产业企业的税收政策体系。中央和地方政策不协调，地方多以“先征后返”等具有地方特色的政策代替税收优惠，导致地区间税收恶性竞争，动摇了中央政策的权威性。第三，金融服务配套体系尚不健全，导致融资政策应用有限。产业的特殊性，尤其是文化企业的轻资产、高风险等特征，导致金融支持未能跟上文化产业的融资需求。且金融平台服务体系不健全，资产评估、登记、托管、流转服务、信用评级等中介机构发展不健全，导致无法为文化金融融合提供一揽子解决方案和配套服务，金融支持文化产业往往望而却步。第四，土地政策缺乏细化配套，可操作性不强。多数是宏观层面的提倡鼓励政策，在具体的实践中普遍缺少土地使用、市政配套、基础设施建设等方面的具体支持政策和配套规定。第五，在人才政策方面，目前人才培养与实际产业需求脱节，操作型人才、高级管理人才、文化贸易人才等产业急需的人才培养乏力，尤其是人才的薪酬奖励、教育晋升、流动渠道、社会保障、能力评价等体制机制建设没有创新突破。

（三）从规范管理政策来看，存在立法层级不高、管理主体和方式单一、不符合产业发展需求的问题

规范管理政策是创建统一开放、公平竞争、规范有序的文化和旅游市场环境，提升文化和旅游服务质量的重要保障。但是目前规范管理政策仍然存在需要进一步优化调整的地方。一是文化和旅游领域立法层级不高，法律和行政法规过少，多数为行政规章、地方性法规或其他规范性文件，效力层级

低。同时，立法盲点多，如艺术品综合市场管理领域、游戏游艺机市场领域等存在立法盲点，致使这些市场领域监管无法可依、乱象丛生。二是管理主体单一，以政府管理为主，很多行业由于缺乏有效的事前规避和事中监管举措，往往长官意志明显，试行行政命令式的管理，监管制度不稳定、标准不明确，增大了市场主体的经营风险。同时，行业自律、多方治理机制缺乏，治理能力有待提升。三是从管理的方式来看，较多行业设置了很多审批程序、行政许可和特许经营等限制。产业准入门槛高，行政干预过多，不利于形成开放竞争的市场环境。例如，在互联网等新型文化和旅游行业，为了实现内容监管，设置了很多企业进入资质的事前审批事项，进入条件高、审批程序复杂，往往不符合互联网等新型文化和旅游企业的发展特征，抑制了市场活力的提升。目前，我国文化和旅游领域对民营企业和外资企业的开放程度也不够高，在很多领域限制民营企业和外资企业进入，这在很大程度上不利于营造公平竞争的市场环境和提升各行业发展水平。

三　文化和旅游政策优化调整的思路及方向

（一）以全面建设现代文化和旅游市场体系为核心

完善的现代市场体系是文化和旅游发展的重要基础，文化和旅游政策体系要以市场为导向、以现代化的市场体系建设为核心进行调整。一是营造公平竞争的市场环境。以要素市场化配置为重点，逐步清除文化和旅游发展过程中的行业壁垒、区域壁垒和行政壁垒，逐步放宽文化和旅游领域准入限制，实现文化和旅游领域产权有效激励、要素自由流动、价格反应灵活、竞争公平有序、企业优胜劣汰的市场环境。二是完善文化和旅游要素市场建设。现代文化市场体系由文化消费需求市场、文化生产要素市场、文化产品市场组成，其中文化要素市场是将需求转化为产品的重要条件。[①] 人才、技

① 祁述裕、孙博、孙凤毅：《论文化市场》，《福建论坛》（人文社会科学版）2015 年第 2 期。

术、资本、平台等要素市场政策是文化和旅游产业发展中的普适功能性政策，也是促进文化和旅游产业实现创新驱动和高质量可持续发展的关键。三是加强文化和旅游市场支撑体系建设。文化和旅游市场支撑体系包括文化和旅游产品、服务及各种要素的流通体系以及市场信用体系、行业中介机构、评价评估体系、市场监管体系等。相应体系的不健全成为我国文化和旅游产业发展的短板，文化和旅游政策需要在健全市场支撑体系方面弥补“政府缺位”。

（二）加快调整文化和旅游扶持方式

科学的文化和旅游产业政策，应该不断优化调整，以适应不同阶段的产业特征和发展需求。在产业发展初期，单一的扶持促进政策有利于促进产业快速成长，但是随着产业规模的扩大和产业结构的优化，相应的扶持方式可能会抑制市场配置资源作用的充分发挥，需要进一步优化调整。例如，对于财政政策，一方面应创新财政资金投入方式，通过财政补助贴息、信用担保、有偿使用、风险补偿等形式拓展财政资金的平台属性，提升财政资金的杠杆作用；另一方面要优化财政资金支出结构，加强对文化和旅游领域公共服务、基础设施等的支持，重点向农村地区、民族地区和欠发达地区倾斜。税收政策应以间接优惠为主、直接优惠为辅，促进减税、免税、退税等直接优惠方式向加计扣除、出口退税、亏损弥补、投资减免等间接优惠方式转变。对于金融政策，应首先建立完善的金融中介服务体系，推动知识产权、无形资产评估、登记、托管、流转服务，搭建文化产权交易所、金融服务中心等服务平台，建立多层次、多领域和差别化的融资担保体系，支持创新文化和旅游金融产品与服务。

（三）不断优化文化和旅游管理方式

文化和旅游产业属于综合带动效应强、融合性高的产业门类，随着技术的不断创新和消费需求的变化，新的文化和旅游产品、业态层出不穷。其管理方式和手段也应顺应产业发展需求和特征进行优化与创新。在推进依法管理、简政放权、放宽市场准入等基本前提的基础上，首先，要顺应产业融合发展趋势，坚持统一领导，进一步协调旅游市场监管主体之间的权责分配，推进文化和旅游综合执法机制改革，加强部门合作，形成监管合力。同时，文化和旅游部门还应加强与相关政策部门的沟通协调，文化和旅游方面的政策要加强与一般产业政策的协调，促进相关部门在制定其他产业政策时，将其与文化和旅游产业的发展关系纳入考量范围，形成相互衔接、联通合作、配合无间的产业政策体系，避免文化和旅游部门“小马拉大车”的现象。其次，要顺应新产品、新业态的发展需求，加强对其管理方式和手段的创新，避免过度沿用传统业态的管理方式导致阻碍产业发展的问题。同时，应积极探索行业组织自我管理的方式，发挥行业组织平台协管的作用，加强事中、事后监管，培育和建立社会综合治理机制。

参考文献

祁述裕、孙博、曹伟、纪芬叶：《2000～2014年我国文化产业政策体系研究》，《东岳论丛》2015年第5期。

生延超、刘晴：《旅游产业政策演变及价值导向研究（1978～2018）》，《旅游研究》2019年第4期。

曾博伟：《新时期旅游政策优化的思路和方向》，《旅游学刊》2015年第8期。

文化科技融合背景下新型旅游业态的新发展

李凤亮　杨 辉*

摘　要： 科技已成为推动文化旅游发展的重要力量，不仅改变了文化旅游的消费模式，而且在提升文化旅游的质量上为文化旅游提供了新动能，涌现出文化演艺旅游、养老旅游、新型博物馆旅游、乡村旅游和生态和谐旅游等新型文化旅游业态。科技的出现同样催生了新的文化旅游消费，使人们更加倾向于定制化消费、理性化消费、体验式消费和“网红”消费。为了进一步创新文化旅游业态，本报告提出了以下几点思考：第一，聚焦“大融合”，实现文化旅游产业融合新突破；第二，以科技创新推动新型文化旅游业态创新；第三，创新人才培养方式，坚持人才兴旅策略；第四，坚持政府引导、政策支持，推动文化旅游新业态的形成。

关键词： 文化科技融合　新型旅游业态　文化旅游　文化消费

2009年，国务院出台的《关于加快发展旅游业的意见》提出“把旅游业培育成国民经济的战略性支柱产业和人民群众更加满意的现代服务业”。

* 李凤亮，文学博士，南方科技大学党委副书记、讲席教授，兼任深圳大学文化产业研究院院长，研究方向为文艺理论、文化创意产业与城市文化；杨辉，深圳大学文化产业研究院博士研究生，研究方向为文化创意产业。

这是在国务院文件中第一次将旅游业定位为“战略性支柱产业”，标志着我国旅游业从之前的“旅游事业”到“旅游产业”再到如今的“战略性支柱产业”，正迈向新的起点。正是在政府的大力推动和人们旺盛的旅游需求刺激下，我国旅游业发展迅速。2018年，我国GDP突破90万亿元，其中旅游业产值为9.94万亿元，占GDP的11.04%；旅游业直接和间接就业人口为7991万人，占全国就业总人口的10.29%。[①] 当前，随着人民生活水平的不断提高，传统的景点景区模式已不适应现代旅游业的发展，正逐步转向全域旅游、智慧旅游发展模式；“旅游+”模式也正在以强大的活力与其他相关产业不断融合发展，衍生出新产品、新业态和新供给。而“文化+科技+旅游”正是“旅游+”模式的具体化，利用最新的科技（三维建模、增强现实、虚拟现实等）来发展文化旅游，不仅改变了人们对旅行的全新体验，而且能够更好地满足用户的消费需求。在当前文化科技融合背景下，旅游产品的精品化和个性化离不开文化和科技含量的提升，文化能够彰显旅游产品的品位与特色，而科技能够保障旅游产品的品质与标准。因此，我国旅游业的发展不仅需要“文化强旅”，而且需要“科技兴旅”。

一　科技已成为推动文化旅游发展的重要力量

技术革命给世界带来了新效率、新便利、新体验和新格局，也深刻改变和影响着文化旅游的消费模式、传播方式以及生产方式等。其中，人工智能、虚拟现实、人机交互等科技提升了文化旅游的质量，为文化旅游提供了新动能，已成为推动文化旅游发展的重要力量。

（一）科技改变了文化旅游的消费模式

当前，文化旅游已从1.0模式发展到以科技为手段的2.0模式，科技与

---

① 《2018年旅游市场基本情况》，文化和旅游部网站，2019年2月12日，http://zwgk.mct.gov.cn/auto255/201902/t20190212_837271.html?keywords。

文化旅游的联系日益紧密。虚拟现实、人机交互、人工智能等科技使文化旅游在内容的广度和深度上有了突破，打破了原来旅游体验的局限，为文化旅游产业带来了全新的旅游产品和设施设备；消费者的消费形式也从传统的景点观光转向全新的情境体验式的旅游形式，在真实与虚拟场景的配合下，消费者全方位沉浸在旅游的欢乐中，仿佛置身于当时的情境，甚至人们还能通过虚拟现实、增强现实技术看到旅游景点或建筑在过去是怎样被使用的，以及未来它的变化是怎样的。另外，相比过去找旅行社、预订机票与酒店，现如今人们只需一部智能手机就能够解决旅行中的衣食住行问题，并且越来越多的人采用在线旅游的方式。例如，截至 2017 年，我国网上预订机票、酒店、火车票或旅游度假产品的网民规模达到 3.48 亿人，较 2016 年底增加 4847 万人，增长 16.2%；我国在线旅游市场交易规模达 8286 亿元，同比增长 35%。[①] 随着信息化和高新技术的应用，旅游产品催生新的生产方式和形态，改变了文化旅游的消费模式，如旅游住宿中间商的产生。蚂蚁短租作为一个中间平台连接着本地房源或旅游的提供者与游客，通过采用人工智能技术对游客和房东的沟通数据进行分析，帮助房东更好地服务于游客，满足游客的需求，并且通过在线扫脸识别身份，实现智能自助入住。[②] 这种在线短租平台的出现不仅能够满足消费者个性化的住宿需求，而且极大地缩短了寻找住宿的时间。

（二）现代科技提升了文化旅游的质量

习近平总书记指出："旅游是综合性产业，是拉动经济发展的重要动力。"随着科学技术的创新，文化旅游的质量显著提升。就消费者而言，现代科技能够扩大用户的活动空间，使用户的体验达到极限。这就比如一些不具有特色的地域，由于高科技的应用和创意策划而成为一个热门的旅游景

① 《中国在线旅游行业现状及行业发展前景分析　细分市场——线上旅游发展的蓝海》，中国产业信息网，2018 年 9 月 19 日，http：//www.chyxx.com/industry/201809/678262.html。

② 《从创新和科技看旅游经济：大数据时代，应让用户有知情权》，澎湃网，2017 年 10 月 22 日，https：//www.thepaper.cn/newsDetail_forward_1833319。

点。拥有强大数据处理能力的人工智能也大大提升了文化旅游服务的效率，改善了用户的体验。就旅游提供者而言，传统的文化旅游在植入科技元素时，不仅能够通过大数据分析消费者的消费偏好，改善当前的服务质量，对于一些容易受到破坏的文化古迹等景点来说，也能够在利用科技保护文物的同时使游客全方位地了解文物的价值。“数字敦煌”正是科技与文化旅游的一种有效结合，通过虚拟现实、增强现实和人工交互技术将敦煌的文化遗迹数字化[①]，真正做到跨时间、跨空间去满足人们欣赏、游览等的需求；多种科技的使用也能够让人们更深入地了解莫高窟的背景知识，身临其境地去观看洞窟的建筑、彩塑和壁画；同样能够减少游客参观所带来的文物破坏，更好地实现文物保护的精准性和完整性，提升了游客参观体验的品质。

（三）科技为文化旅游提供新动能

当今社会，科技创新在文化旅游产品、旅游服务、旅游管理、旅游体验等方面被广泛应用，这种“文化 + 旅游 + 科技”模式一方面能够有效延长文化旅游产业的价值链；另一方面能够大大提升旅游产品的文化内涵和科技水平，增强游客的参与感与体验感，为文化旅游的升级换代带来契机。例如，在 2018 年全国旅游工作会议上，科技创新被定位为旅游“发展动力”。会议报告提出，为推动从高速旅游增长向优质旅游发展转变，必须坚决落实新发展理念，坚持走科技创新发展之路，通过信息化优质高效整合旅游资源要素，推动开发华游（全国全域旅游全息信息系统）、世游（全球旅游全息信息系统），实现数据共享，真正让游客“一机在手，说走就走，说游就游”。[②]随着时代的发展，科技与文化旅游的联系将更加紧密，二者之间的融合不是简单的科技手段与文化旅游产品的叠加，而是利用科技手段打造新时代智慧

① 《从五次历劫，到数字敦煌》，新民周刊网站，2018 年 9 月 12 日，http：//www. xinminweekly. com. cn/wenhua/2018/09/12/10972. html。

② 《李金早：2018 年全国旅游工作会议讲话全文》，搜狐网，2018 年 1 月 9 日，https：// www. sohu. com/a/215627228_ 99922827。

文旅应用体系，全面促进旅游体验、管理、资源利用、营销等方面的协同式发展，通过整合全域旅游资源做大旅游经济，推动旅游产业全面升级。

二　文化科技融合催生新型文化旅游业态

“业态”一词最早来源于日本，我国在20世纪80年代开始将“业态”引入商业中，之后“业态”被引入旅游业中。在全域旅游和智慧旅游的引领以及各类App和新科技的助力下，人们的旅游出行方式发生了改变，传统的参团将不再受游客青睐，而自行搜索路线、合理定制行程规划、具有个性化的自由行体验成为趋势。在这个自主旅游的时代，科技不仅给消费者带来了更多的便利，而且“文化＋科技＋旅游”有效融合催生了多种文化旅游新业态。

（一）文化演艺旅游：新技术与文化演艺的高度融合

近年来，我国的旅游演出进入快车道，旅游演出市场火爆。道略咨询发布的《2017～2018年度中国旅游演艺行业研究报告》显示，2017年，我国共演出剧目268台，同比增长5.5%；演出场次约8.6万场，同比增长19%；票房收入达51亿元，同比增长20%；观众达6821.2万人次，同比增长26.5%。文化演艺旅游的类别也由原来的镜框式演艺旅游到实景式演艺旅游，再到现在的沉浸式演艺旅游。

文化演艺旅游经过10多年的大发展，已日渐成熟并开始进入调整期，传统的以设备和宏大场面为核心的文化演艺逐渐退出市场，以内容创新、创意以及新技术为核心的文化演艺开始形成强大的生命力，如“山水盛典”系列、“印象”系列、“千古情”系列等。新型的文化演艺旅游打破了传统的镜框式舞台演出模式，它是新技术与文化演艺的高度融合，其演出空间、内容表达方式、观众角色等都发生了变化。演出空间由现实向虚拟拓展，具有空间延展性，传统的剧场以及现实空间已经不再是表演者的唯一选择，表演者能够在新技术创造的虚拟空间中与虚拟物体共舞，为观众营造更加真实的表演环境。而在内容表达方式上除了表演者的表演以外，还会利用高新技术来表现现场所需的声音、景色、场面等，观众在欣赏表演的过程中不再只是观赏者，技术的应用使观众的身份发生了转变，变成了体验参与者。这种高科技元素与文化演艺旅游高度融合而形成的全方位、立体化、互动沉浸式体验旅游演出极大地刺激了观众的感官，成为当前我国文化演艺旅游的主要发展趋势。例如，“2018 魅力中国城年度魅力旅游演艺项目”《又见敦煌》采用“走入式”情境剧场演出技术，并通过剧场的舞美设计、技术操控和多维空间的立体表演，叙述敦煌千年的历史，将观众一下子带入敦煌的千年历史轮回中。又如，杭州宋城景区打造的大型高科技时空秀《古树魅影》利用高科技在古树上做成了裸眼 3D Mapping 秀效果，采用先进的声、光、雾、电等科技手段营造出 360 度全景剧幕，不仅在视觉、听觉、触觉等感官上给观众带来震撼与冲击力，而且增强了现场的体验感。

当然，文化演艺旅游在发展的过程中也存在产品同质化的问题。如丽江就有《云南的响声》《印象丽江》《丽江千古情》等多个旅游演艺节目，表演的方式和内容在一定程度上具有相似性，海南、西安等地也在不断推出类似的旅游演艺节目。这也就意味着项目开发越多，同质化越严重，其市场发展空间越小，从而丧失了原有的竞争力。另外，旅游演艺作为旅游观光的延伸，在舞台技术日益成熟的今天，含有科技感、沉浸式、场景化等元素的定制性文化演艺旅游项目将会更加受到观众的喜爱，是未来文化演艺旅游发展的方向。

（二）养老旅游：旅游业与养老业的跨界融合

进入 21 世纪以来，休闲旅游已成为我国旅游业发展的新趋势。据中国旅游研究院报告，2016 年以休闲度假为出游目的的游客超过一半，达到 52.7%；2017 年休闲度假旅游占整体旅游市场的 50% 以上。[①] 休闲文化旅

① 《邵琪伟：休闲正成为我国旅游发展新趋势》，新华网，2018 年 6 月 24 日，http://www.xinhuanet.com/travel/2018-06/24/c_1123027431.htm。

游是文化与旅游的全新融合，也是集休闲、体验、观光于一体的新型旅游方式，老龄休闲文化旅游正是其中的一种类别，主要的服务对象是“夕阳”人群。随着我国人口老龄化程度的日趋加重，呈现老年人口规模大、增长速度快等特点。2017 年，65 岁及以上的人口达到 1.58 亿人，占总人口的 11.4%[①]；预计到2050 年，中国老年人口将达到峰值4.87 亿人。另外，现今传统居家老年人具有一定的经济能力和新兴的养老观念，传统的家庭养老难以满足社会的需求，一种高品质的符合老年人生理特点的休闲文化养老方式，即养老旅游将成为老年人生活的重要方式之一。

养老旅游已成为我国一种新型的养老方式，得到了国家层面的大力支持。2013 年国务院出台《关于加快发展养老服务业的若干意见》，2016 年国务院办公厅印发《关于进一步扩大旅游文化体育健康养老教育培训等领域消费的意见》，2017 年国务院发布《关于印发“十三五”国家老龄事业发展和养老体系建设规划的通知》，这些政策意见规范了养老领域，提升了服务品质，推动了我国养老旅游的发展。另外，养老旅游有着广阔的市场，不少商家利用当地的资源条件和配套服务打造了具有特色的养老基地。例如，位于西双版纳的拜兰水城养老养生社区，结合当地丰富的水体景观和温泉资源以及具有傣族特色的贝叶文化，将运动体验与养生休闲度假相结合，打造了集体验、养老、娱乐等多功能于一体的养老养生社区。同样，位于5A 级景区乌镇内的绿城·乌镇雅园作为养老度假的特色小镇，采用独特的“学院式养老”模式，建立了颐乐学院，通过推行不同的课程，丰富了老年人的精神世界；顶级国际康复医院的建立，为老年人提供了高质量的医疗服务，再加上其他细节的设计，使乌镇雅园成为“健康医疗 + 养生养老 + 休闲度假”的特色小镇，满足了老年人对养老旅游的多种需求，吸引了老年旅游者的到来。

养老旅游逐步趋向信息化，如当前我国已有中国异地养老网、养老网、链老网等第三方服务平台用以交互养老信息。但我国的养老旅游还处于初级

① 数据来源于国家统计局网站，http://www.stats.gov.cn/tjsj/ndsj/2018/indexch.htm。

阶段，仍然存在诸多问题，如适合老年人的旅游休闲产品种类较少，产业链尚未整合，各类基础设施较为薄弱，缺乏“一站式”服务。同时，当前的养老旅游以老年“跟团游”为主，活动强度较大，行程较为紧张。在互联网时代，为了更好地促进养老旅游的发展，一方面，要加大养老业与文化旅游业的融合力度，推进“互联网＋机构养老”模式，如利用互联网平台、电子地图、虚拟现实技术等整合上下游利益相关者（衣食住行等生理服务提供者以及医疗、咨询等安全和社会服务提供者①），降低服务的操作难度，提高效率；另一方面，要整合多方资源，构建一个全产业链高度整合的养老旅游休闲系统。

（三）新型博物馆旅游：旅游体验的新升级

博物馆是承载整个人类或局部文明历史记忆和文物凭证的殿堂。近年来，随着“文化热”的兴起，博物馆旅游已经成为一种新兴的旅游形式，它能够让我们通过文物与历史对话，真正了解一个地方的过去与现在。同时，博物馆具有艺术观赏、科学研究、教育推广等方面的价值与功能，也是提升民众精神文化消费观念的重要途径之一。根据国家统计局数据，2009～2018 年我国博物馆数量逐年增长，2009 年中国博物馆数量为 1219 个，到 2017 年博物馆数量达到 4721 个，博物馆的从业人员以及文物藏品数量也在不断增加，博物馆的参观人数从 2009 年的 32715.6 万人次增加到 2017 年的 97172.15 万人次。在 2018 年国庆期间，有 40% 以上的游客前往博物馆、美术馆、图书馆和科技馆。② 博物馆旅游已成为文化旅游热点。

为了满足游客对博物馆的体验化和互动化需求，在“互联网＋”背景下博物馆也更加趋向智慧化，衍生出微信、微博、短视频、App 等众多博物

---

① 顾振华：《构建互联网时代下中国旅游养老的商业模式》，《上海商学院学报》2017 年第 3 期。

② 《2018 年国庆假期旅游市场情况》，中央人民政府网站，2018 年 10 月 9 日，http://www.gov.cn/xinwen/2018－10/09/content_5328733.htm。

馆交互媒体平台。例如，2017 年上海市开设网站的博物馆共 68 个，策划数字展览 58 场，开通微信、微博公众号的博物馆有 109 个，全年利用新媒体发布信息共 8672 条。[①] 为了增强展示的可看性与参与性，博物馆利用数字展示技术结合传统的展示内容为游客提供全新的展示效果，同时利用虚拟现实技术还原文物场景，让游客置身于虚拟场景中，深刻感知文物背后的文化价值。当然，政府也在努力推动博物馆的发展，2016 年国家文物局、国家发展和改革委员会、科学技术部、工业和信息化部、财政部共同编制了《"互联网 + 中华文明" 三年行动计划》，希望通过观念创新、技术创新和模式创新，推动文物信息资源开放共享，加强文物数字化展示利用等。自 2005 年国务院办公厅印发《关于加强我国非物质文化遗产保护工作的意见》，并全面启动非物质文化遗产保护工作之后，在国家对非物质文化遗产保护和文博事业日益重视的背景下，"博物馆 + 非遗" 模式逐渐成为博物馆行业的新亮点。"博物馆 + 非遗" 模式不仅能够使消费者了解文物的历史，而且能够通过非遗传承人的展示、现场教授与体验学习到非物质文化遗产丰富的文化内涵。另外，非遗博物馆通过各种可见的形式展示、传承非物质文化遗产，这些内容和形式吸引了游客的注意力，催生了不同旅游阶层对非物质文化遗产的热爱。

当前，博物馆的传播方式、展示方式、管理方式等都在不断地创新，吸引了广大用户前往。2018 年中国国家博物馆、湖南省博物馆、南京博物院、陕西历史博物馆、浙江省博物馆、山西博物院以及广东省博物馆集体入驻抖音，并且合作推出"博物馆抖音创意视频大赛"，通过一系列新媒体技术，将当下最受欢迎的流行元素与国宝进行有机的融合，让博物馆文化走进年轻受众，这种年轻化的演绎方式，引发了用户对博物馆的极大关注。《我在故宫修文物》《国家宝藏》《如果国宝会说话》《上新了 · 故宫》等一大批文博类节目的热播，点燃了年轻群体对文化的热情，他们希望能够去探索文物

---

① 《2018 年中国博物馆发展现状与趋势分析　互联网 + 博物馆成为风口!》，前瞻经济学人网站，2018 年 6 月 21 日，https：//www. qianzhan. com/analyst/detail/220/180621 －935f24ed. html。

背后的文化底蕴。博物馆旅游作为人们旅游的新方式，正在不断升级并成为文化旅游的重要载体。

（四）乡村旅游：我国旅游消费的重点领域

在体验旅游的发展趋势下，旅游者更加注重旅游产品所带来的身心体验，乡村旅游因其独特的资源禀赋而能够满足游客不断增长的个性化和体验式旅游需求。我国乡村旅游起步于20世纪80年代中后期，伴随着我国工业化和城镇化进程的加快，乡村旅游依托绿水青山、田园风光以及具有特色的乡土人情与文化已成为城镇居民休闲养生的重要方式，是助力实施乡村振兴战略的重要渠道，也是促进文化与旅游消费的重要途径。乡村旅游作为我国旅游消费的重要领域，政府越来越重视其发展。2016年，中央一号文件提出要“大力发展休闲农业和乡村旅游”。2017年，农业部办公厅印发了《关于推动落实休闲农业和乡村旅游发展政策的通知》，以此推动落实休闲农业和乡村旅游发展政策。2018年，中共中央、国务院发布了《关于实施乡村振兴战略的意见》，指出要“创建一批特色生态旅游示范村镇和精品线路，打造绿色生态环保的乡村生态旅游产业链”。为了满足不同旅游人群的需要，乡村旅游的发展将会更加多元化。开发者通过充分考虑地域特点，因地制宜打造民俗村、田园农庄、农业科技园、乡村度假村等高质量产品，让游客的选择更加广泛并且凸显自己的特色。

随着国家大力发展乡村旅游产业，乡村旅游产业链也得到了进一步完善，在个性化休闲时代，乡村旅游呈现特色化、精品化的特点；新产品、新业态层出不穷，出现了文化旅游特色小镇以及乡村民宿等一系列乡村旅游新业态。中国经济进入新常态以来，以煤炭、石油等为主的传统资源的价值在下降，而新的要素资源的价值在上升，如蓝天白云、传统村落、区域特色文化等。电子商务的发展，同样改变了乡村的消费模式。而特色小镇正是在我国产业转型升级、乡村价值不断提升以及人们的消费需求发生转变的背景下走向人们的视野的。文化旅游特色小镇主要是凭借当地良好的生态、独具特色的传统建筑、悠久的历史文化以及宁静的氛围和相对低廉的价格对旅游者产生了巨大的吸引力。浙江省德清县的莫干山镇正是特色小镇与乡村民宿完美结合的例子，在全国创造了“洋家乐”概念，并成为一种新的旅游业态。“洋家乐”与其他一些特色小镇不同，它没有走模仿的道路，而是采用差异化的战略，把当地能利用的旧东西利用起来，践行“低碳环保、中西融合”的理念和“生态纯粹”的极致追求，真正做到因地制宜。随着乡村旅游的发展，也出现了依靠互联网技术的民宿 App，如小猪短租、途家等，乡村民宿的发展速度较快。调查数据显示，2017 年，我国乡村旅游人数达 25 亿人次，同比增长 16%；旅游消费超过 1.4 万亿元，同比增长 27%。乡村民宿成为新热点，预计到 2020 年，我国乡村民宿消费将达到 363 亿元，年均增长 16%，远高于同期国内旅游消费年均 8% 的预计增速。[①] 在文化与科技融合背景下，乡村旅游将呈现多种新的业态。

（五）生态和谐旅游：文化旅游的特殊形式

随着国家对生态建设和环境保护问题的日益重视，出现了以森林、草地、湿地、海洋等资源优势为依托的生态旅游，它与人类当前所处的生态时代相适应，代表了旅游发展的新潮流，是旅游发展进入新阶段的重要表现，具有深刻的环境背景和旅游者心理基础。“生态旅游”概念最早于 1983 年由国际自然保护联盟（IUCN）特别顾问豪·谢贝洛斯·拉斯喀瑞提出。生态旅游与传统的大众旅游有着较大的区别，它强调旅游业的增长应与环境保护相协调，是将游览活动、生态保护以及文化体验相结合的旅游新业态。我国对生态旅游的探索始于 1992 年，从最初的基础理论研究逐渐转向实践案例分析，其研究目的主要是在可持续发展的理念下，创新旅游产品，为消费者提供良好的旅游服务，并保护生态环境。生态旅游作为一种新兴的可持续旅游形式，近年来持续升温，影响力不断提升。以森林旅游为例，2017 年，我国森林旅游（以森林公园、湿地公园、沙漠公园为代表的各类森林旅游

① 《雒树刚：乡村民宿大有可为，全域旅游大有作为》，搜狐网，2018 年 12 月 3 日，http://www.sohu.com/a/279269121_463894。

地）创造社会综合产值 1.15 万亿元，已成为我国继经济林产品种植与采集业、木材加工与木制品制造业之后第三个年产值突破万亿元的林业支柱产业；森林旅游的游客量达到 13.9 亿人次，约占全国旅游总人数的 28%；森林旅游直接收入也从 2012 年的 618 亿元增加到 2017 年的 1400 亿元，保持了 18%左右的年均增长率。[①] 2018 年，森林旅游的成长力进一步增强，全国森林旅游和康养超过 16 亿人次，同比增长超过 15%，创造社会综合产值近 1.5 万亿元。[②] 随着中国旅游业逐步走向大众化，生态旅游市场不断壮大，旅游产品形式也在逐步创新，由传统的观鸟、自行车旅游、野生动物旅游等旅游模式逐步向以国家自然保护区、国家森林公园、国家湿地公园等“散点”式生态旅游产品为基础，通过打造各地之间的风景廊道，发展全域生态旅游的“点、线、面”多尺度旅游产品联动发展模式转型。另外，在人们生活水平提高的基础上，游客更倾向于个性化的体验式生态休闲或生态度假旅游。从传统的生态观光到当前的生态休闲和生态度假，需要越来越多的传统要素和非传统要素的支撑，除了自然资源、资金、土地以外，人才、信息、科技、文化等发展要素的重要性日益凸显。

在科技与生态旅游不断融合的 21 世纪，生态旅游更加趋向智能化和智慧化。2018 年在浙江杭州亮相的全国首个未来景区样板间西溪国家湿地公园是“科技 + 生态旅游”的最好例证，未来景区战略中的智慧票务、智慧导览、智慧景区大脑都率先在此落地。[③] 游客通过线上或者线下扫码购票后刷脸进入，西溪国家湿地公园还有专门的 App。在 App 中能够个性化定制行程，在线预订门票、酒店、美食、特产等，也有关于西溪国家湿地公园吃、住、行、购等方面的攻略，并且有西溪国家湿地公园的电子地图，利用 GPS

① 《第三个林业支柱产业是怎样炼成的?》，中国林业网，2018 年 3 月 22 日，http：//www. forestry. gov. cn/main/195/20180322/1085379. html。

② 《2018 年我国林业总产值 7.33 万亿元》，中国林业网，2019 年 1 月 17 日，http：//www. forestry. gov. cn/main/195/20190117/092445941527749. html。

③ 《飞猪携手西溪打造未来景区样板　首批落地三个“智慧”》，环球网，2018 年 9 月 21 日，http：//tech. huanqiu. com/news/2018 –09/13082143. html? agt =15438。

定位和导航服务，游客拿着手机就能去所有想去的地点。此外，西溪国家湿地公园通过智慧景区大脑能够实现智能管理和数字化经营，实时监控并对数据进行分析，包括客源地分析、客流监控、实时路况等。因此，在科技不断进步的时代，西溪国家湿地公园运用智能化不仅缩短了游客进入景区的时间，而且降低了人力成本，提升了管理效能。同时，景区通过智能管理对游客进行合理的流量管控，保护了生态环境。

三　科技背景下文化旅游消费新趋势

科学技术的进步为文化旅游服务创新提供了技术平台，同时也改变了文化旅游的营销方式，催生了多种文化旅游新业态。正如生产决定消费一样，当文化旅游的供需得到改善，新业态的出现必然会给消费带来一些新的变化，出现新的消费趋势。

（一）定制化消费

随着人们对旅游品质要求的不断提升，专注个性化实现与高品质体验的定制旅游成为趋势，当然定制化消费也就成为文化旅游消费的新趋势之一。定制化消费是通过寻找旅游资深人士来制订专属旅行计划的消费方式，这样既打破了“跟团游”的束缚，又解决了自由行中旅游线路设计专业性差的问题。另外，定制旅游满足了人们个性化的旅行需求，游客能够参与到旅游路线的定制中，与定制设计者之间有着良好的互动关系，从而为游客设计一款量身定做的旅游产品。近年来，线上旅游平台为了满足人们的个性化消费需求，纷纷推出了私人定制旅游业务，定制旅游逐渐成为大众青睐的一种旅游模式。如携程定制旅行发布的《旅游 3.0：2017 年度定制旅行报告》认为，2017 年成为定制旅游大众化的元年，私人定制不再只是有钱人的特权，已进入普通老百姓家庭；我国旅游业也从跟团游、自由行进入 3.0 时代——以旅游者为主导、以定制为代表的个性化服务时代。从全国范围来看，定制旅游的价格也越来越低，2017 年境内定制旅游人均消费约 3200 元，同比下降20%；境外定制旅游人均消费约7800元，同比下降8.2%。[①] 总的来说，定制化消费的兴起并不是意外，在当前以及未来的一段时间内都是文化旅游发展的方向。

（二）理性化消费

文化旅游与科技的不断融合，在一定程度上改变了消费者的消费意识和消费观念。在经济快速发展的今天，有很多消费者只注重价格的高低，而不关注性价比与审美，消费者仍然存在非理性、不成熟以及物质主义的消费观念。随着科技的广泛应用，消费者能够通过各种旅游App、微博等，提前了解旅游目的地的详细情况和旅游所需的费用，由此综合选择自己喜爱且性价比高的旅游项目，而不是传统的跟随旅行社从一个地方玩到另一个地方，直至玩遍旅行社安排的所有景点。另外，消费观念也从以个性化为导向逐渐转向理性消费并呈现多元化的发展态势。康养旅游的出现正是理性消费的一种表现，在物质生活日益丰富的今天，人们更加注重健康的生活方式，理性消费逐渐成为消费的主流模式。在旅游购物方面，人们从过去的“盲目消费”到“炫耀式消费”，再到如今的“务实消费”，游客的消费更加趋向理性，过去的“爆买”方式正成为历史。同样，人们的消费行为也从“只买不问”转向“先查后买”和“边查边买”，并且从“购买商品”转向“购买体验”。[②] 当今，人们通常会在旅游前查询各大网站以及旅游达人分享的日志，提前决定该购买哪些性价比高的商品，或者在当地临时购物时也会通过手机查看国内各大电商平台上该商品的价格，来决定哪种购买方式更加合理。因此，科技与文化旅游的深度融合必然会在一定程度上影响游客的消费行为，从而使消费更加理性。

---

① 《2017年度定制旅行报告出炉　旅游3.0时代到来》，搜狐网，2018年4月3日 http://www.sohu.com/a/227178412_275873。

② 苏娜：《出境旅游消费升级　国民购物日趋理性》，《中国旅游报》2017年7月5日，第3版。

（三）体验式消费

当前，我国的经济形态正逐步进入继农业经济、工业经济、服务经济之后的体验经济，在这一新型经济形态中，企业“以服务为舞台、以商品为道具、以消费者为中心，创造能够使消费者参与、值得消费者回忆的活动”。[①] 当然，在互联网、大数据、智能化的今天，旅游行业过去所实行的“门票经济”也在逐步被“体验经济”所取代，传统走马观花式的旅游消费模式已经难以满足消费者的需求，出现了依托互联网技术实现文化旅游的体验式消费方式和以 80 后、90 后、00 后为主的新兴文化消费群体。随着国民生活水平的提升和消费的升级，旅游消费已成为日常消费品，而常规旅游产品出现供求过剩，人们旅行的目的不再是游览而是体验，希望能够有体验式的旅行线路、体验式的活动、体验式的赛事等，以此满足精神体验。随着体验式旅游消费的出现并逐渐成为主流，旅游者的消费需求发生了变化，人们不再仅仅局限于纯自然景观的消费，相反更加渴望具有体验性、娱乐性和知识性的多层旅游体验。体验式旅游自身所具有的特点也吸引着游客，不可复制性即体验式旅游的个性化表达，主题的不同和鲜明的特色能够给游客带来新鲜的旅游感受，满足其个性化需要。另外，体验式旅游具有高度的模拟性，能够利用新技术（如虚拟现实、增强现实等）使消费者在特定的主题中有身临其境的感受。同样，在体验式旅游中消费者能够参与到旅游场景中，并且与当地居民直接接触，深刻体验当地的风土人情。随着科学技术的不断发展，人们从旅行中获得的体验感将会更加真实，体验式旅游也是当前及以后的消费热点。

（四）“网红”消费

近年来，随着短视频以及社交网络的普及，一些以前知名度不高的景点

---

① 〔美〕B. 约瑟夫·派恩、詹姆斯·H. 吉尔摩：《体验经济》，夏业良、鲁炜等译，机械工业出版社，2008。

通过知名短视频平台的传播一下子变成旅游“网红”打卡地，吸引了游客的到来。这种新型的旅游消费方式不仅是互联网快速发展的产物，而且是当前旅游正在由精英消费向大众消费转变的结果。在旅游消费升级的背景下，互联网为旅游地提供了低成本的宣传与传播手段，使人们能够利用短视频将自身的所见所闻快速上传网络，与他人分享。而那些以景区为背景，融入创意、趣味特征的短视频，逐渐被人们所喜爱并得到广泛传播，成为“网红”景点。加之现在年轻人出游喜欢看口碑，从社交平台上获取信息，甚至口碑的评价内容比广告更能够影响他们的行为。2018 年，在短视频的带动下，有不少景区被称为“网红”景区，如西安城墙脚下以“摔碗酒”爆红的永兴坊、厦门鼓浪屿的网红冰激凌店、青海的茶卡盐湖等。然而，有些“网红”景区自身条件并没有达到“网红”的标准，出现接待和服务能力不足、游览体验差、虚假宣传等问题。在人们沉浸于短视频消费的今天，“网红”景区的旅游消费将一直存在，并且很多景区也会采取这种互联网方式加强自身的宣传与推广。因此，“网红”景区在跟潮流、蹭热度吸引消费者的同时，要提升服务品质，不断挖掘文化内涵，打造经久不衰的旅游品牌。

四 推动新型文化旅游业态创新的几点思考

旅游业态创新是衡量我国旅游产业发展成熟与否的重要标志，也是实现我国旅游业转型升级的必由之路。当前，如何推动文化旅游业态创新已成为文化旅游业发展的重要议题。因此，为了更好地推动文化旅游业态的创新，本报告主要从产业融合、科技创新、人才兴旅、政策支持四个方面给出建议。

（一）聚焦“大融合”，实现文化旅游产业融合新突破

在全域旅游和乡村振兴的引领下，农业、林业、体育、健康养生等越来越多的领域与文化旅游相融合，为文化旅游产业的发展拓展了新空间，推动了新型文化业态的发展，如康养旅游就是文化旅游与健康养生融合发展下的

旅游新业态。进入新时代，文化旅游新业态的创新与升级需要通过产业的融合来创新旅游产品、旅游形式等，总的来说就是聚焦“大融合”，实现文化旅游产业融合新突破。一是推进文化旅游与三次产业之间的深度融合，充分发挥文化旅游的带动作用，形成“旅游＋农业”“旅游＋工业”“旅游＋服务业”的产业格局，积极开发文化旅游新产品。如在健康旅游方面，依托优美的自然景观、舒适的自然环境以及具有区域特色的文化，开发一系列健康养生旅游服务产品。二是拓宽旅游产业边界，细化文化旅游要素，在旅游的时间上进行创新。如在条件适宜的地方开展分时度假旅游，延长产业链，满足不同人群的旅游需求。三是积极推进不同旅游业态在要素、区域、时空等方面的交叉融合。另外，文化旅游业态的创新离不开互联网技术的深度融合，互联网技术在产品种类、体验方式、传播途径、宣传方式等方面影响着文化旅游，并催生了多种新型文化旅游业态，在“互联网＋”理念下创新旅游业态培育方式已成为文化旅游业态创新的重要推动力。

（二）以科技创新推动新型文化旅游业态创新

新型文化旅游业态与传统文化旅游业态最大的不同就在于互联网与数字化技术的应用，新型文化旅游不仅能够利用数字化技术使文化体验深度化，而且能够创新传播渠道、捕捉游客的文化消费需求以及创新文化内容形式等。当前，我国新型文化旅游业态发展仍然存在问题，如文化旅游的开发缺乏创意且深度不够、文化旅游与数字技术的融合程度不深等。创新和利用科技已成为推动新型文化旅游业态创新的重要途径之一，在智慧旅游的引领下，应利用多种交互技术增强游客的体验感。例如，在现有实景和真人展演的节目内容中加强立体成像技术与全息投影技术的融合，通过虚拟技术强化游客的临场感受，使游客沉浸在旅游场景中，体验旅游所带来的文化底蕴。[①] 为了进一步增强游客体验的真实性，应采用多态体验装置，让游客多维度地感受场景的真实性。文化旅游与科技的深度融合还体现在文化旅游消

① 王贞：《韶山红色文化旅游实景演艺的数字化设计研究》，《装饰》2017 年第 9 期。

费渠道的优化，如新颖的文化旅游产品设计、线上线下旅游产品的销售等。针对文化旅游产品的销售与设计，可以搭建文化旅游产品平台、创建微信公众号等，游客通过网络平台参与产品的设计与购买，一方面能够增强旅游的趣味性，提升游客的参与度；另一方面可以通过大数据实现精准营销，为游客提供定制化商品，提升游客购买商品的体验感。智能导游以及智能门票的应用也能够在一定程度上提高游客的满意度。同样，文化旅游业态的创新也离不开新技术的研发，企业应加大对科技研发的投入，开发新的数字化技术，全方位提升游客的体验感；政府应颁布相关的法律法规，对高新技术企业给予政策上的优惠，推动科技的研发。

（三）创新人才培养方式，坚持人才兴旅策略

在科技快速发展的今天，文化旅游的消费模式、经营管理服务模式、行政管理模式等与传统模式相比已经发生了翻天覆地的变化，相应地，对文化旅游人才应掌握的知识和具备的能力也提出了新的要求。作为文化旅游业态创新的重要推动力，如科学技术的进步、不同产业之间的融合等都需要人才的投入，因此推动文化旅游业态创新发展的关键在于创新人才培养方式，坚持人才兴旅策略。创新人才培养方式，需要加强行业、企业、社会与高职院校之间的有效衔接，推进政校、校企、校校合作以及与国际化办学项目合作，提高文化旅游人才的综合能力，培养多层次、复合型、国际化的文化旅游人才，这种人才不仅擅长旅游专业技能，而且通晓互联网技术、英语等。[①] 在智慧旅游的引领下，应培养文化旅游人才的智慧旅游实践技能，通过专业实训、学企交替的方式，提高文化旅游人才的实践能力。同样，在文化旅游的体验越来越深度化、服务越来越个性化的背景下，专业化服务人才必不可少，如个性化和定制化服务人才能够根据游客的特点和需求，为游客设计独一无二的旅游行程和专属的旅游产品，为游客带来与众不同的旅游

---

① 陈晖：《智慧旅游新业态下职业院校旅游专业人才培养模式改革与创新》，《电子商务》2018 年第 1 期。

体验。除此之外，专业旅游人才对文化旅游市场具有敏锐的感知能力，能够快速了解游客的消费偏好，较为准确地抓住游客的消费“痛点”，有针对性地为游客提供新的文化旅游方式和旅游产品，形成新的文化旅游业态。

（四）坚持政府引导、政策支持，推动文化旅游新业态的形成

新业态的培育往往离不开良好的市场发展环境，为了营造公平、规范的市场竞争环境，需要政府引导、政策支持。多年的产业实践和国内外的发展经验已经证明，产权的保护力度与创新力有着较强的正相关性，在存在“盗版”“山寨”等现象的产业环境下，文化旅游业的创新力将会大打折扣。[①] 这就需要政府构建强有力的知识产权保护体系，加大知识产权保护的执法力度，为文化旅游业态的创新提供法律保障。另外，政府职能的转变、服务质量与效率的提升能够推动文化旅游业态的创新。因此，政府应不断简化文化旅游项目在选址、申报、立项、审批等方面的程序，加大扶持引导和政策引导的力度，充分发挥市场在资源配置中的决定性作用，让文化旅游产品经过市场的选择，将最有创意、深受游客喜爱的项目留下来，实现资源的优化配置。文化旅游新业态的形成是不断培育与发展的过程，新业态的培育必然需要资金，甚至有些具有创意的文化旅游项目由于资金问题而不得不中止。为了解决这一问题，政府不仅要在税收上给予优惠，而且要加大对文化旅游产业的财政支持力度，为文化旅游企业的融资贷款提供便利，不断壮大文化旅游企业和推动改革创新。总的来说，政府应通过多方面的政策引导与支持，培育技术含量高、竞争能力强、具有示范带动作用的高质量文化旅游项目，深层次开发新型旅游产品，深化旅游业供给侧结构性改革，推动文化旅游新业态的形成。

---

① 李凤亮、谢仁敏：《文化科技融合：现状·业态·路径——2013 年中国文化科技创新发展报告》，《福建论坛》（人文社会科学版）2014 年第 12 期。

生态文明建设与文旅融合发展

厉新建　时姗姗　刘国荣*

摘　要： 回顾我国40多年的旅游发展之路，以往旅游者“病态性”消费习惯和方式、旅游企业投资盲目追大和过度开发利用等一度使得文旅事业发展陷入瓶颈。自我国加强生态文明建设以来，文化和旅游融合发展突破原有困境，秉承“在保护中发展，在发展中保护”的理念，产业呈现绿色、低碳、资源集约等可喜发展态势。值得注意的是，生态文明建设思想不是简单地强调原生态，更多的在于激发生态文明的活性，以其建设成果来促进我国经济结构和发展方式的转型与优化。同样，以文化魅力和旅游活力为特色的文旅融合在自身转型升级的同时，推动了对旅游目的地自然生态、文化生态的整体性保护，也有助于调动旅游者和当地居民参与的积极性，以此带动文化传承、文明繁盛。

关键词： 生态文明　文旅融合　整体性保护　可持续发展

一　生态文明建设与文旅融合

正确认识生态文明建设和文旅融合的发展理念有助于深入理解二者的关

* 厉新建，博士，教授，北京第二外国语学院首都文化和旅游发展研究院执行院长，研究方向为旅游经济发展战略、对外旅游投资、旅游基础理论等；时姗姗、刘国荣，北京第二外国语学院旅游科学学院硕士研究生，研究方向为旅游经济与休闲经济。

系。一方面，文旅融合通过推动当地经济发展和整体性文化保护、提高人民生活水平、完善基础设施等，有利于维持和改善当地生态环境，为地区可持续发展提供保障；另一方面，生态文明建设理念的深入贯彻有助于为文旅融合提供绿色、生态发展的宏大理论背景，生态文明建设所形成的生态文化也将助力文化旅游产品的进一步创新与产业链延伸。

（一）生态文明建设

生态文明是人类为保护和建设美好生态环境而取得的物质成果、精神成果和制度成果的总和，是贯穿于经济建设、政治建设、文化建设、社会建设全过程和各方面的系统工程，反映了一个社会的文明进步状态[①]，其核心在于“人与自然和谐共生”。[②] 生态文明建设，不是简单地保护生态环境免遭破坏，也不是一味地强调资源保护和限制开发，而是要以促进整个生态系统的有机循环运行为宗旨，调整经济发展结构，优化经济发展方式，最终实现建设美丽中国的美好愿景。

早在2003年习近平总书记发表的《生态兴则文明兴——推进生态建设　打造“绿色浙江”》一文中，就已将生态建设提升到与文明息息相关的前所未有的高度。2005年“绿水青山就是金山银山”的“两山”理论科学论断在浙江安吉得到提炼。2013年习近平总书记再次重申生态文明建设的重要性，“生态兴则文明兴，生态衰则文明衰，生态环境保护是我国功在当代、利在千秋的伟大事业”。党的十八大报告也强调，“必须树立尊重自然、顺应自然、保护自然的生态文明理念，坚持节约资源和保护环境的基本国策，着力推进绿色发展、循环发展、低碳发展”。2015年4月中共中央、国务院发布的《关于加快推进生态文明建设的意见》则提出，要“动员全党、全社会积极行动、深入持久地推进生态文明建设，加快形成人与自然和谐发展的现代化建设新格局”。同年10月，党的十八届五中全会召开，加强生态文明

---

① 《生态文明》，搜狗百科，https：//baike. sogou. com/v289281. htm? fromTitle＝生态文明。

② 曾正德、李雪菲：《生态文明概念、内涵、本质的确认及其阐释》，《南京林业大学学报》（人文社会科学版）2011年第4期，第52～59页。

建设首次被写入国家五年规划。

我国传统文化中虽没有“生态文明”一词，但古代先贤一直将人与自然的和谐视为重要的哲学问题，逐步形成了特有的生态智慧①，如大禹治水、轮耕轮牧轮休等。时代在更迭，生态与文明的关系却日益密切。为探索有益的生态文明制度模式，党的十八届五中全会和“十三五”规划纲要明确提出设立统一规范的国家生态文明试验区，并于2016年确定福建、江西和贵州三省为第一批入选名单。此外，生态文明贵阳国际论坛的举办也在积极传播中国参与生态文明国际交流与合作的声音与决心，有利于更鲜明地展示建设成果，打造好“样板”。今后，我国的生态文明建设依然要坚持习近平总书记提出的“保持加强生态文明建设的战略定力，探索以生态优先、绿色发展为导向的高质量发展新路子”等思想，这既是我国社会发展客观规律的正确选择，也是对已有马克思主义生态观的丰富和拓展。

（二）文旅融合

现今，文化和旅游的融合被多数人看作“诗与远方”的阔别重逢，两部门的机构重组也于2018年3月落定。其实早在2009年文化部和国家旅游局就曾联合发布《关于促进文化与旅游结合发展的指导意见》，明确提出推进文化与旅游结合发展的主要措施。时隔10年，文化和旅游部部长雒树刚在2019年全国文化和旅游厅局长会议上进一步明确指出：“文旅融合发展的总思路是‘宜融则融、能融尽融’，要找准文化和旅游工作的最大公约数、最佳连接点，推动文化和旅游工作各领域、多方位、全链条深度融合，实现资源共享、优势互补、协同并进，为文化建设和旅游发展提供新引擎、新动力，形成发展新优势。在推进理念融合时要注重以文促旅、以旅彰文、和合共生。”

文化和旅游的融合，不仅有利于促进文化创造活力持续迸发、提升旅游

---

① 沙占华、冯雪艳：《习近平生态文明思想形成和发展的多维探究》，《沈阳干部学刊》2019年第1期，第8～11页。

发展质量，而且有利于满足人民对美好生活的向往，进一步促进经济社会发展，增强国家文化软实力，扩大中华文化影响力。这要求二者形成良好的互促关系。一方面，以旅游的形式，对我国博大精深的中华文化进行轻松表达，让文化变得生动有趣，从而更好地传承和弘扬优秀文化，高效实现人类的文化习得。另一方面，文化习得有助于提升人们的道德素养和自我约束力，建立个人与地方环境之间的情感联系，增强其地方依恋，从而通过情感转移约束个人旅游行为，做到文明旅游。

（三）生态文明建设与文旅融合相辅相成

党的十九大报告指出，我国社会的主要矛盾已经转化为人民日益增长的美好生活需要和不平衡不充分的发展之间的矛盾。为解决这一主要矛盾，生态文明建设需优先以文旅产业为载体，重点结合“旅游＋”战略。一方面，旅游业已经成为人们追求美好生活的重要组成部分，是增加人民福祉的幸福产业。另一方面，面对环境污染、资源浪费、生态恶化等严峻局势，任何一个行业都应该贯彻尊重自然、顺应自然、保护自然的生态文明理念。特别是机构改革重组后，文旅产业发展势头强劲，而生态文明建设有助于约束文旅产业发展中可能产生的资源浪费、环境破坏等问题，同时也有助于提供一个绿色、可持续的发展环境。文旅融合的不断发展，有利于增强人们的文化认同感和民族自豪感，规范旅游行为，加快建设健康安全的旅游秩序，为生态文明建设打下良好基础。

1. 生态文明建设的旅游化

生态文明建设与“绿水青山就是金山银山”的理论有着紧密联系。绿水青山是一种生态环境指向，强调对我国自然环境资源的原生态保护；而金山银山是一种经济发展指向，强调对我国自然环境资源的可持续利用。生态环境保护和经济发展是辩证统一的，前者的成败归根到底取决于经济结构和经济发展方式。发展经济不能对资源和生态环境“竭泽而渔”，生态环境保护也不能舍弃经济发展而“缘木求鱼”，要坚持在发展中保护、在保护中发展，实现经济社会发展与人口、资源、环境相协调，使绿水青山产生巨大的生态效益、经济效益和社会效益。[①] 党的十八大把生态文明建设纳入中国特色社会主义事业“五位一体”总体布局，并在实践中将可持续发展上升到国家战略地位，可见生态文明建设的关键性与枢纽性作用。

作为国民经济战略性支柱产业，旅游业具有“轻、灵、小”等特点[②]，主要通过服务的劳务形式满足旅游者的消费需要，其行业的基本特征是非生产性的，具有资源消耗低、带动系数大、就业机会多、综合效益好的特性，是典型的节能产业、环保产业和清洁产业。[③] 旅游业还能够较好地做到依托现有的工业、林业、农业等，通过“旅游+”实现对现有资源的可持续利用，成为建设环境友好型和资源节约型社会的有效发展路径。因此，推进绿水青山转化为金山银山一个很重要的因素就是旅游化。生态环境建设的旅游化，既有利于最大限度地保护生态，又能够促进生态价值的兑现，突出表现为推动地方经济发展和提高百姓生活水平。进一步地，保护了绿水青山，就等于有了最大的旅游吸引物，有利于带动市场客源的集聚，提升地方居民和游客共同的幸福感。显然，旅游化符合当下的绿色发展理念，是促进生态文明体制改革的重要路径，致力于为建设美丽中国贡献巨大力量。

2. 文旅融合发展的生态化

生物群落是指生活在一定的自然区域内，相互之间具有直接或间接关系的各种生物的总和[④]，它对整个生态系统的协同健康发展具有基础性作用。文旅融合发展要充分重视自然和人文生态群落并加以保护，通过各个部分的协同合作，达到文旅系统的深度完善。具体地，要以文明旅游、绿色旅游、优质旅游发展为核心，处理好文旅发展过程中经济、社会、环境三大效益的关系。此外，还要注意处理好全域旅游发展中外来游客与本地居民

① 习近平：《在深入推动长江经济带发展座谈会上的讲话》，《人民日报》2018年6月14日，第2版。

② 戴学锋：《全域旅游：实现旅游引领全面深化改革的重要手段》，《旅游学刊》2016年第9期，20~22页。

③ 王昆欣：《践行“两山”理论　发展优质旅游》，《中国旅游报》2019年1月7日，第3版。

④ 《生物群落》，搜狗百科，https://baike.sogou.com/v495875.htm?fromTitle=生物群落。

的利益冲突，秉持共享的发展理念，实现文旅发展的和谐共生。

从三大效益的角度出发，生态文明建设着眼全局，追寻的是经济效益、社会效益和环境效益的最优组合，涉及生态环境、人类、社会、经济和资源等多要素之间的协同发展。文旅融合的发展如果一味地追求投入产出，而忽略社会效益和环境效益，则不利于生态系统的有序发展和生态文明建设进程的稳步推进。此外，过度商业化、缺乏普及知识和弘扬文化等属性的认知以及文旅产品项目或活动的创新创意不足等均可能导致市场疲软现象的出现。因此，文旅融合发展应该注重整个产业链的有序运行，贯彻生态文明建设中的生态群落共生思想，调动产业链中的一切积极因素，在兼顾社会效益、环境效益的前提条件下追求经济效益的最大化。其中，积极因素包括人（如文化和旅游领域专家学者、当地居民、创意达人等）、资源（如文物、遗址遗迹、自然和人文山水等）、社会（如文物文化单位、景区等）。

从全域旅游发展的角度出发，文旅融合发展容易忽略对当地居民的保护以及与当地居民的合作。旅游的商业化发展与当地居民的利益冲突一直是学者们关注的重点话题，生态系统的和谐共生思想或许能够为解决该问题提供思路。从旅游目的地的生命周期理论来看，游客与当地居民的关系大多遵循“初期欢迎—冲突显现—矛盾激化”的发展规律。最终，游客会减少进入该旅游目的地的次数，致使该地区旅游经济发展进入下滑阶段，当地居民转而考虑选择其他创收方式，但如果游客与当地居民的矛盾没有得到解决，那么更多的是由后者承担生态环境恶化、资源浪费等后果。文旅融合发展要吸取已有教训，注重权衡游客与当地居民的利益关系，让游客能够通过旅游感知文化魅力，让当地居民能够获得切身利益。无论是游客还是当地居民，都应该坚守生态环境红线，主动为促进文旅融合的绿色化、文明化和可持续化贡献力量。

二　文旅融合发展为生态文明建设提供保障

伴随着旅游大众化时代的到来和生态文明建设步伐的加快，我国在生态文明建设方面取得了一些成就。如浙江省率先实施“五水共治”，从“治污水、防洪水、排涝水、保供水、抓节水”五个方面实现了优化环境、惠及百姓的目标。这一举措为浙江省旅游业提供了良好的发展环境，树立了绿色、健康的旅游目的地形象，为当地的文旅融合发展提供了广阔的新空间和新舞台。

文化和旅游部部长雒树刚在2019年全国两会第三场“部长通道”答记者问时提到要“通过文化和旅游的融合发展，实现安全旅游、文明旅游”。文明旅游体现在“吃、住、行、游、购、娱”的各个环节，要通过对文化的保护和传承使之熠熠生辉。旅游在为非物质文化遗产保护带去持续客流和现代社会活力的同时，非物质文化遗产传承人及其作品也为这些旅游空间带去了全新的吸引物。总之，文化和旅游都是推动文明交流互鉴、传播先进文化、增进人民友谊的桥梁，是讲好中国故事、传播好中国声音的重要渠道。一方面，文旅融合、文化传承和文明传播一脉相连，对推动生态文明建设具有积极意义。另一方面，文明的传播讲究潜移默化，于无形处沉浸、内化。只有跨越旅游客源地与目的地，切实落脚于游客和当地居民的共同利益，才是真正的文旅融合。

（一）强化游客主体参与

游客是旅游目的地永续发展与环境管理的关键利益相关者，其所展示的旅游活动会对旅游业造成巨大的负面影响。[①] 旅游者环境友好行为被认为是缓解旅游目的地生态环境问题和有效保护旅游目的地生态环境的重要力量。[②] 在旅游的全过程中，游客的信息搜寻模式、购买行为偏好、感知价值、满意度、忠诚度等行为特征各异。要以此为突破口，为新的消费热点培育提供可能，致力于提升旅游者的文化素养，为生态文明建设培养有文化、

① Dwyer, L., Forsyth, P., Spurr, R., et al., “Estimating the Carbon Footprint of Australian Tourism”, *Journal of Sustainable Tourism*, 2010, 18 (3), pp. 355 - 376.

② Steg, L., Vlek, C., “Encouraging Pro-environmental Behavior: A Integrative Review and Research Agenda”, *Journal of Environmental Psychology*, 2001, 21 (3), pp. 233 - 248.

负责任、爱生态、懂环保的社会群体，做好旅游目的地自然资源和历史文化古迹保护，实现永续发展。①

（二）推动旅游目的地可持续发展

文化成为灵魂，注重元素挖掘。目的地对自身文化资源的挖掘，有利于在规划设计时充分运用相关元素，这样不仅可以使内外部基础设施在低碳绿色发展模式上有所改进，而且文化多样性氛围也日益浓厚，诸如“厕所革命”文化、生态保育文化等。旅游化作载体，强调平台建设。除富民安邦，旅游的传播教育功能越来越强大，做好全方位旅游平台建设服务，有利于做到目的地“有所教、有所乐”和游客“有所学、有所获”，通过解说与宣传等，弥补诸如生态保护、文化续存知识上的不足。

精准扶贫作为一项系统性工程，其范围不应仅限于经济增收，精神低迷、文化缺失、生态危机等“贫困”也应该得到重视。多个地区的发展实践验证了旅游扶贫的惊人效果，即旅游业成为所在地区的产业支撑，尤其是与当地特色文化相结合时，经济、生态、制度等方面都将得到持久发展，从而使旅游目的地呈现新面貌。自 2000 年以来，我国先后设立了 5 个国家级旅游扶贫试验区，包括宁夏回族自治区的六盘山、江西省的赣州市和吉安市、河北省的阜平市、内蒙古自治区的阿尔山市。除此之外，也有一些具有较好旅游发展基础的地区通过旅游与文化的融合推动了当地经济、文化、生态的“三脱贫”。例如，四川省依托民族地区独具特色的文化文物资源，深入实施技艺传承扶持、文物保护利用、文化产业提升、文化品牌培育推广等计划，打造了彝族火把节、藏历年和羌历年庆祝等知名活动。2018 年四川省阿坝州红原县红原大草原夏季雅克音乐季现场观众达 14.7 万人次，票房、广告等收入超过千万元，实现旅游综合收入 1.52 亿元。再如，湖南省 51 个重点贫困县大多是生态文化旅游资源富集的地方，这些地区大力实施乡村旅

① Lee, T. H., “How Recreation Involvement, Place Attachment and Conservation Commitment Affect Environmentally Responsible Behavior”, *Journal of Sustainable Tourism*, 2011, 19 (7), pp. 895 - 915.

游精准扶贫工程，打好旅游扶贫“组合拳”，以旅游业为依托的武陵源、洪江、茶陵、桂东、宁远 5 个旅游扶贫重点区县率先“脱贫摘帽”。由此可见，文旅融合发展是旅游目的地重要的扶贫方式，对于缓解地方贫困具有积极意义，有助于生态文明建设。

三　生态文明建设助力文旅融合发展

（一）用和谐共生思想推动文旅融合发展

生态文明建设强调社会系统和生态系统的多样性、不同生态群落相互依存的共生性、自组织式的生命力①，其精髓在于“人与自然和谐共生”。文旅融合发展的供给侧结构性改革也需要充分贯彻该思想。旅游产品和服务不应以牺牲当地文化与自然环境为代价，在和谐中共赢的生态旅游将成为旅游供给侧结构性改革与生态文化融合的最直接成果。

生态旅游最早由世界自然保护联盟（IUCN）于 1983 年提出，1993 年国际生态旅游协会将其定义为具有保护自然环境和维护当地人民生活双重责任的旅游活动，强调旅游者的主动参与。② 这要求涉旅企业在旅游产品开发、提供的过程中关注旅游者回归大自然的享受、探索和教育，也要注重当地居民参与管理与服务作用的发挥，通过良性互动促进生态环境保护和现代文明延展。

（二）自然生态和文化生态“两手抓”

自然生态是指生物之间以及生物与环境之间的相互关系和存在状态，有着自在与自为的发展规律。人类社会通过改变这种规律，把自然生态纳入可改造范围之内，就形成了文明。③ 然而文化生态作为伴随时代发展而产生的

---

① 仇保兴：《生态文明建设以观念转型为先导》，《北京日报》2018 年 11 月 19 日，第 18 版。
② 《生态旅游》，搜狗百科，https：//baike. sogou. com/v114725. htm? fromTitle = 生态旅游。
③ 《自然生态》，搜狗百科，https：//baike. sogou. com/v168032551. htm? fromTitle = 自然生态。

崭新概念，较晚进入大众视野，在我国现行权威的《辞海》等大型工具书中都查不到准确的解释。[①] 文化生态的概念最早由美国著名人类学家斯图尔德于1955年在其著作《文化变迁理论》中明确提出，强调人类文化与其所处的自然环境之间的关系[②]，其理论核心是环境、技术与社会制度的因果关系理论。国内许多学者认为文化生态的概念可类比自然生态[③]，需要警惕文化生态的不可再生性所带来的人类文明的巨大损失。以四川省阿坝州为例，主要世居民族人民在长时间与环境的相互适应过程中，形成了朴素的生态理念和生态智慧，“万物有灵、万物同源”的宗教思想、善待自然等与道家所倡导的天人合一以及科学发展观中的和谐思想不谋而合。[④] 这种民族地区的旅游生态化建设既包含自然生态环境，也有体现生态价值观且来源于人类社会实践活动的民族文化。

文化生态系统是文化与自然环境、生产生活方式、经济形式、语言环境、社会组织、意识形态、价值观念等构成的相互作用的完整体系，具有动态性、开放性、整体性的特点。加强文化生态的保护，是文化遗产保护工作的重要组成部分[⑤]，《国家级文化生态保护区管理办法》的出台就是一个典型例证。要推动中华优秀传统文化创造性转化、创新性发展，坚持保护优先、整体保护、见人见物见生活的理念，以“遗产丰富、氛围浓厚、特色鲜明、民众受益”为目标，将非物质文化遗产及其得以孕育、滋养的人文环境加以整体性保护，这种整体性保护恰好彰显了对“自然＋文化”生态

---

① 《文化生态》，搜狗百科，https：//baike. sogou. com/v7829408. htm? fromTitle＝文化生态。

② 朱竑、司徒尚纪：《近年我国文化地理学研究的新进展》，《地理科学》1999年第4期，第338～343页；阳建强：《基于文化生态及复杂系统的城乡文化遗产保护》，《城市规划》2016年第4期，第103～109页。

③ 刘淑梅：《文化生态视野下的俄罗斯庄园文学研究综述》，《解放军外国语学院学报》2018年第6期，第146～151页；方李莉：《文化生态失衡问题的提出》，《北京大学学报》（哲学社会科学版）2001年第3期，第105～113页；宋子千：《建好文化生态保护区对文旅融合意义重大》，《中国旅游报》2019年1月2日。

④ 何星：《乡村振兴背景下民族地区旅游扶贫中的生态化建设——以阿坝州为例》，《云南民族大学学报》（哲学社会科学版）2019年第2期，第73～79页。

⑤ 《文化生态系统》，搜狗百科，https：//baike. sogou. com/v69040985. htm? fromTitle＝文化生态系统。

的重视。从生态博物馆到非物质文化遗产生态保护区，再到21个国家级文化生态保护实验区的发展升级，表明国家对非物质文化遗产保护的决心与力度。

（三）坚持“文化+自然”的文旅发展模式

文化和旅游的融合，需探索研创政、产、资、学、研、用一体化的创新模式，要开发出市场认可的文旅产品。[①] 目前市场上文旅融合的产品种类丰富，包括主题公园、主题酒店及餐饮、文化节庆、研学旅行等，文旅小镇、旅游演艺也获得了多数游客群体的青睐。具体来看，旅游演艺主要分为主题公园演出、实景演出和独立剧场演出三类。主题公园演出限定场所，如杭州的《宋城千古情》、上海迪士尼的《冰雪奇缘》等。实景演出的舞台是旅游目的地真实的自然环境，以当地特色民俗风情等为艺术素材，具有独一性和不可复制性，如西安的《长恨歌》、武夷山的《印象大红袍》等。独立剧场演出是在旅游目的地的专门场所针对旅游人群打造的旅游演出产品，如平遥的《又见平遥》等。根据道略演艺产业研究中心的统计数据，2017年旅游演艺票房收入为51.46亿元，较2013年增长128%。2019年3月14日，文化和旅游部印发《关于促进旅游演艺发展的指导意见》，提出了支持旅游演艺发展的一系列政策措施。为更好地活跃产品供需匹配，各类市场经营主体应当抓住文旅融合发展的契机，以自然环境资源为依托，以创新发展为驱动力，真正做到“产品有看点、创意有卖点、服务有触点”。

（四）倡导“红色+绿色”的旅游发展模式

红色旅游是我国社会历史发展遗留下来的宝贵财富，文旅融合发展背景为其提供了发光、发亮的好机遇。2018年上半年，红色旅游重点城市的436家红色旅游景区共接待游客4.84亿人次，同比增长4.83%，占国内旅游总人数的17.13%；旅游收入达2524.98亿元，同比增长5.73%，占国内旅游

① 王衍用：《文旅融合，要探索政、产、资、学、研、用一体模式》，《中国文化报》2019年3月9日，第8版。

总收入的10.32%。[①]《“十三五”时期文化扶贫工作实施方案》提出要充分挖掘革命老区红色文化内涵，利用革命历史文物资源优势，推动当地经济、社会、文化持续健康发展，带动贫困地区稳步脱贫。除了攻坚脱贫，红色旅游在保护目的地文化和自然环境上也大有作为，“红”“绿”结合的实践发展模式呈现可喜佳绩。

例如，海南致力于探索旅游的“红、绿、蓝、古”四色融合发展模式，实现红色文化、绿色生态、碧水蓝天、古迹历史等人文景观与自然资源的高度整合，并在此基础上推动红色旅游与多产业融合发展，开发包括康养度假、研学旅行等在内的红色旅游特色衍生产品，致力于实现跨界合作、互利共赢。[②]又如，延安立足当地红色文化资源优势，并将之转化为旅游产业优势，实现了红色旅游经济对“精准扶贫”政策的反哺。2018年赴延安旅游的游客累计达6343.98万人次，同比增长25.4%；实现旅游综合收入410.7亿元，同比增长37.5%。再如，福建长汀作为全国著名的革命老区和红军长征出发地之一，红色旅游资源价值宝贵、空间组合优良，是首批国家生态文明建设示范县和“绿水青山就是金山银山”实践创新基地之一。长汀始终秉承“红+古+绿”的融合发展模式，有效带动了当地特色产业发展和城乡建设进步，2017年仅旅游收入就达到30.2亿元，同比增长36.9%。

① 《戴斌：红色旅游的价值取向与责任担当》，中国旅游研究院网站，2019年1月21日，http：//www.ctaweb.org/html/2019－1/2019－1－21－16－40－35567.html。

② 张力：《文化赋能　推动红色旅游转型升级》，《中国文化报》2019年3月16日，第6版。

文化与旅游融合背景下的人才升级

陈少峰　侯杰耀*

摘　要： 推动文化产业与旅游业融合是当前重要的产业政策导向，伴随着文化与旅游在内容开发、平台建设、技术革新等多方面的融合发展趋势，文化旅游产业急需与之相匹配的专业型人才，人才跨界升级成为当务之急。从微观层面讲，人才升级要求企业培养文化旅游人才的IP思维；从宏观层面讲，人才升级要求政府营造崇尚企业价值的市场环境。

关键词： 文化旅游　文旅融合　人才升级

改革开放40年，中国旅游业发展迅猛，旅游已经成为人民生活的必需品。2017年，我国国内游客达50亿人次，比1994年增长了8.5倍；国内旅游总花费和国际旅游总收入分别为45661亿元和1234亿美元，比1994年增长了43.6倍和15.9倍。[①] 近年来，伴随着“文化+”的产业融合趋势，“文化+旅游”催生的文化旅游产业已经蔚然成风。调研数据显示，2018年国庆期间，超过90%的游客参加了文化活动，超过40%的游客参加了2项

---

* 陈少峰，北京大学哲学系教授、博士生导师，北京大学文化产业研究院副院长，国家文化产业创新与发展研究基地副主任，研究方向为伦理学、管理哲学与文化产业；侯杰耀，北京大学哲学博士，北京电影学院电影学系讲师，研究方向为政治哲学、电影伦理、文化产业。

① 《服务业在改革开放中快速发展　擎起国民经济半壁江山——改革开放40年经济社会发展成就系列报告之十》，国家统计局网站，2018年9月10日，http://www.stats.gov.cn/ztjc/ztfx/ggkf40n/201809/t20180910_1621829.html。

文化体验活动，前往博物馆、美术馆、图书馆和科技馆的游客达到40%以上，37.8%的游客花在文化体验上的时间为2～5天。国内主要在线旅游（OTA）平台数据显示，2018年10月1～7日，文化类景区门票整体预订量同比增长超过36%，景区门票、文化展演类产品预订量增幅最大。进入“十三五”时期，人们不再满足于以景区观光为主的传统旅游形式，主题公园、博物馆、文化演出体验等文化旅游项目日益受到消费者的欢迎，中国文化旅游产业赢来了蓬勃发展的机遇期。

一　文化旅游产业的宏观发展政策

文化旅游产业是国家政策引导支持的重要领域，早在2009年，文化部、国家旅游局就联合发布了《关于促进文化与旅游结合发展的指导意见》，强调“文化是旅游的灵魂，旅游是文化的重要载体”，要着力加强文化和旅游的深度结合。2018年，文化部和国家旅游局合并，成立文化和旅游部，这在国家行政管理层面肯定了当前文化与旅游两种产业形态的融合趋势，也在宏观经济层面支持了文化旅游产业的未来发展。

第一，国家大力支持多种业态融合发展。进入“十三五”时期，多业态融合已经成为中国经济的重要特征，国家出台了一系列政策引导多业态融合健康有序推进，“文化+”“互联网+”“旅游+”等产业融合概念已经成为“十三五”产业规划的关键词。2015年7月，国务院发布的《关于积极推进“互联网+”行动的指导意见》部署总体发展思路，提出要顺应世界“互联网+”发展趋势，充分发挥我国互联网的规模优势和应用优势，推动互联网由消费领域向生产领域拓展，加速提升产业发展水平，增强各行业创新能力，构筑经济社会发展新优势和新动能。2016年11月，国务院颁布的《“十三五”国家战略性新兴产业发展规划》将信息技术产业、数字创意产业等新兴产业作为国家重点支持对象。2016年12月，国务院印发的《“十三五”旅游业发展规划》指明了旅游产业发展的方向，即推进融合发展，丰富旅游供给，形成综合新动能，在推进“旅游+”方面取得新突破。

以“旅游 + 文化 + 科技”相融合的产业现代化是当前旅游业发展的五大趋势之一，科学技术、文化创意、经营管理和高端人才对推动旅游业发展的作用日益提升。2017 年4 月，科技部发布了《“十三五”现代服务业科技创新专项规划》，提出要积极培育发展新兴服务业，推动新一代信息技术与新兴服务业深度融合，探索“互联网 +”在服务业应用的新模式和新业态，进一步发展数字生活、健康养老、数字教育、智能装备服务等新兴服务业，发展平台经济、跨界经济、共享经济和体验经济，满足消费结构升级的需要，打造经济发展新动能。2017 年 4 月，文化部发布了《关于推动数字文化产业创新发展的指导意见》，强调要推进数字文化产业与先进制造业、消费品工业融合发展，与信息业、旅游业、广告业、商贸流通业等现代服务业融合发展，与实体经济深度融合。2017 年4 月，文化部还发布了《“十三五”时期文化产业发展规划》，明确要推进“文化 +”和“互联网 +”战略，促进互联网等高新科技在文化创作、生产、传播、消费等各环节的应用，推动文化产业与制造、建筑、设计、信息、旅游、农业、体育、健康等相关产业融合发展。其中，文化旅游业是《“十三五”时期文化产业发展规划》中提出的重点创新行业，国家规划到 2020 年实现文化与旅游双向深度融合，培育 5 ~ 10 个品牌效应突出的特色文化旅游功能区，支持建设一批具有历史、地域、民族特色和文化内涵的旅游休闲街区、特色小（城）镇、旅游度假区，培育一批文化旅游精品和品牌。从国家“十三五”规划思路看，文化旅游已经成为现代大文化产业的一部分，文化旅游的发展必须突破传统旅游业思路束缚，遵循现代文化产业的融合思路。

第二，国家全力倡导“全域旅游”新模式。2017 年 6 月，国家旅游局印发的《全域旅游示范区创建工作导则》明确了全域旅游的含义，认为全域旅游是指将一定区域作为完整旅游目的地，以旅游业为优势产业，进行统一规划布局、公共服务优化、综合统筹管理、整体营销推广，促进旅游业从单一景点景区建设管理向综合目的地服务转变，从门票经济向产业经济转变，从粗放低效方式向精细高效方式转变，从封闭的旅游自循环向开放的“旅游 +”转变，从企业单打独享向社会共建共享转变，从围墙内民团式治安管理向全面依法治理转变，从部门行为向党政统筹推进转变，努力实现旅游业现代化、集约化、品质化、国际化，最大限度地满足大众旅游时代人民群众消费需求发展的新模式。全域旅游是传统旅游业在产业融合趋势下的必然发展阶段，国务院办公厅在2018年3月发布的《关于促进全域旅游发展的指导意见》明确了“旅游+多种产业”的融合创新思路是建设全域旅游的关键，具体包括推动旅游与城镇化、工业化和商贸业融合发展，推动旅游与农业、林业、水利融合发展，推动旅游与交通、环保、国土、海洋、气象融合发展，推动旅游与科技、教育、文化、卫生、体育融合发展，等等。国家旅游局确定2018年为“美丽中国—2018全域旅游年”，全域旅游作为一种全新的旅游发展理念受到国际及社会的广泛认可和关注，逐渐成为推动全国旅游业供给侧结构性改革的重要途径，也是现阶段我国旅游业转型升级的重要发展战略。发展全域旅游是为了更好地满足游客日益增长的美好旅游生活的需求，也是推动地方经济实现高质量发展的战略选择。

第三，国家积极鼓励优秀文化产品开发。文化内容是文化产业的灵魂，优秀文化产品是文化旅游产业的根基。国家积极鼓励文化企业开发优秀文化产品，将中华优秀文化资源与文化旅游事业相结合，推动文化旅游市场内容不断繁荣。2017年1月，国务院发布了《关于实施中华优秀传统文化传承发展工程的意见》，要求大力发展文化旅游，充分利用历史文化资源优势，规划设计推出一批专题研学旅游线路，引导游客在文化旅游中感知中华文化。2017年4月文化部发布的《“十三五”时期文化产业发展规划》指出，开发文化产品成为文化旅游产业的重中之重，国家“鼓励文化创意、演艺、工艺美术、非物质文化遗产等与旅游资源整合，开发具有地域特色和民族风情的旅游演艺精品和旅游商品；提升文化旅游产品开发和服务设计水平，促进发展参与式、体验式等新型业态；支持开发集文化创意、旅游休闲、康体养生等于一体的文化旅游综合体；扶持旅游与文化创意产品开发、数字文化产业相融合”。在文化产品的开发类型中，互联网文化产品尤为重要。2017年4月文化部发布的《“十三五”时期文化科技创新规划》强调了互联网文化开发的重要性，要求重点开展“互联网+文化”行动，实施网络文化战略。

从国家政策的扶持角度看，“优秀传统文化 + 现代旅游文化 + 互联网文化”的文化产品开发思路已经成为发展文化旅游产业的重要内容基础。

二　文化旅游市场的业态融合趋势

文化与旅游的业态融合是针对传统文化产业、传统旅游产业的一种本质性业态变革。业态的变化绝不是简单的数量增减或外表的改变，不同的业态不等于卖不同的产品，而是属于行业的本质性提升。比如改造一条古街，如果只是将原来的理发店减少几家，或改造成饭店，就不是真正的业态改变，只能算是店铺或服务的变化，并没有涉及业态本质。如果某个地方原来做普通零售业务，现在通过改造升级变成旅游目的地，这就属于业态的变化。从消费市场看，文化旅游业态变化反映在文化旅游以外地人消费为主，而普通店铺零售业则以本地人消费为主，因此业态发生了改变。一些地方在做实景演出的时候，一定要先弄清演出是给外地人看还是给本地人看，如果是做一个旅游产品，肯定要给外地人看，那么就要考虑让外地人听得懂、看得懂、愿意玩。因此，文化旅游要求从业者具有反向思维能力，要站在消费者的角度思考问题，将商业模式与本地特色相结合，这才是正确的应对之道。基于本质性业态变化，当前文化与旅游的业态融合呈现十大趋势。

第一，文化内容升级。随着文化产业相关政策导向的变化，当前我国文化产业的发展不仅要实现平台升级、技术升级，而且要实现内容升级，通过内容创新不断提升传统文化、体验文化和正能量文化在文化产业中的作用。以前很多人做文化产业依靠一些搞怪低俗的内容来吸引眼球，但随着国家文化监管力度的加大，这样的做法已经行不通了，特别是在互联网文化领域，党的十九大报告强调，要加强互联网内容建设，建立网络综合治理体系，营造清朗的网络空间。传统文化元素和正能量元素对文化旅游产品越来越重要，企业要避免肤浅和低俗的内容出现。从市场角度来说，文化旅游产品还要增加体验性要素。体验性要素强调的不仅仅是人们从现场感受到的“轻松一刻”，更重要的是产品要“值得回味”，要能激起参观者继续体验的欲望。

第二，生活美学化与创意常态化。2018 年，在文化及相关产业 9 个行业中，增速超过 10% 的行业有 3 个，其中创意设计服务收入为 11069 亿元，同比增长 16.5%，增速居第二位。[①] 随着大众审美水平的提高，美学与日常生活的结合也越来越紧密，文化创意产业发展势头良好。从未来的市场空间和消费需求角度讲，生活美学化是文化产业发展的一大趋势，它能够为创意和营销提供新的思路。文化产品不仅要好用，而且要好看，要做到实用性与艺术性的统一。如传统的陶瓷制品，如果把陶瓷变成日用生活品，再加上一些艺术的设计，其附加价值就会提高。生活美学化的产业趋势要求文化旅游产业朝创意常态化方向发展，要将创意产业渗透到人们的生活方式之中。

第三，文化 IP 可持续化开发。文化 IP 对文化企业的重要性日益凸显，文化产业正逐渐由“平台为王”向“内容为王”过渡，所有文化产品都要依靠好内容来吸引消费者。在网络视频领域，像爱奇艺、优酷等大型视频平台已经意识到好内容才是平台留住用户的关键，纷纷投资网络剧、网络综艺节目等内容产品，开展文化 IP 的培育与开发；在旅游领域，随着人们参加文化活动的机会越来越多，旅游企业也已经意识到文化内容是吸引游客来到旅游目的地的关键因素，像迪士尼这样的主题公园是最典型的例子，游客在迪士尼文化的感召下来到迪士尼乐园消费，迪士尼主题公园利用迪士尼 IP 开发系列衍生品。

第四，技术驱动跨界。当前我国已进入互联网时代，很多 IT 企业变成了互联网企业。2017 年 4 月文化部发布的《关于推动数字文化产业创新发展的指导意见》指出，数字文化产业以文化创意内容为核心，依托数字技术进行创作、生产、传播和服务，呈现技术更迭快、生产数字化、传播网络化、消费个性化等特点，有利于培育新供给、促进新消费。当前，数字文化产业已成为文化产业发展的重点领域和数字经济的重要组成部分。在“文化＋科技”的融合潮流中，许多互联网企业进入文化领域，涉足互联网文

① 《2018 年全国规模以上文化及相关产业企业营业收入增长 8.2%》，国家统计局网站，2019 年 1 月 31 日，http：//www.stats.gov.cn/tjsj/zxfb/201901/t20190131_ 1647735.html。

化业态，互联网企业与IT企业的区别在于IT企业的收入来自技术，而互联网企业的收入来自技术应用场景。在文化产业领域，技术不是主要的收入来源，在互联网文化时代，所有互联网企业必须开辟IT技术之外的应用消费场景，这就是互联网公司的成功秘诀，如腾讯利用信息技术在游戏娱乐领域赚钱，而阿里巴巴利用信息技术在电商平台中赚钱。总之，技术只是一种手段，其最终目的是要带动文化产业的跨界发展，只有这样，文化企业才能保证收入的稳定性和持续性。

第五，人工智能进入娱乐领域。随着人工智能技术的日渐成熟，娱乐机器人、陪伴机器人时代即将来临。机器人在未来会有非常大的市场前景，每个家庭或许都需要一台机器人，特别是随着我国老龄化的加速，可以预见，娱乐机器人、陪伴机器人会有巨大的潜在市场。此外，人工智能技术日益先进和复杂，如今机器人甚至已经具备了自主学习的功能，可以更加轻松地融入人们的生活，实现与人类更为复杂的交流和互动，这会改变我们的场景体验，机器人正在朝着更加智能化的方向发展，我们完全有理由相信一个人类的新娱乐伙伴时代即将来临。

第六，新媒体平台日益垂直化、多元化。对于媒体平台来说，一般有三种变现方式：第一种方式是广告；第二种方式是会员收费；第三种方式是垂直化、多元化电商开发。如今，新媒体已经逐步取代传统媒体成为主流的媒体形式，而新媒体的垂直化、多元化经营代表着未来文化产业商业模式的发展方向。新媒体是互联网平台的一种功能，它不仅具有传统媒体传播的功能，而且是一个卖场，具有交易的功能。简单地说，新媒体平台在未来将成为一个具有广泛传播力的商品交易平台。

第七，传统产业“文化化”加速。与普通产品相比，文创产品具有高附加值的特点，因此很多企业通过文化设计提升传统产品价值，赋予普通产品好的创意和内涵，使其成为文创产品。如今，各种艺术品、文化旅游纪念品、办公用品、家具日用品等都可能成为文创产品，传统产业“文化化”趋势不断强化，为一般商品附加文化要素已经成为文化产业领域主要的经营思路。当然，仅仅做文创产品可能卖不动，所以还要以新媒体为载体进行垂直电商开发，要不断地给产品讲故事，做成文创电商，迪士尼是目前较成功的文创电商案例。换句话说，产品一定要有自己的传播力，而传播力就要靠文化包装。文创电商可以逐步改变目前传统电商附加值低的现状，是缓解商家恶性降价竞争和平台假货泛滥等问题的有效途径。

第八，文化旅游场景向室内扩展。由于天气、气候等自然条件的限制，文化旅游的发展也受到诸多限制。因此，今后文化旅游会由室外向室内扩展，通过建设体验馆或文化综合体，避免自然条件对文化旅游的影响，保证游客一年四季都可以享受到最好的文化体验。文化旅游向室内扩展并不是做室外大型游乐场，而是在室内做很多体验性较强的项目，形成一个个有特色的主题公园，功能上可以考虑科普、安全教育、国防教育等，这是未来文旅发展的主要方向。随着旅游与科技的深度融合，未来，拥有一个相对封闭的空间更利于科技设施的搭建，充分发挥科技元素对文化旅游的支撑作用。

第九，文化体育“一家亲”。体育产业与文化产业是紧密相连的两个产业，从文化产业的角度来说，我们可以把体育看成娱乐业，把体育比赛看成表演业，体育产业对文化产业具有巨大的带动作用。以足球为例，英超联赛最核心的收入来源是转播权，传媒收入排在所有收入的第一位，占半壁江山。另外，足球旅游也是当今重要的经济带动力量。俄罗斯旅游署统计显示，2018 年世界杯期间，俄罗斯 11 座赛事承办城市共接待外国游客 290 万人，其中赴圣彼得堡的游客数量较上年同期增长 20%，赴加里宁格勒和叶卡捷琳堡的游客数量是上年同期的 10 倍。[①] 我国的体育产业基础还比较薄弱，主要问题是缺乏高水平的比赛，无法吸引大量的观众，但我国拥有庞大的消费群体，这是我国发展体育产业的优势。

第十，家庭文化消费与国际市场接轨。我国目前的文化市场发展空间很大，但与美国相比还有较大差距。因此，如何释放市场潜力、扩大文化消费群体是我国应当思考的问题。根据美国文化市场的发展经验，通吃型、家庭

① 《俄罗斯旅游署：世界杯后来俄游客数量有望增加》，人民网，2018 年 7 月 6 日，http://sports.people.com.cn/worldcup2018/n1/2018/0706/c418684-30130515.html。

型、国际化的文化产品是我国未来的发展方向。以电影产业为例，我国的电影票房收入很难超过美国，主要原因是观影群体相对固定，即主要是 18 ~ 28 岁的年轻人。所以，要实现超越，就要扩展家庭消费，把电影做成通吃型，突出家庭文化，满足双重顾客需求，既能吸引孩子，也能吸引家长，这样才能真正实现与国际接轨的目标。在文化旅游领域，以家庭为单位的旅游消费日益普遍。根据中国旅游研究院 2018 年发布的《中国家庭旅游市场需求报告 2018》，2017 年我国国内和出境旅游中家庭旅游的出游比例达 50% ~ 60%，95.6% 的受访者渴望进行家庭旅游，家庭旅游已经成为人民对美好生活向往的重要组成部分，家庭旅游的潜在市场空间十分巨大。①

三　文化旅游行业人才的跨界升级

正如上述十大融合发展趋势所展现的，文化旅游产业的出现是一种本质性业态变革现象，传统旅游业、传统文化产业的商业规律均已不适用于当前文化旅游产业的发展，文化旅游企业要发展好，就必须把握新兴业态的本质，实现这一点归根结底靠的是“人才”。在文化旅游融合的背景下，人才必须懂“跨界”——懂土地规划、懂内容、懂公关、懂技术、懂资本运作。这就突出了我国现在面临的严重问题，我国现有的人才大多数是单一的人才，不具备从事现代文化旅游所需的整合运营能力，所以实现人才跨界升级就成为我国发展文化旅游产业的重中之重。

在讨论文化旅游如何实现人才跨界升级之前，首先要区分四种人才定位：企业家、职业经理人、商人、艺术家。这四种人才角色之间往往会产生冲突，文化旅游企业要发展好，关键要区分企业家、职业经理人、商人、艺术家的不同特点。例如，乔布斯在收购皮克斯动画之后认识到艺术和技术之间需要相互借鉴，艺术家需要接受理性训练才能把艺术想法落实为文化产

① 《中国家庭旅游市场需求报告 2018》，中国旅游研究院网站，2018 年 5 月 18 日，http://www.ctaweb.org/html/2018-5/2018-5-18-17-1-81886.html。

品，而技术人员要懂得艺术创意才能推出有价值的文化产品，这就是最简单的人才跨界升级问题。

我们再从企业家、艺术家和商人的区别谈起。形象地讲，企业家是种植树木的人，而商人是买卖木材的人，种植树木相当于开发可持续 IP，买卖木材相当于购买他人的 IP。我们可以这么说，企业家需要拥有持续性思维，需要有耐心，需要面向未来，而商人不具有这些思维特点，商人只注重当前收益。进一步讲，直觉、创新、激情、个性、洞察力都属于企业家的思维特征。企业家的思维和艺术家的思维非常接近，他们都具有直觉式思维，企业家和艺术家能靠直觉把握未来方向，但企业家与艺术家的不同之处在于企业家还拥有结果导向思维，会寻求尽可能地在正确发展方向中收获结果，而艺术家则不会太关注结果。因此，如果艺术家要做文化企业家，就必须拥有结果导向思维。以拍电影为例，艺术家拍的电影叫艺术电影，融合了自己的灵感，是给自己看的，不是拍给别人看的，而企业家拍的电影是给消费者看的，叫作商业电影，收益情况一定是企业家考虑的因素。总结一下，企业家具有双重思维——直觉思维和结果导向思维；艺术家具有直觉思维，但没有结果导向思维。

那么，职业经理人的特点是什么呢？职业经理人能把所有事情做得很具体，如做详细的计划、写详细的商业计划书、能够带团队。相比较而言，企业家不善于带团队，高级职业经理人能够带领千军万马，也就是说，企业家能够领导高级职业经理人，而高级职业经理人能够管理职工团队，这是二者的区别。企业家和职业经理人分别代表了两种类型的能力：一种叫领导能力；另一种叫管理能力。管理能力更注重细节，领导能力则更重视个人魅力。更进一步说，企业家更重视直觉，职业经理人则更重视分析，所以职业经理人的思维是分析式的。当然，我们也能发现一些同时拥有直觉式思维和分析式思维的人才，这样的人才既适合做企业家又适合做职业经理人。此外，职业经理人更关注当下，企业家则更关注未来。企业家的主要任务是用人，职业经理人的主要任务则是做事。

明确企业家、职业经理人、商人、艺术家四种主要人才定位差异主要是为了帮助我们理解企业的发展需求不同，对所需人才能力的要求也不同，不同的人才能力在产业发展中发挥了不同的作用。结合文化旅游产业的跨界融合特点，我们不难意识到文化旅游产业其实已经发展到非常复杂和高端的阶段，它对人才能力的需求是多方位的，与产业发展需要相比，从业者对人才的理解比较落后，大部分人局限于单一知识结构，并且存在“才不配位”的问题，即人才在做着不适合自己能力的事情，或者企业的某一部分业务没有找到合适的人才来做。基于此，人才跨界升级对文化旅游产业的发展至关重要。概括地讲，第一，文化旅游产业需要具有结果导向思维的企业家，单纯的艺术家思维不适合产业发展；第二，文化旅游企业要最大限度地避免出现“才不配位”的现象，主要是区分企业家与职业经理人的不同能力，为其分配正确的业务类型；第三，所有从业者都应当融入互联网，面向未来，具备多维度知识背景，实现“一才多能”的跨界目标；第四，文化旅游产业需要能够培育 IP 的企业家，不需要买卖 IP 的商人，文化旅游产业的从业者必须放弃落后的产品思维模式，树立 IP 思维。

四　人才升级的微观建议：培养文化旅游人才的 IP 思维

IP 思维的含义是什么？在具体阐述 IP 思维之前，我们首先要明确，IP 思维有针对性地解决了中国文化旅游产业的现实发展问题。当前，中国文化旅游产业的发展与房地产公司转型密切相关，很多房地产公司转型做文化旅游产业。综观中国文化旅游市场，主题公园、美丽乡村、特色小镇、观光农业、田园综合体等各种文化地产概念的实践本质上没有遵循文化产业的发展道路，大部分严重依赖重资产，在根本上还是按照房地产逻辑运作，企业靠卖房子、收租来获利。正如我们反复强调的，文化旅游的本质是用文化带动旅游，而不是以文化的名义做地产。所以说，文化旅游产业不是文化与旅游的简单拼凑，很多特色小镇没有具有旅游目的地吸引力的文化内容，仍局限于土地资源开发的重资产发展模式。归根结底，当我们思考文化旅游产业的时候，首先要思考和了解什么值得做以及为什么值得做，而不是局限于现有的条件适合做什么。所以，文化旅游的从业者要遵循以下产业发展思路：第一，要从现实主义转为前瞻性和未来模式，做正确的事情并且具备成长性，而不是符合当下条件；第二，要从创新的角度而不是模仿的角度来考虑商业模式，模仿仅是找个现成的模板来复制；第三，要以策划优先而不是只通过规划和建筑设计来做产业园区和项目，要将策划出来的有效创意作为产业发展的驱动力。

只要遵循以上三点发展思路，我们就会意识到 IP 是文化旅游产业的核心竞争力，文化旅游人才需要投入精力与财力培育 IP 资源。当然，我们注意到培育 IP 需要大量投资，持续时间长，存在一定风险。因此，文化旅游人才掌握 IP 思维的目的就在于找准 IP 培育方向，降低投资风险，提高 IP 开发成功率，最终真正掌握文化旅游产业的核心竞争力——IP 资源，实现全产业链开发。

IP 附带的商业价值主要来自内容改编权或品牌授权的无形价值，比如一个文化企业可以买网络文学，然后改编成电影，再用电影形象开发旅游衍生品。鉴于 IP 的商业价值，优质 IP 的市场交易价格很高，企业直接从他人手中获取 IP 授权可能会存在很大的难度和问题。首先，授权的范围是有限的，被授权方只能在允许的范围之内进行 IP 的使用和改编，而且授权的费用一般来说相对较高。此外，被授权的原始 IP 可能是针对 80 后的，但企业开发产品的市场对象可能是 00 后，IP 改编的市场定位难题可能带来 IP 失灵问题。所以，IP 改编从表面上看很容易，好像可以直接找到一个成功的 IP。事实上，在我国主流消费者快速变化的今天，IP 改编越来越难，归根结底，企业与其改编别人的 IP 还不如培育自己的 IP，然后改编自己的 IP，拥有自己的 IP 才是文化旅游企业生存的根本之道。基于此，文化旅游人才应具备的 IP 思维包括以下两个具体策略。

第一，打造“四合一”IP。IP 本身是抽象的，IP 要与载体相结合才能产生经济效益，笔者将开发 IP 实际效益的策略概括为打造“四合一”IP，即故事 IP、形象 IP、产品 IP 和企业 IP 四种 IP 之间的转化操作。具体到文化旅游行业，文化旅游企业的 IP 由故事 IP、形象 IP、产品 IP 和企业 IP 四个部分构成。打造IP首先要有文化故事，在文化故事里才会出现文化旅游形象，可以说故事是IP的一个载体，故事的内容可以重新改编，可以根据需要不断地丰富，因此故事是一个可塑性很强的IP载体。通过文化故事孵化出文化旅游形象以后，形象成为IP更重要的载体，因为形象可以放在任何产品或场景中，而不再依赖于故事内容，如果IP没有一个形象的凝聚力，就无法形成聚焦性的视觉效果。形象IP一定要具有应用到商品上的潜力，如迪士尼的所有形象设计都可以转化成商品设计元素。需要注意的是，形象IP与故事之间是对应的关系，所以如果故事被改编了，形象也要同时改变。迪士尼的成功经验就是由形象IP开发出一系列产品IP，产品承载了迪士尼的营销和口碑，成为迪士尼源源不断的利润来源。文化旅游企业应该将故事IP、形象IP、产品IP与企业文化相结合，形成一个企业的IP，也就是企业的品牌。总之，打造IP不能只局限于某一个方面，还要以故事为切入点，全方位打造故事IP、形象IP、产品IP和企业IP，实现IP打造的“四位一体”。

第二，以巡转孵化解决IP失灵问题。现在很多人热衷于收购IP，事实上，大多数IP面临失灵的风险，因为这些IP都是80后和90后喜欢的作品，这一群体是当前市场的主流消费者。但如果再过几年，00后变成主流消费者，那么现在这些IP会面临失效的可能，这就是主流消费者迭代所带来的IP失灵现象。如何解决这个问题呢？从业者要持续推动IP的巡转孵化，如此才能实现IP的内在增值，使IP永葆青春。目前中国主流消费者的迭代速度非常快，对IP进行持续更新十分重要。具体来说，IP的巡转孵化是在IP开发链条中不断进行试验，根据消费者的反馈，及时修正IP内涵。例如，文化旅游企业可以把一个文化产品放在互联网平台进行预热，收集消费者的反馈，在这个过程中可以不断改进产品内容、调整营销策略。IP的巡转孵化要求文化旅游企业对IP进行“系列化”开发，如就“养生”概念开发餐饮、影视、酒店、教育等各个领域的产品，打造系列产品。系列化的IP开发能够实现商业价值的全面延续，企业可以充分参考消费者对不同产品的反馈，参考不同领域的市场信息，及时有效地实现对核心IP的更新升级。总之，面临主流消费者迭代的问题，我们要以未来导向的眼光看待 IP，运用 IP 巡转孵化降低 IP 失灵的风险。

五 人才升级的宏观建议：营造崇尚企业价值的市场环境

人才升级要归结到企业的发展问题，企业发展需要良好的环境，这是国家与政府的重要政策导向。人才服务于企业，人才培养的最终目的是促进文化旅游企业发展，优秀的文化旅游企业决定了中国文化旅游产业的宏观面，所以，人才升级的目标是建设优秀文化旅游企业，而优秀文化旅游企业的标准体现在“价值”一词，这一目标的实现离不开国家的政策环境。

何谓企业的价值？企业的价值来自企业核心资源的开发利用，文化企业在运用一个商业模式之前，首先要知道自己有没有核心资源，因为只有拥有核心资源才能实现商业模式的落地。通俗地讲，核心资源就是企业做某件事离不开的东西。下面以电影产业为例说明这个问题。一个从事电影产业的企业要发展，就需要通过四道关卡。电影产业的发展离不开政策，这是第一关，如果电影通不过国家政策审查，其他的努力都是徒劳；第二关是院线，电影要能上院线放映才有可能盈利；第三关是发行，电影要排上一个好的档期；第四关是宣传。每一个环节都需要一定的核心资源来支持企业发展。以前大多数文化企业的发展严重依赖外部资源，也就是说，许多企业以前是靠政策等外部资源来生存发展的，但是现在文化企业的核心资源已经由外部资源转化为内部资源，企业的内在能力才是最重要的核心资源。内在能力主要涉及人力资源，即企业人才的判断力和前瞻性是企业的无形资产。与执行力相比，人才的判断力和前瞻性对文化企业更为重要，因为文化企业必须清楚未来产业发展的趋势，才能占据行业发展的前沿，做别人未做之事。可以说，文化企业需要企业家类型的人才。除了人力资源，企业的内在能力还包括整合资源、控制风险的能力。人力资源以及整合资源、控制风险的能力等多种核心资源共同构成了文化旅游企业的立命之本，企业价值也就来源于这些核心资源的开发利用，那么，如何合理高效地开发利用企业的核心资源，使这些核心资源产生最大价值？

针对这个问题，首先要区分两种类型的企业——价值型企业与项目型企业。项目型企业就是企业的重点是做项目，而不是做企业，很多人说参与完一个项目再参与下一个项目行不行？如果保证每个项目都能赚钱就行，但事实上企业很难保证每个项目都赚钱，项目一定会有亏有赚，从长期看，项目型企业是不太可能做大做强的。因此，企业必须在项目之外让企业自身实现增值。直白地讲，就算项目不赚钱，将来把这个企业卖掉也能赚很多钱，项目只是企业的一部分价值，价值型企业追求的是企业整体价值的提升。通常来说企业要让自身增值就需要经营10种以上的价值，如品牌、团队、经验、积累、IP等，而企业如果只做项目的话，就只经营一种价值。所以，建设整体价值型企业才是文化旅游从业者的目标，要以实现企业整体价值最大化为目标。

除了整体价值最大化外，价值型企业不同于项目型企业的另一个特点是追求价值的可持续开发，这回应了文化企业的核心竞争力——IP资源需要积累的事实。如果局限于做项目，那么企业就很难积累资源，做完一个项目后再做下一个项目就要重起炉灶，项目之间没有连续性积累，企业价值也不具有可持续性，项目型企业缺少长期性战略规划。相比较而言，随着企业越来越强大，掌握的工具越来越多，员工越来越成熟，资源越来越多，价值型企业在各个方面积累的成果会极大地降低企业的运营成本，企业在未来不需要付出很多成本就可以实现良好发展。所以，企业一定要追求可持续价值，拥有可持续价值的企业规模才会越来越大。优秀企业的模板本质上是一个平台加一种资源积累方法论，只有通过企业的资源平台才能实现价值最大化。跨界升级后的文化旅游人才必须把企业引向价值积累的发展层次，衡量价值型企业的标准不在于企业现在赚了多少钱，而在于企业的市场估值，建设价值型企业在本质上延续了新型文化旅游人才应该具备的思维。

为了支持并呵护价值型企业成长，国家应在宏观层面营造崇尚企业价值的良好市场环境，具体应从以下三个方面着手。

第一，加大知识产权保护力度，营造尊重文化内容IP的文化市场环境。

如前文所述，人才升级需要核心IP，文旅企业的核心竞争力归根结底是文化IP。国家应从法律制度、政策规范、执法水平等多个方面保护知识产权，营造人人尊重、推崇、呵护文化内容IP的文化市场环境，为文旅企业开发文化内容IP营造良好的市场氛围，创建有可靠保障的市场体系。

第二，创新政策资金扶持方式，鼓励文旅企业向文化内容领域加大投资。中国的文化旅游市场要实现高质量发展，广大文旅企业需要不断投资文化内容的开发，而文化内容的开发需要大量的人力与财力支持，这对于一些中小文旅企业来说比较困难，且市场风险较大。国家应从政策资金层面鼓励企业开发文化内容资源，特别是为中小文旅企业提供相关政策资金支持，以政策性资金撬动市场资金，降低投资开发风险，为文化内容的开发保驾护航。

第三，健全人才培养体系，呵护创新型人才的长期成长。文旅人才的跨界升级离不开国家的人才政策，国家应在高等教育、职业教育领域支持文旅人才的培育，健全文旅人才的培养体系。同时，在“大众创业、万众创新”的大背景下，鼓励创新型人才在文旅领域就业、创业，呵护创新型人才的长期发展。

文化产业对文化竞争力的特殊要求决定了优秀人才是文化产业发展的重要条件，关注文化人才的培养是文化产业发展的必然要求。放眼我国文化旅游产业的融合发展趋势，每个文化旅游产业从业者都要具备跨界能力，把握产业动向，完成自我升级。以文化和旅游部成立为节点，我国文化旅游产业的发展进入了成熟化建设的新阶段，文化旅游产业开始逐渐形成自己独特的产业运行方式，在此背景下，文化旅游人才需要融入互联网潮流，助力文化内容IP开发，建设价值型文化旅游企业。我们相信，在中国经济转型升级的大背景下，我国文化旅游产业将涌现出一大批专业化、复合型人才，推动文化旅游产业突破传统文化产业与旅游产业的发展瓶颈，开辟可持续的新的发展空间。

文化金融和旅游产业金融：政策环境、发展现状与对策建议

金 巍 杨 涛*

摘 要： 在金融视角下，文化产业和旅游产业具有一定的共性，都是与精神消费相关的产业，但仍是两个不同的产业，因而文化金融与旅游产业金融具有不同的特点。本报告以文化金融为主，以旅游产业金融为辅，对我国近年来文化金融和旅游产业金融的相关政策环境和发展现状做了分析，同时从生态、体系、与城市经济的关系、政策体系四个方面对未来发展提出了政策建议。

关键词： 文化产业 旅游产业 文化金融 旅游产业金融

一 文化金融和旅游产业金融相关政策

（一）文化金融与旅游产业金融

随着我国文化产业和旅游产业的发展，金融如何支持文化和旅游产业一直都是一个重要的课题。我们可以从两个角度来理解文化产业、旅游产业以

* 金巍，国家金融与发展实验室文化金融研究中心副主任，特聘研究员，文化金融 50 人论坛秘书长，研究方向为产业金融、文化金融及金融科技等；杨涛，经济学博士，中国社会科学院金融研究所研究员，国家金融与发展实验室副主任，研究方向为宏观金融与政策、产业金融、金融科技。

及文化金融、旅游产业金融之间的关系。

第一，文化和旅游产业是以文化产业和旅游产业为总和的统称。

虽然文化和旅游在满足精神消费功能上具有一定的共性，某些时候可以作为一个整体考虑，但文化产业和旅游产业仍是两个不同的产业形态，在国家统计框架下也有完全不同的统计标准。我们所说的文化产业，就是“文化及相关产业”，可参照国家统计局《文化及相关产业分类（2018）》的相关定义；而所谓旅游产业，就是“旅游及相关产业”，可参照国家统计局《国家旅游及相关产业统计分类（2018）》的相关定义。① 在金融视角下，以文化产业为基础的文化金融，以及以旅游产业为基础的旅游产业金融都是新兴的金融业态，而所谓文化产业和旅游产业，就是以上定义的范畴。

文化金融是通过金融工具、金融机构和金融市场实现文化生产领域资本金融要素和金融功能配置的运行体系。简单说，文化金融是基于文化生产领域的金融服务及金融市场体系。② 最基本的文化生产是文化产业领域的文化生产，我们所说的文化金融，一般就是指文化产业金融。我国政府一直重视以金融和资本市场助力文化产业发展，自2009年后出台了一系列文化金融政策。在政策的推动下，我国的文化金融为文化产业发展提供了强大的动力，发展态势良好，产业实践逐渐深入。文化金融与文化产业是相互促进的关系，文化产业发展是文化金融发展的基础，文化金融为文化产业提供了坚实的推动力。

旅游产业金融是产业金融视角下的概念，又称旅游金融。旅游产业金融就是以旅游产业为基础提供金融服务的体系和资本市场运行体系。根据国家统计局公布的数据，2017年全国旅游及相关产业增加值为37210亿元，占GDP的比重为4.53%。根据趋势，旅游及相关产业有望在“十三五”末期成为国民经济支柱性产业。与文化金融不同，旅游产业金融具有不同的特

① 《国家旅游及相关产业统计分类（2018）》将旅游分为“旅游业”和“旅游相关产业”两大部分。旅游业是指直接为游客提供出行、住宿、餐饮、游览、购物、娱乐等服务活动的集合；旅游相关产业是指为游客出行提供旅游辅助服务和政府旅游管理服务等活动的集合。

② 杨涛、金巍主编《中国文化金融发展报告（2017）》，社会科学文献出版社，2017。

点。首先，客流量、现金流是旅游产业金融的主要基础。其次，具有较多的土地、林地等资产，能够较方便地提供抵押。最后，除了地理资源，还有很多具有实物形态的文化资源，如古建筑、文物等。旅游产业金融在形态上主要包括供应链金融、消费金融等，近年来随着在线旅游（OTA）的发展，基于在线旅游的金融服务方兴未艾。

需要特别说明的是，《国家旅游及相关产业统计分类（2018）》中的中类"旅游金融服务"一项，包括旅游相关银行服务、旅游人身保险服务、旅游财产保险服务和其他旅游金融服务。其中，其他旅游金融服务是指"与旅游相关的外汇服务等"。这个范畴与我们所说的"旅游产业金融"不同，是指能够计入旅游统计的金融服务部分，比"旅游产业金融"的范围小得多。

第二，文化产业和旅游产业呈现了融合性的产业形态，即"文化旅游"。

我国政府一直鼓励文化和旅游的融合发展，也就是所谓的"文化旅游"或"文化旅游产业"。文化旅游的确已经体现了一种文化与旅游融合发展的趋势，也形成了很多新的业态。文化旅游业以传统旅游业的空间和市场为基础，通过文化资源、文化资产的挖掘进行旅游业的产业升级，是未来与康养旅游、体育旅游等其他融合业态同等重要的投资领域和发展方向。我国政府在这个领域的主要政策文件包括2009年8月文化部与国家旅游局联合发布的《关于促进文化与旅游结合发展的指导意见》、2014年3月国务院发布的《关于推进文化创意和设计服务与相关产业融合发展的若干意见》、2017年2月国家发改委等八部门制定的《"十三五"时期文化旅游提升工程实施方案》、2018年3月国务院办公厅发布的《关于促进全域旅游发展的指导意见》等。随着特色小镇建设、全域旅游等规划的出台，我国的文化旅游日益受到资本的青睐。

2018年3月，国家将原文化部、国家旅游局职责整合，组建新的文化和旅游部，作为国务院组成部门。文化产业和旅游产业两大产业的主管部门整合为一体，为文化产业和旅游产业的进一步融合提供了更好的组织和机制保障。但由于“文化旅游”还不是严格统计意义上的产业分类，在金融支持文化旅游产业上还有很多不同的认识。

无论从哪个角度看，文化产业和旅游产业，或文化旅游产业，都需要金融的支持，都需要与资本市场相结合。我国政府一直鼓励文化金融和旅游产业金融的发展，支持金融为文化产业、旅游产业服务。从文化生产和精神生产这个角度看，文化产业和旅游产业都是大文化产业的一部分，文化生产毕竟不是以单一产业分类就能包含的，一些新的趋势也值得引起金融研究者的关注。

（二）我国文化金融和旅游产业金融相关政策

我国政府一直支持文化金融发展，支持文化资源、社会资本和金融资本的融合，制定并发布了很多相关的政策，形成了我国公共政策体系中独特的文化金融政策。在金融支持旅游产业方面，我国也有专门性政策出台，并在相关政策中将旅游产业金融的内容作为重要组成部分。

1. 我国文化金融政策

在文化产业发展初期，我国政府希望通过经济手段推动文化体制改革，释放其中的市场活力，因此也就有了文化经济政策问题。文化金融就是文化经济政策的一部分。[①] 在这一时期，文化金融相关政策的内容也主要聚焦在如何对待社会资本和文化发展的关系上。2003 年以来，国家出台的文化政策中开始鼓励社会资本进入文化产业。2005 年 4 月国务院印发的《关于非公有资本进入文化产业的若干决定》（国发〔2005〕10 号）是这一时期具有标志意义的文件。[②] 这一时期，文化主管部门在相关政策中涉及文化金融的内容包括银行、证券、保险等方面，但因为在文件的制定和执行方面金融主管部门参与程度较低，所以实际效果非常有限。

2008 年金融危机的爆发，促使我国政府和产业管理者重新审视文化产

---

① 文化金融政策与文化财政政策、文化税收政策、文化贸易政策等共同构成文化经济政策。

② 这一时期对外资进入我国文化领域也有相关政策规定。2005 年 8 月，文化部、商务部等五部门联合制定了《关于文化领域引进外资的若干意见》。

业政策，也包括重新审视文化产业发展与金融之间的关系。2009 年 4 月商务部等四部门联合出台了《关于金融支持文化出口的指导意见》（商服贸发〔2009〕191 号），这是我国第一个全国性文化金融类的专门政策文件。此后出台的文化出口政策文件中均包含金融支持文化出口的内容。随后，2010 年 3 月中宣部等九部门印发了《关于金融支持文化产业振兴和发展繁荣的指导意见》（银发〔2010〕94 号），这是我国第一个有金融监管部门参与的全国性文化金融专门政策文件。中国人民银行等金融主管部门的参与，极大地强化了文化政策在金融界的执行效果。这一政策文件内容涉及信贷、授信、多层次资本市场、文化产业保险、配套措施五个主要内容。这一文件不再限于文化出口，而是把金融支持的范围扩大到整个文化产业，对金融业和文化产业都提出了要求。

另一个具有里程碑意义的政策文件是 2014 年 3 月文化部等三部门联合印发的《关于深入推进文化金融合作的意见》（文产发〔2014〕14 号）。这是首个将“文化金融”作为专有概念的全国性文化金融政策文件，此后“文化金融”这一概念频繁出现在官方政策文本中。《关于深入推进文化金融合作的意见》的主要特点包括：明确指出了文化金融作为产业动力的重要意义；确定了金融与文化作为平等主体的关系；确立了文化金融作为一种新型金融业态的定位；确立了创新驱动原则，突出了机制和体制创新；完善了组织实施与配套保障方面的内容。这些特点一直影响着后期的一些专门政策，极大地推动了文化与金融的合作，促进了文化资源与金融资本的融合。

党的十九大以来，根据经济发展形势以及文化发展形势的变化，一些地方政府通过金融主管部门和文化产业主管部门联合推出了新的地方性文化金融专门政策，这对文化金融政策发展具有重要意义。如中国人民银行西安分行与陕西省委宣传部于 2018 年 1 月出台《关于金融支持陕西文化产业进一步加快发展的指导意见》，北京银监局、北京市文资办于 2018 年 1 月印发《关于促进首都文化金融发展的意见》（京银监发〔2018〕5 号），这两个政策仅限于银行系统。

除了文化金融专门性政策文件，文化金融政策的内容还表现在其他一些政策形式当中，同样构成了我国文化产业发展和文化金融发展的政策环境。

第一，国家文化发展总体政策中的文化金融内容，是制定文化金融政策的重要依据。自2009年7月发布《文化产业振兴规划》以来，文化金融政策常常作为我国文化发展总体政策的重要内容之一。2013年11月中共十八届三中全会审议通过的《关于全面深化改革若干重大问题的决定》提出了“鼓励金融资本、社会资本、文化资源相结合”的战略要求，文化金融被纳入全面深化改革的总体布局当中。这意味着文化金融已经成为中央政府出台的文化改革总体政策文件中的重要内容，这是重要的政策导向。2017年5月中共中央办公厅、国务院办公厅印发的《国家“十三五”时期文化发展改革规划纲要》提出，要在“完善和落实文化经济政策”中“发展文化金融”。

第二，在文化主管部门和地方政府的文化改革政策或文化经济政策中，文化金融相关内容是“标准配置”，对文化产业发展具有引导作用。自文化金融政策专门化之后，在文化、新闻出版、广播电视、旅游等主管部门的文化改革政策及文化经济政策中，文化金融相关内容基本上比较明确地出现在其中。2017年，文化部连续印发《“十三五”时期文化发展改革规划》《“十三五”时期文化产业发展规划》，文化金融都是其中的重要内容。《“十三五”时期文化发展改革规划》要求“深化文化金融合作，发挥财政政策、金融政策、产业政策的协同效应，为社会资本进入文化产业提供金融支持”，并将“文化金融创新工程”作为“文化产业四大计划两大工程”之一。

由于政策文本形式不同，文化金融的定位也是不同的，早期的大多数政策文件将文化金融相关内容作为发展文化的“保障措施”。但其作为一种特殊产业或作为一种市场机制的特性已经显现出来。2016年，上海市文化创意产业推进领导小组办公室发布的《上海市文化创意产业发展三年行动计划（2016～2018年）》将“推进文化创意产业与金融融合发展”作为重要举措的主要内容之一；无独有偶，2016年7月北京市委宣传部与北京市发改委联合发布的《北京市“十三五”时期文化创意产业发展规划》将“促进文化与金融融合发展”作为“建设高精尖文化创意产业体系”的重要内容。

第三，国家文化金融专门政策在部门或地方政府的实施政策，也是文化金融政策体系的重要组成部分。我国的全国性文化金融专门政策的扩展主要体现在部门和地方政府两个方面，政策文本为实施意见、规划、行动计划等。关于专门政策在部门实施层面的扩展，如2010年3月中宣部等九部门联合发布《关于金融支持文化产业振兴和发展繁荣的指导意见》（银发〔2010〕94号）之后，中国保监会于2010年12月印发了《关于保险业支持文化产业发展有关工作的通知》（保监发〔2010〕109号）。各省、自治区、直辖市根据各自的优势和发展特点，相继出台了相应的实施意见。比较典型的有北京、上海、广东、江苏、山东、四川、甘肃等。这些政策文件的最大特点是参与制定和发布的部门众多，几乎涵盖了文化与经济、金融的所有主管部门，大大提高了政策的权威性和可执行性。这些措施是实施文化金融上位专门政策的直接体现，也是我国文化金融政策体系的重要组成部分。

2. 我国旅游产业金融政策

2009年12月，国务院印发《关于加快发展旅游业的意见》（国发〔2009〕41号），分为总体要求、主要任务、保障措施三大部分，是旅游产业发展历程中具有里程碑意义的政策文件。该意见提出放宽市场准入，鼓励社会资本参与旅游业投资，鼓励和支持中小旅游企业发展，用较大的篇幅在“加大金融支持”方面提出了要求，基本构建了“旅游金融”的内容框架。主要内容涉及以下相关领域：融资授信支持；贷款优惠；融资担保等信用增强体系；景区经营权和门票收入等质押贷款业务；互助联保方式小额融资；发行短期融资券、企业债券和中期票据；中小企业板和创业板上市融资；旅游消费信贷服务；等等。

2012年2月，中国人民银行等七部门联合发布《关于金融支持旅游业加快发展的若干意见》（银发〔2012〕32号）。这是第一个也是截至目前唯一一个旅游产业金融领域的全国性专门政策文件，对之后的旅游产业发展具有较大的推动作用。这一专门政策的主要内容涉及以下几个方面：信贷管理和服务；多元化融资渠道和方式；旅游业保险市场；支付结算服务和消费信贷；外汇管理和服务；良好外部环境营造；政策协调落实和监测评估；等等。

在此后的旅游方面的国家级规划中，也有相关的金融服务内容，如2014年8月国务院印发的《关于促进旅游业改革发展的若干意见》（国发〔2014〕31号）、2015年8月国务院办公厅印发的《关于进一步促进旅游投资和消费的若干意见》（国办发〔2015〕62号）、2016年12月国务院印发的《“十三五”旅游业发展规划》等。

《关于促进旅游业改革发展的若干意见》（国发〔2014〕31号）明确提出：政府引导，推动设立旅游产业基金；支持符合条件的旅游企业上市，通过企业债、公司债、中小企业私募债、短期融资券、中期票据、中小企业集合票据等债务融资工具，加大债券市场对旅游企业的支持力度，发展旅游项目资产证券化产品；加大对小型微型旅游企业和乡村旅游的信贷支持力度。

《“十三五”旅游业发展规划》提出要规范旅游业与互联网金融合作，探索“互联网+旅游”新型消费信用体系。在保障体系部分提出“创新金融支持政策”，具体内容为：积极推进权属明确、能够产生可预期现金流的旅游相关资产证券化；支持旅游资源丰富、管理体制清晰、符合国家旅游发展战略和发行上市条件的大型旅游企业上市融资；加大债券市场对旅游企业的支持力度；支持和改进旅游消费信贷，探索开发满足旅游消费需要的金融产品。

我国政府鼓励民间资本投资旅游产业。2010年5月国务院发布的《关于鼓励和引导民间投资健康发展的若干意见》（国发〔2010〕13号）指出，鼓励民间资本参与发展文化、旅游和体育产业；鼓励民间资本合理开发旅游资源，建设旅游设施，从事各种旅游休闲活动。根据该意见，国家旅游局于2012年6月发布了《关于鼓励和引导民间资本投资旅游业的实施意见》（旅办发〔2012〕280号），主要内容为：坚持旅游业向民间资本全方位开放；鼓励民间资本投资旅游业；提高民营旅游企业竞争力；为民间旅游投资创造良好环境；加强对民间投资的服务和管理。

在地方层面，很多地方政府制定的旅游政策中都有与金融相关的内容。比较早的是2018年北京市人民政府发布的《关于全面推进北京市旅游产业发展的意见》（京政发〔2008〕45号），提出要“创新旅游投融资体制”，内容包括旅游企业发行企业债券、旅游基础设施建设融资、旅游重点项目招商引资项目库等方面。又如，2015 年广东省文化厅等三部门印发的《关于促进文化旅游融合发展的实施意见》（粤文市〔2015〕76 号）中，关于“加强金融服务”的内容主要包括信贷投放、知识产权质押贷款、直接债务融资工具等方面。

一些地方政府也出台了关于金融支持旅游业发展的专门政策。如 2011 年 8 月，中国人民银行福州中心支行等四部门联合发布《关于金融支持福建省旅游业发展的指导意见》（闽政办〔2011〕195 号），这是第一个地方性旅游金融类专门政策文件。2011 年 12 月，上海市金融服务办公室等六部门联合发布《关于完善金融服务支持本市旅游业发展的实施意见》。以上两个地方性专门政策都早于 2012 年 2 月中国人民银行等七部门联合发布的《关于金融支持旅游业加快发展的若干意见》（银发〔2012〕32 号）。除此之外，近年来省级政府层面的专门政策是新疆出台的政策。2018 年 9 月，中国人民银行乌鲁木齐中心支行等五部门联合制定并出台了《关于金融支持新疆旅游业高质量发展的指导意见》。

综上，经过多年的丰富扩展，我国的文化金融和旅游产业金融政策体系已经初具形态。尤其是在文化金融方面，体系化程度更为明显。这个体系的政策形式和内容主要包括：文化金融专门政策；国家专门政策在部门和地方政府的实施政策及相关政策；在中央政府文化改革总体政策中的文化金融内容；在文化主管部门、地方政府的文化改革政策和产业政策中的文化金融相关内容；等等。

二　近年来我国文化金融和旅游产业金融发展状况[①]

（一）文化金融和旅游产业金融领域债权类金融发展状况

债权类金融由债权类工具（产品、业务）、市场及相关机构构成。这部

① 本部分资料来自杨涛、金巍主编的《中国文化金融发展报告（2017）》《中国文化金融发展报告（2018）》《中国文化金融发展报告（2019）》。

分主要是银行信贷和债券，同时还包括信托债权融资、融资租赁以及小贷公司、财务公司等其他信贷类机构的贷款。在文化金融领域，债权类文化金融所占的比重较高，也是比较传统的金融范畴。

在国家政策推动下，银行信贷对文化产业的投入大幅增长，文化产业贷款余额已从2011年的不足千亿元增加到8000亿元左右。根据央行公布的数据，截至2015年末，文化、体育和娱乐业银行贷款余额约为2458亿元，中长期贷款同比增长25.7%，高于总体增长率。中国银行业协会发布的《银行业支持文化产业发展报告（2018）》显示，2013年以来，包括政策性银行、大型商业银行、邮政储蓄银行和股份制商业银行在内的21家主要银行文化产业贷款余额平均增长率为16.67%，而同期人民币贷款余额增长率为13.69%，文化产业贷款余额增速高于同期人民币贷款余额增速2.98个百分点。截至2017年末，21家主要银行文化产业贷款余额达7260.12亿元，并保持持续增长的势头。①

中国工商银行、中国农业银行、中国银行、中国建设银行等大型国有银行在文化产业信贷规模上居于领先地位。北京银行、杭州银行、中国民生银行、上海银行等在文化金融产品创新、文化金融组织创新方面取得了很大进步。如北京银行成立文创金融事业总部并成立了两个专营支行，杭州银行在北京成立文化金融事业部，等等。各大银行在各地政府的协调下，对当地文化企业进行授信是近年来文化金融的一个亮点。例如，2017年11月，北京市新闻出版广电局与北京银行签署了《支持北京新闻出版与广播影视产业发展全面战略合作协议》，根据协议要求，北京银行将在未来5年内为北京市新闻出版广电局统筹管理和服务的文化企业提供500亿元的授信额度；2018年2月，国家开发银行、中国建设银行、长安银行、西安银行、上海浦东发展银行、中国农业银行6家机构联袂向陕西省委宣传部推荐的文化产业项目授信600亿元。

① 数据来源于中国银行业协会网站，http：//www.china－cba.net/bencandy.php?fid＝42&id＝17410。

信托业是金融市场中比较特殊的行业，其中的债权信托也是企业债权融资的重要渠道。2012～2015 年，我国信托业整体下滑，文化产业相关信托业务也受到重大影响。2017 年文化产业信托情况有较大的回升，2018 年文化产业信托整体融资规模达到近 10 年以来的最高点，全年信托资金流入文化产业的规模达 160.63 亿元，文化类信托产品共发行 78 期。

发行债券是一种重要的直接融资方式，我国的文化企业也开始尝试通过发行企业债的方式融资，但规模较小。根据 Wind 资讯数据，2017 年共发行文化产业债券 29 只（证监会行业分类：传播与文化产业），发行金额为 185.84 亿元，占发行债券全部金额的比例很小，仅为 0.058%。2018 年同一口径的数据有所回升，共发行债券 49 只，发行金额为 272.20 亿元，占全年债券发行总金额的 0.08%。

在旅游金融方面，政策性银行[①]和商业银行对旅游业都有较大的投入。商业银行主要关注传统景区、主题公园、游乐园、PPP 旅游项目、特色旅游小镇等类型，提供固定资产贷款、经营权质押和门票收入权质押贷款等业务，以及旅游企业建设用地使用权抵押、林权抵押等抵质押贷款业务，同时纷纷推出与旅游消费相关的信用卡业务。各大商业银行与地方政府签订金融支持旅游发展的战略协议，如 2017 年陕西省旅游发展委员会与国家开发银行陕西分行、中国工商银行陕西分行、中国农业银行陕西分行、中国建设银行陕西分行、中国光大银行西安分行、平安银行西安分行、兴业银行西安分行、长安银行、秦农银行签订《关于支持陕西旅游产业发展战略合作协议》。焦作市商业银行股份有限公司于 2012 年 10 月引入中国港中旅集团公司作为战略投资者，2015 年更名为“焦作中旅银行股份有限公司”，是目前中国市场上唯一一家宣称主营旅游行业的银行。

具有文化特色的景区、主题公园、游乐园等是文化旅游产业的重要组成部分，这些项目的入园凭证（门票收益权）资产证券化在近年来受到业界青

① 根据中国农业发展银行数据，截至 2018 年末，全行旅游扶贫贷款余额为 160.15 亿元，较年初增加 93.86 亿元，增长 141.59%。

睐。2012年华侨城发行“欢乐谷主题公园入园凭证专项资产管理计划”，被认为是首个入园凭证ABS，此后陆续发行了数十个类似项目（见表1）。

表1　2012～2018年入园凭证（门票收益权）资产证券化产品

发行年份	名称	原始权益人(发行人)	规模(亿元)
2012	欢乐谷主题公园入园凭证专项资产管理计划	华侨城A、北京华侨城、上海华侨城	18.5
2015	北京八达岭索道乘坐凭证资产支持专项计划	北京八达岭索道有限公司	3.5
2016	云南文产巴拉格宗入园凭证资产支持专项计划	巴拉格宗生态旅游开发有限公司	8.4
2016	曼听公园资产支持专项计划	景洪市曼听公园有限责任公司	7.2
2017	镜泊湖景区观光车船乘坐凭证资产支持专项计划	牡丹江镜泊湖旅游集团有限公司	2.61
2017	农银穗盈－建投汇景－华山景区服务费资产支持专项计划	陕西华山旅游集团有限公司	2.12
2018	江海证券－西塘古镇入园凭证资产支持专项计划	浙江西塘旅游文化发展有限公司	11.09
2018	鑫沅资产－海昌海洋公园入园凭证资产支持专项计划	青岛极地海洋世界有限公司	10.0
2018	交银施罗德－平遥古城景区运营管理费资产支持专项计划	平遥古城景区管理有限公司	7.4
2018	开源－普者黑国家级景区扶贫资产支持专项计划	普者黑文旅	7.1

景区的资产证券化产品在发展中也出现了一些问题，其风险引起了监管部门的关注。2019年4月19日，中国证监会网站发布《资产证券化监管问答（三）》，对包括景区入园凭证在内的一些资产证券化产品进行了限制：“对于电影票款、不具有垄断性和排他性的入园凭证等未来经营性收入，不得作为资产证券化产品的基础资产现金流来源。”

（二）文化金融和旅游产业金融领域股权类金融发展状况

股权类金融是金融体系的重要组成部分，事实上，资本金融的崛起成为当今金融发展的一种趋势。在实践中，较之债权类，股权资本对高收益、高风险的行业更感兴趣，也更愿意承担风险。以多层次资本市场为基础，各类股权投资机构（以私募股权投资基金为主）以及上市公司和挂牌公司共同构成了文化产业股权类金融市场的主体。

2016 年上市文化企业融资步伐明显加快，融资金额较往年显著增加。据新元文智－文化产业投融资大数据系统（文融通）统计，2017 年我国文化产业通过上市后再融资（以定增为主）、私募股权、上市首发融资、新三板融资、众筹等渠道流入的资金共计 2883.1 亿元。2018 年我国文化产业通过股权投资方式流入资金 2074.88 亿元，比 2017 年有所下降，其中私募股权融资渠道流入资金 1152.40 亿元。2017～2018 年，我国共有 58 家文化企业成功上市，首次募集资金规模达到 692.56 亿元。2016 年，上市文化企业共参与 126 起融资事件，累计金额高达 2038.91 亿元。2014～2018 年，全国共计新增 1758 家文化企业挂牌新三板。其中，2015～2016 年呈现爆发式增长；2017 年后由于新三板改革及金融监管趋严增速放缓，全国共有 387 家文化企业挂牌新三板，同比减少 53.71%；而 2018 年新增文化企业只有 47 家。

我国在沪深主板、中小板和创业板上市的旅游类企业共有 30 余家。截至 2018 年 12 月 28 日，中国旅游行业上市公司总市值排名前 10 的企业有中国国旅、中青旅、腾邦国际、众信旅游、凯撒旅游、岭南控股、云南旅游、海航创新、丽江旅游、三特索道。①

私募股权投资基金是我国文化产业融资的重要渠道。新元文智－文化产业投融资大数据系统（文融通）数据显示，2017～2018 年，我国文化产业私募股权投资（含 VC 投资、天使投资与 PE 投资）共发生投融资事件 791 起，涉及资金 1152.39 亿元，其中 VC 投资涉及事件 353 起，募集资金 251.49 亿元；天使投资涉及事件 216 起，吸纳资金 18.05 亿元；PE 投资涉

① 《2018 年中国旅游行业上市公司市值排行榜》，中商情报网，2019 年 1 月 2 日，http://top.askci.com/news/20190102/1653151139581.shtml。

及事件222起，吸纳资金882.85亿元（同比增长61.97%）。

在文化产业分类框架中有一部分是与旅游相关的业态，如景区游览服务。根据新元文智－文化产业投融资大数据系统（文融通）数据，2018年文化产业中的互联网信息服务、互联网文化娱乐平台、数字内容服务、运营管理、工艺美术品销售、景区游览服务等文化领域荣膺资金流入10强榜单，其中景区游览服务的资本流入量为188.6亿元，占文化产品资本流入总量的5%。

近年来，文化和旅游融合题材的文化旅游类企业受到资本市场的青睐。总体上看，文化旅游行业的投融资有相当大的波动。根据《中国文化金融发展报告（2018）》相关数据，2017年全国文化旅游业资金流入量为985.83亿元，较2016年有较大幅度下滑。2017年主板上市的文化旅游企业仅有1家，有38家文化旅游相关企业挂牌新三板，占2017年文化产业挂牌企业总数的9.8%。

（三）文化金融和旅游产业金融领域风险管理类金融发展状况

文化保险（或文化产业保险）是风险管理类文化金融的主要类型，在业态上主要包括保险和融资担保两种类型。我国一直鼓励文化产业保险的发展，并取得了一定的成绩，一些机构将文化产业保险作为新的业务领域，很多文化企业开始认识到文化产业保险的重要性。中国人民财产保险股份有限公司、太平洋财产保险股份有限公司和中国出口信用保险公司是我国三家文化产业保险试点公司。

2011年1月，文化部与中国保监会启动试点，明确了11个文化产业保险试点险种。几年来，中国人民财产保险股份有限公司等不断加强文化产业保险专属产品创新，在财产险、意外险、责任险、健康险等多险种组合的基础上，针对演艺、动漫、影视、艺术品等细分行业的特定风险推出不同的保险服务，扩大了文化产业保险的覆盖范围。按市场规模分，文化产业保险可以分为文化企业保险和文化产业专属保险两类。目前我国还有文化产业保险的专项统计，可从主要公司的数据管窥一斑。如据中国人民财产保险股份有限公司不完全统计，其在2016年的文化产业专属产品保费收入为2300万元，提供风险保障454亿元。实际上，虽然很多保险公司推出了文化产业专属保险，但市场规模极小。

在旅游保险方面，目前我国旅游保险产品主要包括旅行社责任险、旅游人身意外伤害险、旅客意外伤害险、旅游救助保险和住宿游客人身保险等。虽然多年来保险机构已经有一些创新，但具有特色的产品不多。中国人民财产保险股份有限公司的数据显示，目前除了20%左右的旅客随团旅游由旅行社办理保险外，绝大部分出游者均处于无保险状态，每年至少应有70亿元保费潜力的旅行保险市场，实际却只有10%～20%的收入，有八至九成的市场尚未开发。①

（四）文化金融和旅游产业金融领域互联网金融发展状况

2013年迅速崛起的互联网金融展现了新金融平台的魅力。互联网金融对文化金融的主要影响是，一种以文化产业为服务对象的互联网金融形态初现端倪，如文化众筹。2015～2017年文化众筹事件数量及募集金额见表2。

表2　2015～2017年文化众筹事件数量及募集金额

年份	众筹事件数量(起)	募集金额(亿元)
2015	1959	11.74
2016	2602	14.37
2017	2299	10.59

2013年被称为“互联网金融元年”，但自2016年开始，规范性和创新性成为双重需要，国家对互联网金融风险的专项整治带来了“规范和创新的平衡期”。金融科技以新的姿态迅速崛起，新金融向以技术为核心的金融科技转向，大数据、人工智能、云计算、区块链等新兴科技与文化金融之间

① 《2018年中国旅游保险行业发展现状及供需分析》，中国报告网，2018年5月4日，http://market.chinabaogao.com/gonggongfuwu/0543344112018.html。

的联系更加紧密。截至目前，金融科技发展与互联网金融整治相互交织，影响着文化金融的发展。

互联网金融对旅游产业金融的影响也是根本性的，以途牛网、携程网等为代表的在线旅游平台企业纷纷推出各自的金融产品。当前在线旅游产品类型主要包括旅游产品分期支付、旅游保险产品以及在线旅游平台上产生的理财增值产品等。除了途牛网的“首付出发”和携程网的“借去花”“拿去花”等产品，比较典型的还有放假旅游网的“游分期”，以及驴妈妈网的“小驴白条”“小驴分期”等旅游金融产品。同时，随着金融科技的发展，以大数据为基础的现代互联网金融基础设施建设、旅游金融产品的场景化设计等成为未来的发展方向和趋势。根据 Trustdata 和执惠联合发布的《2017年中国互联网旅游金融市场研究报告》，2017 年我国互联网旅游金融市场规模为 30.53 亿元，2018 年预计为 42.23 亿元。总体上看，我国互联网旅游金融的市场规模还很小，还有较大的增长空间。

三　发展文化金融和旅游产业金融的对策建议

发展文化产业和旅游产业，不仅能够满足人民群众日益提升的精神生活需要，而且能够为我国经济发展调结构、稳增长做出重要贡献。文化金融面临经济总体下行等压力，同时金融监管、文化监管强化等也将带来正负两方面的影响，而旅游产业金融在不断变化的国际关系和国际局势中也面临巨大的压力和挑战。综合文化金融和旅游产业金融的一些共性，从生态、体系、与城市经济的关系、政策体系四个方面提出对策建议。

（一）进一步推动投资主体多样化，培育文化金融和旅游产业金融良好生态

文化金融和旅游产业金融发展中，其生态形成的主要特征是市场主体的多样化。目前，参与文化金融的以现有金融体系的金融资本为主，一些地区的国有文投控股集团也是重要的资本主体。当前，我国文化产业社会资本的

参与度还较低，尤其是在新的监管形势下，一些社会资本开始撤出文化和旅游产业，使资本多样性受到较大的影响。资本主体多样化才能带来竞争性，市场才能处于活跃且有活力的状态。应积极贯彻我国鼓励社会资本和民间资本投资的相关政策，给社会资本和民间资本更大的空间，推动文化金融市场投资主体的多样化。

在资本主体多样化的基础上，要积极促进各类主体之间形成良好的合作关系，形成独特的生态文化。目前文化和旅游产业界对金融还缺乏专业知识，利用金融工具的能力不足，应积极搭建平台、建立机制，培育文化和旅游企业利用文化金融工具提升融资和风险管理的能力。同时，应推动金融界和资本界对文化产业的了解，扭转存在事实上的信息不对称状态。另外，应结合中国银保监会办公厅发布的《关于推动供应链金融服务实体经济的指导意见》等相关政策，推动金融服务覆盖供应链和产业链（创作、生产、流通、传播、展示、消费）的各个环节，形成良性的、要素完备的文化金融生态系统。

（二）进一步推动文化金融和旅游产业金融体系化，重点完善基础设施建设

推动以银行、保险、信托、证券为代表的传统金融机构和文化产业融合，在现有的文化金融事业部、文化产业专营行及特色行的基础上，积极推动其提升专营化水平。在专营化基础上，进一步推动金融服务管理模式和机制创新，如围绕客户准入、信用评价等推出绿色通道服务，在信贷服务的基础上形成结构化、综合性服务模式，等等。

应进一步根据文化资产和文化生产的特点推动文化金融工具专属化，推动开发基于旅游产业资源特点、经营特点和财务特点的旅游金融产品。结合新兴文化旅游业态推出更多新兴文化旅游金融产品，基于个性化需求设计文化旅游消费金融产品，促进文化旅游消费。在国务院办公厅出台的《关于促进平台经济规范健康发展的指导意见》（国办发〔2019〕38 号）等政策框架下，充分利用现代信息技术和数字技术，积极推动规范的新金融平台为

文化金融和旅游产业金融服务。

文化产权交易所在文化金融体系中应发挥独特的作用。在交易所清理整顿之后，应明确发展定位，切实服务于文化产业和文化企业，在文化产业要素市场建设等方面进行一些有益的探索。与其他资本市场不同的是，文化产权交易所的定位应为包含资本、版权、技术、信息、人才等文化产业要素市场的运营者。

在优化风险防范环境的战略框架下鼓励基础设施方面的创新。一方面，应大力推动专门的征信机构和资产评估机构服务于文化企业，构建权威性较高的文化企业征信体系、无形资产评估体系，构建与文化金融相关的文化金融市场信息系统、文化数据资产系统等；另一方面，应大力鼓励利用大数据、区块链等新技术构建新型基础设施，鼓励市场化机构坚持投资于具有未来竞争力的基础设施建设。

（三）进一步推动文化金融和旅游产业金融融入城市经济发展体系

文化和旅游产业与城市经济的关系日益密切。近年来，我国许多城市对文化金融给予了较大的关注，开始成为全国性或区域性文化金融中心。一些城市将文化金融作为城市金融发展的重要组成部分（如杭州、宁波），还有一些城市将文化金融作为新型的金融业态（如北京）。我国具有文化金融中心城市基础的城市包括北京、上海、深圳、南京、广州、杭州等，事实上，其中一些已经成为全国性文化金融中心城市。而成都、西安、昆明等城市，由于所在地区的文化旅游产业发达，在文化金融和旅游产业金融两个方面都有极大的发展空间。推动文化金融融入城市经济发展体系，不仅能促进文化产业发展，而且能为城市经济发展提供新的动力。

应进一步推动文化金融和旅游产业金融融入城市发展规划中，融入区域经济发展中。在发展目标上，应在制度层面确立文化金融和旅游产业金融的战略地位，发展文化金融和旅游产业金融新业态，以服务文化、旅游产业为对象，以提升产业与市场的内在质量为目标，促进文化资本、旅游资源与金融资本的融合。

在发展文化金融和旅游产业金融的过程中，应与普惠金融、绿色金融、科技金融等协调发展，加强协同创新。应关注大数据、云计算、人工智能、物联网等新技术对现代金融服务业的颠覆性影响。对于文旅资源丰富的区域性中心城市，如成都、西安、昆明等，应以服务于周边一定范围的文化和旅游产业为重点。

（四）进一步推动政策体系化，加强文化金融和旅游产业金融制度供给及相关配套

任何产业在发展初期，对快速发展的需要高于其他需要，市场创新也被鼓励，所以就不可避免地出现一些不规范、不完善的地方。同时，一些资本会利用新兴领域进行投机和套利，这些都对风险管控提出了很高的要求。2016 年以来，我国金融改革开启新的阶段，金融体制改革、金融服务实体经济、防范系统性风险成为改革的主要任务。在新的环境下，文化金融和旅游产业金融应积极贯彻金融服务实体经济的战略要求，以政策推动产业在规范中实现发展。

良好的制度供给是产业发展的内生动力之一。我国文化金融和旅游产业金融发展的制度支撑，首先由政府公共政策开始。当前，我国的文化金融和旅游产业金融政策已经呈现体系化的趋势。我国政府相关部门已经发布《中华人民共和国文化产业促进法（草案送审稿）》，其中在文化金融方面着墨较多，这对不断推动改进政策管理体制、加大优质制度供给提供了法律上的保障。文化金融和旅游产业金融政策体系未来还有许多方面需要补齐短板，如出台证券、私募基金等部门性金融政策；在中央或地方政府层面出台更具约束力的相关条例、办法；等等。同时，文化金融和旅游产业金融政策还应更多关注战略性领域，如“一带一路”愿景下文化和旅游产业在国家间的合作、乡村振兴战略和区域协调发展战略背景下的文化和旅游产业发展、数字经济背景下文化金融和旅游产业金融服务方式的变革等。

持续通过公共政策推动文化金融公共服务及相关配套建设，能够为文化

金融和旅游产业金融发展提供良好的保障。虽然我国在金融支持文化产业、金融支持旅游产业方面都有较好的服务和配套建设，政策结合、部门协调、服务平台配套等方面也取得了一定的成果，但范围和深度还远远未达到预期。建议从以下方面进一步推动：文化金融服务中心及文旅金融服务中心系统标准化、机制化；金融机构之间合作机制化；鼓励社会化组织参与，通过行业组织提供更多的规范性服务；等等。

参考文献

杨涛、金巍主编《中国文化金融发展报告（2017）》，社会科学文献出版社，2017。

杨涛、金巍主编《中国文化金融发展报告（2018）》，社会科学文献出版社，2018。

杨涛、金巍主编《中国文化金融发展报告（2019）》，社会科学文献出版社，2019。

“一带一路”沿线国家和地区文旅融合发展分析与展望

李守石*

摘　要： 自2013年中国国家主席习近平第一次提出“一带一路”倡议以来，中国与“一带一路”沿线国家和地区的国际旅游往来日益密切。“一带一路”建设为中国的文化旅游业发展带来了新的契机，促进了中国与“一带一路”沿线国家和地区跨区域、跨国界的政治认同、文旅融合、经济合作、人员往来、设施互通等重大举措的实施。首先，本报告针对中国与“一带一路”沿线国家和地区的经济发展、文化旅游设施建设等问题展开分析；其次，从空间上选取三个沿线城市案例重点讨论中国与“一带一路”沿线国家和地区文化旅游发展存在的问题及应对策略；最后，综合以上研究，对“一带一路”沿线国家和地区文旅融合发展做出展望。

关键词： “一带一路”　文化旅游　融合发展

2013年，中国国家主席习近平第一次提出“一带一路”倡议，世界的目光再次聚焦在这条承载着文化交流与互利互惠的丝绸之路上。在“一带一路”沿线国家和地区对这条大动脉的热切关注下，“一带一路”倡议实践至今取得了丰硕的成果：“一带一路”沿线国家和地区在重要议题上达成共

* 李守石，博士，华东师范大学传播学院副教授，研究方向为国际传播与国家形象、城市文化创新等。

识；沿线基础设施建设稳步推进；中国投资大规模落地；等等。文化交流与旅游经济是“一带一路”倡议的重要组成部分，无论是从全球空间格局还是从经济发展动力来看，都是不可忽略的两股力量。2015 年 3 月，经国务院授权，国家发改委、外交部、商务部联合发布了《推动共建丝绸之路经济带和 21 世纪海上丝绸之路的愿景与行动》，明确指出了文化和旅游两方面的战略部署。在文化战略方面，包括以下具体规划：以友好合作、文化交流等方式联通民心；以合作办学、共同保护世界文化遗产等方式加强文化交流与合作；营造和谐友好的文化生态和舆论环境；以国际文化博览会等方式展现“一带一路”沿线国家和地区的文化风貌；等等。在旅游合作方面，包括以下具体规划：加强旅游合作，扩大旅游规模；联合打造特色国际精品旅游线路和旅游产品；积极开展体育交流活动；等等。随着“一带一路”沿线国家和地区基础设施的逐步完善，文化旅游产业有了新的发展空间。

2017 年 5 月在北京举行的“一带一路”国际合作高峰论坛进一步推进和完善了“一带一路”倡议。论坛成果不仅加强了政策与发展战略对接，而且推进了互联互通务实合作。在成果清单中，我国与黎巴嫩、突尼斯、土耳其等国达成了建设文化中心的协定，与波兰、乌兹别克斯坦、智利、柬埔寨等国达成了旅游合作。这些成果围绕“民心相通”这一“一带一路”建设的民意基础展开并落地。在文化产业方面，“一带一路”沿线国家和地区文化产业的发展需要文化企业积极参与。在此机遇下，我国文化产业利用较强的市场优势与极具竞争力的分发渠道，积累了大量的客户资源。《“一带一路”大数据报告（2017）》显示，我国企业参与“一带一路”建设的热情高涨，其中互联网、IT 类企业异军突起；“一带一路”沿线国家和地区企业影响力 50 强榜单中，阿里巴巴（中国）有限公司、华为技术有限公司和中国移动通信集团公司位列前 10。根据 2012～2016 年全球文化创意产业上市公司无形资产数据，“一带一路”沿线国家和地区几乎占据半壁江山。[①] 在

① 解学芳、葛祥艳：《全球视野中“一带一路”国家文化创意产业创新能力与中国路径研究——基于2012～2016 年全球数据》，《青海社会科学》2018 年第 4 期。

文化旅游方面，根据国家旅游局和中国旅游研究院的数据，中国赴“一带一路”沿线国家和地区旅游的人数逐年攀升，特别是随着2015年“一带一路”相关合作政策不断推向深入，中国赴“一带一路”沿线国家和地区旅游的人数由2013年的1549万人次增加到2017年的2741万人次，增长了76.95%，年均增速达15.34%。[①] 从数据上来看，“一带一路”倡议的深入实施推进了我国与“一带一路”沿线国家和地区的旅游合作，实现了互惠共赢，旅游市场将不断拓展。

一　“一带一路”背景下文旅融合的意义

从发展势头上来看，“一带一路”沿线国家和地区的文化产业、文化事业发展不止于单一形式，文化旅游发展趋势也不止于当前。截至2016年，我国已与53个沿线国家和地区建立了734对友好城市关系，博览会、旅游节、电影节、论坛、联合考古等交流活动频繁，已与24个沿线国家和地区实现了公民免签或落地签，来自沿线国家和地区的留学生达30多万人，赴沿线国家和地区留学的人数超过6万人。我国与沿线国家和地区签订的相关联合宣言、合作计划以及我国的相关政策为文化产业增加了新动力；沿线部分国家和地区经济转型带来了文化消费需求，打开了文化产业的市场空间。[②] 就旅游方向来说，预计到2020年，我国与沿线国家和地区双向旅游人数将超过8500万人次，旅游消费约为1100亿美元。[③] 文化事业与旅游产业具有广阔的发展前景，二者相结合能够为“一带一路”建设开辟新的发展路径，为互惠共赢的发展成果锦上添花。不仅如

---

① 《“一带一路”旅游大数据专题报告》，中国旅游研究院（文化和旅游部数据中心）网站，2018年9月28日，http://www.ctaweb.org/html/2018-9/2018-9-28-14-19-26557.html。

② 蔡尚伟、车南林：《“一带一路”上的文化产业挑战及对中国文化产业发展的建议》，《西南民族大学学报》（人文社会科学版）2016年第4期。

③ 张伟玉：《“一带一路”倡议五周年：建设成果、风险挑战及应对措施》，《海外投资与出口信贷》2018年第5期。

此，在全球化时代，文旅融合能够助力夯实文化软实力，创新文化传承交流的方式，具有深远的历史意义。

（一）文旅融合有利于“一带一路”沿线国家和地区整体发展

“一带一路”背景下文化产业与文化旅游发展前景广阔，我们不能仅仅局限于当前发展成果，还应该在整个“一带一路”倡议实施的基础上开拓创新，文化旅游交融发展既是“一带一路”倡议转型升级的实践方案之一，也是“一带一路”各方面的联动发展。在横向的空间方面，文化产业与旅游业将不断扩展并惠及更多国家和地区；在纵向的深度方面，文化产业与旅游业将以“民心相通”为核心理念，在全球化的趋势下兼顾硬实力和软实力，实现长远发展。一方面，高铁等基础设施的日益完善为文旅融合提供了可能；另一方面，亚欧地区北、中、南三条大通道上沿线城市的文化资源带动了旅游业的发展，反过来也拉动了基础设施建设的需求。不仅如此，这也成为促进“一带一路”沿线国家和地区经济转型、打开文化消费市场的因素之一。我们不能分开来看“一带一路”的政治意义、经济意义和文化意义，要将其看作一个整体，整个体系是相互联系的。旅游业为经济发展带来了机会，作为“一带一路”倡议的一部分，与文化产业相结合实现了创新发展。

（二）文旅融合有利于夯实文化软实力

在历史长河中，“丝绸之路”承载了文化交流的深远历史意义；在全球化背景下，当今“一带一路”建设更是起到了集中构建文化软实力的作用。“丝绸之路”作为文化软实力的符号，其内核是开放合作、平等互利的价值理念，同经济互惠相比，文化软实力的释放较慢。文化与旅游融合是构建文化软实力的具体途径之一。具体来说，“一带一路”沿线国家和地区散发出的文化魅力吸引人们前往观光。我国文化资源丰富，政府重视对文化事业的投入，2017 年全国文化事业费投入占国家财政的比重为0.42%。[①] 我国文化遗产丰富多样，无论是各地可见的文化遗产，还是历史民俗，都是能够彰显文化魅力的元素。“一带一路”沿线国家和地区文化与旅游的融合，能够将文化战略实实在在地与经济发展联系在一起，夯实文化软实力。无论是在形式上还是在内容上，文化产业和旅游产业都具有多元发展的潜力，能够为我国和“一带一路”沿线国家和地区带来互惠红利。

（三）文旅融合有利于实现民心相通

民心相通是“一带一路”建设的社会根基。2017 年“一带一路”背景下文化和旅游方面取得的成就可以概括为：文化旅游合作不断深化，民意基础逐渐巩固。2013～2017 年，国外媒体和网民对“一带一路”建设持积极态度的比重分别为 16.50%、18.32%、20.17%、23.43%、23.61%。[②] 2018 年 4 月，《“一带一路”民心相通报告》指出，“一带一路”人文交流取得了丰硕成果，但是还存在民间交流不足、文化交流不平衡、文化产品质量不高、文化产品数量不足、人文交流方式单一等问题，影响了“一带一路”人文交流的效果。文旅融合是实现文化交流的重要方式之一。在“丝绸之路”时代，只有政府派遣的外交使节和敢于冒险的商人才可以亲身参与到人文交流中，而今更多的人可以通过旅游、留学、文化建设等多种方式参与到文化交流中，能够在更广范围内实现民心相通，实现中华文化同“一带一路”沿线国家和地区的文化交流与互动。当然，文旅融合不仅仅是以我国与“一带一路”沿线国家和地区为主体，还要促进整个沿线国家和地区文化旅游的整体互动与交流。在全球化时代，文旅融合搭建了民心相通、互惠共赢的平台。开放合作不仅在于全球贸易层面，而且在于人文交流层面。从人类历史发展来看，以文旅融合为渠道的文化交流还能在民心相通中实现文化的包容创新。

---

① 中华人民共和国文化和旅游部编《中国文化文物统计年鉴 2018》，国家图书馆出版社，2018。

② 张伟玉：《“一带一路”倡议五周年：建设成果、风险挑战及应对措施》，《海外投资与出口信贷》2018 年第 5 期。

“一带一路”沿线国家和地区的文化产业和旅游产业已取得一定发展成果，并得到民众肯定。文旅融合是在发展成果上更进一步的创新举措，目前的战略布局体现了对发展机遇的重视。融合了旅游合作与文化交流的“一带一路”倡议将表现出更强劲的发展潜力，丝绸之路作为文化交流和经贸发展的大动脉，将在全球化时代迸发出新的活力。在这一历史机遇下，我们不仅应该认识到“一带一路”倡议的重要性，而且应该在分析现状的基础上总结经验，进一步优化战略实践，展望发展方向。

二　“一带一路”沿线国家和地区文旅融合的现状与机遇

截至 2017 年，我国的“一带一路”倡议已取得初步成就，其中的各项事业也已经步入或即将步入新的发展阶段。文化旅游产业是综合性产业，在整个战略布局中处于先行的位置。文化旅游产业的优势在于：一是竞争性弱，易于实现国家间和区域间的合作；二是资源可及性强，尤其是文化资源具有不可替代性、持久性和独特性，有利于发挥地区优势；三是随着各地基础设施的逐步完善，文化旅游产业有利于连接“一带一路”沿线国家和地区。虽然文化旅游产业处于先行地位，但也面临产业转型升级的问题。随着人们文化旅游消费的升级，旅游产业亟须构建新业态、打造新产品、迎接新挑战，以旅彰文；文化产业要创新发展战略，以文促旅。无论是对我国还是对“一带一路”沿线国家和地区来说，文化作为旅游资源之一都呈现多元化的活力与色彩。丰富的文化资源可以同人们日益增长的需求结合起来，我国与“一带一路”沿线国家和地区已初步建立合作，可以借此激发文旅融合发展的潜力。

（一）基本现状

1. 经济发展条件

经济发展是文化旅游产业发展的硬件基础和良好保障。截至 2018 年，已有60多个国家加入了“一带一路”朋友圈。值得注意的是，这60多个国家在经济水平上呈现不同发展状态，而且其经济发展优势也各不相同。本报告兼顾发展水平和地理位置，分别选择俄罗斯、哈萨克斯坦、沙特阿拉伯、斯里兰卡和泰国五个国家，以2015年的人均GDP和服务业增加值来分析“一带一路”沿线五国的经济发展条件。

由图1可知，“一带一路”沿线五国的经济发展水平各有差异。对于人均GDP较低的发展中国家来说，“一带一路”倡议尤其是文旅融合可能带来发展机遇；对于人均GDP较高的国家来说，文旅融合除了带来发展机遇，还能扩展、优化经济发展模式。文化旅游产业属于服务业，人均GDP反映的是“一带一路”沿线国家和地区的经济实力，服务业增加值则反映了旅游业可能给沿线国家和地区带来的发展空间。

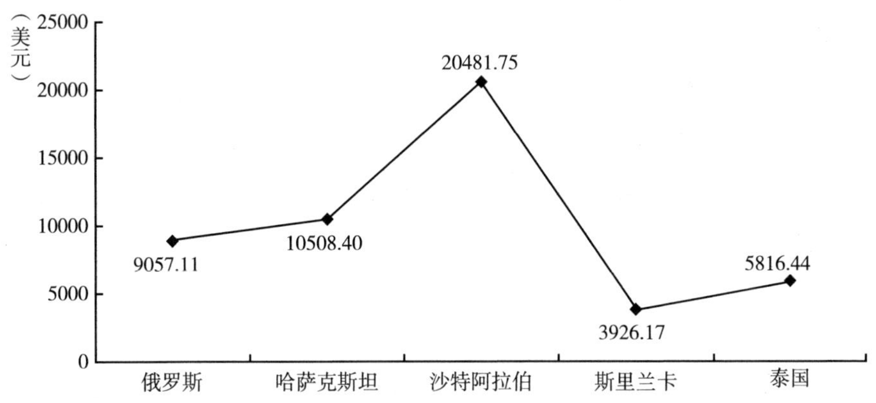

图1　2015年“一带一路”沿线五国人均GDP

资料来源：根据中国一带一路网数据绘制。

由图2可以看出，“一带一路”沿线五国服务业增加值占比差距不大。也就是说，服务业成为这些国家经济发展的主力。旅游业作为服务业的一部分，拥有巨大的发展潜力和增值空间，有利于经济产业结构转型。而且，服务业本身可作为文化旅游产业发展的重要基础。一国的服务业不仅要对内满足本国的经济发展需要，而且要具备对外承接与延伸服务业的职能。

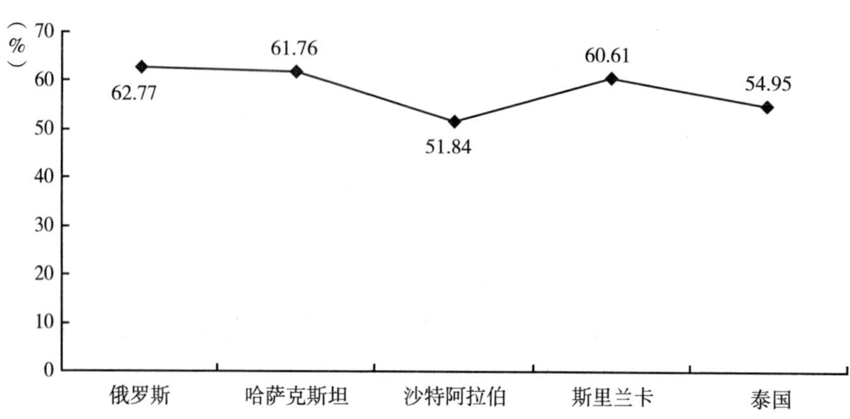

图2　2015 年“一带一路”沿线五国服务业增加值占比

资料来源：根据中国一带一路网数据绘制。

除了经济发展外，“一带一路”沿线国家和地区的人口规模说明存在明显的人口红利优势。2017 年，包括我国在内的“一带一路”沿线国家和地区总人口达到 46.41 亿人，占全世界总人口的 62.35%，对于经济发展和就业来说，此时的人口红利为各项事业发展提供了契机。考虑到庞大的人口基数和快速增长的 GDP，“一带一路”沿线国家和地区旅游业发展潜力巨大。

2. 文化旅游产业建设

文旅融合发展需要硬件和软件方面的建设作为支撑。一方面是交通和基础设施等硬件建设；另一方面是促进“一带一路”沿线国家和地区政府、地方政府、企业等多主体联动发展的旅游产品等软件建设。

硬件方面。我国同“一带一路”沿线国家和地区一道在港口、铁路、公路、电力、航空、通信等领域开展大量合作，提高了这些国家和地区的基础设施建设水平。以交通为保障，沿线国家和地区得以借此机遇打开文化消费市场。以航空为例，官方数据显示，2016 年到访葡萄牙的中国游客约 20 万人次。当时首都航空开通了杭州—北京—里斯本的直飞航线，明显促进了中葡两国游客互访旅游。当然，硬件方面的交通和基础设施只是旅游业的一方面，以文促旅不仅能从软实力上促进旅游业发展，而且能带动文化事业和文化产业的发展。当前“一带一路”沿线国家和地区的文化旅游设施日益完善，特色产品初具形态。值得注意的是，亚太地区的旅游业逐渐在全球旅游市场上崭露头角。2005～2016 年，全球旅游收入占比中，亚太板块从 21.0% 上升到 28.9%，上升了 7.9 个百分点，表现出迅猛的增长势头。可见，“一带一路”倡议中的文化旅游业能够利用已有发展潜力开辟新的发展方向。

软件方面。从政府主体来看，截至 2019 年初，我国已与 29 个“一带一路”沿线国家和地区实现了公民免签或落地签。不仅如此，国家旅游局还策划了“丝绸之路旅游年”等配套的顶层设计，打造了“美丽中国”等国家旅游形象。这使得旅游产品更具文化内涵，在这方面，政府从国家整体形象角度为文化旅游建设做出了努力。从旅游企业主体来看，以“白俄罗斯 7 天初体验”为例，这款国内市场上首个针对白俄罗斯的旅游产品填补了中白两国民间旅游交流的空白。白俄罗斯是最早支持“一带一路”倡议的国家之一，也是“一带一路”重要的支点国家。红色旅游、乡村游、疗养游、生态游等方面的旅游资源十分丰富。中国旅游集团公司旗下国旅总社与中旅总社对白俄罗斯的旅游资源、配套设施以及服务水平等进行深入考察后，正式上线了这款独具特色的旅游产品。在旅游市场中，文旅融合、产业跨界已经成为趋势。目前一些旅游企业不仅关注旅游产品升级，而且关注“一带一路”沿线国家和地区旅游中的文化传播与内容。国内的文化企业也在文化旅游建设方面做出了努力，如一些企业把国内的文化产品带出去，与各地的旅游产品相结合，在丝绸之路沿线跟哈萨克斯坦、俄罗斯、迪拜等国家都有交流与合作。

3. 战略政策支持

我国文化产业是适宜国际环境的战略产业，是改变区域内阻碍文化、经济全面健康发展的核心因素。文化旅游产业的发展是“一带一路”倡议实施过程中的重要内容。2017 年“一带一路”沿线国家和地区实现出境旅游消费 3294 亿美元，入境旅游收入 5091 亿美元，表明“一带一路”沿线国家和地区为国际旅游服务贸易顺差地。[①] 目前基于“一带一路”倡议的文化旅游尤其是在跨国合作方面仍由政府主导。战略政策体系是文化旅游建设实践的保障之一。“一带一路”沿线国家和地区的旅游服务贸易是政策规划和政策沟通努力促进的方面。2018 年国务院新闻办召开新闻发布会说明，已有 103 个国家和国际组织与中国签署 118 份“一带一路”方面的合作协议。我国“十三五”规划中也指明了文化与旅游融合发展的路径，如陕西省等旅游大省开始实施文旅融合，开展具体规划。在“一带一路”背景下，战略政策能更好地保障文化旅游产业的发展。

（二）总体机遇

从“一带一路”倡议实施以来旅游产业的先行实践来看，我国文化资源丰富，需求潜力较大。我国“一带一路”建设取得的合作成果中还包括与沿线国家和地区达成了旅游产业方面的合作。

1. 文化资源丰富

对于“一带一路”沿线国家和地区来说，文化资源不仅仅限于异域风情，还在于丝绸之路的历史文化意义。当今的旅游业态不仅仅是观光，还呈现文化体验、商务旅游等多种形态。我国自身的文化资源更是呈现传统、多元的魅力。根据文化和旅游部发布的《2017 年文化发展统计公报》，文化市场规范有序，文化产业蓬勃发展，国家文化软实力和中华文化影响力大幅提升，尤其是创建国家文化消费试点城市，以及建立“一带一路”文化交流机制，如建立丝绸之路国际剧院、博物馆、艺术节、图书馆、美术馆联盟，培育一批重点文化企业和文化项目，进一步推进与“一带一路”沿线国家和地区的文化贸易发展。这些举措都表明我国拥有丰富的文化资源。

以 2019 年春节全国旅游为例，全国旅游接待总人数为 4.15 亿人次，同

① 《“一带一路”旅游大数据专题报告》，中国旅游研究院（文化和旅游部数据中心）网站，2018 年 9 月 28 日，http://www.ctaweb.org/html/2018-9/2018-9-28-14-19-26557.html。

比增长7.6%，增速自2009年以来首次跌入个位数。[①] 由此可见，我国的旅游产业处于上升状态，但增速可能有所放缓，也就是说，需要一些新的活力带动和激发旅游产业优化升级。具体到各地来说，根据旅游城市2018年的情况，"北上广"仍是传统的热门旅游地。值得注意的是，我国的贵州、西安、昆明等城市的旅游产业都表现出巨大的发展潜力。[②] 这些城市在地缘上都处于"一带一路"沿线地带，蕴含丰富的旅游资源，这些沿线城市的文化资源不应被忽视。正如习近平总书记所强调的，旅游是发展经济、增加就业的有效手段，也是提高人民生活水平的重要产业。在开发沿线城市文化资源的同时，也能带动当地就业和经济发展。不仅如此，"一带一路"沿线国家和地区的文化旅游资源也值得重视。如我国西南地区与东南亚，文化旅游资源丰富，具有较大的发展潜力。

2. 文化消费需求潜力较大

文化资源可以为旅游经济拓展发展空间，供给侧结构性改革则能够促进旅游品质的提高。在文化旅游产业发展中，旅游需求是重要的决定因素之一，但文化是其重要的载体和源泉。

从我国的旅游市场来看，值得注意的是"一带一路"沿线国家和地区也逐渐成为我国旅游市场的主要客源之一。根据文化和旅游部发布的《2018年旅游市场基本情况》，按入境旅游人数排序，我国主要客源市场前10位国家分别为缅甸、越南、韩国、日本、美国、俄罗斯、蒙古国、马来西亚、菲律宾、新加坡。其中，"一带一路"沿线国家和地区占据近一半。随着我国人民生活水平的提高，以及交通等设施的完善，出国旅游成为我国居民的旅行方式之一。2018年中国公民出境旅游人数为14972万人次，同比增长14.7%，可见，我国出境游的游客基数较大，有一定需求。从我国赴"一带一路"沿线国家和地区旅游的人数增长情况来看，"一带一路"沿线国家和地区逐渐成

① 《春节旅游收入5139亿　但增速并不是那么喜人》，股城网，2019年2月10日，https：//finance. gucheng. com/201902/3654215. shtml。

② 《2018年我国旅游城市排行榜出炉：你做好旅游计划了吗?》，搜狐网，2018年9月26日，http：//www. sohu. com/a/256325452_ 335495。

为出境游客的热门选择。根据文化和旅游部发布的《2018年文化和旅游发展统计公报》，经初步测算，2018年全国旅游业对GDP的综合贡献为9.94万亿元，占GDP的11.04%。旅游直接就业2826万人，旅游直接和间接就业7991万人，占全国就业总人口的10.29%。根据中国旅游研究院的数据，2017年“一带一路”沿线国家和地区国际旅游人数约为5.82亿人次，占世界国际旅游人数的44.02%，较该区域GDP占比高出约10个百分点，为全球重要的国际游客净流入地。国内旅游方面，2018年“一带一路”沿线国家和地区以84.2亿人次的游客人数遥遥领先，占比高达80%，中国更是以50.01亿人次的游客人数居世界榜首。[①] 由此来看，无论是来华旅游还是出境旅游，旅游需求较大，这不仅为我国的旅游市场带来了更多的就业岗位，而且促进了“一带一路”沿线国家和地区经济的发展，实现了互惠共赢。

从文化内容方面来说，“一带一路”倡议提出后，各地区相关部门和企业积极开发“一带一路”特色文化产品，以文化带动旅游产品创新，推动中国文化“走出去”，文化影响扩展至欧美，促使东方元素融入旅游产品设计中。目前，“一带一路”背景下文化消费已经逐渐形成趋势，但市场还需进一步打开，文化和旅游合作的最佳连接点还需在实践中探索，二者合作的基础还需切实打牢，在实施上还需深度融合，要利用文化资源开发旅游产业，用旅游形式丰富文化生产和传播的内涵。

3. 区域合作关系初步建立

文化旅游产业的兴起和发展不仅需要一国充分利用当地的文化资源，而且需要“一带一路”沿线国家和地区通力合作，才能达到互惠共赢。2017年9月在西安举办的“2017‘一带一路’城市旅游合作论坛”上，匈牙利国会议员欧拉·劳尤什先生的发言得到了与会者的一致赞同：“只有通过旅游才能把各个国家和城市联系起来，相信在‘一带一路’倡议的引领下，将推动合作各方经济、旅游资源的共享互推、合作共赢。”正如前文所述，

---

① 《“一带一路”旅游大数据专题报告》，中国旅游研究院（文化和旅游部数据中心）网站，2018年9月28日，http://www.ctaweb.org/html/2018-9/2018-9-28-14-19-26557.html。

在"一带一路"成果清单中，我国已与多个沿线国家和地区达成建设旅游中心的合作。不止于此，我国与意大利的旅游合作也迎来了发展良机；泰国在"一带一路"背景下实现了两国互联互通，商贸旅游发展前景广阔；塞舌尔也期望借助"一带一路"倡议实现旅游业发展；我国与阿拉伯在各方面的合作进入新阶段。目前与我国实现合作的这些国家都拥有独特的文化资源，无论是旅游产业的开发，还是文化产业的转型升级和发展壮大，都是多边双赢的机遇。我国与"一带一路"沿线国家和地区的区域合作关系夯实了"一带一路"建设的社会根基和民意基础，区域合作关系也为文旅融合发展打下了坚实基础。文旅融合发展不是闭门造车，旅游产品升级、产业转型需要以区域合作关系为基础展开。

"一带一路"沿线国家和地区的文化旅游产业发展势头良好，且积累了一些优势。一方面是丰富的文化旅游资源对应日益增长的旅游需求；另一方面是我国与一些"一带一路"沿线国家和地区建立了通力合作关系，这使得更多沿线国家和地区看到了发展文化旅游产业的潜力。

三 "一带一路"沿线城市发展案例

"一带一路"沿线国家和地区的"朋友圈"不断扩展，在空间上不仅仅属于亚欧大陆范围内，还以"陆海新通道"为标志打开了新局面。"陆海新通道"建设激发了"一带一路"沿线国家和地区发展的潜力，我国的一些城市积极参与"陆海新通道"建设，并同沿线国家和地区的城市一道创新文旅融合发展路径。本报告从空间出发，分别选择莫斯科—黑龙江、西安—中亚、昆明—曼谷三个案例探讨"一带一路"沿线城市文旅融合情况。

（一）莫斯科—黑龙江

"一带一路"横穿亚欧大陆。在亚欧大陆上，俄罗斯首都莫斯科是交通运输的重要节点，具有连接亚欧大陆的交通优势，具有区域性和国际性的重要价值。俄罗斯旅游局新闻中心发布消息称，2017 年上半年中国免签赴俄游客数量同比增长36%，前往个别地区的中国游客数量增长高达100%，而其中最受中国游客欢迎的是莫斯科。2017年上半年，莫斯科共接待中国游客12.75万人次，游客人数较2016年同期增长21%。[①] 中俄两国通过“友好中国”项目以及“红色旅游路线”“丝绸之路”等跨区域项目，推动两国旅游业发展。两国旅游业的繁荣前景与“一带一路”倡议密不可分。我国与莫斯科达成旅游合作，拓展文化旅游新路径，实现了互惠共赢。

1. 巩固中俄友好关系，开辟红色旅游路线

中俄关系是大国关系中的典范，尤其是历史上以中华人民共和国成立初期与苏联的关系最为密切。在“一带一路”背景下，中俄友好关系再次巩固。2015年5月，习近平主席同普京总统共同签署并发表了《中华人民共和国与俄罗斯联邦关于丝绸之路经济带建设和欧亚经济联盟建设对接合作的联合声明》，这为中俄关系继续向前推进注入了新的动力。中俄联合举办了包括“国家年”“语言年”“旅游年”“青年友好交流年”“媒体交流年”等在内的一系列大型国家级活动，巩固了两国关系发展的社会基础和民意基础。俄罗斯看到了与中国在“一带一路”倡议下会有很多合作机会，就文化旅游方面来说，旅游合作有巨大发展前景。

近年来，俄罗斯逐渐成为中国游客的热门旅游目的地，尤其是在首都莫斯科，俄罗斯旅游公司采用“红色旅游”等主题旅游产品来吸引中国游客。“红色旅游”项目的内容十分丰富，不仅包括中共六大会址常设展览馆、红场列宁墓、胜利广场、阿芙乐尔号巡洋舰、斯莫尔尼宫等旅游景点，而且包括伏尔加河畔的列宁故乡乌里扬诺夫斯克。2018年赴俄中国游客数量约为200万人，“红色旅游”产品获得了成功，过去选择前往俄罗斯旅游的中国游客以保存着苏联时代记忆的中老年群体为主，现在越来越多的中国年轻游客也开始喜欢“红色旅游”项目。开发“红色旅游”项目的意义在于巩固中俄友好关系，这对受苏联时代革命文化熏陶的一代人具有丰富的文化意

① 《2017年上半年免签赴俄中国游客同比增加三成》，俄罗斯卫星通讯社网站，2017年8月2日，http://sputniknews.cn/russia_china_relations/201708021023259150/。

义。在“一带一路”背景下，“红色旅游”是文化与旅游融合发展的典型，有助于中俄两国人民加深对文化宝藏的认识，推动经济发展，巩固两国友谊。

“红色旅游”项目虽然已经取得了成功，但还需要在旅游合作的基础上进一步提升。第一，“红色旅游”不应局限于莫斯科一地。从交通上看，部分游客选择北京至莫斯科的铁路出行。“红色旅游”产品可由一地的文化旅游打造为沿线的旅游产品，由此实现互惠共赢。第二，“红色旅游”不应局限于旅游产业本身，可以结合文化产业。2018 年中国移动支付服务在俄罗斯推广，进一步便利了中国游客在俄消费。在我国的文创市场上，以红色文化、革命文化为主题的文创产品受到了年轻人的喜爱，可以利用革命文化、当地风俗人情打造文创产品，带动当地旅游消费，实现文旅融合的进一步发展。

2. 利用各地优势，实现旅游合作

在“一带一路”旅游合作背景下，各国不断放宽旅游签证政策，目前我国已与俄罗斯等国家建立了互惠互利的团体旅游免签政策。对于邻近地区来说，国际旅游业是带动地方经济发展的重要举措。俄罗斯人崇尚度假旅游，东北边境游暑期时间长达 3 个月，以及可以免签等政策吸引俄罗斯游客到我国东北地区旅游消费，带来了双方的互惠发展。东北老工业亟待振兴，发展旅游合作是工业振兴的途径之一。2017 年 6 月，中俄（黑龙江）边境及地区间旅游合作发展会议在黑龙江召开。黑龙江拥有 25 个边境口岸，其中 13 个口岸开展了中俄边境旅游异地办照业务，出境旅游非常便利。通过黑龙江口岸入境的俄罗斯游客占全国俄罗斯游客接待总量的半壁江山。另有数据显示，仅 2016 年，中国赴俄游客就达 145. 94 万人次，其中经黑龙江省赴俄游客为 52. 84 万人次。[①] 可见，“一带一路”背景下，以北线莫斯科为主，可带动诸如黑龙江等边境口岸旅游业的发展。利用各地优势，实现旅游合作。

就旅游产品而言，可围绕俄式风情，积极开发特色产品和线路，开展旅游宣传和文化旅游产品营销，吸引游客视中俄两国互为旅游目的地。国内相

① 《中俄（黑龙江）边境及地区间旅游合作发展会议召开》，黑龙江省人民政府网站，2017 年 6 月 17 日，http：//www. hlj. gov. cn/zwfb/system/2017/06/17/010833649. shtml

关地区应为开展对俄旅游合作交流搭建平台，为促进中俄两国地区间旅游合作、经济发展起到更好的推动作用。

（二）西安—中亚

西安是我国著名的历史文化名城，有着古代丝绸之路起点等历史渊源。而在今天的“一带一路”倡议中，西安正在被打造成为“一带一路”文化枢纽。就文化方面来说，丝绸之路国际艺术节、丝绸之路国际电影节等一系列重大文化艺术活动先后在西安举行，这是“一带一路”沿线国家和地区以文化为纽带的一系列深度沟通。就旅游方面来说，中国旅游研究院与携程联合实验室共同发布的《2018 中国在线旅游发展大数据指数报告》显示，2018 年上半年，凭借传统文化旅游优势，以及系列营销活动的带动，西安列全国热门旅游目的地第 3 位，与 2017 年上半年相比，增速达 98%，在热门旅游目的地中列第 1 位。根据西安统计局数据，2017 年西安共接待国内外游客 18093. 14 万人次，比上年增长 20. 5%（见图 3）。可见，西安的历史文化资源得天独厚，而且旅游发展势头迅猛，是“一带一路”的重要节点，在“一带一路”建设中表现出了较大的发展优势。对于这座历史文化名城而言，应该继续发挥优势，补齐文化旅游发展的短板，推陈出新，培育文旅融合发展的新优势。

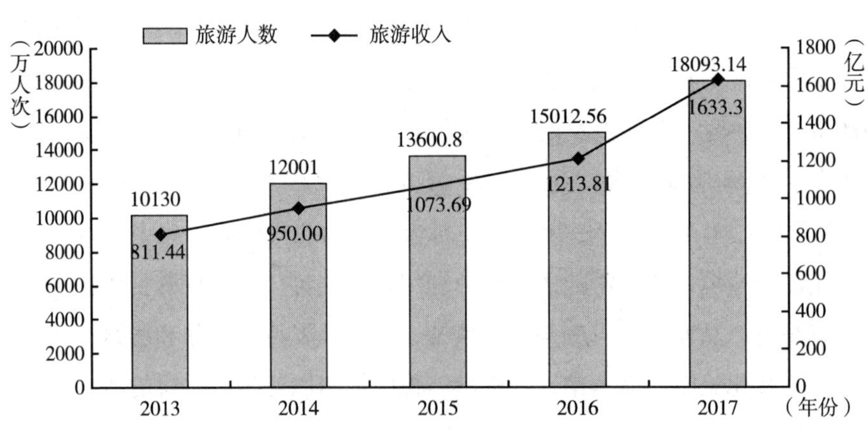

图 3　2013～2017 年西安旅游人数及旅游收入

资料来源：西安统计局。

1. 转变旅游发展模式，打造新文旅品牌

西安作为历史文化名城的优势来自其丰富的文化资源，就陕西省来说，现有世界文化遗产 3 处、全国重点文物保护单位 235 处、国家级非物质文化遗产名录项目 74 项、市级非物质文化遗产项目 1415 项。文化产业规模稳步增长，2011 ~2017 年，陕西省文化产业增加值从 380 亿元增加至 900 亿元，年均增速为 15. 5% 。[①] 西安的旅游发展模式是较为传统的基于文化资源的发展模式，是文旅融合并行发展的典范。

传统的文化旅游发展主要围绕文化资源本身的开发利用而展开，在“一带一路”背景下，旅游发展模式应适应新需求，不能仅仅局限于文化资源本身。当前西安旅游业虽然在高铁等交通设施逐步到位的情况下有了进一步发展的基础，但是围绕文化资源本身的旅游开发容易产生同质产品竞争问题。因此，在新丝绸之路背景下，应创新旅游发展模式，如围绕丝绸之路文化，加强以西安为起点的丝绸之路风情体验旅游走廊等文化旅游产品建设，打造独具特色的丝绸之路旅游精品线路和项目。应转变围绕文化资源本身的开发方式，可以以西安为核心，联动打造旅游文化品牌。在新媒体时代，旅游品牌和形象尤为重要，旅游消费在某种意义上也要在流量上吸引游客注意力。西安因历史文化资源而著名，这意味着其具有独特的城市品牌价值。可以通过城市地标扩大西安文化旅游品牌的影响力，将“丝绸之路”的文化意涵加入西安城市品牌中。诸如秦汉历史、丝绸之路、大唐风采、玄奘取经等都可以作为西安打造“一带一路”城市文化旅游品牌的基础，以文化资源为基础打造属于西安的城市个性，从而实现增强文化软实力与经济实力的双赢。

2. 挖掘中亚旅游潜力，为发展注入活力

中亚地区自古代丝绸之路开始就是重要的交通枢纽。2019 年 2 月，“丝路签证”统一服务项目正式启动，该项目旨在吸引更多游客访问中亚地区。

① 《2017 年陕西文化产业增加值预计突破 900 亿》，中国网，2017 年 12 月 29 日，http://sl. china. com. cn/2017/1229/32408. shtml。

以往烦琐的签证流程是限制中亚旅游发展的原因之一。从地缘上来看，中亚旅游可以同西安的“一带一路”旅游发展相结合，借助品牌优势进行宣传，从而将旅游冷门变为旅游消费热点。中亚地区的相关国家计划选址设立“西安之窗”旅游推广中心，大力推广“丝路”旅游。应充分发挥西安作为丝绸之路起点的作用，强化与中亚丝绸之路沿线国家和城市的旅游合作，牵头组建丝绸之路国际旅游合作联盟旅游企业协作体，共同做好丝绸之路特色旅游产品的深化开发。

中亚国家有哈萨克斯坦、乌兹别克斯坦等。中亚属小语种国家，要实现文化交流，还需要培养高层次的小语种人才。中亚拥有丰富的文化资源，世界文化遗产旅游是当前文旅融合创新的方式。截至 2018 年 7 月 4 日，第 42 届世界遗产大会闭幕，中亚共有 15 项世界文化遗产，其中 3 项为共有的世界文化遗产。可见，在“一带一路”背景下，跨国文化遗产合作成为文旅融合跨国合作的新机制。我国在以西安为起点的丝绸之路旅游合作方面，应打破囚徒困境，实现诸如便利签证、跨国文化遗产合作等形式。

3. 加强国际旅游合作，迈向国际化都市

西安地处我国中原地区，是古代丝绸之路的起点，在我国历史上曾在唐代作为当时的国际大都市繁荣于世。在“一带一路”沿线城市中，西安处于中心腹地。西安的城市形象在国内城市中很受认同，在 2018 年全国旅游城市排行榜中排第 12 名。在“一带一路”建设的带动下，2016 年，丝绸之路国际博览会在西安成功举办，与“一带一路”沿线国家和地区的交流合作平台得到拓展。2018 年，在西安举办的第五届丝绸之路国际旅游博览会上，签约的陕西省旅游项目共 131 个，合同金额超过 1000 亿元。多个丝绸之路沿线地区的旅游部门在西安成立了“丝绸之路国际旅游合作联盟”，合作开发丝绸之路国际旅游产品，开通了 20 多条丝绸之路国际旅游线路及旅游专列。在国际交流合作平台的基础上，西安扩大与“一带一路”沿线城市的友好交流，新增友城和准友城关系 19 对，2017 年 8 月实现了对中亚五国友城的全覆盖。西安的文化旅游不应局限于此，还应更多地实现与世界的互联互通，使西安文化旅游精品“走出去”，在“一带一路”背景下，面向国外受众传播文化旅游品牌。

西安见证了国际文化旅游平台的建立历程，“一带一路”建设为其带来了发展契机。西安旅游资源丰富，一方面，面对旅游合作机会，需要有效整合资源。虽然当前与中亚等“一带一路”沿线国家和地区签订了旅游合作协议，但是从整体上看，跨区域、跨国界的总体规划布局及顶层设计还未实现。而且文化旅游产业是“一带一路”体系中的一部分，要支撑体系外的其他产业，所以旅游合作与其他产业的系统对接机制尚需完善，要提高产业关联效益。要构建开放型的国际旅游文化合作格局，进一步深化合作。作为丝绸之路的起点，西安的文化旅游不应仅局限于文化枢纽本身，要发展为国际化都市，提升文化旅游经贸合作能力。另一方面，在加深旅游合作的同时，还需注意实质上的人文交流，以“民心相通”为理念，依托民心实现互联互通。

（三）昆明—曼谷

“一带一路”还包括海上丝绸之路。在陆海新通道上，云南省处于关键地理区位，它同时连接丝绸之路经济带与海上丝绸之路，同时从陆上沟通东南亚和南亚，并正在建设成为面向东南亚和南亚辐射中心的核心区。云南省的文化旅游资源丰富，是“一带一路”通道中蕴含交通、文化等多重宝贵资源和发展潜力的重要节点。以昆明为起点至曼谷的这一段通道是沿线的主要部分，这一段通道连接了“一带一路”的主要成员，其旅游资源兼具生态多样性、多元民族文化等丰富特点。“一带一路”倡议实施以来，云南省全面参与中国－中南半岛经济走廊、孟中印缅经济走廊建设。在政策沟通、设施联通、贸易畅通等各方面不断推进，取得了一些成果。但是“一带一路”作为长远规划，其实践需要不断深化，就文化旅游来说，游客消费可能滞后于市场发展，也就是说文化旅游尤其是文旅融合，还需针对现有不足进一步改善和优化。

1. 文化资源丰富，亟待合理开发利用

“一带一路”倡议实施以来，云南积极与南亚、东南亚国家开展文化交流与合作，文化“走出去”的步伐不断加快。昆明作为云南省的省会，整合了西南少数民族的文化资源，承载了古代南方丝绸之路的传统，保持着旅游枢纽的优势。在2018年中国旅游城市排行榜中昆明排第20名，其特色在于能调动和激活周边地区的旅游发展活力。曼谷是昆曼国际大通道的终点，泰国在与我国的旅游合作中实现了互惠共赢。作为东南亚的重要国家，泰国拥有丰富的文化资源。昆曼国际大通道的规划早于“一带一路”，这为“一带一路”建设创造了良好条件。从功能上来看，昆曼国际大通道是中国－东盟自由贸易区和大湄公河次区域合作中的重点项目之一，也是桥头堡战略框架下中国云南连接境外的四条重点公路之一，其区位战略意义深远，值得注意的是昆曼国际大通道沿线的文化资源价值同样不能忽视。昆曼国际大通道沿线经过云南省南部部分少数民族自治州、老挝和泰国。无论是云南普洱的茶文化，还是西双版纳的少数民族风情，这些沿线城市都拥有独特的文化资源。现阶段，昆曼公路澜沧江－湄公河黄金水道等开发了中老缅泰环线旅游。此外，从云南景洪到老挝琅勃拉邦的包机旅游以及主题旅游线路也在打造中。此举有利于发挥“一带一路”沿线国家和地区的文化特色优势，促进多国之间的文化交流和区域综合发展。

当前“一带一路”背景下昆曼沿线面临的问题之一是文化资源虽丰富但尚未完全发挥旅游合作的优势。其一是虽然交通联通已到位，但是文化等其他设施尚未配备齐全。云南省南部的文化资源由于资金限制，尚未被开发，如普洱的茶文化，以及沿线少数民族地区文化。这些地区在旅游市场中的信息交流不对称，无法有效推广自身，因此旅游开发进程较为缓慢。而且很多地区对文化资源不够重视，虽然各大机构和企业逐渐向云南省各地投资，但是这些企业有的仅仅满足于当前的经济效益，开发方式不当，致使地方文化资源遭到破坏。例如，一些无良商家为了增加经济收入，忽视了民族文化传统内涵，将传统民族活动变成商业化表演，以快餐化的方式营销，使得传统民族文化在展示和传播过程中遭到了破坏。其二是基础设施建设亟待加强。昆曼沿线途经云南省南部，云南省地势地形复杂，受此限制，部分地区发展较为落后。尽管昆曼公路，以及昆明长水国际机场、西双版纳嘎洒国际机场等大大提高了交通便捷性，但是沿线地区的基础设施建设与我国东部地区还有很大差距，这间接地影响了文化资源的开发以及文化和旅游的融合。

昆曼沿线的文化资源丰富，不仅要给予重视，而且要注意合理开发。第一，重视保护文化是开发利用文化旅游资源的前提。保护文化资源需要有关部门的共同努力，当然也少不了民族文化研究者的共同参与。文化资源在用于旅游开发时，需要研究其价值。应将文化价值放在经济效益目标之前，对文化加以保护，并在尊重少数民族文化传统内涵的基础上合理表现和彰显文化特色。第二，在旅游合作中科学合理地规划发展，既要根据云南南部特殊的地理与文化特征来规划，也要注意结合沿线的老挝和泰国等风土人情，积极参与国际旅游合作，进一步打开国际旅游市场。具体的旅游合作形式有开展艺术节、旅游推广周、宣传月和文化年等友好对接活动，切实有效地加强旅游推广。第三，利用新媒体等旅游宣传门户，合理提升旅游服务质量，既能更好地吸引境外游客到云南旅游，又能促进相邻国家的旅游业发展，从而达到共赢。

2. 旅游潜力较大，亟须规范管理

云南作为旅游大省有 8 个 5A 级景区，再加上昆曼沿线有待开发的文化旅游资源，其旅游潜力无须多言，尤其是昆曼公路也成为不少自驾游爱好者的首选路线。“一带一路”是一条旅游经济之路，在此背景下，近年来云南省重点开发旅游资源，在发展中取得了很大成效。昆明市统计局数据显示，2017 年昆明市接待国内游客 13208.45 万人次，同比增长 32.2%；接待海外游客 134.07 万人次，同比增长 8.6%。2017 年，昆明市旅游总收入为 1608.66 亿元，同比增长 54.1%（见图 4）。其中，国内旅游收入为 1572.74 亿元，同比增长 50.7%；旅游外汇收入为 5.32 亿美元，同比增长 10.5%。[①] 根据昆明市旅游发展委员会发布的数据，2018 年 1～11 月，昆明市旅游总

① 《2017 年昆明旅游数据统计：旅游总收入 1608.66 亿元　同比增长近五成》，中商情报网，2018 年 3 月 14 日，http：//www.askci.com/news/chanye/20180314/154230119710.shtml。

收入为2031.18亿元，同比增长26.59%。亚洲国家来昆明旅游的人数增长迅猛，同比增幅达到56.23%；东南亚地区是昆明入境游的主要客源地，游客人数占比达到30.80%。[①] 但云南的旅游业发展也面临瓶颈，近年来一些游客旅游体验不佳，曝光了旅游业的不规范现象。可见，在“一带一路”建设机遇下，云南省旅游业要想实现可持续发展，并与“一带一路”沿线国家和地区达成旅游合作，必须补齐短板。据统计，2016年泰国曼谷共接待游客1941万人次，为世界旅游人数最多的城市。2017年赴泰中国游客共有980万人次。[②] 可见，昆曼公路的终点站曼谷同样是旅游热点，但近年来泰国旅游也呈现一些风险。相较于某一地区的旅游建设，昆曼沿线的旅游建设不仅要规范管理好当地的情况，而且要兼顾旅游合作，防范风险，做好旅游保障。

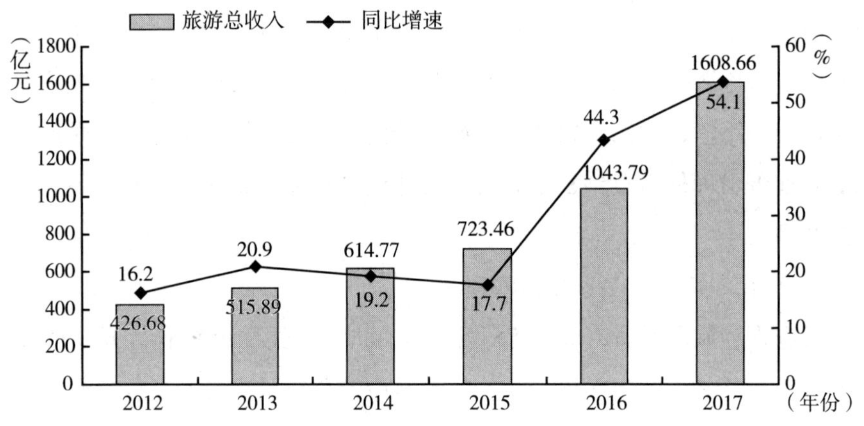

图4　2012～2017年昆明旅游总收入及其同比增速

资料来源：昆明统计局。

具体来说，旅游中的不良现象背后是旅游市场发展和竞争的结果。旅游业的规范管理要从整治旅游市场入手。规范旅游市场首先要提高准入门槛，保证旅游服务质量，尤其是加强对旅游服务人员的监督考核。“一带一路”

① 《前11月昆明接待游客1.45亿人次　旅游总收入2031.18亿元》，新浪网，2018年12月14日，http：//yn. sina. com. cn/news/b/2018－12－14/detail－ihqackac4772995. shtml。

② 《昆明市2017年旅游总收入1608.66亿元》，云南网，2018年2月14日，http：//www. yunnan. cn/html/2018－02/14/content_ 5086834. htm。

的旅游合作涉及跨国合作，因此引入高层次涉外旅游管理人才也是重要的管理措施。旅游行业部门应加强对旅游服务的管理，使之规范有序。旅游规范不仅涉及旅游公司，而且涉及地方景区管理等，要特别注意旅游风险管控。有效防范和控制风险是游客安全旅游的保障，也是旅游行业可持续发展的保证。另外，昆曼沿线作为旅游热点，使昆明—西双版纳的交通出现了拥挤难题，因此为了提升旅游服务质量，应投入人力、物力疏通交通，完成沿线基础设施建设。对沿线跨国的旅游管理，要多重联动，共同参与到优化旅游行业的行动中，从而实现旅游合作的互惠共赢。

3. 文化产品单一，亟须融合旅游

昆曼沿线地区文化资源独特，在与东南亚的合作交流中"走出去"了许多诸如"文化中国·七彩云南"等特色文化产品。但文化产品开发具有同质性，以文化制造为主，亟须注入文化创意元素并与旅游发展相结合。2017 年云南省文化事业投入为 241003 万元，在全国基本处于平均水平。文化产品的输出既要结合特色，又要将旅游作为推广手段，从而构建文旅融合的新体系。

文化产品的创新以及文旅融合发展可依托昆曼沿线的昆明、玉溪、红河、普洱、西双版纳等人口密集的县区。第一，发展现代文化制造业，提升现有的省级文化产业园区，配套土地等优惠政策，聚焦打造"现代文化制造业产业园区"，并逐步带动工业设计、研发以及文化贸易产业的发展。第二，将文化、旅游和特色产业融合，因地制宜发展乡村文化旅游产业，在乡村系统规划、统筹实施"美丽村寨"产业综合体，与旅游业融合发展。第三，充分发挥云南民族文化优势、区位优势、自然生态优势，加大宣传力度，支持开发具有云南地域特色和民族风情的旅游演艺精品和旅游商品，鼓励发展积极健康的特色旅游餐饮和主题酒店，满足不同消费群体的需求，吸引南亚、东南亚游客，提升国际影响力，加强与周边国家文化旅游信息的交流。第四，将文化产业与旅游产品设计、文化旅游发展、旅游业态提升充分结合，建设一批休闲旅游街区、特色村镇等。第五，在文化"走出去"过程中树立"美丽云南"的品牌，在旅游合作中打造昆曼公路的国际品牌。对于游客来说，文旅融合带来的既是旅游消费也是文化消费。以旅游为手段，扩大引导文化消费，在旅游地引入文化产品。利用国内和国际两个市场、两种资源，搭建平台、拓宽渠道，促进文化与旅游融合发展。

四 文旅融合发展新展望

“十三五”规划提出要促进文化与旅游融合发展，培育以文物保护单位、博物馆、非物质文化遗产保护利用设施和实践活动为支撑的体验旅游、研学旅行和传统村落休闲旅游，扶持旅游与文化创意产品开发、数字文化产业相融合。2019 年，文化和旅游部对文化和旅游融合提出了具体的要求，其融合路径是“理念融合、职能融合、产业融合、市场融合、服务融合、交流融合”。[①] 在“一带一路”背景下，文旅融合发展具有广阔的市场前景，能够在旅游合作的基础上广泛发展。随着“一带一路”经济的发展和基础设施的完善，人们的文化旅游消费需求逐渐形成，成为各国提升文化软实力、拓宽市场空间的机遇。“一带一路”沿线城市的文旅融合已成气候，其发展盛况指日可待。

（一）“一带一路”沿线城市文旅融合百花齐放

文旅融合中旅游是载体，文化是灵魂。在打造旅游品牌的同时，要实现文化的创造性转化，夯实文化软实力。在“一带一路”的文化旅游规划中，一方面，沿线城市拥有丰富的文化资源。莫斯科的“红色旅游”等就是根据当地文化特色开发的旅游产品。基于文化资源开发旅游产品的更深层次的意义在于文化交流，从而以民众旅游的方式实现民心互通。另一方面，一部分沿线城市也是古代丝绸之路的节点。如西安就是古代丝绸之路的始发地。这些沿线城市可以将“一带一路”作为文化品牌，挖掘旅游业发展的潜力。当然，文旅融合发展的目的不仅在于用文化内容来创新旅游模式，而且在于

---

① 《文旅部确定 2019 年文旅融合发展 5 大思路》，文旅界网站，2019 年 2 月 25 日，http：//news. cncn. net/c_ 808067。

以旅游的方式传播文化，将文化交流落到实处。

从前文列举的数据可以看出，自“一带一路”倡议提出并逐渐实践以来，沿线城市的旅游发展势头迅猛，但在发展过程中也出现了旅游产品同质化的现象。以文化为内容的旅游应利用各地独特的资源打造创新产品，抓住“一带一路”建设契机，在合理保护和开发当地文化资源的前提下，开发旅游演艺、节庆旅游、文化体验旅游等文化旅游产品，提升产品质量。从以上“一带一路”三个沿线城市文化旅游的案例分析来看，各个沿线城市的文化旅游各具特色，根据自身不同优势发展出不同特色，为整合文化资源、开发跨区域旅游精品路线开辟新路径。

虽然“一带一路”沿线国家和地区的文旅融合以文化为里，但融合的方式仍需创新。我国拥有丰富的文化资源，在“互联网＋”的经济红利下，互联网行业中的文化内容也重视文化特色，当前文化市场还需与旅游业进一步结合，融入各国文化特色。不仅要在国家层面树立形象，进行文化交流，而且要在具体实践中激发文化生产的活力。

（二）跨国文旅合作趋势增强

由“一带一路”成果清单可以看出，我国与“一带一路”沿线国家和地区达成了旅游合作。现阶段，我国与其中的一些重要国家旅游合作情况良好。如泰国成为中国游客最受欢迎的旅游目的地，“澜湄机制”也成为中国－东盟关系的新纽带，我国与东盟国家之间的旅游合作不断深化。随着“中国－东盟旅游合作年”的开启，预计到2020年中国－东盟双向交流将达3000万人次。[①] 我国的旅游投资也朝向“一带一路”沿线国家和地区，各大旅游企业加快在沿线国家和地区进行战略布局的速度。

近年来，亚洲旅游逐渐在世界旅游市场上崭露头角且发展势头迅猛。“一带一路”背景下跨国旅游的发展在纵向和横向上双向推进。从纵向发展来看，我国与“一带一路”沿线国家和地区的旅游合作不断深化，不仅初

① 李永全主编《“一带一路”建设发展报告（2018）》，社会科学文献出版社，2018。

步确立了合作发展关系，而且以共同开发旅游产品的方式加深合作，通过旅游创新文化交流的方式，进而实现民心互通。实现民心互通，还应共同提高旅游质量，这样才能保证获得双向优良的游客评价。因此，在加深文化旅游合作时，不仅要以文化为内涵，而且要以人为本。从横向发展来看，"一带一路"的"朋友圈"还将延伸扩大，涉及更多国家和地区。与更多国家和地区达成旅游合作，用"一带一路"串联起文化交流，"一带一路"的旅游合作不仅仅局限于丝绸之路沿线国家，还要以开放友好的姿态与各个国家和地区达成互惠共赢。尤其是在全球化的今天，跨国合作交流显得更加重要。

就文化内容来说，"一带一路"沿线国家和地区的文化产业具有在全球市场大放异彩的空间，与旅游产业融合是一种方式。我国提倡文旅融合发展，这一发展方式可在"一带一路"沿线国家和地区实践，在通过旅游交流促进我国文化"走出去"的同时，也可将以文促旅、以旅彰文的发展经验同各个国家和地区分享。

（三）文化与旅游共同发展

在"一带一路"背景下，文旅融合发展是创新性的发展模式。当前，文旅融合发展经验还不足。将文化和旅游结合起来，一方面开辟了文化传播和交流的新途径；另一方面使旅游具有更多值得挖掘的消费热点，由此实现了文化的创造性转化。文旅融合不仅要利用固有的文化资源，而且要将世界文化遗产、非物质文化遗产等文化重点建设项目同旅游有机结合。

虽然当前还未有报告直接说明文旅融合发展带来的红利，但是从目前"一带一路"沿线城市的发展情况来看，文旅融合发展势头良好。文旅融合是文化产业与旅游产业的简单组合，从整体顶层设计来看是能够长期双管齐下发挥优势作用的模式。当然，在"一带一路"背景下，文旅融合还需同贸易等多方面的规划相结合。在"一带一路"沿线城市的旅游规划中，提到了在传统文化基础上打造乡村旅游，与精准扶贫相结合的方式。可见，文旅融合既助力了"一带一路"建设，又为"一带一路"沿线国家和地区发展提供了新的活力。

文化和旅游业数据分析与研究*

董 菁**

摘 要： 2018年是文化和旅游部成立的第一年，我国各项文化和旅游工作取得了显著成绩。文化事业、文化产业和旅游业融合发展的态势明确，艺术创作持续繁荣，公共服务体系不断健全，市场管理规范有序，全域旅游不断深化，产业发展势头良好，文化和旅游业稳中求进。本报告从文化业、旅游业、文物业三个领域出发，利用2018年全国的统计数据（旅游业含部分2019年上半年数据），通过详细的梳理分析得出，在国内宏观经济呈现韧性的大背景下，政策上的定力使文化和旅游业得以稳健发展，各项指标值表现良好并呈现整体上升的趋势，文化与经济共生共荣、长期向好，构筑了持续发展的基石，未来文化和旅游业融合发展的潜力巨大。

关键词： 文化业 旅游业 文物业 融合发展

2018年是决胜全面建成小康社会、实施“十三五”规划承上启下的关键一年，同时也是文化和旅游部组建的第一年，全国文化和旅游各级单位大力推动文化事业、文化产业和旅游业融合发展，为建设社会主义文化强国、实现中华民族伟大复兴的中国梦奠定了基础，国家文化软实力和中华文化影响力大幅提升。

---

* 本报告部分资料和图表由文化和旅游部艺术发展中心“文旅中国”建设工程部办公室赵天爱、陈微、王梓丞整理。

** 董菁，管理学学士，艺术学硕士，青年文化学者，文化和旅游部艺术发展中心“文旅中国”建设工程部部长，从事产业研究10余年。

党的十八大以来，以习近平同志为核心的党中央高度重视文化和旅游工作，出台多项推动文化和旅游改革发展的政策文件，进一步指明了文化建设和旅游发展的方向，地方各级党委、政府对文化建设和旅游发展重要性的认识不断深化，大部分省、自治区、直辖市提出了加快文化建设和旅游发展的战略目标，文化建设和旅游发展被纳入当地经济社会发展的重要议事日程。本报告通过数据梳理和分析，旨在客观地呈现2018年文化业、旅游业、文物业的发展情况。

一 文化业

2018年，全国纳入统计范围的各类文化机构有306252个，从业人员为2407811人，与2017年相比，出现负增长，增长率分别为－6.2%和－3%。其中，文化机构由公共图书馆、群众文化机构、艺术展览创作机构、文化科研机构、艺术表演团体、艺术表演场馆、文化市场机构和艺术教育机构等组成。2018年，全国文化事业费为928.33亿元，首次逼近千亿元，比上年增加72.53亿元，增长8.5%；全国人均文化事业费为66.53元，比上年增长8.1%（见图1）。在中央资金逐年对文化事业费增加的带动和引导下，各地普遍加大了对文化事业经费的投入力度。

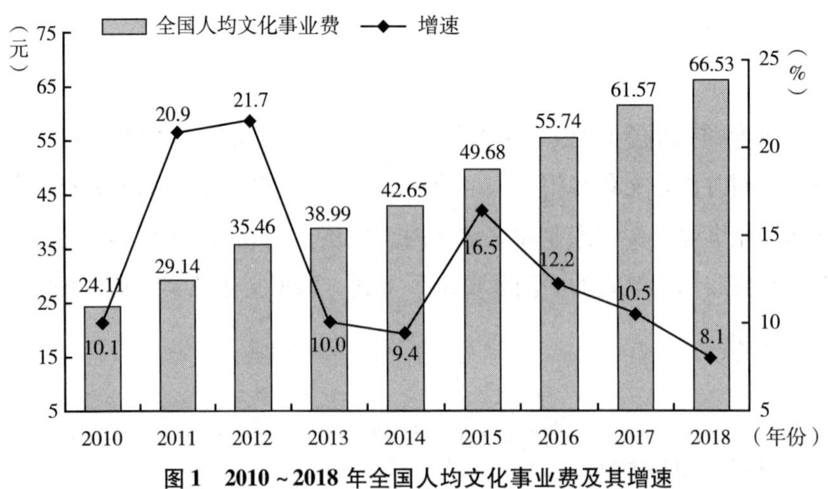

图1 2010～2018年全国人均文化事业费及其增速

资料来源：文化和旅游部。

2018 年，全国财政总支出为 220906.38 亿元，其中文化事业费为 928.33 亿元，人均 66.53 元。其他社会事业费中，教育事业费为 32222.04 亿元，人均 2309.19 元；卫生事业费为 15709.96 亿元，人均 1125.86 元；科技事业费为 8322.32 亿元[①]，人均 596.42 元。与上述相关社会事业费相比，文化事业费占比较低，但全国文化事业费持续向基层、贫困地区倾斜。2018 年，全国文化事业费中，县以上文化单位为 424.96 亿元，占比为 45.8%；县及县以下文化单位为 503.37 亿元，占比为 54.2%。东部地区文化单位为 416.24 亿元，占比为 44.8%；中部地区文化单位为 232.71 亿元，占比为 25.1%；西部地区文化单位为 242.93 亿元，占比为 26.2%。

2018 年，中央财政通过继续实施“三馆一站”免费开放、非物质文化遗产保护、公共数字文化建设等文化项目，共落实中央补助地方文化项目资金 50.51 亿元（见图 2）；安排旅游发展基金 14.85 亿元，对地方旅游厕所建设、全域旅游示范区创建以及旅游公共服务体系和旅游业转型升级融合发展项目进行了重点支持。国家艺术基金立项一般资助项目 944 项，滚动资助项目 16 项，与上年度资助项目 994 项的数量基本维持平衡，资助总额约为 7.6 亿元，比上年略有上涨，发挥了推动优秀作品创作和人才成长的孵化作用。国家对地方文化项目的补助资金平稳增长，保障水平稳步提高。

文化产业总量规模稳步增长。根据国家统计局《文化及相关产业分类（2018）》，文化及相关产业是指为社会公众提供文化产品和文化相关产品的生产活动的集合。文化及相关产业的范围主要包括两个方面：一是以文化为核心内容，为直接满足人们的精神需要而进行的创作、制造、传播、展示等文化产品（包括货物和服务）的生产活动，具体包括新闻信息服务、内容创作生产、创意设计服务、文化传播渠道、文化投资运营和文化娱乐休闲服务等活动；二是为实现文化产品的生产活动所需的文化辅助生产和中介服务、文化装备生产和文化消费终端生产（包括制造和销售）等活动。

---

① 财政总支出、教育事业费、卫生事业费、科技事业费数据均来源于财政部。

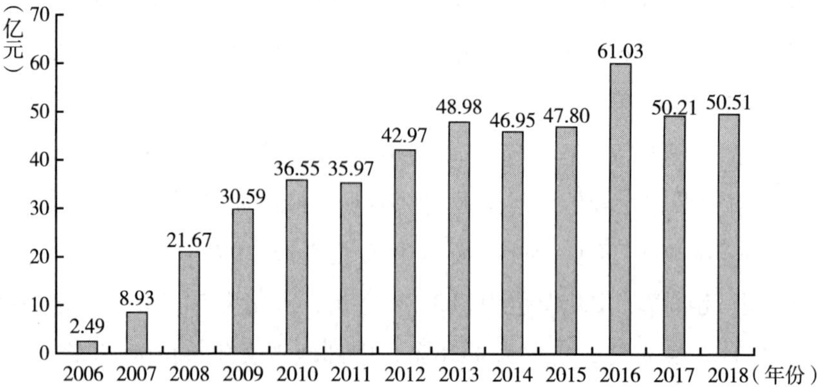

图2　2006～2018年中央对地方文化项目补助资金情况

资料来源：文化和旅游部。

根据上述范围初步测算，2018年我国文化及相关产业实现增加值38737亿元，按同口径和现价计算，比上年增长11.6%，增速比同期GDP现价增速高1.9个百分点。文化及相关产业增加值占GDP的比重为4.30%，比上年提高0.01个百分点（见表1）。大多数地方文化及相关产业的增长速度快于经济的整体增长速度，成为促进经济增长和就业创业的重要产业、推动产业结构优化的朝阳产业。文化是旅游的灵魂，旅游是文化的重要载体。文化富有活力，旅游也会更加富有魅力。

表1　2006～2018年文化及相关产业增加值及其占GDP比重

年份	增加值(亿元)	占GDP比重(%)
2006	5123	2.37
2007	6455	2.43
2008	7630	2.43
2009	8594	2.52
2010	11052	2.75
2011(旧口径)	13479	2.85
2011(新口径)	15516	3.28
2012	18071	3.48

续表

年份	增加值(亿元)	占 GDP 比重(%)
2013	21870	3. 67
2014	24538	3. 81
2015	27235	3. 95
2016	30785	4. 14
2017	34722	4. 29
2018	38737	4. 30

注：2006～2011 年（旧口径）数据根据《文化及相关产业分类》标准进行测算；2012 年和 2013 年数据根据《文化及相关产业分类（2012）》标准进行测算；2011 年（新口径）数据根据《文化及相关产业分类（2012）》标准进行了相同口径调整。另外，根据现行统计制度，2009 年以后的文化产业数据只统计到法人单位，不包括非文化法人单位所属文化产业活动单位和个体经营户。

资料来源：国家统计局。

（一）演艺市场成为文化业中与旅游融合的排头兵

演艺市场包括艺术表演团体和艺术演出场所。随着近年来旅游市场和主题公园的升级优化，文化演艺业态的发展态势良好，重要性不断提升，成为文旅融合中表现较突出的业态。如上海迪士尼乐园演艺类项目占比超过 20%，芜湖方特东方神话演艺类项目占比达 30%。综观全球，也不乏法国狂人国乐园那般只用演艺支撑起 4500 亩的主题公园，没有任何游乐设施，却成为文旅融合的佳话。

1. 艺术表演团体规模持续增长，主要类别占比超九成

国内艺术表演团体规模持续增长。2018 年，全国共有艺术表演团体机构 17123 个，比上年增加 1381 个，连续增长超过 10 年；从业人员数为 416374 万人，比上年增加 1. 34 万人，自 2009 年开始也保持了连续增长态势；演出场数为 312. 5 万场次，比上年增长 6. 4%；国内演出观众人数为 117569. 4 万人次，自 2011 年以来首次减少，比上年减少 7169. 7 万人次；总收入为 3667258 万元，比上年增长 7. 2%。

县级艺术表演团体和企业艺术表演团体均占艺术表演团体的九成以上。从隶属关系看，2018 年艺术表演团体中，县级艺术表演团体为 16383 个，

占机构总数的95.7%；从性质看，企业艺术表演团体为15582个，占机构总数的91.0%。这两种类别的艺术表演团体的从业人员数、演出场数、国内演出观众人数和总收入均处于绝对主导地位。

2018年，非公有制艺术表演团体机构数为14960个，从业人员数为297294人，演出场数为270.30万场次，国内演出观众人数为83649.1万人次，总收入为1447741万元。非公有制艺术表演团体三大主要剧种——综合类，地方戏曲类，话剧、儿童剧、滑稽剧类对上述指标的贡献率超七成，很多剧的创作独具地方特色，成为吸引旅游人流的原动力之一。

安徽、河南、浙江、重庆、四川的艺术表演团体各项指标居全国前5位（见表2）。而每团平均演出场数居前5位的省份分别是湖北750.37场次、山东269.69场次、浙江240.76场次、河北220.38场次和江西203.06场次。

表2　2018年全国艺术表演团体前5位各项指标基本情况

地　区	机构数（个）	从业人员数（人）	演出场数（万场次）	国内演出观众人数（万人次）	总收入（万元）	演出收入（万元）
安　徽	2859	43000	50.52	19960	183297	140537
河　南	2017	48338	39.23	15349	174046	100336
浙　江	1573	45485	37.87	20788	572211	441873
重　庆	1571	17282	18.95	5143	73278	44151
四　川	829	14327	10.93	2340	109141	45639

资料来源：文化和旅游部。

2018年，全国艺术院团继续开展“深入生活、扎根人民”工作，领会中央精神，坚持以人民为中心的创作导向，强化精品意识，努力攀登高峰。根据全国400家重点统计艺术院团数据，年度共创排1150部作品，包括新创802部、复排260部和改编88部。这些创作不仅反映了文化业的繁荣，而且逐渐成为旅游消费的部分内容。

优秀艺术作品层出不穷，社会反响较强烈。国家直属院团如国家京剧院创作的京剧《红军故事》、国家话剧院创作的话剧《船歌》、中央芭蕾舞团创作的童话芭蕾舞剧《九色鹿》、中国交响乐团创作的音乐会《浦东交响》等优秀作品大受欢迎；中国歌剧舞剧院携手桂林市文化新闻出版广电局共同打造的大型民族歌剧《刘三姐》，以舞台艺术结合现代科技的动态视觉形式展现桂林的“绿水青山”，好评如潮，成为推动当地文化和旅游融合的一张文化名片。各地艺术院团还创作了话剧《工匠世家》、昆剧《顾炎武》、豫剧《重渡沟》、黄梅戏《老支书》等优秀作品，取得了较好的社会反响。

2. 公有制艺术演出场馆规模略有下降，剧场、影剧院为主导类型

公有制艺术演出场馆规模总体呈小幅下降趋势。2018 年，全国公有制艺术演出场馆机构数共 1317 个，比上年减少 28 个；从业人员数为 24013 人，比上年减少 974 人；座席数为 1098703 座，比上年增加 64919 座；演（映）出场数为 78.2 万场次，比上年减少 29.7 万场次；观众人数总计 6061.0 万人次，比上年减少 731.7 万人次；总收入为 525699 万元，比上年减少 42254 万元（见表 3）。

表 3　2016～2018 年全国公有制艺术演出场馆基本情况

年　份	机构数（个）	从业人员数（人）	座席数（座）	演（映）出场数（万场次）		观众人数（万人次）		收入（万元）	
				总计	艺术演出	总计	艺术演出	总收入	艺术演出
2016	1362	25830	1023402	90.0	8.8	7925.2	3098.1	437184	94070
2017	1345	24987	1033784	107.9	8.9	6792.7	3234.2	567953	123776
2018	1317	24013	1098703	78.2	7.7	6061.0	2969.9	525699	120745

资料来源：文化和旅游部。

剧场、影剧院是公有制艺术演出场馆的主要类型，剧场是非公有制艺术演出场馆的主要类型。2018 年，在公有制艺术演出场馆中，剧场和影剧院合计占总量的 87.5%，而在非公有制艺术演出场馆中，剧场更是一枝独秀，在所有场馆类型中占绝对主导地位（见表 4），这可能与目前各地文旅项目大力兴建演出（小）剧场有关。

表4　2018年艺术演出场馆基本情况

类别		机构数（个）	从业人员数（人）	座席数（座）	演（映）出场数（万场次）	观众人数（万人次）	总收入（万元）
公有制艺术演出场馆	剧场	588	11820	459596	13.24	2535	283527
	影剧院	564	7895	479559	59.80	2452	106374
	书场、曲艺场	8	12	612	0.06	7	816
	杂技、马戏场	3	107	4958	0.01	13	2134
	音乐厅	12	523	17575	0.30	251	44349
	综合性	110	3160	121107	4.67	733	78903
	其他	32	496	15296	0.15	70	9597
非公有制艺术演出场馆	剧场	542	13782	417380	18.34	4594.1	344692
	影剧院	46	1166	38774	19.57	912.5	33833
	书场、曲艺场	24	553	5341	0.51	57.8	4000
	杂技、马戏场	5	742	111500	0.15	301.7	46798
	音乐厅	32	562	3610	1.57	43.3	2428
	综合性	177	5230	110846	4.61	1381.5	112821
	其他	335	5430	134256	3.66	740.8	58750

资料来源：文化和旅游部。

2018年，全国文化部门执行事业会计制度的艺术演出场馆机构数和演（映）出场数较2017年有所减少，但观众人数和总收入有所增加，这表明场馆上座率和盈利能力有所提升，但财政拨款和艺术演出收入有所下降。从发展趋势上看，非公有制艺术演出场馆更能够发挥市场的能动性。应结合演艺产业的转型升级情况，对于有条件的区域可利用旅游业的优势，加快文旅融合发展，创造更高的综合效益。

（二）文化市场和动漫产业优化发展

1. 文化市场转型升级较有成效，经营性互联网文化单位表现成亮点

文化市场经营发展指标下降，市场规模缩小。文化市场是文化产业中与社会公众接触较多的领域，经营机构包括娱乐场所、互联网上网服务营业场所（网吧）、非公有制艺术表演团体、非公有制艺术表演场馆、经营性互联网文化单位、艺术品经营机构和演出经纪机构。2018年，全国文化市场机

构数为23.7055万个，比上年减少2.0272万个，自2014年以来首次出现减少；从业人员数为166.7316万人，比上年减少6.5798万人，也是自2014年以来的首次减少；营业收入为58884050万元，约为上年收入的60%；营业利润为4782529万元，仅为上年利润的39%。

国家也在支持和引导文化市场经营单位改进服务、转变形象，并修订了《全国文化市场黑名单管理办法》。2018年，除非公有制院团和场馆外的文化市场经营机构数为22.0934万个，比上年下降9%；从业人员数为134.2557万人，比上年减少7.9107万人，下降5.6%。文化市场按经营范围分，互联网上网服务营业场所（网吧）和娱乐场所数量占绝对优势，但2018年相关指标均持续较大幅度下降。其中，全国共有娱乐场所70584个，连续7年下降；从业人员数为528238人，连续5年下降；营业收入为5209738万元，较5年前下降超五成；营业利润为1123267万元，较5年前下降近六成。全国共有互联网上网服务营业场所（网吧）124266个，从业人员数为346686人，营业收入为2946316万元，营业利润为767578万元，各项指标连续两年下降，尤其是营业利润较上年下降三成左右（见表5）。随着《互联网上网服务营业场所服务等级评定》的实施，文化和旅游部积极开展“健康娱乐全民赛”“卡拉OK夕阳红”等活动，深化娱乐业和网吧等服务业的转型升级，推动行业逐步进入高质量发展的阶段。上述两类指标数值的减少说明人们对文化生活的选择越来越丰富、要求越来越高。另外，2019年各地纷纷出台了鼓励夜间经济的发展意见，文旅融合进程的深入以及夜间业态的丰富，将会对传统业态产生一定影响。

表5　2018年全国文化市场经营机构基本情况

类别	机构数(个)	从业人员数（人）	营业收入（万元）	营业利润（万元）
娱乐场所	70584	528238	5209738	1123267
互联网上网服务营业场所(网吧)	124266	346686	2946316	767578
非公有制艺术表演团体	14960	297294	1447741	416819
非公有制艺术表演场馆	1161	27465	751971	195775

续表

类别	机构数(个)	从业人员数(人)	营业收入(万元)	营业利润(万元)
经营性互联网文化单位	16042	375116	44144497	1730758
艺术品经营机构	6643	35016	830476	315324
演出经纪机构	3399	57501	3553312	233008

资料来源：文化和旅游部。

机构数位列第三的经营性互联网文化单位表现亮眼，实现蓬勃发展。营业收入和营业利润均列第1位，这与互联网文化公司的高速发展紧密相关，近年来市场上也不乏独角兽企业。

2. 区域文化市场表现突出

城市文化市场经营机构发展水平高于县城及县以下机构。与县城及县以下机构相比，城市文化市场经营机构在从业人员数、营业收入和营业利润等方面均明显高出，但县城文化市场经营机构数最多（见表6），利润率是城市文化市场经营机构的近4倍，表明城市文化市场经营机构的成本远大于县城，这可能与空间场地、人力成本等因素密不可分。

表6　2018年全国文化市场经营机构情况（按城乡分）

类别	机构数(个)	从业人员数(人)	营业收入(万元)	营业利润(万元)
城市	90781	814627	49443259	2726673
县城	94815	702846	6934224	1729551
县以下	51459	149843	2506567	326305
总　计	237055	1667316	58884050	4782529

资料来源：文化和旅游部。

从区域看，经济较发达地区的文化市场经营机构发展水平较高。2018年文化和旅游部实施自由贸易试验区文化市场管理政策，支持上海、广东、天津、福建的自由贸易试验区和海南等地扩大文化和旅游领域市场开放。

2018 年，机构数居前 5 位的省份分别为江苏、广东、四川、浙江、河南，从业人员数居前 5 位的省份分别为广东、浙江、北京、江苏、安徽，营业收入居前 5 位的省份分别为广东、北京、浙江、上海、辽宁，营业利润居前 5 位的省份分别为广东、上海、四川、江苏、浙江。以上指标所对应的区域相对集中，长三角地区的表现整体领先于其他地区，经济发达地区领先于经济欠发达地区。

3. 动漫产业发展势头强劲，“动漫 + 文旅”成为新路径

2018 年，经文化和旅游部、财政部、国家税务总局三部门联合认定的动漫企业机构数共 809 个，其中重点动漫企业机构数为 43 个。文化和旅游部统计的从业人员数为 22378 人，营业收入总计 1002579 万元，营业成本为 942475 万元，营业利润为 83978 万元。动画创作、制作企业在机构数、从业人员数、营业收入、原创动画作品数、网络动漫（含手机动漫）下载次数与动漫舞台剧演出场数方面均居首位（见表 7），企业数量的增加表明动漫产业发展势头强劲。在动漫创作内容上，传统文化等鼓励扶持题材逐步占据主流；在产业业态上，动漫与实体经济融合发展更加紧密，“动漫 + 文旅”成为重要发展思路与路径；在“走出去”方面，将以“一带一路”为主线进行市场拓展；在外延拓展上，动漫作为数字创意的一部分将获得更多机会。

东部地区动漫企业发展相对成熟，中西部地区需加强对动漫企业的扶持与鼓励。2018 年，动漫企业机构数居前 5 位的省份分别为江苏、广东、北京、福建、湖南，从业人员数居前 5 位的省份分别为广东、福建、安徽、北京、湖北，营业收入居前 5 位的省份分别为广东、福建、湖南、上海、湖北，原创漫画作品数居前 5 位的省份分别为北京、福建、广东、湖南、河南，原创动画作品数居前 5 位的省份分别为广东、湖南、黑龙江、北京、安徽。北京和广东各项指标值都较高，这与地区文化类人才集聚、生长土壤和产业良性的互相促进有关。另外，创作出以凸显地方文化特色元素为基础的受追捧的作品，也将在一定程度上促进公众对该地区的关注，并刺激区域旅游市场。

表 7　2018 年动漫企业基本情况

类　别	机构数（个）	从业人员数（人）	营业收入（万元）		原创漫画作品数（部）	原创动画作品数（部）	网络动漫（含手机动漫）下载次数（万次）	动漫舞台剧演出场数（次）
			总计	自主开发生产动漫产品				
漫画创作企业	48	1259	71323	42707	1453	91	393295	—
动画创作、制作企业	384	16409	678620	455567	5971	4900	8907389	1987
网络动漫（含手机动漫）创作、制作企业	31	1240	57514	33935	54794	191	1134120	10
动漫舞台剧（节）目创作演出企业	4	100	1345	—	68	72	—	534
动漫软件开发企业	36	1868	108353	91312	3115	186	7164	—
动漫衍生产品研发设计企业	28	1502	85424	55103	148	177	171990	53
总　计	531	22378	1002579	678624	65549	5617	10613958	2584

资料来源：文化和旅游部。

值得关注的是，国内公众对国产动画电影市场的信心越来越强，国产动画电影收益也越来越高。2016～2018年，国产动画电影每年整体票房仅14亿元左右，远低于中国电影市场从400多亿元规模到600多亿元规模的发展速度，但从2015年《西游记之大圣归来》9.56亿元的票房开始就埋下了国产动漫快速崛起的种子。2019年初上映的《白蛇：缘起》获得4.4亿元票房，而暑期上映的《哪吒之魔童降世》票房突破49亿元大关，居中国影史票房总榜第2位。这些影片的受众是全年龄段人群，随着科技和数字方法的运用，影片的技术含量、情感含量、文化含量和艺术含量都大幅提升，使得动画电影的票房天花板大幅提升。中国动画电影市场已经呈现快速增长态势，未来会有越来越多的好作品进入商业视野，受到资本和市场的追捧。中国动漫产业也正在发生意义深远的变化，内容产业将朝着多元化的路径发展，其中包括实业化的文旅产业。

（三）非遗保护、非遗旅游相得益彰

2018年，全国共有非物质文化遗产保护机构2467个，从业人员数为17308人，其中县级机构比重最大，机构数和从业人员数分别为2044个、12644人。全国各类非物质文化遗产保护机构办展次数为18912次，参观人数为3932万人次；演出场数为65495场次，比上年上涨20.6%，观众人数达4959万人次，比上年上涨16.6%；举办民俗活动16844次，比上年上涨24.0%，参与人数达4850.35万人次（见表8）。近年来非遗保护领域实现了快速发展，“非遗＋旅游”的结合也玩出新花样，旅游为非遗“活”起来开辟了新路径。

表8　2018年全国非物质文化遗产保护机构基本情况

类别	机构数（个）	从业人员数（人）	展览		演出		民俗活动	
			办展次数（次）	参观人数（万人次）	演出场数（场次）	观众人数（万人次）	举办次数（次）	参与人数（万人次）
中央	1	0	2	1			1	0.04
省级	56	1256	894	379	1668	282	217	180.62
地级	366	3408	2992	910	12479	853	1914	591.33
县级	2044	12644	15024	2642	51348	3824	14712	4078.36
总计	2467	17308	18912	3932	65495	4959	16844	4850.35

资料来源：文化和旅游部。

非遗各领域工作成果丰硕。2018 年，我国共有 40 个项目被列入联合国教科文组织人类非物质文化遗产名录（册），“藏医药浴法”被成功列入代表作名录。2019 年 7 月，杭州良渚古城遗址申遗成功，至此中国世界遗产总数已达 55 项，位居世界第一。其中，文化遗产型旅游目的地能够给地方旅游品牌加分，众多非遗旅游线路应运而生。

2018 年，我国国家级非遗代表性传承人共 3068 人，拥有国家级非遗代表性项目 1372 项、省级 11445 项、市级 22549 项、县级 63250 项。国家对涉及中华文明发源地、文化发祥地的国家级非遗代表性项目开展研究，全面记录 103 名国家级非遗代表性传承人，评估验收 2016 年支持的 253 个记录项目，认定了 1082 名第五批国家级非遗代表性传承人。为加强国家级非遗保护，安排中央预算内投资 2.01 亿元，共支持 26 项设施建设，推动保护传承与经济社会发展互促结合。

在传统工艺、非遗研培、知识传播和活动会展方面也进行了有益探索，主要如下。

（1）贯彻落实传统工艺振兴计划，推动在现代生活中的新应用。制定了第一批国家传统工艺振兴目录，14 个门类的 383 个项目入选；24 个省（自治区、直辖市）出台了本地区计划或相关文件。

（2）实施传承人研修研习培训计划，印发了《中国非物质文化遗产传承人群研修研习培训计划实施方案（2018～2020）》，确定 112 所院校参与 2018 年研培计划，全国累计办班 628 期，参训 2.65 万人次，加上各地延伸培训，共有 9.5 万人次接受培训。

（3）创新非遗传播方式，普及知识，宣传保护理念，推动全社会传承发展优秀传统文化；制作播出非遗公开课，开展影像展、服饰秀和非遗讲座月等品牌传播活动，线上线下共有 2.6 亿人次参与。各地广泛开展非遗活动进校园、非遗项目进课堂、非遗知识进教材等相关工作，充分发挥非遗在下一代人成长中的积极作用。

（4）开展全国性的非遗品牌活动。定于每年 6 月的第二个星期六开展“文化和自然遗产日”活动，全国共有大中型宣传展示活动 3700 多项；全国曲艺周更是首次在全国范围内将127个曲艺类国家级非遗代表性项目进行集中展演；第五届中国非遗博览会以“活态传承、活力再现”为主题，在山东济南举办，有82万人次到场参观，网络平台有近6000万人次线上观看。

另外，2018年12月文化和旅游部审议通过的《国家级文化生态保护区管理办法》于2019年3月1日正式施行，旨在加强非物质文化遗产区域性整体保护，明确提出应依托区域内独具特色的文化生态资源，开展文化观光游、文化体验游、文化休闲游等多种形式的旅游活动。

二 旅游业

2018年我国旅游业发展态势良好。与2017年相比，国内旅游和出入境旅游人数、旅游总收入均呈上升趋势（见表9），并且国内旅游发展整体优于出入境旅游，促进国内旅游发展、带动旅游消费升级是未来国家旅游工作的重要方向。旅游公共服务建设取得新成果，在技术应用、体制创新、文明提升和厕所革命等方面发力、施力，成效明显；文化和旅游部研究制定《关于实施旅游服务质量提升计划的指导意见》《在线旅游经营服务管理暂行规定（征求意见稿）》，为提升旅游产品品质、规范新业态管理提供了政策保障。

表9 2010～2018年旅游业主要发展指标

年 份	国内旅游人数（亿人次）	国内旅游收入（亿元）	入境旅游人数（万人次）	入境旅游收入（亿美元）	出境旅游人数（万人次）	旅游总收入（万亿元）
2010	21.03	12580	13376	458.14	5739	1.57
2011	26.41	19305	13542	484.64	7025	2.25
2012	29.57	22706	13241	500.28	8318	2.59
2013	32.62	26276	12908	516.64	9819	2.95
2014	36.11	30312	12850	1053.80	10728	3.73
2015	39.90	34195	13382	1136.50	11689	4.13
2016	44.35	39390	13844	1200.00	12203	4.69
2017	50.01	45661	13948	1234.17	13051	5.40
2018	55.39	51278	14120	1271.03	14972	5.97

资料来源：文化和旅游部。

全域旅游向纵深发展。深入贯彻落实党中央、国务院关于发展全域旅游、创建全域旅游示范区的部署安排，加强顶层设计，坚持创新驱动，以全域旅游示范区建设为抓手，全面推进全域旅游向纵深发展。国务院办公厅印发《关于促进全域旅游发展的指导意见》，对全域旅游健康发展进行顶层设计，并在深入研究和广泛征求意见的基础上，制定出台了全域旅游示范区创建工作导则以及验收、认定和管理实施办法等一系列文件。

（一）国内旅游市场持续快速增长，高A级景区、红色旅游、中西部旅游、假日文化旅游繁荣发展

2018年国内旅游市场延续以往稳定发展态势，旅游人数、旅游收入持续增长。具体表现为：2018年，国内旅游人数为55.39亿人次，较上年的50.01亿人次增长10.8%；国内旅游收入为51278亿元，较上年的45661亿元增长12.3%。但与上年相比，国内旅游人数和旅游收入增速均有所下降。

高A级景区（5A级景区和4A级景区）广受旅游市场欢迎，文化旅游需求增加。全国共推出9家新一批5A级旅游景区，进一步对精品旅游景区体系建设进行部署；全国50多个管理和服务水平下降的旅游景区受到取消等级或警告等处罚，11家4A级旅游景区被摘牌。2018年，全国A级及以上景区共计11924个，景区收入为4707.54亿元，比上年增长7.8%；接待游客数为602424.23万人次，比上年增长10.5%。高A级景区收入占总收入的八成以上，其中5A级景区收入为1910.78亿元，占总收入的40.6%；4A级景区收入为2032.31亿元，占总收入的43.2%。就接待游客数来看，49.2%的游客选择4A级景区，占比远超其他类型景区（见表10）。

红色旅游更受农村居民青睐，市场对红色文化的兴趣增强。对于新兴的红色旅游项目，2018年，全国红色旅游人数达6.6亿人次，占国内旅游总人数的11.92%；旅游收入达4257.78亿元，占国内旅游总收入的7.13%。2018年，农村居民参与红色旅游的人数和消费金额占全国的比重分别达30.6%和27.1%，2019年仅上半年旅游人数和消费金额就较2018年全年分别提升2.6%和4.5%。2018年，全国召开了红色旅游“五好讲解员”建设

表 10　2018 年全国 A 级景区基本情况

类型	机构数（个）	占机构总数的比例(%)	景区收入（亿元）	占总收入的比例(%)	接待游客数（万人次）	占接待游客总数的比例(%)
5A 级	259	2.2	1910.78	40.6	112141.81	18.5
4A 级	3546	29.7	2032.31	43.2	296187.98	49.2
3A 级	5724	48.0	604.39	12.8	155776.57	25.9
2A 级	2292	19.2	139.64	3.0	36785.54	6.1
A 级	103	0.9	20.42	0.4	1532.33	0.3
总计	11924	100	4707.54	100	602424.23	100

资料来源：文化和旅游部。

行动推进会，开展了 6 期红色旅游示范性培训，共培训红色旅游行政人员、景区和旅行社负责人、骨干讲解员、导游员 1300 余人次。

中西部旅游受追捧，区域旅游发展趋于均衡。2019 年，国内旅游人数为 60.06 亿人次，国内旅游收入为 5.73 万亿元，同比分别增长 8.4% 和 11.7%。旅游客流总体呈现由南北部向中西部迁移的特征，吉林、陕西、安徽、江西、云南、贵州、海南、福建、辽宁、重庆等地的游客净流入量较大。中西部旅游的看点有二：一是各异的自然风光；二是独特的人文文化，尤其是近年来热门的“丝绸之路”文化旅游线路，成为文旅融合实践的经典。

假日文化旅游消费繁荣发展。假日文化旅游消费成为新民俗，如 2019 年春节期间，国内旅游总人数同比增长 7.6%，国内旅游收入同比增长 8.2%。历史文化街区、红色旅游目的地、博物馆等文化艺术场馆节假日消费平均增幅超 20%。超过八成的受访者表示参加了文化体验活动，异地旅游的文化体验占比超过八成，四成以上的游客体验过人文旅游景点、历史文化街区。

（二）入境旅游市场稳步发展，“一带一路”沿线国家和地区游客大幅增长

入境旅游市场稳步增长。2018 年，我国入境旅游人数达 14119.83 万人

次，比上年增加171.59万人次，其中过夜人数为6289.57万人次。入境旅游总收入与上年持平，均为1234.17亿美元。我国国际旅游收入增长至1271.03亿美元，比上年增长3%。入境游客中，港澳台同胞为11065.53万人次，比上年增加33.82万人次；外国游客为3054.29万人次，比上年增加137.76万人次（见图3）。

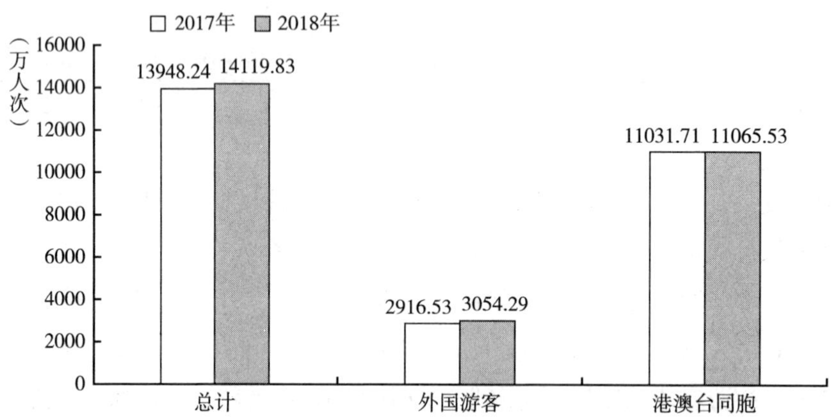

图3　2017～2018年入境旅游人数

资料来源：文化和旅游部。

2019年上半年，入境旅游人数为7269万人次，国际旅游收入为649亿美元，同比均增长了5%。主要客源地入境市场平稳增长，港澳台同胞和外国游客入境数量均有微幅增长，增长较快的国家有俄罗斯、马来西亚、韩国、泰国、印度尼西亚、英国等，美国游客入境受贸易关系影响不大，入境人数比上年同期增长7.5%。

“一带一路”沿线国家和地区旅华游客数量大幅增长。2018年，我国入境旅游前10位客源国的外国游客人数占比从高到低依次为缅甸25.8%、越南15.8%、韩国8.7%、日本5.6%、美国5.2%、俄罗斯5.0%、蒙古国4.0%、马来西亚2.7%、菲律宾2.5%、新加坡2.0%。在游客人数增长率方面，柬埔寨（65.0%）、老挝（32.2%）、缅甸（28.2%）、尼泊尔（18.9%）、越南（15.9%）、埃塞俄比亚（15.2%）等“一带一路”沿线国家和地区来华旅游人数均比上年增长超15%。意大利、哈萨克斯坦、瑞典、伊朗、土耳其、丹麦、罗马尼亚、尼日利亚等国来华游客数量均有不同程度的下降，其中伊朗来华游客下降幅度最大，比上年下降29%，这可能与伊朗不稳定的国内外政治局势有关。

观光休闲成为入境旅游的主要动机，超过1/3的游客以观光休闲为主要目的。就游客入境方式而言，徒步的游客占总人数的比重为38.6%，乘坐飞机的游客占38.1%；就入境游客年龄而言，25~64岁的中青年游客为入境旅游的主要客群，占入境旅游总人数的78.3%；就性别而言，男女比例约为3∶2。“一带一路”文旅先行成效显著，在“一带一路”沿线国家和地区打造“丝绸之路文化之旅”和“丝绸之路文化使者”等重点交流品牌，在助力民心相通的人文基础上，加强“超乎想象的中国”旅游推广，打造“美丽中国”文化旅游品牌，将使中国成为越来越受欢迎的全球旅游目的地。

（三）出境旅游市场持续增长，赴欧文化深度游成热点

出境旅游迎来最好的时期，游客人数保持高速增长。2015~2017年出境旅游人数增速分别为9%、4.3%和7%，2018年增速达到14.7%。2018年出境旅游人数为1.4972亿人次，接近1.5亿人次关口，比上年增加1921万人次；出境旅游总收入为5.97万亿元，比上年增加0.57万亿元。2019年上半年，我国出境旅游同比增速超过14%，出境旅游人数约为8129万人次，保持了迅猛的上涨势头。

中国游客出境旅游的目的地主要集中在亚洲，但近年来赴欧洲旅游的人数年均增长10%，2018年赴欧洲旅游的人数超过600万人次，排在前20位的主要目的地中欧洲国家占1/4。出境旅游人数占比在全欧洲最高的是包含“一带一路”国家和地区最多的东欧地区，高达36%，增速超过20%。2019年上半年赴欧洲旅游的人数达到300万人次，比上年同期增长7.4%。除了德国、法国、意大利、英国等传统旅游大国外，欧洲小众目的地的热度也在急速上升，如波黑、俄罗斯、塞尔维亚和克罗地亚等地的搜索热度均超过

80%，黑山的搜索热度竟高达161%。从数量上看，2019年中国游客赴欧洲旅游整体增长速度预计仍将保持在11%～16%。[①]

中国游客赴欧洲旅游的热情不断高涨，旅游产品多元化需求愈加强烈。如前往欧洲的线路已然发生改变，线路越来越深度化，游客对体验式了解文化的需求越来越强烈，从原来广泛的“周游列国”式到现在的几国游，不少游客甚至更加青睐一国游。欧洲游已经从价格竞争转到产品竞争，呈现细分趋势。

跟团依然是最主要的旅游方式，但自由行、小团化、主题化和高品质的新跟团游以及“个性化”的出游模式越来越受到出境游客的青睐，占比越来越高，与传统模式跟团游势均力敌，将会继续保持20%～30%的增速。[②]

中国游客对“快餐式旅游”已经不再感兴趣，深度探索自然风光、人文和文化圣地的“体验型”观光人气高涨，近年来的“爆买”现象也有所减弱，逐渐从“数量型消费”转向“质量型消费”。这些变化正在不断更新国际社会对中国游客的刻板印象。

中国游客改变出境旅游方式、注重个性化体验的背后，有着深层次的经济、科技、社会、人文等原因。近年来“个性化”的出境旅游模式倒逼旅游服务的供给侧结构性改革，未来中国出境旅游业将持续大规模增长，市场的细分程度将不断加深。“目的地下沉＋客源地下沉”的双下沉现象将更加突出，利基市场的重要性会愈加凸显。旅游服务业需要在产品和服务的精细化、集约化上下功夫，在为游客提供更加满意的体验的同时充分控制成本，这才是产业转型升级的生存之道。

三　文物业

文物业正在进入发展的新阶段，迎来新的春天。文物业由文物科研机

---

① 中国旅游研究院：《中国出境旅游发展年度报告2019》，旅游教育出版社，2019。

② 引自中国旅游研究院发布的《2019年上半年旅游经济运行研究成果暨出境旅游发展报告》。

构、文物保护管理机构、博物馆、文物商店和其他文物机构共同构成。2018年全国文物业主要指标中，总收入为5622381万元，比上年增加28182万元。文物业机构数为10160个，首次“破万”，比上年增加229个；从业人员数为162643人，比上年增加1066人（见表11），其中高级职称9682人，占6.0%，中级职称20679人，占12.7%。

表11　2016～2018年全国文物业主要指标

年份	机构数（个）	从业人员数（人）	文物藏品数［件（套）］	参观人数（万人次）		总收入（万元）	实际使用房屋建筑面积（万平方米）
				总计	未成年人		
2016	8954	151542	44559083	101269	26298	4715968	3722
2017	9931	161577	48506647	114773	28909	5594199	4332
2018	10160	162643	49606100	122387	29665	5622381	4335

资料来源：文化和旅游部。

2018年，全国共有可移动文物1.08亿件（套），不可移动文物76.7万处。文物藏品数共49606100件（套），连续12年增长，比上年增加1099453件（套），增长2.3%。参观人数总计122387万人次，其中未成年人参观人数为29665万人次，各项主要指标均呈现增长态势。文物业除保护和研究功能外，近年来也与特色旅游发生了互相促进的关系。

博物馆发展明显优于其他文物单位。2018年全国文物单位中，博物馆在机构数、从业人员数、文物藏品数、基本陈列数、临时展览数等方面均占据绝对优势。文物保护管理机构数和博物馆数分别占机构总数的34.9%、48.4%。超六成的从业人员为博物馆员工，并且超过七成的文物藏品分布在博物馆中。另外，受习近平总书记“让文物活起来”的指示批示，近年来博物馆文化资源与创意产业、旅游业的融合发展探索成效明显，让文物业焕发新的活力，进入越来越多年轻人关注、参与体验的新阶段。

（一）博物馆文创和旅游成为新热点

博物馆业呈蓬勃发展态势。2018年，全国各地区博物馆累计4918个，占文物业总数的近一半；从业人员数为107511人，占文物业从业人员总数的一半以上；基本陈列数为12721个，占文物业基本陈列总数的93%。全年共举办展览13619次，参观人数达104436万人次，比上年增长7.5%，占文物机构接待观众总数的85.3%，其中未成年人参观人数为26977万人次；各地区博物馆藏品数总计3754.2462万件（套）。2018年，全国博物馆总收入为304.32亿元，主要收入来源为财政补助、事业收入和经营收入（主要是文创产品销售和场地租金收入），其中财政补助245.05亿元，占80.5%；事业收入19.03亿元，占6.3%；经营收入17.02亿元，占5.6%。

综合性、历史类、地县级、文物系统的博物馆是博物馆的主要力量。按机构类型分，综合性博物馆占总数的36.0%，历史类博物馆占总数的34.7%，综合性博物馆成为主导；按隶属关系分，近97.0%的博物馆为地县级博物馆；按系统分，68.6%的博物馆从属于文物系统。上述类别的博物馆，在从业人员数、博物馆藏品数、基本陈列数、举办展览数、参观人数等各方面均处于主导地位。

博物馆分布呈由东到西递减趋势，山东、江苏、浙江、河南等地的博物馆数量远超全国平均水平。博物馆数量居前10位的依次为山东517个、浙江337个、河南334个、江苏329个、陕西294个、四川251个、甘肃215个、安徽201个、湖北200个、黑龙江191个。东部地区博物馆数量明显多于西部地区，在其他指标值上也呈现递减态势，这与各地区历史底蕴、文化发掘和藏品数、经济文化发展水平有关。

就博物馆藏品数而言，四川博物馆藏品数居全国榜首，为4026271件（套）；其次是陕西3810089件（套）、山东3569646件（套）、北京2020881件（套）、上海2010506件（套），这些省份的博物馆藏品数均超200万件（套）。另外，全国共有私人博物馆993个，博物馆藏品数为7251353件（套），参观人数达7269万人次。基于藏品的文创也是各地博物馆的“吸睛”法宝，将藏品所蕴含的文化内涵通过现代的载体呈现出来，别有一番风味。

此外，博物馆旅游也成为当下流行的热点，尤其是成为年轻人的时尚打卡地，旨在让充满古老文明的文博场馆变为新鲜旅游目的地，甚至升级成文旅融合专项线路。国家文物局将出台《关于推进博物馆改革发展的实施意见》，紧扣博物馆职能定位，下大力气解决发展中的相关问题，让“博物馆高雅而不深奥，亲和但不媚俗”，相信博物馆业将迎来新的发展机遇。

（二）文物科研机构及文物保护管理机构厚积薄发

文物科研机构是从事文物科学研究的专责机关，分综合性文物科研机构和专门性文物科研机构两种，前者如文物考古研究所，后者如文物保护技术研究所。文物保护管理机构是对文物保护单位进行管理的机构，其职责主要包括公布文物保护单位、划定保护范围、树立标志说明、建立记录档案、设立保管机构、划出建设控制地带等。

2018 年，全国共有文物科研机构 122 个、文物保护管理机构 3550 个，从业人员数分别为 4133 人和 32406 人，文物藏品数分别为 1315659 件（套）和 2430378 件（套），基本陈列数分别为 109 个和 846 个，举办临时展览数分别为 18 个和 606 个，参观人数分别为 335 万人次和 17616 万人次。近年来，国家高度重视文物保护科研工作，并逐渐加大对文物保护科研工作的资金投入。

文物科研机构及文物保护管理机构文物藏品数在省域的分布不均匀。河南文物科研机构文物藏品数居榜首，为 749091 件（套），远超第 2 名山西的 84468 件（套）和第 3 名河北的 67517 件（套）。文物保护管理机构文物藏品数超过 10 万件（套）的省份分别为山东 807222 件（套）、河南 211876 件（套）、西藏 192537 件（套）、四川 136040 件（套）、陕西 119632 件（套）、山西 118942 件（套）、浙江 110754 件（套）、云南 103736 件（套）。文物藏品在历史底蕴深厚的中部省份数量较集中，尤其是河南，无论是文物科研机构还是文物保护管理机构，其藏品数均名列前茅。对文物的管理、科研和转化，需要经过长期的深入积累和挖掘整合，才能厚积薄发，使这些人类智慧的结晶和历史进步的标志在当今时代履行新使命。

文物业是文化业的一个分支，文物业收入的增长，意味着公共财政支付能力对文物业发展的经济支持作用越来越充分。从人员结构来看，文物业从业人员数的增长对文物的保护和研究具有积极的促进意义，社会发展依赖于科技进步和人才优势，优秀人才加入文物保护的行列中，为历史文化的传承和发展奠定了基础。文物藏品数的增长，一方面说明在经济发展的过程中，抢救性考古发掘越来越重要，旧城不断被更新改造，一些地表下的遗址和文物不断被发现，发掘的进步使其得到妥善保护，供专业人员研究和民众欣赏；另一方面说明经济发展后，公共财政有能力补贴收藏于民间的文物，使其得到更好的保护。另外，从文物业实际使用房屋建筑面积增长的情况来看，政府应充分认识到在发展过程中保护、研究、引导和弘扬的重要性，这在凸显文化自信的时代显得尤为重要。

四　发展趋势

2018 年是文化和旅游系统的数据集中统计的第一年，也是值得记录的第一份数据。但各领域数据包含广泛、统计方法不一，各地区使用的标准也有所不同，2019 年仍沿用 2018 年的方法进行统计，文化和旅游部将修订现有统计制度，在全国实行统一标准，并于 2020 年底实施。

届时，在大数据时代的应用背景下，文化和旅游系统的数据将在 5G 技术的支撑下发挥更大作用，无论是宏观调控、行政监管，还是微观创新，其影响都将日益显现。同时，国家对文化和旅游进行新的战略定位，行业也在逐步落实供给侧结构性改革的部署，完善现代文化产业和旅游产业体系，着力发展骨干产业和企业，加大旅游资源的有效供给，全面提升文化和旅游行业发展的质量与效益。

中国是拥有 5000 多年历史的文明古国，也是充满发展活力的东方大国，文化、自然和人文景观异彩纷呈，进入各行业跨界融合发展的新时代，新业态、新模式层出不穷，新情况、新问题不断涌现，应构建体现时代发展趋势、符合现实发展规律、具有中国特色的文化和旅游体系。文化和旅游系统应以高质量发展为目标，以融合发展为主线，以改革创新为动力，着力推进文化事业、文化产业和旅游业发展再上新台阶，为实现“两个一百年”奋斗目标、实现中华民族伟大复兴的中国梦贡献力量。

参考文献

李志刚：《今年上半年全国旅游经济平稳运行》，《中国旅游报》2019 年 8 月 2 日。

《中华人民共和国文化和旅游部 2018 年文化和旅游发展统计公报》，《中国文化报》2019 年 5 月 30 日。

专 题 篇

Special Reports

中国出境文化旅游发展分析与展望

肖 庆*

摘 要： 当前中国已成为世界第一大出境旅游消费国，旅游市场总量在增长，结构在优化，效益在提升。在文化和旅游融合发展的背景下，出境旅游承载的时代使命更加丰富，不仅要满足人民对美好生活的需要，也要彰显文化自信、传播中华文明、提升国家软实力。2018 年适逢“一带一路”倡议提出 5 周年，5 年来，中国对世界旅游业的贡献巨大，其中“一带一路”沿线国家和地区是旅游增长最快的地区；以博物馆为代表的文化遗产旅游正在成为出境游热点；旅游安全事件对国民选择海外旅游目的地产生了直接而现实的影响。本报告分析了 2018 年中国出境文化旅游市场的热点问题，具体评估并考量了出境文化旅游市场的发展状况，展望了未来出境文化

* 肖庆，博士，中国艺术研究院文化发展战略中心副研究员，研究方向为文化艺术政策及文化传播。

旅游的前景。

关键词： 出境文化旅游　旅游文明　旅游安全

中国是全球第一大出境旅游客源市场，出境文化旅游在国家外交中扮演着积极的角色，并发挥了重要作用。2018 年适逢“一带一路”倡议提出 5 周年，5 年来，中国对世界旅游业的贡献巨大，其中“一带一路”沿线国家和地区是旅游增长最快的地区；以博物馆为代表的文化遗产旅游正在成为出境游热点；旅游安全事件对国民选择海外旅游目的地产生了直接而现实的影响。本报告分析了 2018 年中国出境文化旅游市场的热点问题，具体评估并考量了出境文化旅游市场的发展状况，展望了未来出境文化旅游的前景。

一　现状分析与评述

国务院于 1997 年 3 月 17 日批准，国家旅游局、公安部于 1997 年 7 月 1 日发布的《中国公民自费出国旅游管理暂行办法》，规范了旅行社组织中国公民出国旅游的活动，保障了出国旅游者和出国旅游经营者的合法权益，标志着我国出境旅游市场的形成。受当时经济发展水平的限制，中国公民出境旅游一直滞后于入境旅游和国内旅游。20 世纪 90 年代，中国经济不断发展，人民收入水平显著提高，推动了中国出境旅游的大发展。随着我国加入世界贸易组织，对外开放、国际交流不断扩大，人民的消费观念日益转变，出境旅游逐渐成为旅游市场的热点。国家移民管理局提供的数据显示，2002 ~ 2017 年，中国公民普通护照签发量达 1.73 亿本，年均约签发 1080 万本。[①] 伴随着我国持有护照人口及比例的逐步提升，出境游将辐射更多人群，渗透

---

① 《新中国护照变迁记：从严格审批到按需申领》，光明网，2018 年 5 月 22 日，http：//life.gmw.cn/2018－05/22/content 28908918.htm。

率也会继续下沉，成为度假的“常态”选择。

中国出境旅游市场的蓬勃发展引起了世界各国的关注，很多国家纷纷加大对中国旅游市场的宣传力度，在入境签证手续、缴纳费用等方面简化手续并提供便利。根据途牛旅游网发布的《中国在线出境旅游大数据 2017》，波兰在长沙、济南、沈阳、西安、杭州、南京、福州、深圳、重庆、昆明等地设立了 14 家签证中心；加拿大已在中国各地开设了 12 家签证中心，提高了签证处理效率并设有“加拿大快速签证项目”，缩短了签证处理时间；巴西在中国设立了 15 家签证中心。签证中心的密集增设，节省了游客的时间成本，而提升旅行舒适度的国际直飞航线的增加也将激发消费者出境游的热情。例如，英国政府为吸引中国游客推出了有力的举措，大幅增加了直飞中国的客运航班，在每周 100 班次航班的基础上增加了 50% 的班次。①

根据中国领事服务网 2019 年 4 月发布的“持普通护照中国公民前往有关国家和地区入境便利待遇一览表”，单方面允许中国公民办理落地签证的国家和地区有 43 个，单方面允许中国公民免签入境的国家和地区有 15 个，与中国互免普通护照签证的国家和地区有 14 个（见表 1）。

根据中国旅游研究院、携程旅游大数据联合实验室 2018 年 9 月发布的《2018 年上半年出境旅游大数据报告》，2018 年上半年，前 20 名出境旅游出发城市分别为上海、北京、广州、成都、重庆、深圳、南京、武汉、西安、杭州、昆明、天津、长沙、郑州、南昌、贵阳、济南、合肥、南宁、福州。与上年同期相比，排在前 4 名的上海、北京、广州、成都的排名没有变化，上年排在第 10 名的重庆上升到第 5 名，深圳下降 1 名排在第 6 名。② 随着国际航班、签证中心的加密，以及交通联运服务覆盖城市的扩容，三、四线城市及中西部城市的消费者释放出巨大的出境旅游消费潜力。

---

① 《中国在线出境旅游大数据 2017：上海消费者最爱出境游》，人民网，2018 年 2 月 7 日，http：//travel. people. com. cn/n1/2018/0207/c41570－2981185. html。

② 《中国旅游研究院、携程旅游大数据联合实验室发布〈2018 年上半年出境旅游大数据报告〉》，中国旅游研究院（文化和旅游部数据中心）网站，2018 年 9 月 11 日，http：//www. ctaweb. org/html/2018－9/2018－9－11－15－33－46898. html。

表1　持普通护照中国公民前往有关国家和地区入境便利待遇一览

与我国互免普通护照签证的国家和地区(14个)	单方面允许中国公民免签入境的国家和地区(15个)	单方面允许中国公民办理落地签证的国家和地区(43个)
阿联酋、巴巴多斯、巴哈马、波黑、厄瓜多尔、斐济、格林纳达、毛里求斯、圣马力诺共和国、塞舌尔、塞尔维亚、汤加、白俄罗斯、卡塔尔	亚洲(2个):印度尼西亚、韩国(济州岛等地) 非洲(3个):摩洛哥、法属留尼汪、突尼斯 美洲(7个):安提瓜和巴布达、海地、南佐治亚和南桑威奇群岛(英国海外领地)、圣基茨和尼维斯、特克斯和凯科斯群岛(英国海外领地)、牙买加、多米尼克 大洋洲(3个):美属北马里亚纳群岛(塞班岛等)、萨摩亚、法属波利尼西亚	亚洲(19个):阿塞拜疆、巴林、东帝汶、印度尼西亚、老挝、黎巴嫩、马尔代夫、缅甸、尼泊尔、斯里兰卡、泰国、土库曼斯坦、文莱、伊朗、亚美尼亚、约旦、越南、柬埔寨、孟加拉国 非洲(16个):埃及、多哥、佛得角、加蓬、几内亚比绍、科摩罗、科特迪瓦、卢旺达、马达加斯加、马拉维、毛里塔尼亚、圣多美和普林西比、坦桑尼亚、乌干达、贝宁、津巴布韦 美洲(4个):玻利维亚、圭亚那、苏里南、圣赫勒拿(英国海外领地) 大洋洲(4个):帕劳、图瓦卢、瓦努阿图、巴布亚新几内亚

注：印度尼西亚同时实行免签和落地签政策；数据截至2019年4月。
资料来源：中国领事服务网。

(一)2018年出境旅游市场规模及其增长情况

经过多年发展，我国出境旅游市场迅速壮大，呈快速上升态势，已经成为全球最大的出境客源市场。随着护照办理的便利化、出境携带现金的放松、刷卡消费环境的优化、ADS体系的完善以及居民消费能力的提升等，出境旅游从1983年开始兴起，到1993年出境旅游人数和消费支出已分别达374万人次和27.97亿美元，1995年我国出境旅游人数居世界第17位，2000年突破1000万人次，2002年以1660万人次的规模超过日本成为亚洲第一大出境客源国，2003年首次进入世界前10位，居世界第9位，2011年则突破7000万人次，2013年首次跃居世界第1位，2014年突破1亿人次，2014~2016年稳居世界第1位，是全球最大的出境游市场。2017年出境旅游人数达到1.31亿人次，约是1993年的35倍。[①] 2018年，中国出境旅游

① 厉新建：《从高速度增长到高质量增长——看旅游业40年之蜕变》，《中国文化报》2018年12月29日。

市场规模和消费支出再创历史新高。中国旅游研究院（文化和旅游部数据中心）数据显示，2018 年中国公民出境旅游人数达 1.497 亿人次，比上年同期增长 14.7%（见图 1），消费支出超过 1200 亿美元，成为世界旅游经济繁荣与增长日渐重要的基础市场。

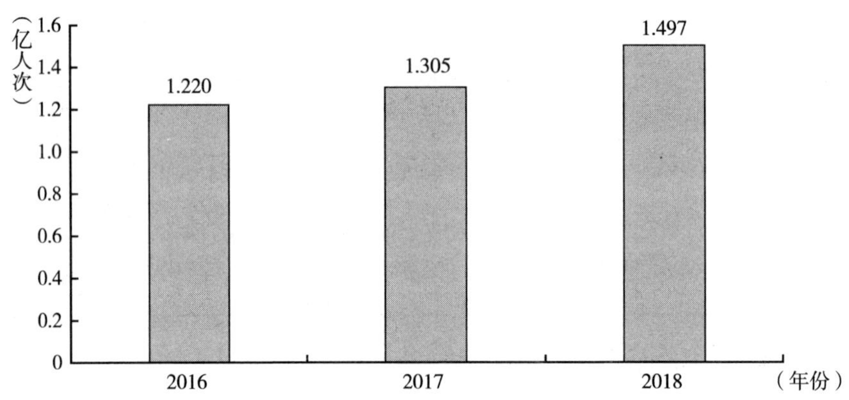

图 1　2016～2018 年中国公民出境旅游人数

根据中国旅游研究院（文化和旅游部数据中心）的调查数据，2018 年，中国出境游客人均消费 2971 美元，较上年的 2586 美元增长 14.9%，远高于欧洲来华游客 1953 美元的人均消费。其中，人均消费为 15000～20000 美元的游客从 27.22% 增长到 33.38%，而人均消费在 20000 美元以上的游客更是从 33.12% 增长到 46.12%。相对于消费能力的增强，中国出境游客的消费结构也发生了明显变化。游客在目的地期间用于餐饮的支出比重达到 14.13%，支出总额比上年增长了 12.17%；用于住宿的支出比重达到 21.47%，支出总额比上年增长了 19.88%；用于文化娱乐的支出比重从 0.79% 上升到 24.38%。与此同时，用于购物的支出总额有所下降，降幅达 17.86%；参团费用比重则剧减至 16.20%。[①]

① 《戴斌：中国出境旅游市场规模和消费支出再创新高》，中国网，2019 年 1 月 9 日，http：//travel.china.com.cn/txt/2019－01/09/content_ 74356309.htm。

（二）出境旅游目的地概况

根据相关目的地国家发布的数据以及携程在线跟团游、自由行的预订数据统计，2018 年最受中国游客欢迎的 20 个目的地国家分别为泰国、日本、越南、新加坡、印度尼西亚、马来西亚、美国、柬埔寨、俄罗斯、菲律宾、澳大利亚、意大利、阿联酋、土耳其、英国、马尔代夫、法国、德国、西班牙、斯里兰卡。①

外币兑换数据也呈现类似趋势，携程外币兑换年度成交量排在前 10 位的货币为日元、泰铢、美元、港元、欧元、马来西亚林吉特、韩元、新加坡元、越南盾以及印尼盾。

从年度榜单可以看出东南亚等短途目的地深受中国游客欢迎，成为 2018 年大量出游人群选择的热门旅游目的地。这些国家的地理位置与中国相邻，交通便利，为出行游客带来了诸多便利，加之同属亚洲国家，文化生活习惯隔阂较少，从而成为国内游客出境游的最佳选择。在消费能力提高和消费结构优化的同时，游客在目的地更加注重人文交流、生活体验与舒适度评价。中国旅游研究院（文化和旅游部数据中心）对全球 102 个国家旅游服务质量的监测结果表明，虽然出境游客对服务品质的评价总体上是满意的，但是对主要目的地国家和地区的满意度指数则有所下降。从一定意义上来说，这是旅行经验更加丰富和消费更趋理性的游客对旅游的服务要求更高了。此外，奥地利、匈牙利、塞尔维亚、克罗地亚等中东欧国家，以及法国、葡萄牙、意大利、英国、西班牙等西欧、中欧和南欧国家，成为中国游客愿意到访，也乐于到访的新兴出境旅游目的地。②

随着越来越多游客选择融入“当地人”生活方式的深度玩法，当地玩

① 《我国游客出境游大数据报告：人均消费约 800 美元》，中国经济网，2019 年 3 月 14 日，http：//www. ce. cn/xwzx/gnsz/gdxw/201903/14/t20190314_ 31682666. shtml。

② 《戴斌：中国出境旅游的价值与思想》，中国旅游研究院（文化和旅游部数据中心）网站，2019 年 1 月 9 日，http：//www. ctaweb. org/html/2019 - 1/2019 - 1 - 9 - 10 - 38 - 75152. html。

乐产品及半自助游受到青睐，助推旅游企业更加灵活地利用当地旅游资源，为游客提供更加多元、个性化的产品。这体现了出境游客对各类细分旅游产品的需求越来越旺盛。随着出游频次的增加以及出游经验的日益丰富，中国游客不再满足于周边国家和地区，而是越走越远。

根据国家统计局的数据，1995～2016年，中国出境旅游人数年均增长17.6%，2016年达到1.35亿人次。1995年中国出境旅游人数居世界第17位，2003年首次进入世界前10位，居第9位，又经过10年的发展，2013年首次跃居世界第1位，2014～2016年保持世界第一的排名，是全球最大的出境游市场。①

在出境旅游支出方面，1995年中国出境旅游支出居世界第25位。随着人民生活水平的改善，中国出境旅游支出大幅提高。2016年，中国出境旅游支出为2611亿美元，比1995年的37亿美元增加了2574亿美元，增长69.6倍，居世界第1位，比1995年提高24位。② 中国的地位逐年提升，出境旅游支出大大超过排在第2位的美国。

二　2018年度热点问题透视

当前中国已成为世界第一大出境旅游消费国，旅游市场总量在增长，结构在优化，效益在提升。在文化和旅游融合发展的背景下，出境旅游承载的时代使命更加丰富，不仅要满足人民对美好生活的需要，也要彰显文化自信、传播中华文明、提升国家文化软实力。

（一）“一带一路”助力出境旅游市场发展

2018年是“一带一路”倡议提出5周年，5年来，“一带一路”建设逐

① 《国际地位显著提高　国际影响力明显增强——改革开放40年经济社会发展成就系列报告之十九》，国家统计局网站，2018年9月17日，http://www.stats.gov.cn/ztjc/ztfx/ggkf40n/201809/t20180917_1623312.html。

② 《国际地位显著提高　国际影响力明显增强——改革开放40年经济社会发展成就系列报告之十九》，国家统计局网站，2018年9月17日，http://www.stats.gov.cn/ztjc/ztfx/ggkf40n/201809/t20180917_1623312.html。

渐从理念转化为行动，从倡议变为共识，从愿景变为实践，建设成果丰硕，也对世界格局产生了深远影响。根据中国旅游研究院（文化和旅游部数据中心）2018 年 9 月发布的《“一带一路”旅游大数据专题报告》，2017 年中国出境到“一带一路”沿线国家和地区的游客人数达到了 2741 万人次，相比 2013 年的 1549 万人次增加了 1192 万人次，增长 76.95%，年均增速达 15.34%。2017 年“一带一路”沿线国家和地区实现国际旅游收入 3851 亿美元，其中约 30.82% 由中国大陆游客贡献。[①]“一带一路”沿线国家和地区的旅游合作持续深入，显著提升了旅游便利化水平，尤其推动了我国与沿线国家和地区在旅游投资、市场开发和产业支撑方面的全方位合作。

2018 年举办的“中加旅游年”“中国－欧盟旅游年”“白俄罗斯旅游年”“土耳其旅游年”“老挝旅游年”“神奇泰国旅游年”等多个旅游年活动精彩纷呈，这些大型活动的宣介和推广在很大程度上促进了出境旅游市场的繁荣。根据中国旅游研究院（文化和旅游部数据中心）2019 年 1 月 17 日发布的《“2018 旅游经济运行盘点”系列报告（五）：世界旅游发展与国际旅游合作》，2018 年是中国－东盟建立战略伙伴关系 15 周年，中国和东盟双向游客人数由 2016 年的 3000 多万人次增至 2017 年的近 5000 万人次。2017 年“中哈旅游年”成功举办后，哈萨克斯坦又推出了“友好中国”计划，2018 年 1 ~6 月，哈萨克斯坦访华人数达 10.96 万人次，同比增长 12.7%。[②]

（二）以博物馆为代表的文化遗产旅游成为出境游热点

2018 年出境旅游的一个热点现象是博物馆旅游开始升温，这归功于中国游客在文化上的需求不断增长。博物馆可以被定义为收藏文物并保护其历史、艺术和科学价值的机构，可以是大规模的、全球认可的机构，也可以是

① 《旅游绿皮书预测——2020 年我国与“一带一路”沿线国旅游将超 8500 万人次》，人民网，2019 年 1 月 9 日，http：//world. people. com. cn/n1/2019/0109/c57507 –30513193. html。

② 《“2018 旅游经济运行盘点”系列报告（五）：世界旅游发展与国际旅游合作》，中国旅游研究院（文化和旅游部数据中心）网站，2019 年 1 月 17 日，http：//www. ctaweb. org/html/2019 –1/2019 –1 –17 –15 –0 –41081. html。

一个村庄里的最小村社。规模宏大的博物馆能够吸引世界各地的游客前往体验。

以2018年春节热门的西班牙马德里普拉多博物馆为例，其被认为是世界上最伟大的博物馆之一，也是收藏西班牙绘画作品最权威的美术馆，携程网当天可订票，随买随用，扫码入场，无须取票，快速入馆。

（三）出境游客的旅游文明问题受到广泛关注

旅游文明作为国家软实力的体现，对国家形象起着重要的提升作用，每一位中国出境游客都是构成国家形象的“因子”，是“行走的中国名片”。国家旅游局发布的《2016中国出境游游客文明形象年度调查报告》数据显示，60.8%的受访者认为自己对中国游客的印象影响了其对中国国家形象的认知，其中21.7%的受访者认为对中国游客的印象对中国国家形象的影响非常大。[①] 过去几年间，部分中国游客因为在境外的不文明行为，成为“话题人物”。出境游客的旅游文明问题已受到国内外社会的广泛关注。

2018年国庆节前夕，文化和旅游部公布了一批旅游不文明行为记录，其中两名出境游客王某、张某在马来西亚水上清真寺矮墙上跳热舞，违反了当地宗教禁忌，被列入旅游“黑名单”。文明是旅游业的健康基因，更是公民文化素养的外在显现。携程网曾针对出境游客的行为进行抽样调查和研究，统计出六种极大影响出境游客文明形象的行为，分别是乱丢垃圾、不尊重当地风俗习惯和规定、不分场合大声喧哗、排队加塞、大庭广众下脱鞋脱袜、遇有纠纷恶语相向。其中，“乱丢垃圾”被列为最不受欢迎的行为。

做一名文明的游客，首先，需要制定各种规矩来约束自己，但终归要靠个人修养和细节之处的践行。很多不文明行为归根结底是个人素质低下、道德修养缺失导致的。如为了贪小便宜在不该砍价的地方砍价、公然带走宾馆或酒店的非赠品、不尊重服务人员、不听从导游及管理人员的安排等。其

① 《2016中国游客文明形象报告：文明素质较5年前有所上升》，人民网，2017年2月22日，http://travel.people.com.cn/n1/2017/0222/c41570-29099999.html。

次，当旅游者身处异域，与目的地国家人民在文化、民俗、生活习惯方面的差异也会导致不文明行为的发生。例如，在泰国，绝大多数民众信仰小乘佛教，他们相信人的灵魂在头上，即便是小孩，被摸头也是一件非常不礼貌的事情，但在中国人看来，摸孩子的头是一种喜爱和亲切的表现。因此，在出境游之前，了解目的地国家的风俗人情和文化习惯，是需要做足的重要功课。再次，公共规则意识的缺失也会导致一些不文明行为，如严重影响中国出境游客形象的埃及千年神庙刻字事件和华尔街金牛被骑事件。最后，出境旅行社的管理规范缺失也会导致出境旅游中的一些不文明行为。例如，旅游团参团人数过多、车辆安排不合理、领队和导游对当地文化习俗介绍不足等，也会影响游客的旅游体验，使游客在景点处于无人管理和引导的状态，以至于出现许多不规范的行为。对此，应规范出境旅行社的管理，对旅游团的人数上限做出相应的规定，对出境旅游团领队及当地导游加强文明礼仪方面的培训，并规定需要对目的地国家的文化习惯和风俗做出清晰、详尽的指示和引导。

近年来，中国游客的素质有了显著提升。首先，得益于国家对文明旅游的宣传和引导，政府采取了很多措施，努力提升中国公民的旅游形象。2011年《中国公民出境旅游文明行为指南》的出台，为中国游客出境旅游的文明行为提出了指导意见。各地政府机构、电视、网络、报刊等媒体对《中国公民出境文明旅游倡议书》的积极宣传使得文明旅游的宣传教育工作达到了家喻户晓的程度。其次，设置“黑名单”带来的约束效应引发国人的广泛关注和自我反省。2015 年，针对我国游客在出游过程中发生的不文明行为，国家旅游局制定了《游客不文明行为记录管理暂行办法》，推出了旅游“黑名单”制度，对各种不文明行为的严格处理逐渐引导人们形成正确的文明观念和礼仪规范。再次，越来越多的游客已不是首次出境，对于国外的法律法规有了一定的了解，他们逐渐认识到爱国要从小事做起，自身的表现代表着国家的形象。最后，自由行和散客逐渐成为出境游新的主力军，这类游客普遍具备一定的语言能力、沟通能力和信息搜集能力，更乐意体验深度旅游，也更注意出行细节，对异国文化和民俗一般会抱有尊重的态度。

继2017年国家旅游局开展的“文明旅游·为中国加分”活动之后，2018年文化和旅游部为了塑造公民的文明旅游形象，重点开展了“文明旅游·为中国加分”绿色出行百城联动活动。全国100个左右的旅游城市结合实际开展文明旅游宣传引导活动，努力把百城联动活动打造成贯穿全年的志愿服务接力赛、遍布全国的文明旅游传播场。活动期间，旅游志愿者和广大游客还可以在新华网“直播台”上传随手拍的文明旅游照片和视频，对旅游中发现的“好典型”进行褒奖，对“丑行为”进行曝光。同时，配套开展文明旅游宣传推广H5征集和文明游客征集等活动，年底对优秀的H5作品、优秀旅游志愿者和文明游客事迹进行重点宣传。①

（四）境外旅游安全问题

境外安全事件需要加强防范。出境旅游既推动了城市旅游的快速发展，也催生了以城市为载体的旅游安全问题。20世纪70～80年代，西方发达国家开始出现逆城市化现象，许多目的地城市的中心城区出现了不同程度的经济衰退、拥挤、盗抢、犯罪等负面问题，一系列海外旅游安全事故为游客们敲响了警钟。2018年发生了多起重大安全事故，引发了民众的普遍关注。2018年7月5日，两艘载有127名中国游客的泰国游船在返回普吉岛途中突遇特大暴风雨发生倾覆，导致47名中国游客不幸遇难，涉水安全是赴泰旅游面临的最大安全风险。2018年9月6日，日本北海道遭遇6.7级地震，关西机场、新千岁机场两大航空客运中心关闭，导致超过千名中国旅客滞留。2018年6月29日，印度尼西亚巴厘岛阿贡火山喷发。

根据全国旅游责任险平台的中国游客出险案例数据，中国游客出境旅游风险的结构类型较为复杂，主要包括台风、暴雨、地震等自然灾害风险，交通安全事故、涉水事故、火灾爆炸、设施设备事故等事故灾难风险，食物中毒、传染病毒疫情等公共卫生事件风险以及欺诈、抢劫、盗窃、恐怖袭击等

① 《2018“文明旅游·为中国加分”百城联动活动在京拉开帷幕》，央广网，2018年4月27日，http://travel.cnr.cn/list/20180427/t20180427_524214476.shtml。

社会安全事件风险，还包括合同纠纷、航班延误和取消、人员走失、物品遗失和损坏等业务安全事件风险。2010～2016年中国出境旅游安全事件类型分布见表2。

表2　2010～2016年中国出境旅游安全事件类型分布

事故类型	事故亚类	频次	频率(%)	聚类类别
自然灾害	台风	784	9.00	中高频
	暴雨、雷电	351	4.03	中低频
	大雾	264	3.03	中低频
	海啸/灾害性海浪	175	2.01	低频
	火山爆发	147	1.69	低频
	冰雪灾害	127	1.46	低频
	地震	35	0.40	低频
	其他自然灾害	33	0.38	低频
事故灾难	意外摔倒和坠落	1087	12.48	高频
	交通安全事故	766	8.80	中高频
	设施设备事故	407	4.67	中频
	涉水事故	243	2.79	中低频
	意外扭伤和崴伤	185	2.12	低频
	动物袭击	135	1.55	低频
	意外砸伤和夹伤	58	0.67	低频
	意外割伤和划伤	42	0.48	低频
	火灾爆炸	37	0.42	低频
	其他意外事故	31	0.36	低频
公共卫生事件	突发疾病	514	5.90	中频
	原有疾病发作	355	4.08	中低频
	食物中毒	260	2.99	中低频
	传染病毒疫情	45	0.52	低频
社会安全事件	盗窃	326	3.74	中低频
	抢劫	111	1.27	低频
	政变/军事冲突	90	1.03	低频
	罢工/集会游行	60	0.69	低频
	人员纠纷	15	0.17	低频
	外交冲突	13	0.15	低频
	恐怖袭击	11	0.13	低频
	欺诈	4	0.05	低频

续表

事故类型	事故亚类	频次	频率(%)	聚类类别
业务安全事件	航班延误和取消	915	10.51	中高频
	证件及票务问题	422	4.85	中频
	服务过失	322	3.70	中低频
	物品遗失和损坏	223	2.56	中低频
	行程安排不当	51	0.59	低频
	合同纠纷	42	0.48	低频
	人员走失	21	0.24	低频
总　计		8707	100	

资料来源：根据全国旅行社责任险统保示范项目出险案例整理，同时参考谢朝武、黄锐、陈岩英《“一带一路”倡议下中国出境游客的安全保障——需求、困境与体系建构研究》，《旅游学刊》2019年第3期，第44页。

恐怖袭击是破坏性较为严重的旅游风险因素，由恐怖袭击造成的灾难性后果和市场影响较大，恢复周期较长。近年来，“一带一路”沿线部分国家和地区恐怖主义活动越来越频繁，分布区域越来越广。全球恐怖主义数据库（Global Terrorism Database，GTD）是研究恐怖主义的重要的数据来源。表3对2014～2017年“一带一路”沿线国家和地区恐怖袭击事件进行了统计。西亚和中东是威胁陆上丝绸之路的恐怖主义聚集区，其中伊拉克和叙利亚局势持续紧张，西亚和中东部分地区安全局势紧张，针对普通平民的恐怖袭击愈加猖獗，袭击手段也越来越多样；而东南亚、南亚和东非的马六甲海峡、孟加拉湾、亚丁湾是海上恐怖主义聚集区，阿富汗、巴基斯坦、印度和索马里的恐怖主义局势也不容乐观。恐怖袭击活动给“一带一路”沿线国家和地区旅游业的发展带来了巨大阻力。①

中国政府在出境旅游安全保障方面做出了巨大的努力，不断投入领事保护力量。在2015年的尼泊尔地震、2016年的新西兰地震、2017年的巴厘岛火山爆发等事件中，中国政府均投入了保障力量撤离中国游客，赢得了民众

① 谢朝武、黄锐、陈岩英：《“一带一路”倡议下中国出境游客的安全保障　需求、困境与体系建构研究》，《旅游学刊》2019年第3期。

表 3 2014~2017 年“一带一路”沿线国家和地区恐怖袭击事件统计

地区	国家和地区	恐怖袭击事件数量(起)	地区恐怖袭击排名
西亚和中东	伊拉克	12510	1
	也门	2178	8
	叙利亚	1538	12
	土耳其	1239	13
	巴勒斯坦	619	16
	以色列	433	17
	黎巴嫩	312	19
	沙特阿拉伯	295	20
	巴林	84	24
	伊朗	39	27
	约旦	24	28
	马尔代夫	14	29
南亚	阿富汗	6783	2
	巴基斯坦	4977	3
	印度	3735	4
	孟加拉国	728	15
	尼泊尔	345	18
	斯里兰卡	69	25
东南亚	菲律宾	2642	5
	泰国	1209	14
	缅甸	241	21
	印度尼西亚	110	23
	马来西亚	40	26
非洲	索马里	2506	6
	尼日利亚	2369	7
	利比亚	1883	9
	埃及	1601	11
东欧	乌克兰	1654	10
	俄罗斯	157	22
	捷克	14	30

的拥护和好评。但中国的领事保护资源有限，旅游安全保障力量尚不能完全适应中国出境旅游的发展需求，面向出境游客的旅游安全公共服务体系存在供需失衡的基础困境。

三　未来发展与前景展望

当前，中国已成长为全球消费量最大的旅游客源国。以中文为交流语言的旅游圈正在快速成长，辐射半径逐渐扩大，影响力日益提升。在法国、韩国、英国、新加坡等地，中国游客已成为消费量最大的群体。世界各个国家和地区对中国旅游者和投资者不断释放善意，包括签证的便利化、中文接待环境的改善等，许多国家和地区在欢迎中国的战略目标上付出了越来越多的努力。

（一）让世界共享中国文化旅游业改革开放成果

中国出境旅游市场在推进与目的地国家和地区民心相通等方面发挥着重要作用。“2018 中国国际进口博览会”再一次向世界宣布中国“开放的大门不会关闭”，这给了中国现实和潜在的境外旅游目的地一颗“定心丸”。在中欧、中日韩、中非等合作框架，亚太经合组织、上海合作组织、金砖国家等机制以及落实“一带一路”倡议的过程中，国际旅游合作以其促进经贸往来、增进交流互信等积极作用，在外交领域愈加凸显了其重要意义。展望未来，在开放与合作成为主旋律的时代，中国出境旅游市场的发展将更深刻地体现互利共赢、开放融通的胸怀，在文化与旅游深度融合的背景下，展现更广阔的发展前景，书写深化国际合作、增进各国人民福祉的新篇章。

（二）倡导文明旅游，使中国游客成为中国故事的讲述者、中国文化的传播者

在全球化的今天，出境游客的行为不仅体现着自身的文化修养，而且在一定程度上代表着国家的文明形象，旅游文明逐渐成为国家文化软实力的重

要载体，对于塑造良好的国家形象起着越来越重要的作用。“有组织、有计划、有控制地发展”是《中国公民自费出国旅游管理暂行办法》规定的大政方针，针对游客的不文明行为，需要建立有效的旅游行业管理体系，对大多数旅游者以加强文明礼仪教育引导为主，对极少数违法乱纪的旅游者依法予以惩罚，将旅游者不文明行为纳入个人诚信档案管理，使遵守文明旅游规则成为游客的共识和行为准则。此外，要在文物保护知识、礼仪规范等方面加强公民教育，提升中国游客的整体素质，使中国游客成为中国故事的讲述者、中国文化的传播者。

当前，中国居民出国留学、观光游览、休闲度假成为常态，随着政府对文明旅游的大力宣传以及多次出国旅游的人数越来越多，中国出境游客的文明素质正在提升。“新媒体蓝皮书”《中国新媒体发展报告（2017）》数据显示，境外受访者普遍认可中国出境游客文明素质较 5 年前有所提升，其中 46.2% 的受访者表示中国游客的文明素质普遍有了提高。超八成的中国受访者对本人在境外旅游时的文明素质表示满意，中国游客对本人的评价得分平均为 9.5 分。[①] 对于处于旅游消费上升期的国家来说，游客的成熟是需要时间的。相信未来中国不仅是世界上最大的旅游消费市场，而且是一个崇尚礼仪的世界旅游客源国，能够展现出文明之邦的大国形象。

（三）健全国际旅游安全合作的法律法规，全面保障出境游客的安全

随着中国游客出境旅游地的扩增和出境旅游人数的高速增长，受社会治安、地区形势、全球气候变化和恐怖袭击全球化等因素的影响，中国出境游客面临的风险因素不断增加，游客的旅游安全保障需求不断增长。目前，中国境外旅游安全保障过度依赖政府投入和扶持，紧急情况下的大规模撤离都是由政府“埋单”。客观来看，由于缺乏足够的商业动因，旅游安全保障的

① 赵珊：《六成游客出境前做“文明功课”　中国游客文明素质明显提高》，人民网，2017 年 7 月 14 日，http：//sc.people.com.cn/n2/2017/0714/c345167－30471267.html。

市场化解决方案在世界范围内悬而未决，全球游客都面临市场化安全保障资源供给不足的困境。但相比较而言，中国出境旅游安全保障资源的市场化供给严重不足，普遍存在效率低下、供给不足等问题，这种畸形的供给模式不利于旅游业的长期发展。在未来的发展中，亟待在旅游安全领域建立正式的、契约化的合作机制，健全国际旅游安全合作的法律法规，对国家间的旅游安全合作进行顶层设计；强化中国与“一带一路”沿线国家和地区的双边或多边合作机制，借助既有的区域合作平台应对旅游安全问题。同时，建立政府组织、非政府组织、企业和个人间的旅游安全保障架构体系。此外，还应当建立旅游安全信息共享机制，定期监测风险隐患，设立专门的机构对旅游风险进行分析和预警。

中国入境文化旅游发展分析与展望

肖　庆*

摘　要： 中国一直是海外游客热衷的旅游目的地之一。入境文化旅游作为文化旅游业的重要组成部分，其发展状况是衡量一个国家文化旅游产业国际化水平和产业成熟程度的重要标志，也是衡量我国文化旅游业国际竞争力和国际化水平的重要因素。随着我国现代化建设步伐的加快以及2020年全面建成小康社会目标的实现，国际游客对认知“现代中国”和“崛起中国”的愿望成为入境旅游的原生动力。除了古老的历史、悠久的文化、美丽的山水和好客的人民，中国改革开放以来日新月异的社会发展成就吸引了越来越多的海外游客前来参观游览。本报告对中国入境文化旅游的市场规模与增长情况、主要客源国的客源产出状况等问题进行了分析，具体考察了2018年度中国入境文化旅游的热点问题，并对未来中国入境文化旅游的可持续发展提出了建设性意见。

关键词： 入境文化旅游　全域旅游　中国故事

经济的快速发展促进了文化旅游业的迅速崛起。入境文化旅游作为文化旅游业的重要组成部分，其发展状况是衡量一个国家文化旅游产业国际化水

---

* 肖庆，博士，中国艺术研究院文化发展战略中心副研究员，研究方向为文化艺术政策及文化传播。

平和产业成熟程度的重要标志，也是衡量我国文化旅游业国际竞争力和国际化水平的重要因素。本报告对中国入境文化旅游的市场规模与增长情况、主要客源国的客源产出状况等问题进行了分析，具体考察了 2018 年度中国入境文化旅游的热点问题，并对未来中国入境文化旅游的可持续发展提出了建设性意见。

一　现状分析与评述

入境旅游是指外国人、港澳台同胞等游客来中国内地观光、度假、探亲访友、就医疗养、购物、参加会议或从事经济、文化、体育、宗教的活动。改革开放后，我国的入境旅游开始起步，最初的发展动力主要是为获取自由外汇，促进国际贸易发展；进入市场经济改革阶段以来，入境旅游逐渐向旅游事业型转变；随着产业化的推进，入境旅游对国家宏观经济贸易起步、产业结构优化、旅游目的地经济利益提升等起到了极大的促进作用，成为后工业阶段城市化的驱动力之一，入境旅游已成为我国国民经济的重要组成部分。国务院印发的《“十三五”旅游业发展规划》提出，要“大力提振入境旅游，实施中国旅游国际竞争力提升计划”，入境旅游对提升国家（或地区）软实力和国际影响力具有重要作用，是衡量一个国家（或地区）旅游国际竞争力的重要指标。

自 1978 年起，我国开始全方位推动入境旅游的发展。国务院组建了旅游专门机构，召开了全国旅游工作会议，批准设立了国家旅游度假区。此外，还通过设立海外旅游办事处、推出中国旅游主题年、创办中国国际旅游交易会等，实施了一系列行之有效的政策和措施。在政府的高度重视下，入境旅游人数在国际上的排名从 1978 年的第 48 名，到 1980 年进入前 20 名，1988 年进入前 10 名，1999 年进入前 5 名，2004 年进入前 4 名，2010 年进入前 3 名。2017 年入境过夜游客达到 6074 万人次，是 1978 年的 85 倍；入境旅游创汇从 1978 年的第 41 名，到 1982 年进入前 30 名，1992 年进入前 20 名，1994 年进入前 10 名；1995 年我国入境旅游人数排世界第 7 名，2000 年排世界第5名，2010年进入前4名，2013～2016年稳居世界第4名。2017年，我国入境旅游进入稳步回升通道，入境旅游人数为1.39亿人次，占全球接待入境游客量的10.5%。国际旅游收入达1234.17亿美元，是1978年的469倍。[①] 我国接待入境旅游人数稳步增长，国际旅游收入大幅增加。

（一）2018年入境旅游市场规模与增长情况

中国旅游研究院（文化和旅游部数据中心）数据显示，2018年，我国入境旅游人数为14120万人次。其中，外国游客3054万人次，同比增长4.7%；香港同胞7937万人次，同比下降0.5%；澳门同胞2515万人次，同比增长2.0%；台湾同胞614万人次，同比增长4.5%。实现国际旅游收入1272亿美元。其中，外国游客在华消费731亿美元，同比增长5.1%；香港同胞在内地消费291亿美元，同比下降3.3%；澳门同胞在内地消费87亿美元，同比增长5.0%；台湾同胞在大陆消费163亿美元，同比增长4.5%。[②]

（二）入境旅游客源市场概况

2018年，按入境旅游人数排序，我国客源市场前17位国家分别为缅甸、越南、韩国、日本、美国、俄罗斯、蒙古国、马来西亚、菲律宾、新加坡、印度、加拿大、泰国、澳大利亚、印度尼西亚、德国、英国（其中缅甸、越南、俄罗斯、蒙古国、印度含边民旅华人数）。[③]

从国外入境游客的分布来看，缅甸、越南与我国接壤，民间交往众多，有较大的游客量规模；来自韩国、日本、美国、俄罗斯的游客消费能力较强，游客量规模较大，是我国入境旅游市场的主要挖掘地区；蒙古国、马来西亚、菲律宾、新加坡、印度、泰国、印度尼西亚等客源地与我国的陆地或

① 厉新建：《从高速度增长到高质量增长》，《中国文化报》2018年12月29日。

② 《2018年文旅融合开局顺利——全年全国旅游业综合贡献占GDP总量11.04%》，《中国文化报》2019年2月13日。

③ 《2018年文旅融合开局顺利——全年全国旅游业综合贡献占GDP总量11.04%》，《中国文化报》2019年2月13日。

领海接壤，游客前来旅游的经济成本或时间成本较低，因而来自这些国家的入境游客在我国也有较大规模的分布；经济收入水平相对较高的加拿大、澳大利亚、德国、英国等西方发达国家在我国的入境游客量也具有一定的规模，这些国家的游客比较青睐的旅游目的地是北京、上海、广州、深圳、杭州、成都、西安等城市，这些城市不仅具备较完善的城市服务功能，而且相应的旅游资源品质和形象较好。

二　2018年度热点问题透视

中国一直是海外游客热衷的旅游目的地之一。我国入境市场早期的大规模增长主要源于海外游客了解“传统中国”“神秘中国”的朴素愿望，随着我国现代化建设步伐的加快以及2020年全面建成小康社会目标的实现，国际游客对认知“现代中国”和“崛起中国”的愿望成为入境旅游的原生动力。除了古老的历史、悠久的文化、美丽的山水和好客的人民，中国改革开放以来日新月异的社会发展成就吸引了越来越多的海外游客前来参观游览。

（一）受“一带一路”倡议指引，“一带一路”沿线国家和地区游客来华旅游趋势明显

受“一带一路”倡议指引，中国与“一带一路”沿线国家和地区的国际旅游往来日益密切，“一带一路”沿线国家和地区游客来华旅游趋势向好，活跃度上升。根据中国旅游研究院（文化和旅游部数据中心）发布的数据，“一带一路”沿线国家和地区赴中国旅游游客保持稳定增长，由2013年的903万人次增加到2017年的1064万人次。2017年中国实现入境旅游收入1234亿美元，其中由“一带一路”国家和地区创造的收入约为208亿美元，占中国国际旅游总收入的16.9%，未来成长空间较大。[①] 经过多年的建

① 《“一带一路”旅游大数据专题报告》，中国旅游研究院（文化和旅游部数据中心）网站，2018年9月28日，http://www.ctaweb.org/html/2018-9/2018-9-28-14-19-26557.html。

设与发展，国家旅游营销体系已初步建立，2018 年大型、高规格的国际旅游交易会、国际旅游年、世界旅游发展大会、旅游部长级会议以及一系列中国旅游年活动的成功举办，逐步树立了“美丽中国”的旅游形象，推动了入境旅游的发展。

我们还应当看到，虽然 2018 年中国入境旅游市场进入了全面恢复增长的阶段，但是与出境旅游市场相比，中国对国际游客入境游的吸引力远不如出境游大，我国的入境旅游市场还有很大的发展空间，特别是将统计数据中港澳台入境游客数据去除后，入境外国游客仅占我国入境游客总数的 1/5。我国是全球第二大经济体，并且有着世界第三大领土面积，但是我国对外国游客的吸引力没有得到充分发挥。如果不能有效解决外国游客入境旅游过程中的问题和不足，不仅不利于我国国际旅游事业的发展，而且会给“一带一路”建设的深入推进带来不利影响。

（二）全域旅游的发展成为进一步优化旅游服务供给、繁荣入境旅游市场的重要推力

随着世界文化交流的深入，入境游客对一个地方的评价不再仅仅限于景点、景区、宾馆、饭店和导游、服务员，而是更加期望深入体验社区、学校等机构，并与当地居民进行深入的交流交往，进而全面体验当地的风土人情、文化风貌。

2017 年，“全域旅游”首次被写入当年的《政府工作报告》。2018 年《政府工作报告》明确提出，要创建全域旅游示范区。2018 年 3 月，国务院办公厅印发了《关于促进全域旅游发展的指导意见》，标志着文化旅游的未来发展从仅是景区接待国际游客和狭窄的国际合作向全域接待国际游客以及全方位、多层次的国际交流合作转变。

发展全域旅游可以使消费者获得更多的出行选择，私人化、体验化的旅游出行产品能够从不同角度满足消费者的多样化需求，将越来越受欢迎；全域旅游的发展还将推动市场监管和法规执行力的增强，为消费者的出行体验保驾护航，妥善解决商品价格、游客投诉等问题。此外，与旅游配套的基础

交通、集散中心、厕所等设施的投资建设力度也会加大，将大大提升入境游客的旅游体验。

（三）环境污染、突发事件等是入境文化旅游市场可持续发展面临的主要问题

随着旅游活动与目的地公共休闲和居民生活日趋融合，国际游客对国家形象和目的地综合环境的敏感度进一步上升。入境文化旅游业是一个兼具敏感性和脆弱性的综合性产业，频繁遭受国内外各种环境问题、突发事件的侵扰。环境决定了旅游者的体验，语言、文化的不同，以及价值观的差异影响游客对旅游目的地的选择，自然环境特别是空气污染也使许多外国游客有所顾虑。调查显示，入境游客对空气质量的敏感度远高于国内游客，雾霾天气甚至被部分国际媒体列入全球旅游警告名单。此外，一些诸如地震灾难、恐怖袭击、金融危机等重大突发事件也会对旅游产业链和旅游市场结构造成全面、系统性的破坏。有研究者以2003～2015年中国大陆省级行政单位常规突发事件和入境旅游人数的统计数据为基础，实证分析了常规突发事件对入境旅游人数影响的空间效应。结果表明，火灾事故、交通事故和入境旅游人数的低水平区主要分布在西部省份，高水平区主要集中在东部沿海省份；地质灾害低水平区主要包括天津、北京、黑龙江、上海、宁夏等地，高水平区主要分布在西南地区、岭南地区和武陵山脉等地。地质灾害发生水平较低时，对入境旅游人数的影响不明显，但是当地质灾害高度频发，且发生水平超出入境旅游系统的承受能力时，就会对入境旅游人数的增长产生抑制作用。虽然常规突发事件在发生水平较低时，不会对旅游系统造成显著的负面影响，但是当突发事件长期处于高发态势时，随着时间的迟滞以及风险系统的放大作用，存在于旅游风险系统中的不安全因素不断被激化并超出旅游系统的承受范围时，会严重破坏区域旅游业的正常运行，冲击旅游地形象，并严重影响潜在（现实）游客的旅游需求和行为决策，最终导致入境旅游人数急剧下滑。火灾事故和交通事故作为高发性常规突发事件，

已对我国入境旅游人数造成了明显的负向影响。在这些突发事件中，交通事故发生水平对我国入境旅游人数的影响程度最高。[①] 除了一些严重影响入境旅游市场的事件（如战争、恐怖袭击以及公共安全事件）外，环境、食品、知识产权等方面的负面新闻近年来也在影响着入境游客的评价和体验，并且被部分国际游客贴上“不安全”的标签。此外，一些景区的外语标识有效性不足、国外社交网络在中国不能方便使用、旅行保险理赔手续烦琐，以及部分地区旅游市场秩序不够规范等问题，也成为入境旅游市场亟须解决的症结。

根据国际 SOS 救援和风险控制（International SOS and Control Risks）中心发布的“2018 旅行风险地图”，中国被列为“游客低风险”国家。在国际对比中，中国整体的社会安全水平在全球处在较高的位置，恐怖袭击、传染性疫情、集群性盗抢事件等严重影响入境旅游发展的重大安全事件在中国极少发生。在国际上，中国已经树立起“安全的旅游目的地”形象。

三　未来发展与前景展望

（一）以文化为旅游赋能，发挥文化旅游在国家形象塑造上的重要作用

随着世界各国特别是发达国家对旅游业的重视程度逐渐提高，国际旅游客源竞争日趋激烈，我国入境旅游市场的发展面临众多困难和挑战。2018 年，“文旅融合”无疑是最受关注的热点趋势。我国既有五千年的历史文化传统，又有全球第二大经济体的经济建设成就；既有丰富的自然资源，又有将要实现的全面小康社会。新时期入境旅游的发展亟待将文化传播内容和旅游营销流量进行深度结合，把中华优秀传统文化精神标识展示好，把当代中国的发展进步和中国人的精彩生活表达好，为提升国家文化软实力和中华文

① 张俊、程励：《常规突发事件与中国入境旅游人数的动态演进及空间效应》，《统计与决策》2019 年第 4 期。

化影响力做出贡献。

发展入境旅游市场，首先，要持续提升国际开放程度，加强国家旅游形象宣传。正如2019年1月文化和旅游部党组书记、部长雒树刚在全国文化和旅游厅局长会议上所提出的，要树立精品意识，继续培育“欢乐春节”“美丽中国”等品牌项目，办好中国文化年（节）和旅游年等活动。加强海外中国文化中心建设，充分发挥驻外文化处（组）、旅游办事处的作用，形成文化传播和旅游推广的合力，大力提振入境旅游。[①] 其次，要抓住“一带一路”建设的历史机遇，提高国际游客来华旅游的便利性，在签证、过境免签和落地签等政策层面执行更加灵活、完善的措施。最后，要充分发挥博物馆、美术馆等文化机构和旅游景区、旅行社、旅游饭店在传播中国特色社会主义文化方面的重要作用，引导各类导游、讲解员和亿万游客成为中国故事的生动讲述者、自觉传播者。

（二）发挥导游、翻译等“文化中介者”的文化融通作用，提高入境游客的满意度，引领文明旅游风尚

如果想要提高游客满意度，减少文化差异带来的冲突，就需要一个“文化中介者”来帮助游客更快地了解不同的文化，减少当地居民与各地游客的冲突。旅行社、导游、翻译等都可以称为“文化中介者”。作为信息的过滤者和把关者，导游、翻译等“文化中介者”对信息传播的控制无疑对国家形象的传播起到了无可替代的作用，他们的文化道德素质与服务质量直接影响了外国游客对中国的感知。面对复杂多元的国际文化环境，扎实的语言功底、对本国文化的透彻理解、较强的文化融合能力以及高度的敬业精神是导游、翻译等人员必备的关键素质。为此，国家相关管理部门要加强对该部分人员的培训与监督，使其更好地向外国游客展现我国的文化精髓。首先，应通过各种渠道培训导游和领队，培养其跨文化交际的沟通能力以及妥

---

① 《全国文化和旅游厅局长会议在京召开　努力推动文化建设和旅游发展再上新台阶》，中国文明网，2019年1月7日，http：//www.wenming.cn/wmly/yw_01/201901/t20190107_4963323.shtml。

善处理旅游过程中各种棘手问题的能力；加强导游队伍的职业道德培养，培养其公德意识，增强社会责任感，弘扬爱岗敬业精神，使其成为我国文明国家形象的宣传大使。其次，应在全国范围内开展文明旅游教育，提升国民文明旅游的基本素质。外国游客对我国的负面感知大多来源于对当地游客的素质不能认同。我国相关部门应加大对文明素养的普及宣传力度，提倡文明旅游，改善外国游客对我国旅游形象的认知，同时践行文明旅游精神也有利于我国旅游景区管理及旅游产业的良性发展。

（三）提升旅游产品的文化创意水平，增强中国旅游产品与服务的独特性，使外国游客切身感受具有代表性的中华文化

文化旅游发展的成功，关键在于将抽象的文化符号、模糊的文化记忆、残缺的文化遗址等资源转化为游客可以直接感知或看到的文化创意产品。入境文化旅游未来的发展离不开文创产品的支撑。高质量、高品位、高关联度的文创产品以及为游客提供的高雅、舒适的购物体验，可以最大限度地激发入境游客对旅游目的地及其蕴含的历史文化知识了解和学习的兴趣，维系旅游目的地与游客的关系。当前，世界各国都将文创产品作为服务游客、联系民众和创造收入的重要手段。例如，根据美国史密森学会的一项调查，游客把博物馆纪念品店看作吸引他们参观博物馆的第二重要原因，仅次于“个人享受”。得益于成熟的开发模式和不断创新的独特创意，大英博物馆艺术衍生品营业收入年均高达 2 亿美元。① 在我国，故宫文创产品近年来也成为网红，丰富多样的故宫文创产品把高高在上的紫禁城演绎成了有故事的地方。截至 2018 年 12 月底，故宫文创产品达 11936 种，逐步形成了独特而又多样的风格。文化创意产业正在全球范围内蓬勃发展，很多国家将促进文化创意产业发展视为提高国家软实力、促进经济发展、树立民族与国家形象的重要内容。据统计，在旅游业发

① 联文：《总有一款适合你——来自美国博物馆纪念品店的启示》，《中国文化报》2017 年 1 月 18 日。

达的国家和地区，境内旅游购物收入占旅游总收入的比重已达40%～70%，而在我国，这一比例仅为25%左右[①]，传统的旅游商品已不能满足游客的需求。此外，各旅游景区产品类型同质化的现象较为严重，许多文创产品只是对文化表层符号的简单复制，缺少文化内涵与创意灵感。在未来入境文化旅游市场的发展中，文创产品的开发亟待实现“质”的飞跃，在推进文化创意、设计服务与旅游商品深度融合的过程中，应满足入境游客对颇具地域特色、民族风情的旅游产品的需求，开发更多体验性和互动性强的产品，让国外游客更好地了解中国的现实发展成就，感受中国人的智慧和创造力，理解中国深邃的历史文化，体验中国人民的生活方式，从而打造别具特色的中国文化名片。

① 李志刚：《文创产品亮点纷呈　文旅融合不断延展》，光明网，2018年5月10日，http：//travel. gmw. cn/2018－05/10/content_ 28720235. htm。

旅游 App 市场介入分析与展望

曹贞华*

摘　要： 近年来，随着传统旅行社涉足在线旅游（OTA）市场、OTA进军“互联网+”，以及大型电商竞相组建旅游 App 团队，以携程旅行、飞猪旅行、马蜂窝旅游、去哪儿旅行、途牛旅游、艺龙旅行、同程旅游、穷游、驴妈妈旅游等为代表的综合类旅游 App 以及相关旅游辅助 App 产品涌入旅游市场，以智能手机为载体，逐步打造旅游 App 产品模块化，形成持续发力的发展态势。本报告通过翔实的数据，结合具体案例，以预订类、攻略类、工具类、分享类四种旅游 App 类型为主要分析对象，对 2018 年旅游 App 市场介入情况进行深入分析。本报告针对 2018 年旅游 App 发展中存在的问题，关注博物馆 App、智慧旅游景区 App 的发展现状及前景，以及微信平台对旅游 App 的冲击，认为“后 App 时代”将形成“微信+旅游 App”模式，这是旅游 App 未来的发展趋势，并提出可资借鉴的观点。

关键词： 旅游 App　市场介入　在线旅游

一　2018年旅游 App 市场发展概况

近年来，随着手机 App 的应用与推广，越来越多的 App 产品涌入旅游市

* 曹贞华，博士后，中国艺术研究院副研究员、硕士生导师，研究方向为文化遗产、中国古代音乐史。

场，开启了文化旅游 2.0 时代。中国互联网络信息中心（CNNIC）发布的《第 43 次〈中国互联网络发展状况统计报告〉》① 数据显示，截至 2018 年 12 月，我国网民规模为 8.29 亿人，其中手机网民规模达 8.17 亿人，占网民总数的 98.55%。“互联网 +”是创新 2.0 时代互联网发展的新业态，伴随着“互联网 +”的深入推广与影响，互联网与传统行业深度融合，提供了更为广阔的网络平台，激发了实体经济活力，在旅游业中则具体表现为“互联网 + 旅游 App”模式的出现，创新了旅游业态发展模式。

2018 年 5 月易观发布的《2018 中国移动互联网数据盘点 & 预测专题分析》数据显示，2017 年，我国移动旅游市场规模同比增长 16.3%，达到 6355.5 亿元，预计 2018 年将达到 7749.6 亿元，同比增长 21.9%。② 目前，与旅游相关的 App 数量达到万余个，涵盖旅游产业链的各个方面。游客已不再满足于去实体旅行社预订旅游产品，而是更多地借助旅游 App 完成旅游全过程的预订，突出精准化、个性化的定制体验，突破了传统旅游消费模式。以 80 后、90 后为代表的年轻游客是旅游 App 预订的主力军，据统计这一群体占比高达八成以上。

越来越多的游客借助移动设备完成一次旅游的完整闭环，涵盖从行程规划，机票、酒店、景点预订到体验分享等各个环节，均可在移动端实现。旅游移动端预订模式逐步从 Wap、M 站发展到 App、小程序等（见图 1）。

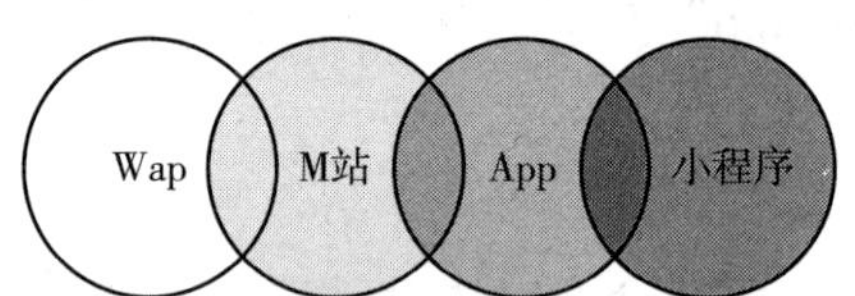

图 1　旅游移动端预订模式变迁

目前，综合类旅游 App 覆盖范围较广，使用人数较多。笔者结合苹果 App Store 综合类旅游 App 评论数量（见图 2）分析发现，以“携程系”在

① 《第 43 次〈中国互联网络发展状况统计报告〉》，国家互联网信息办公室网站，2019 年 2 月 28 日，http://www.cac.gov.cn/2019-02/28/c_1124175677.htm。

② 《2018 中国移动互联网数据盘点 & 预测专题分析》，搜狐网，2018 年 5 月 21 日，http://www.sohu.com/a/232340404_115326。

线旅游（OTA）为代表开发出来的 App 占据旅游市场的绝大部分份额。值得关注的是，深受年轻人喜爱的飞猪旅行 App 脱颖而出，借助“双 11 购物狂欢节”推出系列优惠活动，“双 11”期间购买飞猪旅行产品的 80 后、90 后客群增长 30%，销售量再创新高。

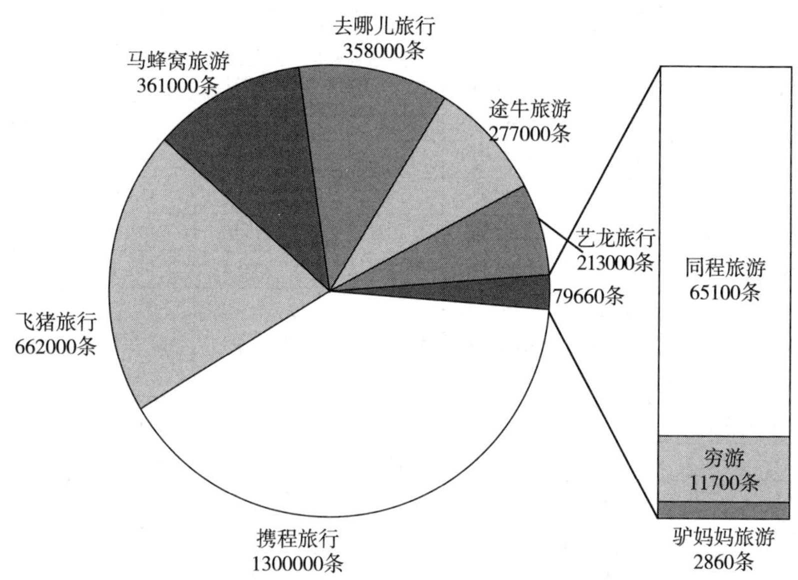

图 2　苹果 App Store 综合类旅游 App 评论数量

注：数据截至 2019 年 3 月。

资料来源：苹果 App Store 统计评论数量。

此外，艾媒北极星对 2018 年每月 App 活跃人数进行了统计，笔者据此整理出 2018 年综合类旅游 App 活跃人数 Top10（见表 1）。综合类旅游 App 每月活跃人数为 1.43 亿 ~1.80 亿人次，以携程旅行和去哪儿旅行两大综合类旅游 App 巨头领衔，同程旅游位列第三，飞猪旅行紧随其后，百度旅游、途牛旅游、马蜂窝旅游、艺龙旅行、猫途鹰旅游、驴妈妈旅游等均表现不俗。值得注意的是，百度旅游 App 自 2018 年 7 月开始活跃人数大幅下降，最大降幅指数达 84.01%。据笔者分析，主要原因在于部分用户体验不理想，如游记无法发布、足迹无法更新、自建行程功能无法使用等。

表 1　2018 年综合类旅游 App 活跃人数 Top10

单位：万人

综合类旅游 App	1 月	2 月	3 月	4 月	5 月	6 月
携程旅行	5047.72	4161.19	6956.91	7059.79	6855.22	6432.46
去哪儿旅行	4585.51	4692.45	4421.92	4325.99	4179.25	3855.09
同程旅游	2983.25	2831.38	2383.24	2392.07	2221.82	1901.74
飞猪旅行	—	—	1101.81	1104.14	1117.80	1154.47
百度旅游	901.06	1065.34	733.60	686.31	641.59	493.15
途牛旅游	889.43	899.01	838.62	819.49	831.81	836.35
马蜂窝旅游	850.28	1093.92	1108.00	1025.00	845.31	973.15
艺龙旅行	291.48	317.93	293.33	297.81	313.92	298.43
猫途鹰旅游	<5	112.39	108.46	111.46	107.76	111.58
驴妈妈旅游	25.75	32.79	38.46	37.84	40.74	46.84
月活跃人数总计	15574.48（不含猫途鹰旅游）	15206.40	17984.35	17859.90	17155.22	16103.26

综合类旅游 App	7 月	8 月	9 月	10 月	11 月	12 月
携程旅行	5956.04	6122.16	6118.74	6620.25	6799.34	6823.71
去哪儿旅行	3577.34	3664.77	3603.94	3961.58	3864.81	4135.69
同程旅游	1625.52	1315.12	1295.87	1388.33	1374.99	1433.97
飞猪旅行	1105.16	1133.53	1107.05	1166.83	1217.72	1213.69
百度旅游	78.84	74.95	67.30	72.45	74.13	73.96
途牛旅游	802.38	780.37	771.79	839.17	776.82	784.47
马蜂窝旅游	1000.07	980.56	981.49	1066.00	1037.85	1021.11
艺龙旅行	281.02	289.76	283.78	289.62	279.24	284.54
猫途鹰旅游	112.32	112.79	110.25	120.94	128.47	130.38
驴妈妈旅游	35.31	34.34	34.13	35.17	35.02	34.13
月活跃人数总计	14574.00	14508.35	14374.34	15560.34	15588.39	15935.65

资料来源：艾媒北极星。

二　2018年旅游 App 市场介入分析

近年来，旅游 App 发展迅速，更新频率较高，功能日益完善，是游客旅行过程中不可或缺的重要应用平台。目前，旅游 App 从功能上主要分为预订类、攻略类、工具类和分享类四种，覆盖游客在旅游全过程中的需求。

（一）预订类 App

预订类 App 主要包括机票、火车票预订，住宿预订，以及景点门票和线路服务预订等，部分综合类旅游 App 亦推出机票、酒店、景点预订“一站式”服务，为游客出行提供便利。

1. 机票、火车票预订

游客在旅游过程中，首先需要考虑的是出行。从出行方式和预订渠道看，机票预订通常有综合类旅游 App、航空公司 App 以及辅助类 App 三种渠道（见表2）；火车票预订通常有综合类旅游 App、铁路 12306 官网 App 以及辅助类 App 三种渠道（见表3）。游客可通过多种预订方式对票款价格进行对比，各渠道推出的不同优惠活动可降低旅游成本，提高性价比，多元预订渠道令游客出行更加高效、便捷。

表 2　机票预订类 App

预订方式	综合类旅游 App	航空公司 App	辅助类 App
机票预订	携程旅行	中国国航	航旅纵横
	飞猪旅行	东方航空	航班管家
	马蜂窝旅游	春秋航空	飞常准
	去哪儿旅行	南方航空	
	途牛旅游	深圳航空	
	艺龙旅行	海南航空	
	同程旅游	厦门航空	
	穷游		
	驴妈妈旅游		

表3　火车票预订类 App

预订方式	综合类旅游 App	铁路 12306 官网 App	辅助类 App
火车票预订	携程旅行	铁路 12306	智行火车票
	飞猪旅行		高铁管家
	马蜂窝旅游		铁友火车票
	去哪儿旅行		订票助手
	途牛旅游		
	艺龙旅行		
	同程旅游		
	穷游		
	驴妈妈旅游		

2. 住宿预订

住宿预订是旅游过程中的重要组成部分之一，选择符合游客预期的酒店或民宿非常重要，住宿预订目前可分为酒店预订和民宿短租预订两类。近年来，随着年轻人逐渐成为旅游打卡的主要客群，相比以往游客倾向于预订传统酒店，2018 年住宿预订类 App 市场呈现逐步向民宿短租过渡的趋势。

（1）酒店预订

2018 年酒店预订类 App 除综合类旅游 App 之外，主要以铂涛旅行、华住会和艺龙旅行为代表，访问量较多（见图 3）。

图3　酒店预订类 App

艾媒北极星发布的数据显示，华住会月活跃人数约为 124.69 万人；铂涛旅行月活跃人数持续发力，由 2018 年 5 月的 89.08 万人上升到 2018 年 12

月的 134.62 万人，涨幅达 51.12%；艺龙旅行推出子产品“艺龙酒店”App，快速进军酒店预订类 App 市场。此外，锦江旅行、Booking（缤客）、Agoda（安可达）等酒店预订类 App 在 2018 年也有较理想的访问人数和预订量（见表 4）。

表 4　2018 年酒店预订类 App 月活跃人数

单位：万人

酒店预订类 App	1 月	2 月	3 月	4 月	5 月	6 月
华住会	115.17	99.58	124.22	120.37	129.02	134.23
铂涛旅行	—	—	—	—	89.08	98.52
锦江旅行	—	—	—	—	—	—
Booking(缤客)	46.98	49.81	52.80	52.03	57.21	60.09
艺龙酒店	—	25.67	23.67	24.68	24.80	25.87
Agoda(安可达)	17.35	18.91	19.79	19.22	18.90	18.48
酒店预订类 App	7 月	8 月	9 月	10 月	11 月	12 月
华住会	131.52	128.47	127.46	129.87	127.77	128.54
铂涛旅行	91.56	88.28	87.85	102.49	130.42	134.62
锦江旅行	—	—	—	—	64.82	62.67
Booking(缤客)	59.05	55.60	55.46	60.27	59.36	57.39
艺龙酒店	26.20	29.34	28.84	28.68	30.01	31.24
Agoda(安可达)	17.97	15.86	15.64	14.08	15.20	15.22

资料来源：艾媒北极星。

（2）民宿短租预订

2017 年 8 月，国家旅游局发布《旅游民宿基本要求与评价》，填补了民宿行业管理的空白，形成了民宿管理的行业标准，并于 2017 年 10 月 1 日正式实施。随着民宿管理行业标准的落地，民宿市场更加规范，对卫生、评价等方面提出了具体要求，以“传递生活美学、追求产品创新、弘扬地方文化、引导绿色环保、实现共生共赢”为评价标准，积极引导民宿文化建设。2018 年，民宿行业在信用体系、市场推广、品牌效应和服务体验等方面均有一定程度的提升，民宿行业标准的细化，无疑为年轻客群喜欢猎奇、尝试新鲜的民宿体验、感受人文情怀创造了更加安全的短租居住环境。表5为2018年民宿短租预订类App月活跃人数总体情况。

表5　2018年民宿短租预订类App月活跃人数

单位：万人

民宿短租预订类App	1月	2月	3月	4月	5月	6月
小猪短租	114.81	119.22	119.76	116.50	102.24	86.65
途家	100.97	108.95	162.35	158.40	149.57	140.16
蚂蚁短租	87.48	88.79	77.02	79.56	84.91	85.51
Airbnb(爱彼迎)	68.53	68.15	80.04	78.81	81.27	85.91
民宿短租预订类App	7月	8月	9月	10月	11月	12月
小猪短租	83.73	88.50	88.48	91.80	85.81	87.42
途家	83.91	78.80	75.12	79.31	83.85	78.64
蚂蚁短租	96.46	90.87	89.00	92.48	95.42	96.98
Airbnb(爱彼迎)	77.08	76.53	75.75	80.84	84.92	83.13

资料来源：艾媒北极星。

如表6所示，通过途家、Airbnb（爱彼迎）、蚂蚁短租和小猪短租App可预订全球民宿，木鸟短租则主要做国内市场。途家自2011年上线后，以短租为基础，搭建公寓民宿预订平台，为游客提供包括客栈、别墅、民宿等在内的多种住宿体验，对房源和房东资质审核严格，管理较为完善，拥有稳定的客流量。Airbnb（爱彼迎）自2008年8月成立后，主要做旅行房屋租赁社区业务，为游客提供公寓、别墅、城堡、树屋等多种住宿环境，改变了游客在旅行中的租住意识。蚂蚁短租源于赶集网的短租频道，自2011年11月上线后，受到游客的关注，是国内开展短租业务的开拓者，在短租市场中占据一定份额。木鸟短租是分享经济模式下的一种C2C民宿短租模式，为游客提供别墅、海景房、四合院、木屋、客栈、窑洞等不同房型，并已逐步开启“中长租”功能。小猪短租和飞猪达成深度战略合作，在飞猪平台开通民宿短租入口，提升飞猪民宿质量，借助飞猪“信用住”产品，为游客提供“先住后付”服务，“飞猪＋小猪短租”组合在一定程度上推动了短期优质民宿体验的优化（见图4）。

表 6　民宿短租预订类 App 基本情况

民宿短租预订类 App	功能特点	App Store 评论量(万条)
途家	全球公寓民宿和短租预订,呈现民宿亮点,分享民宿玩乐新体验,推出“优选 PRO 全新计划”	22.4
木鸟短租	国内 396 座城市,1500 个目的地,超过 128 万套房源,房东实名认证	21.4
Airbnb(爱彼迎)	全球民宿短租公寓预订,全球 600 万套特色民宿,房东实名认证	8.96
蚂蚁短租	全球超过 100 万套精选优质民宿,认证房源	5.6
小猪短租	全球民宿短租酒店公寓预订,覆盖超过 710 座城市,50 万套民宿,信用机制完善,先住后付免押金	2.16

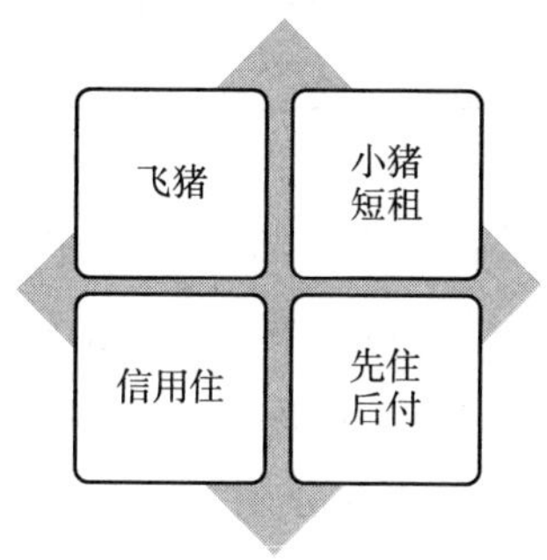

图 4　“飞猪 + 小猪短租”民宿预订模式

3. 景点门票和线路服务预订

综合类旅游 App 基本上具有景点门票和线路服务预订功能，同时设有一日游或二日游等线路服务。游客选取目的地、景点或游玩主题后，可通过 App 购买景点门票（大部分 App 端预订的景点门票有一定优惠），并搜索到多种线路服务。一些综合类旅游 App 也推出了 VIP 定制行程，提供一对一专属服务，以满足不同游客的游览需求。移动支付方式的多元化，使通过 App 预订景点门票和线路服务更加便捷，支付完毕即可于当日或次日使用，同时助力景区智慧旅游发展。

（二）攻略类 App

为了使旅游行程安排更加合理高效，旅游之前在 App 上做攻略是必备的功课，可最大化实现行前的预期。目前，攻略类 App 主要有马蜂窝旅游、穷游锦囊、去哪儿攻略、蝉游记和携程攻略等，其功能特点见表 7。

表 7　攻略类 App 的功能特点

攻略类 App	功能特点
马蜂窝旅游	目的地、酒店、自由行攻略，游记、问答、点评、图片分享等
穷游锦囊	按洲际对攻略进行分类，并设有专题锦囊，推出《旅行安全指南》
去哪儿攻略	旅行榜单、路线、经验、问答、游记等
蝉游记	游记攻略（已于 2018 年 10 月 31 日下线）
携程攻略	口袋攻略、游记攻略

其中，马蜂窝旅游是较为全面的攻略类 App，涉及旅行途中的各个方面；蝉游记作为在线旅游攻略社区，曾长期占据旅游 UGC（用户原创内容）前列，但因业务调整以及旅游 UGC 逐渐失去热度，蝉游记官网和 App 于 2018 年 10 月 31 日正式下线，结束运营；综合类旅游 App 如携程旅行、去哪儿旅行和穷游等纷纷推出攻略类子产品“携程攻略”“去哪儿攻略”“穷游锦囊”，涉足攻略类 App 市场。鉴于此，笔者仅以最具代表性的攻略类 App 马蜂窝旅游为例进行分析。马蜂窝旅游 App 功能设置、攻略内容、攻略分类见图 5、图 6、图 7。

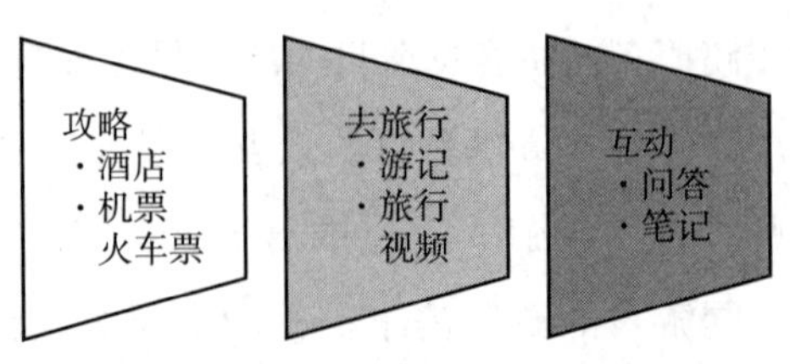

图 5　马蜂窝旅游 App 功能设置

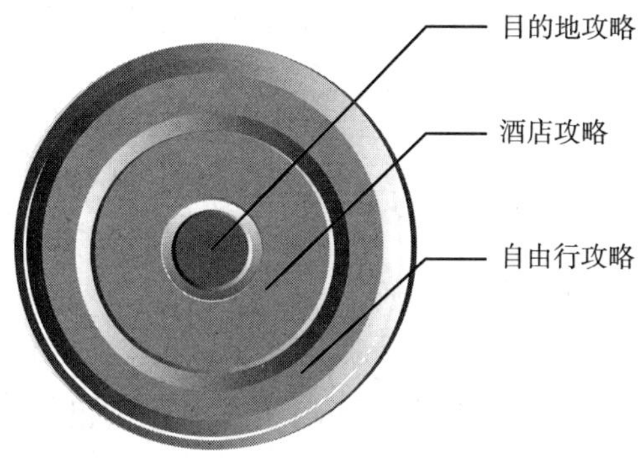

图 6　马蜂窝旅游 App 攻略内容

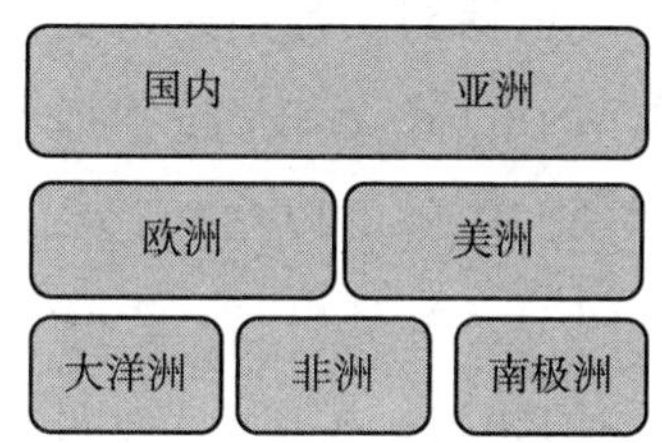

图 7　马蜂窝旅游 App 攻略分类

马蜂窝旅游 App 提供旅行途中周边吃住玩乐攻略、游记攻略，通过 App 平台互动，蜂友互助解答旅行途中的问题，以分享见长。该 App 以自由行为核心，为游客提供目的地、酒店、自由行攻略，以及游记、问答、点评、图片分享等，游客可以在旅行前做全方位的准备。自由行攻略按洲际进行分类，突出全球特色节日、当季去哪玩、旅行新发现、主题玩法、热门目的地等热点板块，同时推出精选攻略号和最新攻略供游客进行浏览，打造专属的个性化自由行方案。

（三）工具类 App

工具类 App 是游客在旅行途中的重要辅助工具，其功能突出且较为单一，主要分为交通类、地图类、翻译类、摄影类、天气类和餐饮类（含外卖）等。工具类 App 为游客出行提供交通工具导引，帮助游客对出行线路进行导航；满足游客赴国外旅行的翻译需求，在旅行途中及时通知天气变化；提供景点附近的餐饮信息；等等。

1. 交通类

交通类 App 主要可分为打车类、租车类、共享类（含单车、电单车、汽车）等，满足不同游客的出行需要（见表 8）。打车类 App 以滴滴出行、嘀嗒出行、首汽约车和曹操出行为主，覆盖出租车、专车、顺风车、快车等业务；租车类 App 则以携程租车、一嗨租车、神州租车、瑞卡租车等为代表，覆盖国内和国际租车业务，网点较多，适合目的地自驾游。随着"共享单车"的普及，共享经济时代为共享交通类 App 的发展带来了新的契机，但 2018 年"ofo 共享单车"也遇到了前所未有的瓶颈期，陷入退款风波，目前共享类单车中摩拜单车的市场份额较高；共享类电单车以 7 号电单车和小蜜单车为代表，能够满足 10 公里以内短途出行需求；共享类汽车以 GoFun 出行、EVCARD、TOGO、摩范出行、PonyCar（马上用车）等为代表，大多数采用电动汽车分时租赁，实现了节能环保、绿色出行。

表 8　交通类 App 类别及其功能特点

类别	App 名称	功能特点
打车类	滴滴出行	覆盖出租车、专车、顺风车、快车、租车（含单车）等业务
	嘀嗒出行	覆盖出租车、顺风车业务
	首汽约车	高品质出行业务
	曹操出行	吉利集团战略投资的"互联网＋"新能源出行服务，节能环保出行
租车类	携程租车	国内覆盖超过 400 座城市，境外覆盖 200 个国家和地区
	一嗨租车	免"车辆＋违章"押金，7×24 小时自助取还，超过 4000 个网点
	神州租车	免"预授权＋违章"押金，智能取还，超过 5000 个网点，覆盖国际租车业务
	瑞卡租车	信用出行，免押金，超过 1700 个网点
	悟空租车	芝麻信用，双免租车押金，超过 3000 个网点
	惠租车	海外自驾，覆盖 180 余个国家和地区，超过 5000 个城市
	租租车	出境自驾游租车，覆盖 200 个国家和地区，5000 个城市，超过 17 万个网点，全中文服务
	AVIS 租车	国际租车，覆盖 175 个国家和地区

续表

<table>
<tr><th colspan="2">类别</th><th>App 名称</th><th>功能特点</th></tr>
<tr><td rowspan="13">共享类</td><td rowspan="3">单车</td><td>摩拜单车</td><td>免押金,随时随地扫码骑车,蓝牙极速解锁</td></tr>
<tr><td>ofo 共享单车</td><td>曾经风靡一时的共享单车模式,2018 年末陷入拖欠押金风波</td></tr>
<tr><td>哈啰出行</td><td>单车、助力车、顺风车等</td></tr>
<tr><td rowspan="2">电单车</td><td>7 号电单车</td><td>运用智能芯片技术,满足 10 公里以内短途出行需求</td></tr>
<tr><td>小蜜单车</td><td>共享电单车和公共电动自行车预订</td></tr>
<tr><td rowspan="5">汽车</td><td>GoFun 出行</td><td>首汽集团旗下汽车分时租赁智能共享平台,覆盖近 80 个城市</td></tr>
<tr><td>EVCARD</td><td>共享电动汽车分时租车,芝麻信用超过 700,免押金使用</td></tr>
<tr><td>TOGO</td><td>共享汽车服务,提供时尚车型,全部为燃油车,高品质出行</td></tr>
<tr><td>摩范出行</td><td>隶属北汽集团,新能源汽车分时租赁,信用担保免押金,按需用车,全程自助,随借随还,经济共享</td></tr>
<tr><td>PonyCar
(马上用车)</td><td>电动汽车分时租赁,共享经济领域,环保、便捷、智能出行</td></tr>
</table>

2. 地图类

地图类 App 是游客到达目的地出行时频繁使用的工具，目前国内地图类 App 中百度地图和高德地图位居前列，腾讯地图和搜狗地图也在不断发力。百度地图现已覆盖 209 个国家和地区，全球 POI（信息点）总数达 1.4 亿个，采用智能导航，利用大数据计算推荐路线，可实现人机对话，同时设有 AR 步行导航和 360°全景地图；高德地图现已覆盖全国 364 个城市，全国道路里程达 352 万公里，拥有 2000 万个 POI，导航专业，数据准确，以其优质的电子地图数据库和相对精准的定位为游客提供导航服务；腾讯地图现已覆盖全国 400 个城市，设有楼层引导、探索附近功能；搜狗地图现已覆盖全国近 400 个城市 3000 个区（县），拥有数千万个 POI。通过表 9 中所列地图类 App 月活跃人数可见，2018 年下半年，游客出行人数大幅增长，百度地图和高德地图几乎平分秋色。图 8 为苹果 App Store 地图类产品评论数量，从图中可以看出，高德地图评论数量较大，拔得头筹。

表 9　2018 年地图类 App 月活跃人数 Top4

单位：万人

地图类 App	1 月	2 月	3 月	4 月	5 月	6 月
百度地图	26279.67	25800.84	28569.00	27945.20	28166.78	29389.76
高德地图	25013.20	25036.04	27958.23	27286.99	27454.70	29280.76
腾讯地图	1677.71	1668.46	1996.99	1984.40	1814.93	1794.61
搜狗地图	593.91	557.19	665.70	652.50	581.05	537.28
地图类 App	7 月	8 月	9 月	10 月	11 月	12 月
百度地图	31008.87	31124.76	30665.73	32715.54	34394.82	33809.23
高德地图	30320.83	30275.54	29251.48	32607.18	32796.77	32354.91
腾讯地图	1682.03	1613.28	1606.31	1733.83	1608.41	1703.72
搜狗地图	500.44	475.39	476.40	503.03	539.31	521.82

资料来源：艾媒北极星。

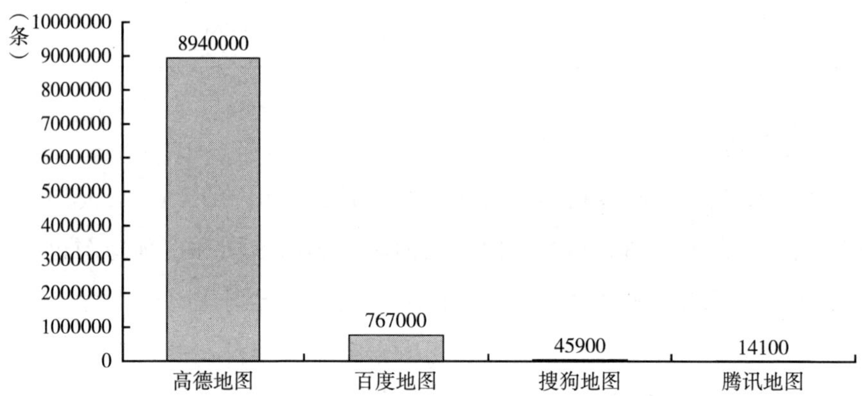

图 8　苹果 App Store 地图类产品评论数量

注：数据截至 2019 年 8 月 16 日。

资料来源：苹果 App Store 地图类产品评论数量。

3. 翻译类

游客赴海外旅行时，翻译类 App 是必不可少的工具。通过翻译类 App，游客在境外旅游途中交流会更为顺畅，能够提高沟通效率。较具代表性的翻译类 App 有马蜂窝旅游推出的旅行翻译官以及出国翻译官、有道翻译官等，其功能特点见表 10。

表 10　翻译类 App 的功能特点

翻译类 App	功能特点
旅行翻译官	支持 17 个语种、国内 13 种地方话（含台湾话）以及在线翻译服务。场景多样，支持真人发音
出国翻译官	支持 34 个国家和地区的语言互译，提供真人在线一对一视频翻译服务，输入翻译文本，一键即得译文
有道翻译官	覆盖 107 种语言、186 个国家和地区，中英互译采用有道的离线神经网络翻译技术（YNMT），更加智能精准。网页翻译，轻松浏览外文网站，随说随译，实景 AR 翻译，离线 NMT 翻译包

此外，还有翻译软件、翻译全能王、翻译工具大全、日语翻译官、英语翻译官、ACATW－翻译器、翻译官、俄语翻译官等翻译类 App，以及网易推出的“有道翻译蛋”、百度和携程合作推出的“WiFi 翻译机”等，均受到游客青睐。

其他工具类 App 还包括以下几类：旅拍类 App，如 VSCO Cam、Snapspeed、Analog Film、Instagram、Facetune、无他相机、Vue 等，涵盖滤镜、人像、Vlog 等技术；气象类 App，如天气预报、墨迹天气等；餐饮类 App，如大众点评、美团外卖等，可堂食，也可外卖。上述工具类 App 可满足游客在旅行过程中的各种需要，让游客获得更理想的旅游体验。

（四）分享类 App

近年来，年轻人成为旅游的主要客群，也将诸多新鲜元素带入旅行过程中。有的年轻游客在旅行过程中携带日式“手账”，记录途中见闻，并分享到社交圈。以“旅咖 App”为代表的分享类 App，记录分享旅行足迹和旅行中的故事，以手账式游记，配以文艺复古风格，通过在城市地标上传图片或视频打卡签到，记录曾经到达过的目的地，将体验到的美食、娱乐、景点、人文等通过图片或视频方式分享给其他将要到此旅行的游客，存储旅行途中的精彩瞬间，生成专属时光地图。

三　2019年旅游App市场展望

（一）旅游App市场目前存在的问题

近年来，旅游App在推动景区智慧旅游建设中发挥了重要作用，但也存在一些问题，主要如下。①用户体验较以往有很大提升，App更新也较频繁，但仍需提升用户体验，关注不同用户群的需求，实现精准化，针对App使用过程中用户提出的问题，及时进行更新反馈。②旅游App售后服务和投诉问题亟待解决。游客通过旅游App平台预订旅游产品而投诉平台的情况较传统旅行社更为集中突出，主要表现为预订的酒店、门票等与描述不符，客服公关能力不强，游客投诉问题未能及时得到解决，等等，导致部分游客流失。③目前旅游App产品同质化现象凸显，旅游产品在性能、外观甚至营销手段上相互模仿，同质化现象较为突出，旅游App需加强智力投入与研发，打造品牌专属的旅游App风格和特色，充分发挥旅游App在“互联网+”时代的作用。

（二）博物馆App发展现状及存在的问题

博物馆旅游作为文化旅游的一个重要组成部分，近年来随着“博物馆研学热”现象以及一些文博类综艺节目带来的“粉丝效应”，其热度持续攀升，越来越多的游客纷纷前往博物馆，近距离与文物接触，了解文物的前世今生。

国外博物馆App的研发与应用较国内略早，且较为成熟，其中以英国大英博物馆、美国大都会艺术博物馆、日本e-Museum、法国卢浮宫、美国古根海姆博物馆、西班牙普拉多博物馆的App最具代表性。目前，博物馆App的主要功能有文物介绍、导览讲解、互动体验等（见图9），还有其他辅助功能（见图10），可以全方位帮助游客顺利观展。英国大英博物馆App覆盖博物馆预约方式、展品分布、交通出行、餐饮购物等内容，对馆藏部分展品以图文并茂的形式进行介绍，是当下最有影响力的博物馆 App。美国大都会艺术博物馆 App 除覆盖展品分布、乐器、照片、建筑、绘画以及交通出行信息外，还拓展至更多文化旅游景点进行推广，如纽约市、自由女神像、中央公园、时代广场、美国自然历史博物馆等，在一定程度上带动了当地文化旅游消费。日本 e-Museum 汇集了东京国立博物馆、京都国立博物馆、奈良国立博物馆、九州国立博物馆 4 所国立文化财机构博物馆馆藏的约 1000 件国宝和重要文化财产的高清图片与解说，包括绘画、墨迹、雕刻、建筑、金属工艺品、刀剑、陶瓷等。

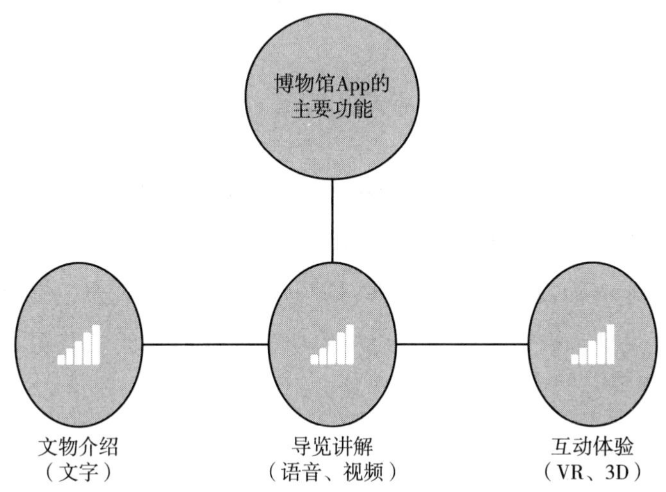

图 9　博物馆 App 的主要功能

近年来，国内各大博物馆也在积极研发博物馆 App，如故宫博物院“每日故宫 App”、上海博物馆 App 等，还有部分非博物馆官方运营和开发的博物馆旅游或导览 App。目前，博物馆官方 App 图片高清，以 VR 视角，可 360 度观看文物的各个方面，对文物的基本情况进行介绍，打造文物展示平台。但博物馆 App 以展品介绍为主，方式较为单一，仅仅将博物馆藏品简单复制并数字化，对文物描述不翔实且学术性不够，互动体验较为欠缺，无法满足游客对藏品的深层次认知。为避免“走马观花式”浏览，需对文物

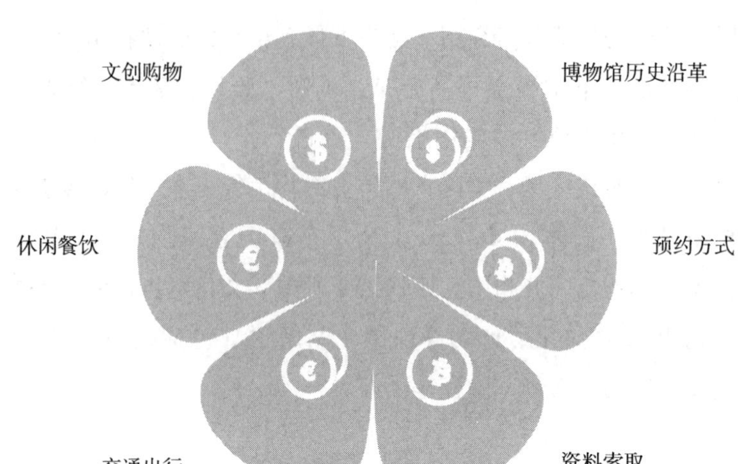

图 10　博物馆 App 的其他辅助功能

用途做说明，以期对文物的历史脉络有更为清晰的认识。此外，用户运行博物馆 App 过程中常会出现“闪退”现象，致使体验不甚理想，在听完语音讲解后部分 App 尚需重启，开发部门需针对用户体验过程中提出的缺陷进行及时修复处理，进一步完善用户体验研发，以期让用户获得更为理想的 App 体验。

（三）智慧旅游景区 App 发展现状及存在的问题

2015 年 1 月，国家旅游局印发《关于促进智慧旅游发展的指导意见》，开启“智慧旅游”发展新时代。近年来，随着手机 App 的普及，旅游 App 持续发力，研发数量较大，市场活跃度较高，在一定程度上推动了智慧旅游的发展。

但目前国内智慧旅游景区 App 开发不理想，4A 级、5A 级景区官方 App 略显薄弱，形式较为单一，仅以预订门票、语音导览为主，且语音导览质量堪忧，缺乏规范化的统一标准。鉴于此，笔者认为智慧旅游景区 App 的主要功能为交通出行（含智能停车）、预订门票、语音导览、餐饮、购物、游客攻略分享等（见图 11），除旅游景区参观和展示外，可进行市场化运作，加强旅游景区文创产品或旅游纪念品的研发，突出个性化、差异化文创产品；提供定制化服务，避免出现同质化现象；注重发挥景区 App 在游客旅游过程中的社交功能，开辟游客交流专区，游客间可互助。同时，景区可专设“App 客服人员”，及时在 App 上针对游客提出的问题给予专业解答。

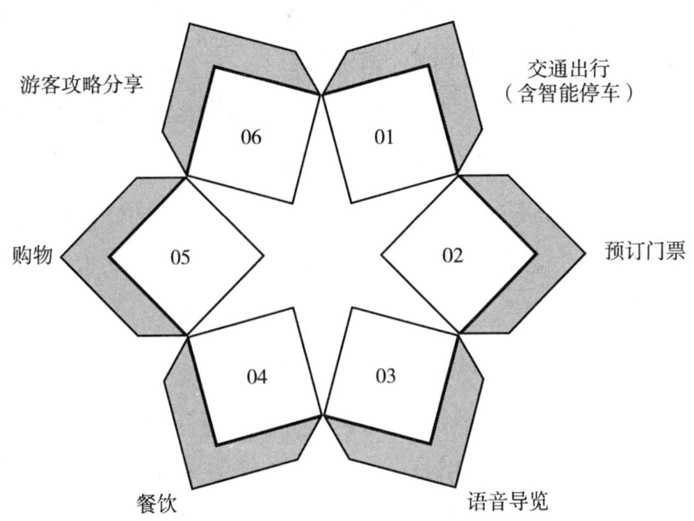

图 11　智慧旅游景区 App 的主要功能

智慧旅游景区需以官方 App 研发为契机，借助现代科技手段，切实提升服务质量，App 端语音导览与人工导览互为补充，让游客深入了解景区全貌，做到线上（“App + 微信”）线下并举，提升游客黏着度，顺应“互联网 +”时代游客的需求，让游客获得更好的旅游互动体验。

（四）“App + 微信”模式将成为文旅市场发展的新趋势

当前“互联网 +”背景下微信生态及市场裂变，旅游 App 市场有所下沉，部分旅游网站继 App 之后陆续开发微信小程序，使 2018 年旅游 App 市场受到一定冲击。微信是使用率较高的移动应用软件，截至 2018 年 12 月，微信月活跃人数达 10.167 亿人次。微信功能不断拓展，陆续推出订阅号、服务号、企业号、小程序等，对旅游 App 市场产生了一定影响，尤以微信小程序表现最为突出。微信小程序嵌入微信应用中，可直接在微信中打开，鉴于其无须安装、随时可用、用完即退、无须卸载的特点，越来越多的游客倾向于通过微信小程序完成行程预订。

以途牛旅游为例，途牛旅游相继开发了10余个微信旅游小程序，涉及机票、火车票、酒店预订，跟团自助游，旅行攻略等旅游全过程，游客可以通过微信小程序方便快捷地完成一键式预订。

腾讯CDC（用户研究与体验设计中心）与同程旅游联合发布的《“后App时代”的移动旅行趋势研究报告2018》结合专题调研和大数据分析认为，“旅游App+微信平台”正在成为新时期移动旅行用户的新趋势，移动旅行预订将迎来一个全新的时代——“后App时代”。[①] 该报告对2018年旅游预订平台进行了统计，其中微信平台预订占57.2%，旅游App预订占52.2%，微信闭环式体系可以全面实现移动旅行预订全流程。该报告还显示，60后、70后、80后相对偏爱微信平台，90后相对偏爱旅游App；通过微信朋友圈分享获得旅游资讯占74.6%，通过微信公众号获取旅游资讯占66.3%，通过微信朋友圈广告获取旅游资讯占46.9%，可见微信朋友圈对获取旅游信息的重要性，微信朋友圈逐渐成为旅游资讯的主要发布渠道。表11为笔者根据该报告得出的微信平台和旅游App满意度调查结果，旅游App在购买/预订流程方便、价格合适、旅游信息详细、旅游路线丰富四个方面有突出表现，因旅游App均由传统OTA开发推出，且具有多年的移动营销经验，故在预订、价格及旅游资讯方面更为成熟；而微信平台在支付安全方便、平台可靠、售后服务较好、用户评论不错、有较多朋友推荐、旅游服务完善、套餐内容丰富、活动有吸引力、无须下载App等方面则较为突出。在旅游动态分享方面，73.9%的游客通过微信平台分享旅游动态，14.5%的游客通过旅游App分享旅游动态，因为微信受众多、覆盖面广、时效性强，91.5%的游客会通过微信朋友圈分享旅游动态。微信平台和旅游

① 《腾讯CDC&同程旅游：〈“后App时代”的移动旅行趋势研究报告2018〉》，搜狐网，2018年4月9日，http：//www.sohu.com/a/227715458_483389。

App 各有所长，微信平台可作为旅游 App 的有益补充，二者要相辅相成，打造合体，形成“旅游 App + 微信平台”的文化旅游发展新模式。

表 11　微信平台和旅游 App 满意度调查结果

调研内容	微信平台	旅游 App
支付安全方便	88. 5	86. 2
平台可靠	87. 0	85. 9
购买/预订流程方便	86. 9	87. 6
价格合适	82. 9	83. 4
售后服务较好	81. 3	80. 5
用户评论不错	80. 4	80. 3
旅游信息详细	79. 4	80. 3
旅游路线丰富	78. 3	79. 9
有较多朋友推荐	78. 2	75. 5
旅游服务完善	77. 0	76. 5
套餐内容丰富	76. 2	75. 3
活动有吸引力	75. 6	72. 7
无须下载 App	88. 7	—

资料来源：《腾讯 CDC& 同程旅游：〈“后 App 时代”的移动旅行趋势研究报告 2018〉》，搜狐网，2018 年 4 月 9 日，http：//www. sohu. com/a/227715458_ 483389。

参考文献

李宏主编《中国在线旅游研究报告 2017》，旅游教育出版社，2017。

李宏主编《中国在线旅游研究报告 2018》，旅游教育出版社，2018。

宋瑞主编《2016 ~ 2017 年中国旅游发展分析与预测》，社会科学文献出版社，2017。

宋瑞主编《2018 ~ 2019 年中国旅游发展分析与预测》，社会科学文献出版社，2018。

国家历史文化名城文化旅游发展现状及展望

叶洛夫*

摘　要： 历史文化名城是保存文物特别丰富并且具有重大历史价值或者革命纪念意义的城市。通过具体案例分析，本报告回顾了历史文化名城旅游产业的发展情况及其在文化旅游中所呈现的主要特征。现阶段历史文化名城的文化旅游具有紧紧跟随国家政策、合理进行产业规划布局、与城市更新联动部署、重视非物质文化遗产保护、面临智慧社会挑战等主要特点，但也存在历史文化名城保护不力、同质化发展现象较为普遍、对文化内涵理解不深等问题。为此，本报告提出发展历史文化名城的文化旅游产业，要与国家战略整体政策导向一致、与城市发展的谋篇布局相吻合、充分理解文化旅游的特性、理解历史文化名城与文化旅游的辩证关系等建议。

关键词： 历史文化名城　文化旅游　非物质文化遗产保护

文化是国家和民族的血脉与灵魂。习近平总书记在党的十九大报告中指出，没有高度的文化自信，没有文化的繁荣兴盛，就没有中华民族伟大复

* 叶洛夫，香港中文大学哲学博士，上海交通大学人文艺术研究院助理研究员，研究方向为宗教文化、现代都市文化等。

兴。要坚持中国特色社会主义文化发展道路，激发全民族文化创新创造活力，建设社会主义文化强国。文化自信就是要“走出去”，文化自信也是要重点保护本民族优秀的历史文化遗产，讲好中国故事，激发国人的民族自信和爱国热情。中共中央办公厅、国务院办公厅印发的《关于实施中华优秀传统文化传承发展工程的意见》指出，中华文化独一无二的理念、智慧、气度、神韵，增添了中国人民和中华民族内心深处的自信和自豪。传承和传播中华文化，是每个中国人应尽的义务。历史文化名城较为完整地保留了中华民族成长和奋斗的人文记忆与鲜活历史，拥有深厚的文化底蕴，对精神文明建设、爱国主义教育、扩大国际影响具有积极的意义，是极为珍贵的历史遗产。如何在保护历史文化名城的同时发挥其文化辐射作用，搭载文化旅游的复合平台，向海内外传播充满魅力的中华文化，在国际上提升国家形象，是必须明晰原则、正确应对的重要问题。

一　历史文化名城文化旅游发展现状

（一）历史文化名城介绍

1982 年第五届全国人大颁布《中华人民共和国文物保护法》，界定历史文化名城为保存文物特别丰富并且具有重大历史价值或者革命纪念意义的城市。同年公布的第一批国家历史文化名城中，包括北京、西安、南京、昆明、延安、大理等 24 座城市。1986 年第二批国家历史文化名城包括上海、武汉、重庆、敦煌、安阳等 38 座城市。后经历年增补，现全国共有 134 座国家历史文化名城。随着国务院于 2008 年颁布《历史文化名城名镇名村保护条例》，名城申报有法可依，各地陆续公布了一批地方历史文化名城名镇。国家历史文化名城主要分为历史朝代古都（北京、洛阳、杭州等）、近代重要事件发生地（上海、延安等）、民族与宗教文化中心（敦煌、大理、喀什等）、悠久文化保留地（曲阜、绍兴、潮州等）、手工制造业重镇（海口、景德镇、自贡等）几种类型。

历史文化名城的规范保护源自国内城市化初期旧城改造对重要古城和历史遗迹的潜在破坏，是由国家文物局和时称国家建委等单位牵头向中央政府提请的动议，历史文化名城保护实施的是一种文化遗迹的保护制度。自第一批国家历史文化名城确立以来，我国的社会环境发生了深刻变化，市场经济稳健发展，法治观念深入人心，保护历史文化名城、保留中华文明记忆的意识在民间逐步得到强化。我国现有的世界遗产，大部分因所处历史文化名城的系统规划而得到妥善保护。2017 年《中华人民共和国文物保护法》修订时，也明确规定“历史文化名城和历史文化街区、村镇所在地的县级以上地方人民政府应当组织编制专门的历史文化名城和历史文化街区、村镇保护规划，并纳入城市总体规划”。可以说，对历史文化遗迹的保护已经稳步融入城市的现代发展规划中。另外，由于历史文化名城保护的主要任务是妥善完整地保护好区域内的文物、风貌、遗址等，某些时候这又与现代城市的大规模经济建设需要相掣肘，造成两难局面。2019 年“两会”期间，就有政协委员提出苏州市姑苏区由于历史文化名城的保护要求，经济发展受到限制，财政收入相较于其他地区明显下降。委员提议由中央财政建立历史文化名城保护补偿机制，并在产业、税收、财政等方面出台针对历史文化名城保护的补偿配套政策。应该说，历史文化名城及其所承载的中华文明的丰富遗产，需要通过合适的理念和渠道进行有效的保护和传播。

旅游是人类体验不同生活的主要社会活动形式，而现代旅游的核心理念是文化体验。随着人民群众对精神文化生活的需求不断提高，文化旅游成为人们走出家门的首选休闲方式。2009 年国务院发布的《关于加快发展旅游业的意见》提出，要丰富旅游业的文化内涵，把提升旅游业的文化内涵贯穿到“吃住行游购娱”各环节和旅游业发展的全过程。要发挥文化资源优势，推出具有地方特色和民族特色的演艺、节庆等文化旅游产品。充分利用博物馆、纪念馆、体育场馆等设施，开展多种形式的文体旅游活动。集中力量塑造国家旅游整体形象，提升文化软实力。历史文化名城的文化资源丰富，是文化旅游的最佳目的地。

（二）文化旅游发展现状

历史文化名城作为目的地和集散枢纽地，在传统旅游中原本就非常重要。历史文化名城及其周边地区的历史遗迹相对集中，本地文化保护完善，向来广受境内外游客的青睐。有学者统计，在旅游业发达的城市中，国家历史文化名城占半数，其接待入境旅游人数和旅游创汇分别占到68%和74%，其旅游价值和吸引力可见一斑。游客选择文化旅游看的是文化遗迹、文化差异、文化创新，享受的是沉浸交互式的文化体验。文化素材通过旅游所表现出的人文理念，是文化旅游的魅力所在。当前，历史文化名城文化旅游的发展特点主要如下。

1. 紧紧跟随国家政策

文化旅游是传统旅游的升级形态，是顺应社会进步的休闲模式。各级历史文化名城紧紧跟随国家在宏观层面的战略部署，并以文化旅游为抓手，打造过硬的城市品牌。泉州和西安两座城市同为第一批国家历史文化名城，它们借助"一带一路"倡议的东风，在城市文化旅游方面大胆实践，取得了令人瞩目的成绩。

我国提出"一带一路"倡议，旨在同"一带一路"沿线国家和地区分享发展机遇，实现共同繁荣。"一带一路"沿线国家和地区多为历史悠久的文明古国，"一带一路"倡议是传播中华文明、增进文化交流的重要举措。泉州是古代"海上丝绸之路"的起点，自唐朝以来就是对外贸易的重要窗口。除了丰富的民间文化外，作为商业城市，泉州开放多元，宗教信仰兴盛，世界各大宗教遗迹在此都能见到踪影。作为"世界宗教博物馆"，泉州不仅积极参与"海上丝绸之路"申遗，而且通过展览、研讨会、交流活动等形式，积极向海内外推介多元包容的城市形象。泉州的文化旅游产业也得以获得更高的曝光度。

西安历来是最受境内外游客欢迎的旅游目的地城市之一，在人民网舆情数据中心发布的《2018 年中国城市文化旅游品牌影响力排行榜》中居前 3 位。西安市统计局数据显示，2017 年，西安共接待海内外游客 18093. 14 万人次，实现旅游总收入1633.30亿元，分别是1995年的22.9倍和37.1倍，年均分别增长15.3%、17.9%。1995～2017年累计接待海内外游客11.84亿人次，实现旅游总收入9323.70亿元。2018年1～5月，西安共接待海内外游客8301.62万人次，同比增长47.33%；实现旅游总收入862.13亿元，同比增长56.37%。2017年全市共有A级以上景点77家，作为博物馆大省陕西的省会，西安的博物馆资源极为丰富。

长安是古丝绸之路的东方起点。“一带一路”倡议给古城西安带来了新的发展契机，西安围绕打造“世界旅游之都”和“美食之都”，全方位升级文化旅游产品和服务质量。2018年《政府工作报告》显示，西安正在规划实施文化、旅游两个产业倍增计划，推进“文化＋”和“旅游＋”，打造万亿元级文化旅游大产业。西安丝绸之路国际旅游博览会已连续举办5年，累计签约金额达1300多亿元。这些都能够说明西安围绕“一带一路”倡议的国际化契机，努力传播中华文化，逐步打造丝绸之路的文化旅游品牌。

值得一提的是，泉州、西安两地曾签署《建设“一带一路”战略合作框架协议》，开展海陆“丝路”优势互补的全方位合作。该框架协议指出，在文化旅游方面，两市将加强合作，共同开发旅游景点，策划精品路线，组织考察互访，扩大对外宣传，在文化旅游项目设计、包装、推介以及人才培养、文化演艺、投融资运作、场馆建设、影视剧创作等方面加强合作，共同打造丝绸之路旅游经济带。

2. 合理进行产业规划布局

在国家历史文化名城中，有丽江、曲阜、敦煌这样历来以传统旅游业为支柱产业，并逐步过渡到新型文化旅游概念的城市。这些城市围绕文化旅游这一热点，逐步调整旅游业态发展理念，并带动区域内周边产业布局调整，整合优势资源集中发展。

2018年推出的《西安市全域旅游示范市创建实施方案》，就是西安在全面升级文化旅游迭代产品、强化文化旅游服务理念方面的具体举措。该方案涉及旅游产品全域覆盖、公共服务全域配套，以及智慧旅游、生态环境保护等多个领域，并要求不断推进旅游与文化、农林、水利、体育、教育、会展以及其他相关产业融合发展。政府部门表示要发挥旅游"一抓带十抓"的作用，其中就有"抓旅游就是抓经济发展、抓产业升级"的表述，西安作为历史文化名城的经济枢纽和带动作用也得到体现。陕西省人民政府办公厅于2018年初发布《关于印发省"一带一路"建设2018年行动计划的通知》，指出要加强文化产业发展，扩大人文交流，着力打造国际文化旅游中心，并建设交通商贸物流中心、科技教育中心、丝绸之路金融中心等。陕西省于2019年初颁布《陕西省文化金融融合发展三年行动计划（2019～2021年)》，"文化+旅游"的辐射作用可见一斑。文化旅游资源同样丰富的广州，也于2019年初发布了《关于加快文化产业创新发展的实施意见》，明确提出到2035年，文化产业成为广州重要的战略性支柱产业，文化产业的综合竞争力明显增强，基本建成国际性文化产业枢纽城市。

3. 与城市更新联动部署

在城市中依据特定文化历史传统，划定历史文化街区进行特别规划和保护，是世界各国的通行做法，也是我国历史文化名城建设经常采取的方式。文化旅游相较于传统旅游更加灵活，历史文化名城的文化旅游可以与旧城保护相配合，在城市有机更新的勃勃生机中，制造亮点、爆点。

喀什于1986年入选国家历史文化名城。喀什是古丝绸之路国际文化交流的中心枢纽，是现存古西域特色保留最完整的城市，也是世界各国游客心中的圣地。喀什古城的整体改造，既保留了原有的建筑布局和生活气息，又能让本地居民有更为舒适安全的生活环境，到此探访历史文化风情的游客能够获得更完整的人文体验。喀什古城的城市更新，是新疆建设丝绸之路经济带核心区文化科教中心的亮眼成果，也是历史文化名城的城市更新与文化旅游发展互利共赢的鲜明例证。

苏州老城、南京老城南等地的历史文化保护是国内老城文化保护的典范。苏州在古城以外修建新城、保留老城原样。南京在"应保尽保"原则下最大限度地保留老城南的文化遗迹和历史风貌。这些举措不但没有让这些城市的文化旅游业受到冲击，反而因为原生的文化吸引力，使城市获得了更多的关注。在人民网舆情数据中心发布的《2018年中国城市文化旅游品牌影响力排行榜》中，苏州、南京两地居前10位。南京市统计局数据显示，2016年，南京旅游总收入达1909.26亿元，同比增长13.1%；接待游客总数为11206万人次，同比增长9.5%。实现旅游外汇收入6.76亿美元，同比增长5.7%。接待国内游客11142万人次，同比增长9.5%；实现国内旅游收入1862.85亿元，同比增长14.2%。可以说，文化旅游的发展与城市更新时大力保护人文遗产的魄力是分不开的。

4. 重视非物质文化遗产保护

传统旅游偏重对文物、遗址、古建筑等的游访，如上海交通大学学术团队发布的《国际文化大都市评价报告》显示，文化旅游类别的量化评价指标一般包括地标主题公园、旅游酒店、旅游景点等。事实上，历史文化名城的文化旅游，更加偏重异质性文化的深入体验，已经表现出向独立书店、电影院、美术馆、博物馆、艺术中心等文化空间转型，以及所呈现的文化特质转移的趋势。另外，众多非物质文化遗产，由于长期进行的系统性保护、传承和推广，以及与生俱来的文化魅力，也已经逐步成为历史文化名城文化旅游的主要产品。

音乐、戏曲、歌舞是最受欢迎的非物质文化遗产。此类非物质文化遗产分布最广，大部分国家历史文化名城能够找到富有特色的戏曲歌舞类型。如哈尔滨的皮影戏和达斡尔族鲁日格勒舞、柳州的侗族大歌、广州的粤剧、新疆的维吾尔木卡姆艺术等。传统节庆等民俗非遗活动，如广州的“波罗诞”庙会旅游文化节也是文化旅游的热点，而手工手艺类的非遗项目，更是因为游客可以亲自参与制作，符合文化旅游沉浸式的体验特点，文化旅游提高了国内外游客对我国非物质文化遗产的认知和欣赏水平，激发了游客保护和追逐非遗的热情。

历史文化名城文化旅游项目中的非物质文化遗产受到游客青睐，游客对博物馆、美术馆、艺术中心等文化展陈形式也情有独钟。文化和旅游部数据显示，截至2017年，全国注册登记的博物馆数量达到4721个。国家统计局数据表明，2017年全国博物馆接待人数达97172万人次。而全媒体时代的到来，使得“博物馆+”和数字博物馆触手可及。参观博物馆这种游览形式，已经摆脱了时间和空间的限制，实现了全天候、无障碍的访问优势，这为拥有丰富博物馆资源的历史文化名城提供了博物馆旅游和其他优质文化旅游活动的创新条件。

5. 面临智慧社会挑战

当前我国城镇正在快速步入智慧社会，城市已由传统的依循计划有序发展，升级为由创新驱动的井喷式发展状态。城市的变化日新月异，民众的消费能力持续提高，这些都对文化旅游的发展提出了新的要求。一方面，历史文化名城的文化旅游始终要以文化为根本，要坚持把有迹可循、在深厚的人文土壤中积淀下来的优质历史文化内容呈现给社会大众。另一方面，也要精确把握时代脉搏，在新理念的呈现、新项目的推出上大胆创新尝试，不能缩手缩脚。例如，面对国际知名主题乐园在华开园的挑战，是盲目圈地造园、千篇一律，还是像无锡惠山古镇那样在保留人文历史魅力的同时，在发展景区和保护历史文化街区间找到平衡点，打造稳定有序的文旅产业模式，答案是显而易见的。

另外，智能和科技的发展也在影响文化旅游的方方面面。以往在古城中装点起灯光秀，再加上几场主题表演的模式，已远远不能满足游客的需要。通过线上交流、App 互动等互动性和体验感强的表现形式，历史文化名城和文化旅游被紧紧联结在一起。

杭州就是这类城市的代表。杭州是第一批入选国家历史文化名城的城市，也是目前国内互联网产业的中心。早在 2012 年杭州就出台了《“智慧杭州”建设总体规划（2012～2015）》。该规划提出在智慧旅游方面，综合旅游服务平台 100% 覆盖游客和景区的目标，这一目标早已实现。据介绍，“杭州旅游数据在线”平台及手机小程序于 2018 年初公测，该程序不仅具有在线实时查询杭州客流舒适度、酒店好评度的功能，而且具有通过在线数字地图寻找附近的厕所等便利游客的功能，从科技细节入手，做到提升文化旅游服务质量、帮助提高城市好感度。《杭州旅游 2017 年度大数据报告》显示，杭州接待游客量和旅游收入大幅增加，其中年轻游客增多，休闲慢游成为主流。这些文化旅游的成果离不开智能科技的点缀和支持。

二　历史文化名城文化旅游发展存在的问题和相关建议

（一）存在的问题

习近平总书记在视察北京文化遗产保护情况时曾说，历史文化是城市的灵魂，要像爱惜自己的生命一样保护好城市历史文化遗产。而文化旅游要展现的就是每座历史名城的文化灵魂。近年来伴随国内产业和消费升级，以及国际交流的进一步开放，文化旅游这一最能展现民族文化自信的社会交流方式在国内得到充分发展，文化旅游产业正行驶在快车道上。但不可否认，各地的文化旅游仍存在一些亟须解决的问题，相关政府部门、行业内部和社会各界须高度重视。

首先，历史文化名城保护不力。历史文化名城是文化旅游之根，如果连城区内的历史文化遗存都不能妥善保护，致使其破坏损毁，那么文化旅游就如无根之水一般的空谈。2013 年，有关部委对大理、寿县、邯郸等县（市）做出通报批评。2019 年，有关部委对哈尔滨、韩城、大同等城市做出通报批评。这些历史文化名城中有的缺乏完善的城市保护规划，有的对历史文化街区居民的安置问题处理不及时，但更为普遍的，是过度追求旅游开发利益，进行大拆大建，对历史遗迹和周边环境造成不可逆的伤害。联想到 2017 年上海巨鹿路历史保护建筑被业主拆毁，这些都是社会上对历史文化名城、历史风貌保护区的保护意识不强所致。如果没有正确的文化认同，没有良好的法治观念，历史文化名城内基于此的文化旅游项目，即使短期内可以产生经济效益，也是不能持久的。

其次，同质化发展现象较为普遍。历史文化名城的旅游资源丰富，但切忌过度依赖单一产业，造成同质化严重的局面。以红色文化旅游为例，某些国家级、省市级历史文化名城（镇）“一窝蜂”地开发红色文化旅游，建设了一批内容相近、定位相同的博物馆、纪念馆，造成了资源浪费，也影响了当地文化旅游的品牌。如果能像贵阳、遵义、重庆、广安等相邻城市那样联合开设红色旅游路线，统筹规划、合理布局、各司其职，或者像井冈山、瑞金、遵义、延安等地那样以“重走长征路”为主线，勾勒一条完整的红色文化旅游路线，既能表现重大历史事件的宏大图景，又能展示各个历史文化名城的不同风貌，才不失为历史文化名城间在文化旅游领域相互合作、共谋发展的典范。文化旅游还应注重游客体验，推出针对不同群体和受众的产品，形成旅游体验的差异性。如有些地区的民族和宗教文化遗产通过美食展现，同样的民族和宗教文化遗产在其他地区则通过歌舞表现。把握文化核心理念，文化旅游也可以“集团作战”。

最后，对文化内涵理解不深。在展现“文化自信”和中华文化“走出去”的进程中，文化旅游不只是口号和手段，还应是内容和品牌。文化的内涵随历史的变迁、认知程度的改变而不断丰富和充实。发展历史文化名城的文化旅游，要注意深度挖掘城区和周边范围内的历史文化宝藏，不断推陈出新、与时俱进，顺应社会进步、科技发展的趋势，让古老悠久的文化遗产焕发时代的活力。

（二）相关建议

一是要与国家战略整体政策导向一致。从西部大开发，到东北振兴、国际区域间合作，再到以国际文化交流为主要诉求的“一带一路”倡议，我国经历了从韬光养晦、修炼内功，到大力发展国内经济、提高人民群众生活水平，再到坚持四个自信、文化“走出去”、努力提升国家形象和国际影响力的稳步发展的历史进程。发展历史文化名城的文化旅游，要大胆抓住这难得的历史契机，借助国家崛起、民族腾飞，特别是“一带一路”倡议这样的重要发展平台，找准城市定位，制定长远政策，保护人文遗产，打造具有鲜明城市特色的文化旅游产品，提升城市品牌价值。要深入挖掘“一带一路”倡议蕴含的理论宝藏和操作框架，在国际文化交流的高度下规划城市的文化旅游产业。前文提及的泉州、西安、喀什等丝路重镇具有坚实的发展基础，它们地处要冲，历史沉淀下的文化记忆，无论是饮食还是信仰、风俗、建筑等，都是丝路文化旅游取之不竭的宝藏。其他历史文化名城要充分利用古城保护、非遗传承、特色节庆、重大赛事等途径，围绕“一带一路”倡议的文化自信和国际交流的核心理念，向海内外展示本地的文化魅力，推动文化旅游产业健康成长。

二是要与城市发展的谋篇布局相吻合。历史文化名城的文化旅游各具特色，归根结底其魅力源自城市性格的塑造和展现方式。我国幅员辽阔，历史文化名城分布各地，再加上不同的历史、风俗和文化背景，以及所处地区不同的经济发展阶段，呈现了不一样的人文风貌。这种不同文化底蕴投射出的差异性正是文化旅游的魅力所在。如果城市的文化旅游项目因追逐经济利益而盲目跟风，反复推出雷同的旅游项目，不仅会浇灭游客的热情和好感，而且会抹杀这座城市独特的历史文化吸引力。城市文化旅游产业的发展，要由相关领导部门统筹规划，与城市整体发展计划相适应，在产业链配套完整的情况下，稳步实施。要牢记发展文化旅游的目的是展现城市形象，文化旅游要起到带动其他产业快速发展的“火车头”效应，同时也要与其他行业做区分，不能出现诸如文旅项目沦为地产项目的尴尬情况。

三是要充分理解文化旅游的特性。历史文化名城的文化旅游，是以文化为原点、以城市为平台、以游客为中心、以推广城市形象为最终目的的文旅结合模式，几种元素缺一不可。其中，以游客为中心开展旅游项目，是文化旅游区别于传统旅游的主要方面。首先，文化旅游要注重互动性。沉浸感知体验是文化的基本认知方式，也是人与人最直接的交流途径。历史文化名城拥有丰富的非物质文化遗产，其异质性对游客具有非凡的吸引力。民族歌舞、手工技艺等参与度高的非遗项目在文化旅游活动中的出现，能够显著激发游客的文化体验热情，提升其对旅游城市的好感度。其次，文化旅游要注重时代感。时代感一方面是指文化旅游产品的品牌包装要与该城市的气质相符，既可以时尚前卫，也可以古朴典雅，关键是要展示城市的时代精神；另一方面是指文化旅游的创意、设计和营销要符合时代特质，特别是符合消费能力较强的年轻人的习惯。游客的审美需求，决定了文化旅游理念的方向。在文化热点逐渐从文物遗迹转向创意科技人文的今天，历史文化名城能否审时度势，迅速调整观念、改进方式，利用国际通行且适合本地文化特色的方法设计和营销文化旅游，是衡量文化旅游项目成功与否的重要标准。最后，文化旅游要注重延展性。文化旅游业者要善于利用文化旅游项目讲中国故事、树中国形象。要坚持开发后续文创产品，让文化旅游项目的想象空间不断扩大，让历史文化名城的文化新鲜度历久弥新。

四是要理解历史文化名城与文化旅游的辩证关系。打个比方来说，文化旅游并不是被强行摆上货架任人挑选的商品，而应该是店家诚意满满、信心十足的精选好物。历史文化名城在进行产业升级时，不应仅以高附加值的经济增长点和周边产业带动效应为开发文化旅游的理由，还应理性论证该城市是否适合开发旅游产业，以及城市文化历史是否有其他渠道可以推广和宣传。毕竟优秀的文化旅游产品对城市的政策力度、产业环境、法治意识、从业者素质等都有较高的要求。

参考文献

《2017 年度杭州旅游数据正式发布》，中青在线，2018 年 1 月 25 日，http://news.cyol.com/yuanchuang/2018-01/25/content_16901031.htm。

《2018 年西安市政府工作报告》，陕西省人民政府网，2018 年 2 月 9 日，http://www.shaanxi.gov.cn/info/iList.jsp?tm_id=416&cat_id=17582&info_id=102639&node_id=GKszfbgt。

《2018 年中国博物馆发展现状与趋势分析　互联网+博物馆成为风口!》，前瞻经济学人网站，2018 年 6 月 21 日，https://www.qianzhan.com/analyst/detail/220/180621-935f24ed.html。

《〈关于加快文化产业创新发展的实施意见〉政策解读》，广州市人民政府网站，2019 年 1 月 11 日，http://www.gz.gov.cn/ysgz/zcjd/content/post_2865988.html。

江波：《凤凰历史文化名城文化旅游发展研究》，旅游教育出版社，2013。

《人民网舆情数据中心发布〈2018 年中国城市文化旅游品牌影响力排行榜〉》，人民网，2019 年 2 月 1 日，http://yuqing.people.com.cn/n1/2019/0201/c209043-30606022.html。

《宋青委员：应建立国家历史文化名城保护补偿机制》，财新网，2019 年 3 月 13 日，http://science.caixin.com/2019-03-13/101391694.html。

《〈西安市全域旅游示范市创建实施方案〉印发　2020 年大西安旅游总收入将突破 3100 亿元》，西安市人民政府网站，2018 年 5 月 4 日，http：//www. xa. gov. cn/xw/rdgz/ly/5d490f36fd850833ac59aa3a. html。

《“智游广州·文化名城”旅游大数据报告发布》，中国旅游研究院（文化和旅游部数据中心）网站，2018 年 12 月 28 日，http：//www. ctaweb. org/html/2018 －12/2018 －12 －28 －10 －26 －04023. html。

《中共中央办公厅　国务院办公厅印发〈关于实施中华优秀传统文化传承发展工程的意见〉》，新华网，2017 年 1 月 25 日，http：//www. xinhuanet. com/politics/2017 －01/25/c_ 1120383155. htm。

中国历史文化村镇旅游现状及发展新态势

李守石*

摘　要： 在乡村振兴和新农村建设的大背景下，中国历史文化村镇旅游方兴未艾。本报告首先对历史文化村镇从时间与空间分布、保护类型等方面进行概念界定，进而剖析历史文化村镇旅游的发展历程和存在的问题，如产品同质化、矛盾复杂化、文化空心化和过度商业化等。在此基础上，本报告依据空间分布、村镇类型，从国家历史文化名镇名村名录中选取三个经典案例着重分析和讨论，并针对讨论的问题提出今后中国历史文化村镇旅游发展的策略建议。

关键词： 历史文化村镇　乡村振兴　空间分布

一　背景及意义

中国历史文化村镇资源丰富、地域分布广泛，这无论是对中国历史文化保护与传承，还是对中国的社会经济效益来说都是一笔宝贵的财富。因此，历史文化村镇的开发与旅游产业的结合既是必然，也是趋势。从文化意义上看，历史文化村镇旅游有利于乡村历史文化资源的延续、传承和创新，活化

---

* 李守石，博士，华东师范大学传播学院副教授，研究方向为国际传播与国家形象、城市文化创新等。

并丰富历史文化资源的内涵。从社会意义上看，对历史文化村镇旅游的开发不仅能够提高其社会地位和知名度、美誉度，更为重要的是可以增强其所在区域的综合竞争力，形成地方品牌和区域品牌效应，为所在村镇带来巨大的社会效益和比较优势。同时，以文化旅游为目标的旅游开发也是对村镇场所环境的改造、修正、重建和更新，能够营造村镇的历史文化氛围。从经济意义上看，乡村历史文化与旅游产业的结合能够优化产业结构，增强产业活力，拉动外界对其投资的兴趣，进而加快经济增长，促进社会稳定。

2018 年 9 月，中共中央、国务院印发《乡村振兴战略规划（2018～2022 年)》，明确提出要发展乡村特色文化产业。通过加强规划引导、典型示范，挖掘培养乡土文化本土人才，建设一批特色鲜明、优势突出的农耕文化产业展示区，打造一批特色文化产业乡镇、文化产业特色村和文化产业群。大力推动农村地区实施传统工艺振兴计划，培育形成具有民族和地域特色的传统工艺产品，促进传统工艺提高品质、形成品牌、带动就业。积极开发传统节日文化用品和武术、戏曲、舞龙、舞狮、锣鼓等民间艺术、民俗表演项目，促进文化资源与现代消费需求有效对接。推动文化、旅游与其他产业深度融合、创新发展。中国历史文化村镇旅游正是将弘扬中华优秀传统文化与保护利用乡村传统文化和旅游产业有机结合，形成“文化＋旅游＋产业”的产学研一体化格局。该规划强调要实施农耕文化传承保护工程，深入挖掘农耕文化中蕴含的优秀思想观念、人文精神、道德规范，充分发挥其在凝聚人心、教化群众、淳化民风中的重要作用。划定乡村建设的历史文化保护线，保护好文物古迹、传统村落、民族村寨、传统建筑、农业遗迹和灌溉工程遗产。完善非物质文化遗产保护制度，实施非物质文化遗产传承发展工程等。因此，在乡村振兴和社会主义新农村建设、共筑美丽家园的背景下，中国历史文化村镇旅游方兴未艾。2018 年底，文化和旅游部等 17 部门联合印发《关于促进乡村旅游可持续发展的指导意见》，提出到 2022 年，旅游基础设施和公共服务设施进一步完善，乡村旅游服务质量和水平全面提升，富农惠农作用更加凸显，基本形成布局合理、类型多样、功能完善、特色突出的乡村旅游发展格局，对接旅游者观光、休闲、度假、康养、科普、文化体验等多样化需求，促进传统乡村旅游产品升级，加快开发新型乡村旅游产品。

二　现状和问题

2019 年 1 月 21 日，住房和城乡建设部、国家文物局公布第七批中国历史文化名镇名村名录，其中包括山西省长治市上党区荫城镇等 60 个镇为中国历史文化名镇、河北省石家庄市井陉县南障城镇吕家村等 211 个村为中国历史文化名村。[①] 从 2003 年 10 月 8 日国家公布第一批 22 个国家级历史文化名镇名村名录开始，到第七批已有 271 个，从每年历史文化名镇名村的数量增长情况，就可以看出国家要保护和构建完整系统的历史文化名镇名村的决心之大。可见，在党的十九大和习近平新时代中国特色社会主义思想的指引下，将中国历史文化名镇名村保护与改善镇村人居环境和弘扬中华优秀传统文化有机结合势在必行。在我国近 30 年的历史文化村镇旅游发展历程中，旅游业在给地方发展带来各种利益的同时，也带来了一定的负面效应。要想既能保护历史文化名镇名村的文化遗产，又能使其旅游业可持续发展，首先要了解什么是历史文化名镇名村，其发展阶段、发展类型以及目前存在的主要问题有哪些。

（一）历史文化名镇名村概念界定

关于历史文化村镇概念的界定，我国于 2002 年颁布《中华人民共和国文物保护法》，“历史文化村镇”的概念第一次被明确提出，并且以法律的形式得到确认。2008 年 4 月，国务院颁布了《历史文化名城名镇名村保护

① 《住房和城乡建设部　国家文物局关于公布第七批中国历史文化名镇名村的通知》，住房和城乡建设部网站，2019 年 1 月 21 日，http：//www. mohurd. gov. cn/wjfb/201901/t2019013 0_239368. html。

条例》（以下简称《条例》），对历史文化名城名镇名村的申报、批准、规划和保护工作进行了规范。《条例》强调历史文化名城名镇名村的保护应当遵循科学规划、严格保护的原则，保持和延续其传统格局和历史风貌，维护历史文化遗产的真实性和完整性，继承和弘扬中华民族优秀传统文化，正确处理经济社会发展和历史文化遗产保护的关系。在某种意义上，历史文化名镇名村是一种约定俗成的说法，目前还没有严格的定义。在《中华人民共和国文物保护法》和《条例》的基础上，对历史文化名镇名村大致给出如下界定，即在历史上某个时期形成的具有一定历史意义，能够体现一定文化特色和保护传承一种文化艺术价值的知名镇村。至于历史长短、传统文化的优秀程度、建筑风貌的保护程度、村镇规模，以及知名程度都没有严格的界定。

（二）历史文化名镇名村类型、数量和空间分布

截至目前，住房和城乡建设部、国家文物局已经公布了七批中国历史文化名镇名村名录，其中名镇共计312个，名村共计487个，名镇名村总体数量已达到799个，比前六批的528个增长51.3%。中国历史文化名镇名村发布批次、时间和数量见表1。

表1　中国历史文化名镇名村发布批次、时间和数量

单位：个

批次	时间	数量	
		名镇	名村
第一批	2003年10月	10	12
第二批	2005年9月	34	24
第三批	2007年5月	41	36
第四批	2008年10月	58	36
第五批	2010年7月	38	61
第六批	2014年2月	71	107
第七批	2019年1月	60	211
分项总计		312	487
共　计		799	

从目前公布的七批中国历史文化名镇名村名录来看，我国历史文化村镇在大尺度空间分布上并不均匀，但也存在一定的规律和特点。首先，名镇名村在总体上分布不均，以东南沿海地区和西南地区居多，局部比较集中。其次，分布呈现南方密度大、北方密度小的格局，尤其是东北、西北和内蒙古一带密度极小。这主要源于南方灾害和战争比较少，南方古镇保留得相对多一些，而北方天气干旱，战争、自然灾害等频发，特别是中原地区的名镇名村保留得更少。再次，历史文化名镇名村密度较大的长三角、珠三角和西南地区旅游业在经济结构中占据重要地位，这些地区近年来都非常重视文化旅游融合的可持续发展。最后，在区域分布上，密度较大的东部、东南部和西南部地区在历史渊源、文化背景、自然生态环境和建筑风貌等方面具有较高的相通性，这主要源于整个南方地区较为相似的人文、历史、政治、自然条件等因素的影响。①

（三）历史文化村镇发展阶段

从 1982 年国务院公布第一批国家历史文化名城开始，就明确提出对古村落、文物古迹集中的小镇和历史文化名村名城进行保护。各地纷纷开始进行世界文化遗产申报和以历史文化名城、名镇为契机的旅游开发，争取“榜上有名”。经过 30 多年的不懈努力，中国历史文化村镇旅游已经成为旅游业的一大热点，也是文化旅游融合的最佳见证。从全国整体情况来看，我国历史文化村镇旅游主要经历了以下三个阶段。

1. 初期探索发展阶段

20 世纪 80 年代中期到 90 年代中期是我国历史文化村镇旅游的初期探索发展阶段。这一阶段呈现以下特征：开发历史文化村镇旅游的数量不多、程度不高，对周边居民的生活影响不大；管理上基本处于尝试自发状态；对周边生态环境未造成较大破坏；各村镇旅游接待数量在较小

---

① 胡诗文、陈金华：《中国历史文化名村名镇空间分异及影响因素研究》，《小城镇建设》2016 年第 7 期，第 63 页。

的基数上快速增长[①]；外来资本介入较少，利益相关者之间的矛盾尚未显现。

2. 高速蓬勃发展阶段

20 世纪 90 年代中后期到 21 世纪初是我国历史文化村镇旅游如雨后春笋般高速蓬勃发展阶段。受政策导向和示范效应的影响，历史文化村镇旅游的数量越来越多，而且逐渐形成了品牌效应，如长三角地区的江南水乡古镇周庄、朱家角和西塘，世界遗产徽州古村落西递、宏村，晋中古民居乔家大院、王家大院，以及西南古镇、岭南古镇等。在管理体制上也呈现不同的模式，有政府主导管理、村民自主管理和外来企业经营等模式。在这样的全面高速发展阶段，各种利益矛盾也不断涌现。村民与政府之间的矛盾、老百姓与开发商之间的矛盾，以及开发商大肆开发对村民生活和周边环境的破坏等各种矛盾日益激烈。

3. 持续完善发展阶段

进入 21 世纪，尤其是党的十八大、十九大以来，党和国家充分意识到生态文明和文旅融合的重要性。开发或拟开发的历史文化村镇数量日益增加，质量也不断提高，尤其是在顺应自然、建设美丽中国、弘扬中国传统文化与旅游产业相结合方面取得了巨大进步。在特色小镇旅游、红色旅游、古诗词旅游等历史文化旅游的大潮下，古村镇旅游的接待人数持续增长，各种管理模式日益优化和完善，尽管在此过程中依然存在各种矛盾和问题，但是至少在物质文化遗产和非物质文化遗产保护、社区受益和利益相关者以及可持续发展等方面得到重视。

（四）历史文化村镇存在的主要问题

当前我国历史文化村镇旅游已经成为旅游业的一大热点，尤其是在文化旅游融合的当下，各种知名或者不知名的村镇都绞尽脑汁成为历史文化村镇旅游产业大军中的一员。而恰恰在这种千军万马都朝向同一个目标进发的时

① 宋瑞：《利益相关者视角下的古村镇旅游发展》，中国社会科学出版社，2013，第 43 页。

候，随之而来的各种问题日益凸显。

1. 开发模式雷同，特色不足以作为品牌

从目前已经公布的国家历史文化名镇名村名录来看，我国南方的水乡古镇在全国的历史文化村镇中占大部分。以长三角地区为例，周庄、乌镇、同里、西塘是开发得较早也是较为成功的水乡古镇，但是上海的诸如召稼楼、七宝古镇等村镇不具备周庄、乌镇、同里那样完整的水乡古镇风貌和格局，导致所开发的上海水乡古镇成为不具规模的“水乡片段”，形似而神非。而对于历史型古镇的开发，虽然上海拥有不少历史遗址、遗迹（44 片历史文化风貌区、19 处全国重点文物保护单位遗迹、163 处市级文物保护单位遗迹、632 处优秀历史建筑），但是单以目前的历史遗迹作为主打品牌还是势单力薄，因为其并不具备像大理古镇那样能让大家耳熟能详、如教科书般的历史文物古迹或文化遗产。因此，目前开发的大部分历史文化村镇存在的一个共性问题就是缺乏品牌特色和核心竞争力。

2. 过度商业化

中国历史文化村镇、特色小镇旅游发展到今天，要想保持历史文化村镇的特色越来越难，但是在开发过程中，其商业化程度越来越高。调研表明，大多数民众对旅游目的地的过度商业化问题抱怨颇多。以上海为例，不管是水乡型古镇还是其他历史文化村镇，大多表现出功能单一、商业化气息占主导、小镇管理不完善等问题。旅游目的地具有一定的商业化气息无可厚非，但是越来越多的历史文化村镇已经完全演化成大型的小商品集散地或者小商品市场，较高的商业化程度导致历史文化村镇的文化氛围和历史风貌丧失，甚至有可能断送该地的旅游生命。因此，历史文化村镇投资者、管理者的意识、立场、利益和策略等因素至关重要。

3. 文化元素缺失

正如前文所述，历史文化村镇旅游要能体现一定的文化特色和保护传承一种文化艺术价值。而目前的历史文化村镇大多没有完好地保存古村落建筑遗址和风貌，即便遗址在，当地的生活方式、文化特色和文化艺术价值也没有得到很好的展现，这就使得历史文化村镇失去了最重要的文化元素和文化灵魂。有些村镇为了配合商业化操作，甚至将居民全部迁出居住地，这使得当地真实的传统生活场景、古朴民风和文化精髓荡然无存。保护历史文化村镇不仅要保护建筑物本身，而且要展现和还原一个具有文化艺术价值和特色的文化空间，在这个空间里所有的元素都是真实的、活灵活现的，这才是历史文化村镇的真谛所在。

4. 政府投资不足，后续管理不到位

当前，大部分历史文化村镇的建设由政府通过招标的形式委托开发商进行开发和后续的经营管理。这种发展模式的优点是政府可以节省开支，在整个开发过程中政府只投入少量的资金或者不投入资金，开发商自己筹集建设资金并通过经营建设后的小镇获利。由于资金问题，开发商在建设历史文化村镇的过程中有时会应付或者不得不放弃一些基础配套设施的建设而重点进行盈利项目的建设，比如开发商不可能自己出资修一条从市区到村镇的公路，也不可能以乘坐公交车的价格开设几条从市区各地方到村镇的旅游专线。资金不足会带来诸多后续发展和管理不完善的问题，如交通和停车场不完善，村镇周围卫生、环境较差等问题导致周边居民怨声载道。

5. 矛盾复杂化、问题多样化

近年来，历史文化村镇旅游总体发展向好，但是随着所涉及的利益群体越来越多，不同群体之间的矛盾也愈加复杂化。如当地居民对政府或外来企业开发商的不满、本地人与外地人之间的冲突、不同政府部门之间的纷争、不同居民群体之间的矛盾等层出不穷，利益冲突重生，社会分化明显。与此同时，历史文化村镇旅游也使问题愈加多样化。仅以在长三角地区的调查为例，根据对当地601名游客和居民的问卷调查发现，群众对历史文化村镇旅游存在的问题有诸多意见。受访者认为长三角地区的历史文化村镇旅游在特色打造、政府投资、推广力度、管理措施、促进政策和规划定位等方面都存在不足，在这些不足中缺乏特色创新、规划定位不清晰、推广力度有限以及政府投资缺乏等问题尤为突出（见图1）。

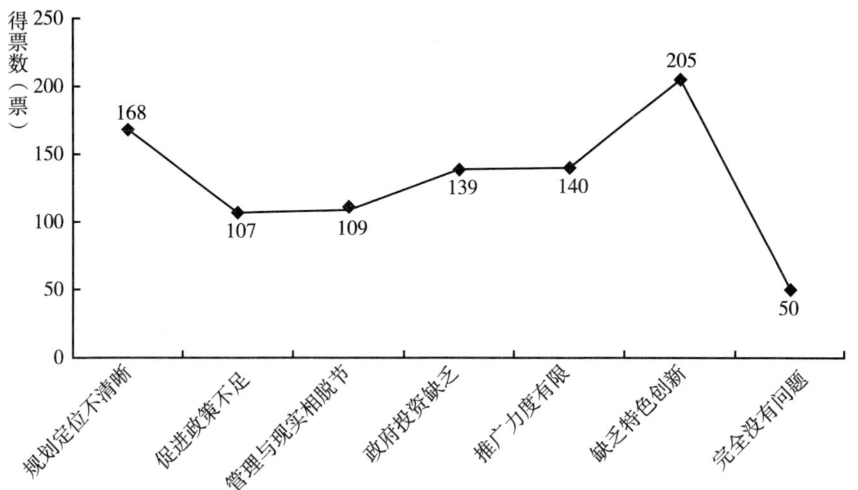

图1　长三角地区历史文化村镇旅游存在的问题

三　案例分析与讨论

基于以上对我国历史文化村镇现状和存在问题的探讨，本报告依据空间分布、村镇类型，从国家历史文化名镇名村名录中选取了黑龙江省海林市横道河子镇、安徽省黄山市宏村镇和江苏省苏州市吴江区同里镇三个经典案例进行对比分析，希望对今后全国的历史文化村镇旅游和文旅融合能有一定的借鉴和启示。

（一）黑龙江省海林市横道河子镇

黑龙江省海林市横道河子镇位于301国道214公里处，该镇始建于1897年，是一座百年古镇，其历史比哈尔滨还要悠久，沙俄和日伪时期一直是中国东北的军事要塞。经过百年风霜，小镇依然保留着俄式风情与生俱来的自然古朴，尤其是中东铁路机车库建筑，像一台拉开的手风琴，在幽静的山间里，弹奏着可歌可泣的旋律，在20世纪初的电影《萧红》、电视剧《悬崖》

里还可以寻觅到它的身影。像东正教堂、机车库、木格楞、俄式民宅、俄式办公楼等小镇依山就势、错落有致的建筑，采取的完全是俄罗斯乡间别墅的布局。横道河子镇的优势是老建筑保护得非常好，几乎没有被破坏[①]，这为文化旅游融合发展奠定了基础。

2018 年 11 月，联合国教科文组织 2018 年度亚太地区文化遗产保护奖揭晓，黑龙江省海林市横道河子镇荣获“2018 亚太地区文化遗产保护荣誉奖”。评审专家对横道河子镇保护工作这样评价：在中国北方，始建于 19 世纪的铁路小镇——横道河子镇以其完整的保护方案成功地实现了铁路建筑、基础设施和附属公共空间的全面保护，充分呈现了对小镇区位和功能的完美诠释，该项目不仅复原了小镇原始风貌，而且使得小镇作为历史城镇工业景观重新焕发了活力。[②] 横道河子镇也正是因为现存的历史建筑完整地保留了历史风貌，被住房和城乡建设部、国家文物局列入黑龙江省第一个“中国历史文化名镇”（见图 2）。

图 2　鸟瞰横道河子镇

① 《横道河子　俄式风情犹存的百年小镇》，新浪网，2015 年 3 月 2 日，http：//travel. sina. com. cn/zl/yazhou/blog/2015 －03 －02/1207650/1235305362/49a143920102v8bs. shtml。

② 《百年名镇“横道河子”荣获 2018 亚太地区文化遗产保护荣誉奖》，百度百家号，2018 年 11 月 27 日，https：//baijiahao. baidu. com/s？ id =1618268959331207650&wfr = spider&for = pc。

回顾横道河子镇辉煌的历史，当时中东铁路要穿过张广才岭，而横道河子路段是施工中的一大难点。于是，大批的俄国工程专家和技术人员云集这里，横道河子镇便成为铁路施工的指挥中心和技术指导中心。随后俄国人相应地建起了办公楼、住宅，还有每到一地都要建的教堂，自然这里也形成了商贾云集的繁华景象，赢得了“花园城镇”的美誉。1918 年，俄国的布尔什维克党人乌曼斯基曾来到横道河子镇，宣传十月革命。1926 年，七里地村正式成立了牡丹江一带最早的中共党支部。1945 年 8 月 13 日，苏红军第 26 军军长斯克沃佐夫中将在小镇的“圣母进堂教堂”主持了接受日本投降仪式，从这天起，小镇回到了人民的怀抱，成为东北大地上最早的解放区之一。[①] 鉴于其珍贵的历史资源和独特的建筑风貌，从 20 世纪 50 年代开始，就不断有独具慧眼的画家踏进这个小镇。近年来海林市政府在小镇里专门为各地来的画家建立了中国横道河子油画村，现已建有大型展厅 4 个、画家创作室 23 间、画家宿舍 13 间，可同时接纳 100 名画家入驻创作，挂牌入驻知名画家达 100 多名，成为鲁迅美术学院等 7 所高校的美术实训基地。[②] 人类文化是互相渗透和传播的，尽管战争令人如此憎恶，但同时它也自然而然地传递了文化的积极因素。中东铁路这个“舶来品”对中国建筑文化的发展起到了“催化剂”的作用，甚至其影响已经渗透到中国北方发展的很多领域之中。从这方面来讲，至今仍然保留着完好历史遗迹的横道河子镇是很值得研究和探索的。

（二）安徽省黄山市宏村镇

宏村位于安徽省黄山市黟县东北部，距离黄山 55 公里，村落面积为 19.11 公顷，有 400 多户家庭。宏村镇内有月沼、水圳等河流，有南湖、奇墅水库等水源。宏村镇是一座经过严谨规划的古村落，其选址、布局、美景

---

① 《横道河子　俄式风情犹存的百年小镇》，新浪网，2015 年 3 月 2 日，http：//travel. sina. com. cn/zl/yazhou/blog/2015 - 03 - 02/1207650/1235305362/49a143920102v8bs. shtml。

② 《横道河子　俄式风情犹存的百年小镇》，新浪网，2015 年 3 月 2 日，http：//travel. sina. com. cn/zl/yazhou/blog/2015 - 03 - 02/1207650/1235305362/49a143920102v8bs. shtml。

都与水有着直接的关系。村内外人工水系的规划设计相当精致巧妙，专家评价宏村“人文景观、自然景观相得益彰，是世界上少有的古代有详细规划之村落”，被中外建筑专家称为“中国传统的一颗明珠”“研究中国古代水利史的活教材”。另外，宏村镇的建筑主要是住宅和私家园林，也有书院和祠堂等公共设施，建筑组群比较完整。各类建筑都注重雕饰，木雕、砖雕和石雕等细腻精美，具有极高的艺术价值。村内街巷大多傍水而建，民居也都围绕月沼布局（见图3）。住宅多为二进院落，有些人家还将圳水引入宅内，形成水院，开辟了鱼池。宏村古民居群是徽派建筑的典型代表，现存完好的明清民居有440多幢。①

图3　月沼

可见，宏村的景观巧妙地运用了自然与人文的结合、人工设计与天然水系和建筑历史风貌的结合，将历史文化自然地嵌入民居生活的古朴和风土人情之中，处处充满生机（见图4）。正如一句话所说的：有那么一个地方，它“迷幻如一帘幽梦，沧桑如岁月烟志，温存如涟漪绉纱”，它就是宏村！

① 《宏村风景区》，百度百科，https://baike.baidu.com/item/%E5%AE%8F%E6%9D%91%E9%A3%8E%E6%99%AF%E5%8C%BA/183554。

图4　南湖

然而，宏村发展到今天也不是一帆风顺的。从 1986 年开始，宏村便着手进行旅游开发，但与西递相比，宏村虽然富有古水系特色，但由于当时路况相对较差，在最初 10 年，宏村的旅游发展一直处于西递的阴影之下，游客接待量增长缓慢。此时，村民也没有真正意识到发展旅游的益处所在。到 1996 年，随着游客人数的增多，宏村村委会向政府提出自己办旅游。而此时黟县旅游局已将宏村的旅游经营权移交给际联镇镇政府，法人代表为镇长。村民不满镇政府的这种做法，在多方交涉下，镇政府同意宏村向镇政府“承包经营”宏村旅游景区一年。到 1997 年底，北京中坤集团获得了宏村的经营权。后来随着景区知名度的不断提高，到宏村旅游的游客量剧增。2000 年 11 月，宏村被列为世界文化遗产，2001 年被列为全国重点文物保护单位。同时，时任总书记江泽民视察西递、宏村并给予了高度评价。同年，以宏村为主的皖南古村落成为影片《卧虎藏龙》的主要外景地，该影片获得四项奥斯卡大奖，使宏村的知名度在短时间内大幅提升，2001 年游客数量增长了 148% 。[①] 外界的契机，再加上宏村经历了经营主体和经营模

① 宋瑞：《利益相关者视角下的古村镇旅游发展》，中国社会科学出版社，2013，第 73 页。

式的改变，使得宏村的旅游效益大幅提升，然而在此过程中，村民与外来经营企业之间的矛盾也与日俱增，如宏村旅游资源产权的归属权、旅游门票收入的分配方式以及古民居维修保护等方面都产生了一些争议。由此可以看出，一个历史文化村镇的发展是在各方利益的博弈中螺旋式上升的。即便像宏村这样开发较早、知名度较高、效益也较好的历史文化村镇依然存在各方利益的角逐与再平衡问题。历史文化村镇文化旅游的融合发展，需要弘扬旅游目的地的历史文化、保护传统建筑村落等，但同时也要在文旅融合这条产业链上兼顾各方利益，处理好不同管理模式下各利益相关者的角色和互动关系，尤其是对于像宏村这样由外来企业主导的经营管理模式，更要从根本上处理好各种矛盾和复杂关系，确保我国历史文化村镇旅游的可持续发展。

（三）江苏省苏州市吴江区同里镇

同里古镇位于太湖之滨、京杭大运河畔，紧靠市政府所在地，地处江苏、浙江、上海两省一市交汇的金三角地区。同里古镇隶属于苏州市吴江区，紧邻中国南方的三大著名城市上海、苏州和杭州，是中国沿海和长江三角洲对外开放的中心区域。

同里建于宋代，至今已有1000多年的历史。其实同里曾名富土，唐初因其名太侈，改为铜里。宋代又将旧名“富土”两字相叠，上去点，中横断，拆字为“同里”，沿用至今。据清嘉庆《同里志》记载，从宋元明代起，同里就已是吴中重镇。由于它与外界只通舟楫，很少遭受兵乱之灾，便成为富绅豪商避乱安居的理想之地。[①] 从同里名字的变更可以看出当地人深厚的传统观念和丰富而绵长的历史文化。同里人对其悠久历史的传承和弘扬是同里扬名海内外的重要原因之一。

同里的习俗文化也是这座千年古镇能够经久不衰和可持续发展的亮点之一。同里走三桥习俗（见图5）中的“三桥”是指鼎足而立、相距不足50

① 《历史》，同里网站，http：//www. tongli. net/index. php？ m = Gaikuang&a = lishi。

米、静卧同里古镇的三座古石桥：太平桥、吉利桥和长庆桥。[①] 它们是同里古镇的桥中之宝，小巧玲珑、端庄雅致，而又古朴稚拙、凝重沧桑、遥相呼应。周围水木清华，街市成环，既不乏树荫葳蕤的幽雅宁静，又尽显人来人往的市井繁华。走三桥习俗滥觞于清乾隆中期，其形成的精确年代已难以查考。它起源于婚嫁习俗。每逢婚嫁、生日庆贺、婴儿满月等喜庆吉利之事，伴随着欢快的鼓乐声和鞭炮声，以及四处抛撒的喜糖，眉开眼笑的人们和喜气洋洋的亲戚朋友前呼后拥、浩浩荡荡地绕行"三桥"，口中念诵着"太平吉利长庆"的祝词，沿街居民纷纷出户观望，上前道喜祝贺。这种普天同庆的动人景象既是同里古镇一道亮丽的风景线，也是淳朴善意的民风民心的真情流露。[②]

图5　走三桥习俗

作为地方婚俗的一种仪式，走三桥习俗在文化人类学、民俗学、心理学及社会学研究中具有重要价值。作为同里全民性的社会风俗，走三桥习俗在

① 《民俗》，同里网站，http：//www. tongli. net/index. php？ m = Gaikuang&a = mingshu。

② 《民俗》，同里网站，http：//www. tongli. net/index. php？ m = Gaikuang&a = mingshu。

传承区域文化、凝聚文化认同、促进社会和谐等方面发挥着至关重要的作用，对促进多重沟通、融洽社会关系、优化民众生存状态及社会氛围等意义深远。2011 年，吴江市人民政府公布同里走三桥习俗为第四批吴江市级非物质文化遗产名录项目。

同里的文物保护工作更是可圈可点。同里古镇文物古迹众多，单是保存完好的明清建筑面积就达 6.5 万平方米，占总建筑面积的 61%。早在 20 世纪 70 年代末，同里就启动文化遗产保护工作。首先从摸清家底入手，邀请同济大学和省、市建设部门与文化部门的有关专家一起对全镇的历史街区、传统民居和文物古迹开展比较全面、系统的调查，摸清文物古迹的保护现状，并建立了电子档案，进行动态管理。作为千年历史文化名镇，同里是目前唯一以镇为单位被列入省级文物保护单位的古镇。镇区内拥有世界文化遗产和国家级文物保护单位 1 处（退思园）、省级文物保护单位 4 处（同里镇、陈去病故居、丽则女校、耕乐堂）、市级文物保护单位 16 处、市级文控单位 13 处，第三次文物普查新发现不可移动文物点 82 处、消失 8 处。[①] 古镇居民依然保持着当年生活的原貌，将如诗如画的现实生活与历史建筑完美融合。作为国际交往和与人沟通的重要窗口，同里不断更新的古镇保护理念及其背后以人为本的人本情怀值得其他类似的水乡古镇借鉴和思考。

同里的文创产品“鸡头米君”以同里特产水八仙“鸡头米”为原型，取头上尖角外形，肤色为褪掉红色外衣的果实原色，绿色为主基调给人清新爽快的利落印象，搭配面部健气调皮的神情，让人深刻感受到“鸡头米君”的朝气与活力，从而展现古镇的清新与时尚（见图 6）。“同里鸡头米君”和“同里自然有故事”系列是同里文创产品的经典之作，价格合理，清新可人。

另外，为了推进市场化进程，同里的旅游经营管理方式由原来的政企合一改为政企分离，不断调整旅游发展思路、经营方式、收入分配方案和门票管理方式等，协调政府与主要企业、政府与居民、政府与旅游者、旅游者与

① 《保护》，同里网站，http：//www. tongli. net/index. php？ m = Gaikuang&a = baohu。

图6　同里鸡头米君

居民之间的利益和矛盾。尽管与宏村的外来企业主导型管理模式不同，但是同里的多主体混合型管理模式依然值得相似类型的历史文化村镇探讨和学习。

四　策略建议

在实施乡村振兴战略和美丽中国建设的大背景下，中国历史文化村镇旅游如火如荼。人们喜欢探究文化的本真，享受旅游的真谛。因此，中国历史文化村镇旅游既顺应历史潮流，也符合民意，是必然也是趋势。然而，从其不成熟到高速发展，再到可持续发展过程中，中国历史文化村镇旅游面临的问题也越来越值得我们去探究和思考。综合上述研究和讨论，本报告对未来中国历史文化村镇旅游提出以下几点策略建议。

（一）历史文化村镇旅游定位清晰明确，天然禀赋与后发优势有机结合、协调发展

历史文化村镇自然景观、文化风俗、生活方式、空间布局等方面独特的资源禀赋是其旅游发展能够延续的基本元素。这是村镇在社会变迁和发展过

程中内生的自然结果，而并非人为规划的刻意选择。在尊重村镇原有历史文化特色的基础上，清晰明确地定位村镇旅游的发展方向和特色是历史文化村镇旅游发展的首要任务。要将小镇所具有的天然优势与后发优势有机结合，打造一个有特色、有创意且可持续发展的综合性旅游发展空间。

（二）历史文化村镇旅游发展需要转型升级，休闲、养生、教育、创意是打造体验、生态、智慧和低碳旅游的主攻方向

当前，中国历史文化村镇旅游已经到了转型升级的关键阶段，只有拓宽历史文化村镇旅游的发展思路，有的放矢地找准发展方向，才能摆脱旧有旅游发展模式的桎梏。通过引入外部的创新元素，吸引创意、休闲、文化、教育和养老等产业进驻，深度挖掘历史文化村镇的房屋、设施、自然、环境等本土特色要素进行二次加工和创作，打造村镇区域的优势特色业态，形成以人文关怀为主，以休闲、养生、教育和创意为品牌的文化旅游融合发展新路径。

（三）以“政府统筹、学者支持、商家竞标、企业赞助”的发展思路开展历史文化村镇建设

调研发现，资金匮乏是制约历史文化村镇发展的主要问题之一。要在政府直接投资以及村镇内在要素资源合理集聚和配置的基础上，努力吸引以市场竞争为导向的外来投资，甚至可以积极调动民间力量，整合各方资源。今后，中国历史文化村镇可以尝试走出一条政府统筹、学者支持，以企业投资为主体、以加强村镇内部资源合理配置为主要方式的可持续发展道路。

（四）政府应把握和抓住改革发展的机遇期，切实解决历史文化村镇发展的基础性问题

当前，影响历史文化村镇旅游形象的基础问题愈加突出，诸如一些村镇的容貌卫生、交通出行、服务管理、基础设施、生态环境和居民素质等。文化产业和旅游产业融合以及实施乡村振兴战略、美丽中国建设、生态先行的

发展机遇期正是中国历史文化村镇解决问题、缓解矛盾、进行产业升级的最佳时机，应借此提升服务理念和自身素养，加强基础设施建设，为历史文化村镇的二次腾飞和可持续发展提供新路径。

（五）充分利用新媒体大数据平台、“互联网＋”和手机 App 等传播渠道，大力提升中国历史文化村镇的知名度和美誉度

在现有七批 799 个历史文化名镇名村中，知名度较高的仍然属于少数群体。以口口相传和广播、电视等传统媒体为主要传播手段的宣传方式已经明显不能满足时代和大众对中国历史文化村镇旅游的宣传诉求。在当今新媒体大数据平台、“互联网＋”的新时代，通过科技创新的宣传手段加大历史文化村镇旅游的推广力度，无论是对中国乡村形象宣传还是对中国的整体形象宣传都会起到至关重要的作用。

中国主题公园发展现状及推进策略

李守石*

摘　要： 在中国经济持续增长、中产阶级日益壮大和旅游业快速发展的背景下，中国主题公园高速发展，有望在2020年超过美国，成为全球第一大主题公园市场。与此同时，中国主题公园的发展也存在缺少具有自主知识产权的产品、文化创新创意水平低、过于依赖房地产开发、服务水平较低、产品链不够长等问题。为此，本报告结合迪士尼主题公园、万达主题公园和长隆主题公园三种不同类型的主题公园进行案例分析，以便进一步阐述中国主题公园发展的现状、未来趋势及推进策略。

关键词： 主题公园　自主知识产权　品牌效应

一　中国主题公园的发展背景

随着中国经济的持续增长、中产阶级的日益壮大和基础设施的不断完善，旅游业也飞速发展。2018年，我国国内旅游人数为55.39亿人次，同比增长10.8%；出入境旅游总人数为2.91亿人次，同比增长7.8%；实现旅游总收入5.97万亿元，同比增长10.5%。经初步测算，2018年全国旅游业对GDP的综合贡献为9.94万亿元，占GDP的11.04%。旅游

* 李守石，博士，华东师范大学传播学院副教授，研究方向为国际传播与国家形象、城市文化创新等。

直接就业2826万人，旅游直接和间接就业7991万人，占全国就业总人口的10.29%。[①] 与文化旅游相关产业的发展成为中国经济向消费转型过程中的重要环节[②]，政府也出台诸多政策，大力发展文化旅游度假产业[③]，以满足人民对美好生活的需求。2018年国家发改委等部门出台的《关于规范主题公园建设发展的指导意见》从国家层面明确了主题公园建设的指导思想和方向，对当前和今后一个时期我国主题公园可持续发展起到了积极引导的作用。[④]

主题公园在中国的发展历程大致可分为本土品牌初步发展期（1991～2000年）、本土品牌连锁成长期（2001～2015年）、国际一流品牌进驻期（2016年至今）三个阶段或五轮投资热潮期。[⑤] 近年来，受中国经济持续发展、中产阶级日益壮大、旅游意愿逐渐增强、高铁和高速公路网等交通设施不断升级，以及私家车保有量稳步增长等有利因素的影响，国际品牌主题公园大举进驻中国，中国本土品牌也在快速发展之中。随着上海迪士尼度假区、北京环球影城、美国六旗乐园的开业或选址，中国主题公园市场竞争已进入国际顶级品牌与国内品牌的“战国时代”。在中国文旅市场不断扩大的

---

① 《2018年全国实现旅游总收入5.97万亿元　同比增长10.5%》，新华网，2019年2月13日，http://www.xinhuanet.com/politics/2019－02/13/c_1210058734.htm。

② 2015年，中国人均GDP超过8000美元，大型城市如上海的人均GDP已达1.5万美元，人们对休闲度假的需求快速增长。

③ 2015年国家发改委发布的《国民经济和社会发展第十三个五年规划纲要》提出要大力发展旅游业，广泛开展旅游领域合作，发展旅游地产等新业态。2016年，经国务院同意，《“十三五”全国旅游业发展规划》纳入国家“十三五”重点专项规划，由国家旅游局牵头编制。该规划提出要提升旅游质量，拓展和延伸旅游功能，推动旅游业转型升级，促进旅游发展，努力建成全面小康型旅游大国，为世界旅游强国建设奠定坚实基础。

④ 《关于规范主题公园建设发展的指导意见》，中央人民政府网站，2018年4月9日，http://www.gov.cn/xinwen/2018－04/09/content_5281149.htm。

⑤ 中国主题公园是借鉴国外主题公园的发展而引进的一种现代的旅游形式，现已发展成集旅游、地产、文化和科技等于一体的消费模式。中国主题公园发展经历了五轮投资热潮：1989～1994年，盲目模仿的商业躁动与文化徘徊；1995～1999年，遍地开花的商业尴尬与文化阵痛；2000～2004年，品牌意识的商业觉醒与文化自信；2005～2009年，集团经营的商业价值与文化境界；2010年至今，国际竞争的商业博弈与文化苦旅。参见董观志《主题公园的世界观与中国志》，载北京大学旅游研究与规划中心主编《旅游规划与设计No.19：主题公园》，中国建筑工业出版社，2016，第50～55页。

背景下，国内的主题公园开发商也不断扩大投资规模和更新设施设备。据美国主题娱乐协会（TEA）的数据，2018 年全球 25 大主题公园（按游客到访量排名）中，中国的珠海长隆海洋王国、香港海洋公园、广州长隆欢乐世界分别居第 10、第 20、第 25 位。[①] 全球前 20 位水上乐园（按游客数量排名）中，中国的广州长隆水上乐园、芜湖方特水上乐园、开封银基水世界、沈阳皇家海洋乐园－水世界，分别居第 1、第 11、第 12、第 17 位。[②] 中国主题公园市场高速发展，有望在 2020 年超过美国，成为全球第一大主题公园市场。

二 主题公园发展现状和存在的问题

（一）主题公园发展现状

中国主题公园建设正处于快速发展期，2017 年主题公园游客总量同比增长近 20%，达到近 1.9 亿人次，大力推动了全球主题公园游客人数的增长。[③] 据统计，2016 年，全球主题公园总游客量接近 50 亿人次，是全球大型体育联赛观众数的 2 倍以上；全球十大主题公园的游客量达到 4.76 亿人次。

目前中国主题公园（包括现有和未来的城市级主题公园）项目共计约 200 个，其中现有项目 128 个，官方发布约在 2025 年前完成建设的未来项目至少 70 个。[④] 然而，一些业内人士指出，中国的主题公园数量远多于此，AECOM 则认为其中大多为小规模运营的游乐园，而非城市级的主题公园。[⑤]

① TEA，AECOM，“2018 Theme Index and Museum Index：The Global Attractions Attendance Report”，Themed Entertainment Association（TEA），2019，p. 10.

② TEA，AECOM，“2018 Theme Index and Museum Index：The Global Attractions Attendance Report”，Themed Entertainment Association（TEA），2019，p. 14.

③ AECOM：《2018 中国主题公园项目发展预测》，2017，第 6 页。

④ AECOM：《2018 中国主题公园项目发展预测》，2017，第 6 页。

⑤ AECOM：《2018 中国主题公园项目发展预测》，2017，第 6 页。

中国现有的主题公园主要集中在经济发达、人口众多的长三角、珠三角和京津冀地区。2018～2020 年全国拟建主题公园的投资总额为 745 亿元，拟建项目大多集中在华南、华东等经济发达地区。[①] 主题公园分布最多的地区为华东地区，其数量占全国总量的 34%，主要基于华东地区庞大的人口规模、经济总量以及便捷的交通网络和强大的辐射全国市场的能力。中部地区人口数量和 GDP 也较大，但城市级规模的主题公园数量相对较少，主题公园市场仍有增长潜力。[②] 中国各大主题公园占地面积及入园人数见表 1。

表 1　中国各大主题公园占地面积及入园人数

名称	占地面积（亩）	2015 年入园人数（人次）
深圳东部华侨城	13500	3940000
上海迪士尼乐园	5850（一期）	2016 年 6 月开业
广州长隆欢乐世界	2000	3619000
珠海长隆海洋王国	1980	7486000
南昌万达主题公园	1200	2016 年 5 月开业
北京华侨城欢乐谷	840	3740000
深圳世界之窗	720	3440000
常州环球恐龙城	600	3950000
深圳华侨城欢乐谷	525	3250000
三亚宋城	225	3322000
丽江宋城	140	4678000
杭州宋城	90	7289000

资料来源：各大主题公园网站、高力国际咨询部。

（二）中国主题公园存在的问题

近 30 年来，中国主题公园快速发展，在 2015 年全球主题公园开发商前 10 位（以访问人数统计）中，中国开发商占据 4 席，分别为华侨城集团、长隆集团、华强方特集团和宋城集团。中国主题公园在高速发展的同时也存

① AECOM：《2018 中国主题公园项目发展预测》，2017，第 27 页。

② AECOM：《2018 中国主题公园项目发展预测》，2017，第 10 页。

在一系列问题。

1. 缺少具有自主知识产权（IP）的产品，品牌效应不明显

国内主题公园经历了简单模仿、自主创新和引进国际一流品牌三个发展阶段，但很少有主题公园拥有具有自主知识产权的品牌。与迪士尼、环球影城和默林娱乐集团的主题公园相比，中国主题公园大多没有明显标识的IP，这也与国内影视、动漫和游戏产业的相对落后有较大的关系。

2. 文化创新创意水平低，盲目投资，低水平重复建设现象严重

国内的主题公园存在盲目投资、低水平重复建设的问题，文旅结合成功的案例并不多，很少有企业能够做到文化创新或推出创新的科技产品。《2017中国主题公园发展报告》指出，国外主题公园收入主要包括三部分，其中门票收入约占30%，购物收入约占30%，衍生品等其他收入占40%以上。[①] 但国内大量的主题公园门票收入占比过高，相关衍生产品售卖收入很少，文化创新力还有很大的提升空间。

3. 过于依赖房地产开发，文化旅游因素比重低

国内主题公园开发商在很大程度上过于依赖房地产开发，文化内涵不够深入，企图利用圈地卖房模式获利。为进一步加强对主题公园行业的监管，规范国内主题公园旅游市场，2011年国家发改委专门出台了《关于暂停新开工建设主题公园项目的通知》，并加强对房地产市场的调控，防止少数企业以建设主题公园为名开发房地产项目，但效果仍有待观察。

4. 服务水平较低，管理水平有待提高

总体上看，中国第三产业的服务和管理水平均有待提高，由于主题公园产品重在体验，且需要吸引游客重复消费，因此服务和管理水平对主题公园的发展至关重要。但中国当前的主题公园服务水平整体不高，在入园排队、单个景点服务、餐饮服务、投诉处理和综合服务等方面的水平有待提高。与日本和美国迪士尼的服务水平相比差距十分明显。

---

① 刘宝亮：《九成主题公园不盈利：缺文化？缺故事？》，《中国经济导报》2018年5月23日。

5. 产品链不够长，未能形成协同效应

中国绝大多数主题公园的产品链较短，没有形成由影视、动漫、游戏与实景及相关衍生产品等构成的立体多元的产品线。常州恐龙园股份有限公司董事会主席兼首席执行官沈波指出，对比国外的主题公园，高占比的门票收入显示了中国主题公园在二次消费和衍生产品开发上仍然比较薄弱。[①]

6. 缺乏长远规划和有效的监管措施

相比国际主流主题公园，中国的主题公园大多缺乏长远战略规划，匆忙、盲目投资，政府监管不到位的情况则加剧了这一问题。例如，万达主题公园从规划、投资、建设到开园仅仅数年时间，导致其在创意、建筑规划设计和外观等方面比较粗糙，大大限制了其影响力的提升。

7. 大量主题公园的主题并不鲜明，“主题体验”和“消费体验”不足

国内目前现有的主题公园中，无明显主题类公园（没有或仅有少量主题内容，其园区内故事线或主题设计薄弱，且不针对任何特定的细分市场）占比为53%，由主打器械类骑乘设施的公园组成；有明显主题类公园占比为47%。[②] 大量国际市场调研表明，具有明显主题的公园整体消费体验显著优于无明显主题的公园。

8. 主题公园研究和管理人才缺乏

国内主题公园的研究和管理人才相对缺乏，这与整个产业相较于美国起步较晚息息相关，与主题公园相关的产业如影视、动漫、游戏等文化创意产业也严重缺乏人才。例如，国内研究主题公园的硕士学位论文有300余篇，但很少有一流高校的硕士学位论文，特别是没有一篇博士学位论文，而关于迪士尼乐园过山车油漆方面的研究就有两位耶鲁博士在做。[③]

9. 重游率低，盈利能力较差，甚至大量亏本导致倒闭

国内主题公园往往注重投资规模和一次性投资，缺乏资金用于更换产品

① 《地方政府热衷上马主题公园　房企扎堆进军大搞房地产》，《经济参考报》2017年11月16日。

② AECOM：《2018中国主题公园项目发展预测》，2017，第13页。

③ 《上海迪士尼一年内实现盈利　3次成功并购握大批优质IP》，新浪网，2017年7月10日，http：//finance. sina. com. cn/roll/2017 - 07 - 10/doc - ifyhvyie0886461. shtml。

和设备，持续创新（如开发衍生产品）能力较差，致使游客体验不佳，最终造成游客重游率低、消费少，影响了主题公园的总体盈利能力。前瞻产业研究院发布的《2020～2025 年中国主题公园行业发展模式与投资战略规划分析报告》显示，国内 70% 的主题公园处于亏损状态，20% 的主题公园持平，只有 10% 的主题公园实现盈利，约有 1500 亿元资金套牢在主题公园投资之中。[①] 另外，《2015 年我国主题公园行业发展现状分析》显示，近 10 年来涌现的本土主题公园中，80% 已经倒闭，经济损失总额高达 3000 亿元。[②]

三　案例比较分析

根据国际主题公园行业组织 TEA 发布的数据，从主题公园的品牌知名度、发展规模来看，2015 年全球主题公园开发商居前三位（以总游客数统计）的依次为美国沃尔特迪士尼公司、英国默林娱乐集团，以及美国环球影业集团[③]，中国主题公园也在快速发展中。下面主要介绍三种不同类型（以影视 IP 为核心的国际化品牌、以旅游文化产业为核心的全国性本土品牌、以先地产再 IP 为模式的地域性本土品牌）的主题公园，并对此进行针对性的分析。

（一）迪士尼主题公园

与国内两大主题公园品牌万达主题公园和长隆主题公园相比，迪士尼主题公园是以影视作品卡通人物为核心 IP 的国际性主题公园。如果说美国梦代表了全球多数成年人的梦想，那么迪士尼主题公园则代表了世界多数儿童的梦想和成人找回童年的梦想。迪士尼是现代主题公园的主要代表，目前也是全球规模最大、水平最高、知名度最高的主题公园品牌。美国、日本的迪

---

① 王州婷：《主题公园严控房地产化　文化 IP 培育成关键》，《时代周报》2018 年 5 月 3 日。

② 蒋梦惟、武媛媛、于新怡：《主题公园建设持续严控地产化》，《北京商报》2018 年 5 月 17 日。

③ 高力国际：《中国主题公园的梦幻之旅：从上海迪士尼开业谈起》，2016，第 9 页。

士尼主题公园发展最为成功。在迪士尼的价值链中，迪士尼乐园的收入成为重要且稳定的来源，2016 年媒体网络（电视）、乐园度假、影视娱乐（电影）及产品销售（周边产品）占营业收入的比重分别为 42.58%、30.51%、16.97% 及 9.93%。[①] 迪士尼的品牌战略见图 1。

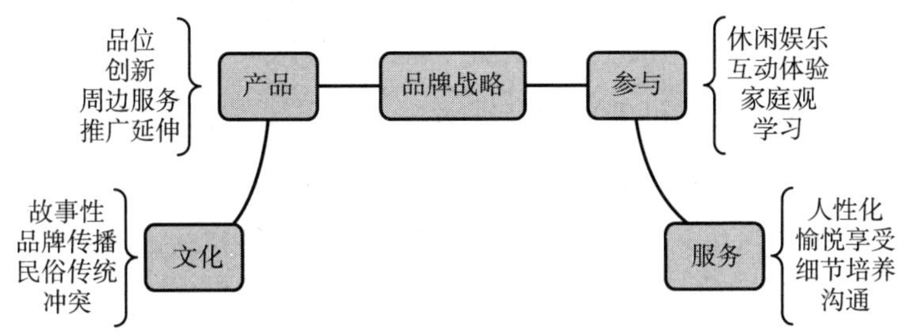

图 1　迪士尼的品牌战略

资料来源：常书烨：《主题公园品牌战略研究》，上海工程技术大学硕士学位论文，2016，第 66 页。

在中国，目前迪士尼共有两个场馆，分别为香港迪士尼乐园和上海迪士尼乐园。香港迪士尼乐园规模较小，占地面积为 35 公顷，是世界上最小的迪士尼乐园。乐园现分为 7 个主题区，分别为美国小镇大街、探险世界、幻想世界、明日世界、玩具总动员大本营、灰熊山谷及迷离庄园。香港的主题公园市场经营喜忧参半，2017 年初开幕的钢铁侠骑乘设施为公园带来了新的客流，游客量止跌回升，2017 年香港迪士尼乐园的游客量回升到了 620 万人次，而在此之前，乐园新增再投资项目较少，游客量已连续下降两年。[②] 2018 年，香港迪士尼乐园实现了 8% 的增长。[③] 上海迪士尼乐园的开园，分流了大部分中国内地游客，给香港迪士尼乐园带来了更大的挑战。

---

① 《迪士尼乐园实现盈利！　王健林遭实力打脸》，搜狐网，2017 年 7 月 17 日，http：//www.sohu.com/a/157786288_457179。

② TEA，AECOM：《2017 年主题公园报告和博物馆报告：全球主题景点游客报告》，主题娱乐协会（TEA）出版，2017，第 40 页。

③ TEA，AECOM，"2018 Theme Index and Museum Index：The Global Attractions Attendance Report"，Themed Entertainment Association（TEA），2019，p. 42.

上海迪士尼乐园为最新，也是世界上占地面积最大的迪士尼公园，2016年6月正式开园，现有6个主题园区、30余个游乐项目、20多项娱乐演出①，2017年客流量为1100万人次，创造了仅运营一年就实现财务收支平衡的奇迹。乐园的高人气、长停留时间和高重游率反映了市场对乐园的认可。② 2017年，上海迪士尼乐园荣获TEA授予的主题公园类以及单个景点类杰出成就奖。上海迪士尼乐园成功经营的主要原因有：中国拥有庞大的市场；迪士尼具有良好的品牌效应，拥有大量有深度文化内涵的IP产品；迪士尼深耕细作，能够提供高水平的服务和优质的观赏体验；能够正确处理国际化和本土化的相互关系。迪士尼公司董事长兼首席执行官罗伯特·艾格先生曾表示，“我们在上海建造的是一座独一无二的度假目的地，它将呈现最佳的迪士尼故事讲述，同时融入中国悠久传承的独特魅力。上海迪士尼度假区将为一代又一代的中国游客带来不凡的娱乐体验和欢乐”，“我们把过去60年来所积累的一切关于如何超越游客期待的秘诀，加上迪士尼永无止境的创新精神和丰富创意，来打造这样一个‘原汁原味迪士尼，别具一格中国风’的神奇度假目的地”。③

（二）万达主题公园

万达主题公园是万达进军文化旅游地产项目的组成部分，与迪士尼乐园和长隆主题公园相比，其主要特点在于“旅游＋文化”模式，逐渐发展成为有地域文化特色（地方特色小镇）的系列主题公园，但由于扩张速度过快，在万达集团面临债务危机的背景下转让给融创集团，进入深度调整期。

伴随着中国经济的转型，万达集团开始去地产化，向文化产业公司转型，2017年万达集团的总收入中，文化产业收入为637.8亿元，占比由

① 《上海迪士尼乐园》，维基百科，https：//zh.wikipedia.org/wiki/上海迪士尼乐园。

② TEA，AECOM：《2017年主题公园报告和博物馆报告：全球主题景点游客报告》，主题娱乐协会（TEA）出版，2017，第40页。

③ 《上海迪士尼首度揭秘六大主题园区　融入中国魅力》，中国新闻网，2015年7月15日，http：//www.chinanews.com/sh/2015/07－15/7406634.shtml。

2012 年的 14.6% 提升至 28.05%，连续两年超过 1/4，成为万达集团的一个支柱产业。2019 年 1 月，以影视、体育、儿童为主体的文化产业集团整体收入达 692.4 亿元，占万达集团总收入的比重达 32.3%，首次超过商管、金融、地产成为万达集团第一大产业。①

万达主题公园的重要特点在于结合主题公园所在地（多为二、三线城市）的历史、文化与地理特点对主题进行细分。主要有结合云南西双版纳热带雨林气候和傣族历史文化特点打造的主题公园、结合江西鄱阳湖水域文化和景德镇陶瓷文化打造的鄱阳渔家和五彩瓷都主题公园、结合东北长白山度假区以长白山的自然资源打造的雪上项目主题乐园，以及与弗兰克·德贡娱乐集团合作打造的世界顶级楚汉文化舞台秀等。

万达集团结合自身发展过程中的特质，以特色小镇的形式，结合万达城的产业定位，进行科学规划设计，挖掘具有万达集团特色的产业，结合当地人文底蕴和生态禀赋，形成“产、城、人、文”四位一体、有机结合的万达旅游主题乐园。② 与迪士尼、环球影城等统一模式的主题乐园产品相比，差异性地方文化战略下的万达主题公园产品的创新重点在于将主题公园融入万达城市综合体中，以体现主题公园与地方性城市（文化）的协调发展。

2011 年，万达集团开建武汉中央文化区，拉开了哈尔滨、合肥、无锡、青岛、南昌建设主题公园的序幕。2015 年 1 月，万达集团宣布投资 2000 亿元在中国打造 12 个主题公园。③ 截至 2017 年 6 月，万达集团相继在武汉、合肥、南昌、哈尔滨等地布局了 6 个重大文化旅游项目。④ 根据万达集团董事长王健林的计划，到 2020 年在国内开业 15 个、海外开业 5 个万达城，实

① 《万达资产“加减法”背后的文化产业发展》，《经济日报》2018 年 1 月 31 日。

② 李季：《特色小镇建设背景下万达主题乐园的发展研究》，湖北大学硕士学位论文，2017，第 29 页。

③ 《万达斥资 2000 亿打造 12 座主题公园　首选广州和无锡》，《中国证券报》2015 年 1 月 14 日。

④ 《万达资产“加减法”背后的文化产业发展》，《经济日报》2018 年 1 月 31 日。

现对迪士尼形成“围剿之势”的目标。① 万达集团试图通过在全国范围内进行大规模布局，利用高质量、大规模投资的硬件和相较于迪士尼的价格优势与迪士尼等企业进行正面竞争（也许只是广告口号）。然而，上海迪士尼乐园经营一年即实现收支平衡，万达主题公园则由于高速扩张负债累累，不得不变卖给融创集团。2017 年万达主题公园分布情况见表 2。

表 2　2017 年万达主题公园分布情况

名称	所在地	占地面积	主题
武汉万达电影乐园	湖北武汉	10 万平方米	电影文化
合肥万达乐园	安徽合肥	100 公顷	徽文化
万达长白山国际度假区	吉林白山	30 平方公里	雪上项目
南昌万达主题乐园	江西南昌	80 公顷	赣文化
西双版纳万达主题乐园	云南景洪	61 公顷	傣族、热带文化
南宁万达乐园（在建）	广西南宁	3.5 万平方米	桂文化
青岛万达乐园（在建）	山东青岛	15 万平方米	水体、影视
广州万达乐园（在建）	广东广州	59.61 公顷	粤文化
成都万达乐园（在建）	四川成都	5000 亩	巴蜀文化
哈尔滨万达乐园（在建）	黑龙江哈尔滨	150 万平方米	室内游乐

资料来源：李季：《特色小镇建设背景下万达主题乐园的发展研究》，湖北大学硕士学位论文，2017，第 29 页。

（三）长隆主题公园

长隆主题公园是中国民营企业经营的本土品牌，它利用多个主题公园集群，很少依靠开发房地产带来的收入实现盈利，采用先建园再打造自主 IP 的发展模式。其中，长隆海洋王国的游客量保持稳定增长态势，2017 年增长 15%，在全球经营主题公园的集团中排名第 6（按访问游客数量排名）。乐园的“海洋夜光大巡游”在 2017 年荣获 TEA 颁布的年度杰出成就奖。②

① 王松才：《万达加速布局文化旅游产业》，《中国经济时报》2017 年 7 月 5 日。

② TEA，AECOM：《2017 年主题公园报告和博物馆报告：全球主题景点游客报告》，主题娱乐协会（TEA）出版，2017，第 40 页。

乐园酒店拥有较高的入住率，淡季游客量亦有所增加。2018 年长隆海洋王国在全球 25 大主题公园中排名第 10（增长率为 10.6%），长隆欢乐世界排名第 25（增长率为 11.9%）[①]；长隆水上乐园在全球 20 大水上乐园中排名第 1。[②]

长隆集团是稳扎稳打的民营企业典型，这与万达集团的高速扩张截然不同。长隆集团创始人苏志刚以实干精神指导长隆集团走出了一条独特的发展道路。长隆集团依托珠三角城市群，利用多个主题公园集群，做出了一个很独特的样本，基本上很少依靠开发房地产带来的收入而实现盈利，这在国内主题公园中实属罕见。与迪士尼乐园、环球影城等先有成熟 IP（以卡通人物形象、影视作品等为基础）再建园的主题公园相反，长隆集团先建园区再摸索 IP 建设，这也是中国主题公园发展的典型路径。从全球唯一大熊猫三胞胎的诞生，到“参演”《功夫熊猫 3》大电影、原创动画片，紧接着再推出熊猫酒店，长隆集团选择了最能代表中国形象的大熊猫作为近几年主打的 IP。[③]

整个度假区的良好市场表现，主要归功于长隆集团有效的市场营销和推广策略，以及中国高铁网络迅速扩张带来的交通便利性。[④] 当前中国主题公园的主要问题在于低水平重复建设、同质化竞争、运营效率低、主题内涵不够深入、产品链短。从地域选择（深耕珠三角）、IP 创设与管理、市场策略等各个方面，长隆集团的成功经验可以为中国主题公园突破以上瓶颈提供一个比较好的启示。

从以上三个案例可以看到迪士尼主题公园的成功（美国、日本和上海）

---

① TEA，AECOM，“2018 Theme Index and Museum Index：The Global Attractions Attendance Report”，Themed Entertainment Association（TEA），2019，p. 10.

② TEA，AECOM，“2018 Theme Index and Museum Index：The Global Attractions Attendance Report”，Themed Entertainment Association（TEA），2019，p. 14.

③ 温颖然：《长隆时代：珠三角主题公园“造梦记”》，《21 世纪经济报道》2018 年 4 月 21 日。

④ TEA，AECOM：《2017 年主题公园报告和博物馆报告：全球主题景点游客报告》，主题娱乐协会（TEA）出版，2017，第 41 页。

与挫折（巴黎和香港）、万达乐园的快速扩张与困境，以及长隆主题公园在对集群深耕细作基础上的成功。这也进一步说明主题公园的成功必须拥有具有丰富内涵的IP产品，进行精准的市场定位，确定长远的市场战略和因地制宜的市场策略，制订差异化的乐园建设方案。

四　中国主题公园的发展方向和策略建议

近30年来，中国主题公园快速发展，取得了不俗的成绩，但也有盲目扩张、低水平重复建设等带来的教训。总体来看，经济发展水平、政府政策导向、社会生活方式的变化、技术变革等因素深刻影响着中国主题公园的发展。

（一）未来趋势

1. 主题公园市场规模继续扩大，市场竞争更加激烈，全球性超大型主题公园和具有地方特色的小而精的主题公园将更受欢迎

未来中国的主题公园市场仍将保持稳健增长的趋势。预计2020年，中国有望成为世界最大的主题公园市场。2021～2025年的投资总额预计为1300亿元，每个主题公园的平均投资额约为29亿元。现有公园将通过扩大再投资和内容创新以维持或提高游览次数。随着国际品牌的陆续进入，主题公园数量不断增加，市场竞争也将进一步加剧，在建与拟建主题公园项目类别、规模和内容将更加多样，目标市场也不再局限于一、二线城市，将扩展至同样拥有百万级人口的三、四线城市。[①] 由于主题公园数量的快速增加，游客更加注重消费体验，主题公园的市场竞争也将更加激烈，一些缺乏创新和竞争力弱的主题公园将被淘汰。投资建设世界顶级主题公园可能会获得市场的积极反响。

2. 更加重视消费体验、文化内涵和IP的持续创新

随着娱乐性消费次数的增加和游客对更好消费体验的追求，游客对服务

① AECOM：《2018中国主题公园项目发展预测》，2017，第27页。

水平、设施质量的期望也将提高。未来游客将更加关注主题公园的参与和互动体验、摄影机会，以及优质的综合服务和具有独特文化内涵的主题商品。未来中国主题公园必须从内容、体验、环境和服务等方面提升对游客的吸引力，方能在激烈的市场竞争中占据一席之地。① 未来中国主题公园也将继续注重有历史文化内涵的原创 IP，而人工智能和 5G 技术必将大大加速这一进程。应以市场、文化和传播等标准指导新的 IP 产品及其衍生产品的创建，注重结合中西文化，注重国际品牌的本土化（如上海迪士尼乐园的成功经验）与本土品牌的国际化，在国内外传播中国传统文化和文化软实力。把主题公园作为能满足人们消费文化需求的终端产品，注重历史、文化、影视和新技术等因素多元融合。

3. 未来中国主题公园开发将受到政府政策的广泛影响

文化旅游产业政策和主题公园专项政策将发挥重要的指导性作用。国务院 2016 年出台的《“十三五”旅游业发展规划》被纳入国家“十三五”重点专项规划，提出要提升旅游质量，拓展和延伸旅游功能，推动旅游业转型升级，促进旅游业发展，为世界旅游强国建设奠定坚实基础。② 2018 年国家发改委等部门出台的《关于规范主题公园建设发展的指导意见》在宏观、微观并重的基础上，从丰富文化内涵、提高科技含量、壮大市场主体三方面给出了转型升级、质量提升的方向。③ 这一政策的出台将规范主题公园产业，促进主题公园领域的制度创新。

4. 技术变革将对主题公园发展产生重大影响，如何将技术与市场需求、主题文化等因素有效融合，是未来的一项重要挑战

近年来，主题公园设施硬件和创意等方面的科技含量逐步提高，以声、光、电为标志的简单技术手段将逐步被淘汰。以 5G 和人工智能为主题特征的新一代技术将逐步渗透于主题公园建设中，打造深度沉浸式互动体验，营造逼真的环境氛围，为游客提供身临其境的感官体验。但是如何

---

① AECOM：《2018 中国主题公园项目发展预测》，2017，第 30 页。

② 高力国际：《中国主题公园的梦幻之旅：从上海迪士尼开业谈起》，2016，第 9 页。

③ AECOM：《2018 中国主题公园项目发展预测》，2017，第 33 页。

将高新技术与市场需求、主题文化等有机结合起来，是未来中国主题乐园发展的一大挑战。

（二）策略建议

针对中国主题公园发展现状、存在的主要问题和未来发展趋势，本报告提出以下策略建议。

1. 重视以 IP 为中心的品牌建设

研究国外主题公园的发展历程，特别是迪士尼和环球影城的历史可以发现，国际知名主题公园开发及运营商拥有大量的卡通人物核心 IP，这些 IP 成为主题公园成功的核心要素之一。中国主题公园建设必须加强以 IP 为中心的品牌建设，整合历史、文化、影视和游戏等相关资源，努力讲好故事，提高游客的消费体验和满意度。

2. 加强管理和服务人才建设

加强管理和服务人才建设是提升中国主题公园建设的根本前提。要加强相关主题公园企业与高等院校的合作，加强行业人才培训，从国外引进相关管理人才。例如，在迪士尼乐园，每一位新入职的员工都会接受为期 3 个月的培训，不仅让他们了解景区内的各个景点，而且会培养他们的服务意识，微笑对待每一位游客，并且主动为园区内的游客拍照，让游客有宾至如归的感觉。①

3. 提升主题文化内涵

针对国内主题公园对中华历史文化挖掘不深、长远发展能力不足等问题，要进一步丰富历史和传统文化内涵，提升服务质量。利用现代科技、媒体等表现形式，创造一系列融合西方文化、中国历史和传统文化的卡通人物形象、动漫产品、影视作品。注重品牌建设，积极培育一批具有丰富历史和传统文化内涵、有广泛市场影响力的主题公园，主动学习好莱坞等企业挖掘中国历史和文化内涵的方式与方法。

---

① 李训丽：《我国主题公园研究》，安徽工程大学硕士学位论文，2014，第 41 页。

4. 加强战略管理

加强对主题公园建设的战略管理。根据中国经济发展转型、消费升级和人民对美好生活向往的大趋势，针对国家发改委等相关政府部门对主题公园管理的政策，在深入调查消费者心理需求和偏好的基础上，了解主题公园市场的现状和未来发展趋势，设定主题公园建设的战略目标、战略阶段、战略步骤和战略手段。“引进来”“走出去”，明确发展战略目标及其发展方向，创建一个具有中国特色的富有竞争力的主题。

5. 积极利用高科技提升游客体验

AI 和 5G 等技术的高速发展对主题公园建设既是一个机遇，也是一个很大的挑战。主题公园建设必须积极利用高科技，并使高科技为讲述主题故事和表现文化内涵，从而创造铭记一生、梦幻般的客户体验而服务。中国的 AI 和 5G 等技术在世界上有一定的优势，应该合理利用这一优势，实现文化旅游的跨越式发展。

参考文献

AECOM：《2018 中国主题公园项目发展预测》，2017。

TEA，AECOM：《2017 年主题公园报告和博物馆报告：全球主题景点游客报告》，主题娱乐协会（TEA）出版，2017。

保继刚等：《主题公园研究》，科学出版社，2016。

北京大学旅游研究与规划中心主编《旅游规划与设计 No. 19：主题公园》，中国建筑工业出版社，2016。

常书烨：《主题公园品牌战略研究》，上海工程技术大学硕士学位论文，2016。

冯锦凯：《中国的主题公园和主题乐园》，中国水利水电出版社，2018。

高力国际：《中国主题公园的梦幻之旅：从上海迪士尼开业谈起》，2016。

河南文化旅游研究院（河南大学）编著《中国文化旅游发展报告 2017》，中国旅游出版社，2017。

李广明、章牧、汪传才等：《主题公园相关多元化经营管理研究》，暨南大学出版社，2015。

李季：《特色小镇建设背景下万达主题乐园的发展研究》，湖北大学硕士学位论文，

2017。

李训丽：《我国主题公园研究》，安徽工程大学硕士学位论文，2014。

〔美〕杰西·谢尔：《游戏设计艺术》，刘嘉俊等译，电子工业出版社，2016。

王欣：《文化创意旅游发展研究：机制与模式》，旅游教育出版社，2018。

Salvador Anton Clavé, *The Global Theme Park Industry*, CABI, 2007。

TEA, AECOM, "2018 Theme Index and Museum Index: The Global Attractions Attendance Report", Themed Entertainment Association (TEA), 2019.

中国文化生态旅游发展分析与展望

刘 怡*

摘 要： 中国文化生态旅游是文旅泛融合阶段文化旅游产业发展的新趋势，也是生态文明建设的重要路径和渠道，有助于形成文化消费新观念，推动新时代美丽中国建设。本报告首先从文化生态旅游的内涵和发展原则入手，重点探讨中国文化生态旅游发展的优势与劣势，以及面临的机遇与挑战；其次选取贵州文化生态旅游和浙江良渚文化村作为个案进行重点分析和讨论；最后从生产要素、受众需求、关联网络、产业战略、未来机遇等层面对文化生态旅游发展进行展望，并提出建设性的对策建议。

关键词： 文化生态旅游　生态文明　文旅融合

文化生态旅游是文旅泛融合阶段文化旅游产业发展的新趋势，也是生态文明建设的重要路径和渠道，是建设美丽中国和实现中国梦的重要内容。文化生态旅游将文化主题作为传统生态旅游产业的引领，是“文化”和“生态”在旅游产业中的有机融合，契合“文旅融合”的时代大趋势。

文化生态旅游发展至今，由于受多重因素影响虽然还不能进行独立核算和统计产业体量，但文化生态旅游的特色和规模已逐渐形成，成为现代社会旅游的潮流和主流，尤其是在“文旅融合”的背景下体现出产业生机和活

* 刘怡，博士，上海交通大学媒体与传播学院助理研究员，研究方向为媒介文化、城市传播。

力。在2018年全国生态环境保护大会上，习近平总书记指出“生态兴则文明兴，生态衰则文明衰”，体现出文化和生态并重发展的理念。中华文明历史悠久，堪称世界奇迹，正如习近平总书记所指出的，要把历史文化与现代文明融入旅游经济发展之中，使旅游成为宣传灿烂文明和现代化建设成就的窗口，成为传播科学知识和先进文化的重要阵地。[①] 文化生态旅游正是一种载体，把民族文化的传承体验融入深厚文化和现代时尚交织的文化旅游中，在文化创新和旅游发展中践行文化自觉和文化自信，有效提升国家文化软实力，同时文化生态旅游也正在成为中国旅游产业发展的新兴战场，成为旅游产业和投资增量的重要贡献力量。

一 文化生态旅游的内涵和发展原则

（一）文化生态旅游的内涵

从“生态”层面而言，早在1983年，国际自然保护联盟的墨西哥学者豪·谢贝洛斯·拉斯喀瑞（H. Ceballos-Laskurain）就提出“生态旅游”的概念。在对生态旅游进行持续观察后，冰岛学者古德温把生态旅游描述为弱影响的自然旅游，对物种及其栖息地保护能做出直接或间接的贡献，直接贡献包括直接投资用于保护，间接贡献包括为当地社区提供收入或为当地居民提供帮助，从而让他们更愿意保护当地的自然资源以谋求这种收入的延续。[②] 之后，加拿大学者戴维·A. 芬内尔提出，生态旅游是指旅行的主要目的是出于对目的地的自然历史感兴趣，是基于自然旅游的一种旅游方式，强调可持续性以及合理地规划、开发和管理资源。[③] 从这些定义中可以看出，“生态旅游”的内涵包括以下两个方面：

① 习近平：《发展旅游经济要坚持创新与继承相统一》，载习近平《之江新语》，浙江人民出版社，2007。

② 〔加拿大〕戴维·A. 分内尔：《生态旅游》，张凌云、马晓秋译，商务印书馆，2017，第16页。

③ 〔加拿大〕戴维·A. 芬内尔：《生态旅游》，张凌云、马晓秋译，商务印书馆，2017，第21页。

一是基于自然，即回归自然生态中获取感官和心灵的享受；二是尊重和保护自然，即以自然生态系统的良性运转为基础。

在引入“文化+”概念后，关于文化生态旅游的讨论主要集中在以下几个方面。第一，文化生态旅游的基础是文化景观和相关资源。黄安民、李洪波提出，文化生态旅游的目的地指向更多地偏向独特的社会文化区域，旅游吸引物为具有特色的文化景观，能够促进生态平衡和保护文化的完整性。[①] 黄河、杨春梅指出，所谓文化生态旅游，是以“文化”为基础，游客之所以被吸引，是因为在文化生态旅游中所感受到的独特风俗文化，这种风俗文化是当地所特有的、不同于任何其他地区的文化，有其生根发芽的独特人文地理环境，并得到当地群众的普遍认同和有效传承。[②] 赖斌等指出，文化生态旅游是以旅游地区的文化性生态为研究对象，在最大限度地满足旅游者的精神需求和降低对旅游目的地文化进程发展影响的前提下，将生态旅游理念贯穿于整个旅游系统。[③] 第二，文化生态旅游强调旅游活动与自然环境、社会环境的和谐。例如，陈刚在对云南泸沽湖文化生态旅游的研究中指出，如何在形式和内容上保护传统文化及自然生态环境是当地文化生态旅游可持续发展的关键，并强调利益相关者的重要性。[④] 赵飞、苏少敏将文化生态旅游定义为以与自然环境、社会环境和谐一致的文化资源为体验对象，以促使旅游者、旅游地和谐相处，保护区域的文化多样性与文化生态平衡为目的，使旅游者获得文化体验的一种较高层次的旅游活动。[⑤] 刘少和、张伟强认为文化生态旅游活动是需承担责任和义务的旅游形式或产品，是生态旅游

① 黄安民、李洪波：《文化生态旅游初探》，《桂林旅游高等专科学校学报》2000年第3期，第57页。

② 黄河、杨春梅：《内蒙古文化生态旅游中少数民族民俗的保护》，《呼伦贝尔学院学报》2018年第5期，第2页。

③ 赖斌、杨丽娟、方杰：《民族文化生态旅游可持续发展水平的测度研究——以四川省为例》，《生态经济》2006年第11期，第99~104页。

④ 陈刚：《发展人类学视野中的文化生态旅游开发——以云南泸沽湖为例》，《广西民族研究》2009年第3期，第163~171页。

⑤ 赵飞、苏少敏：《文化生态旅游开发初探——以广西都峤山为例》，《商场现代化》2009年第2期，第215页。

的新发展和文化旅游的特殊形式。[①]

从这些观点可以看出，文化生态旅游以文化和自然的综合体为旅游吸引物，在这种旅游形式中，文化景观和自然环境相融合，自然环境中具有文化基因，文化景观中包含对自然环境的顺应与契合，也是将生态理念融入感知，了解、体察文化内容的行为过程。

（二）文化生态旅游的发展原则

文化生态旅游的形式，从文化内容来看，可分为历史文化生态旅游、现代文化生态旅游、民俗文化生态旅游、道德伦理文化生态旅游；从旅游景区的地理特征来看，可分为山地、森林、草原、湿地、海洋、人文生态等类型，常见的文化生态旅游景区包括国家森林公园、国家级自然保护区、国家地质公园、国家湿地公园、国家水利风景区等。当前，在“文旅融合”的大趋势下，文化生态旅游具有较大的发展空间。

1. 地域性原则

文化生态旅游与地域性密切相关，不同的地域形成独特的政治、经济、文化、历史以及自然景观，长期以来形成的文化环境和自然环境具有浓厚的地域特征。在特定的地域内，历史文化层面有地域性文物、遗址、古建筑，现代文化层面有地域性现代艺术、工业文明，民俗文化层面有地域性居民日常饮食、衣着服饰、节日庆典、祭祀、婚丧及体育活动，道德伦理文化层面有地域特色的人际传播和组织传播方式。文化生态旅游者的旅游动机通常以文化认同归属感和文化差异体验感为追求，而地域性则是文化差异性的内容和表象。

2. 文化性原则

文化生态旅游的文化性原则主要体现为文化挖掘、文化保护、文化传承。文化挖掘注重对旅游产品的开发层面，只有具备文化内涵的旅游产品和

① 刘少和、张伟强：《文化生态旅游发展中的矛盾及其克服》，《思想战线》2004 年第 3 期，第 122～125 页。

服务才能在文化旅游市场中拥有竞争力，所以需要根据旅游地的文化特殊性进行产品设计，呈现独特的文化底蕴和文化内涵。文化保护是指文化生态旅游不仅要满足旅游者的现实需求，而且要符合人类文明长期的发展规律，所以旅游产品的形式和内容应尊重文化的完整性，有效保护文化生态环境。文化传承则关注文化发展的可持续性，文化生态旅游产品应从社会效益和经济效益等多个层面为文化传承提供现实条件，使文化资源避免陷入因难以传承而濒临消失的困境。

3. 生态性原则

文化生态旅游的生态性原则主要体现为自然生态环境的可持续性和系统性。可持续性要求旅游产品的设计和开发既要有利于特殊文化生态景观和区域的保护，又要有利于文化资源和自然资源的合理利用，促进地域经济发展和文明程度的提高，提升旅游者获取文化审美的体验，同时注重代际和区际之间的利益平衡，有效促进文化生态旅游的可持续发展。德国生物学家恩斯特·海克尔于1866年提出"生态学"的概念，从生态学角度来看，文化生态系统中的文化要素与自然环境之间具有紧密的联系，系统内部存在的特有的物质流、能量流和信息流，以及系统的协同形成、协同实现和反馈调控机制，形成文化生态系统的良性循环，有助于生态系统的平衡和稳定。

二　文化生态旅游发展的优势和劣势

（一）文化生态旅游发展的优势

1. 拥有丰富的人文旅游资源

从人文生态资源来看，在悠久的中国历史文明中，中国古代人民发展出了一套关于人文系统与自然环境系统动态关系的世界观逻辑，并在生产和生活中践行。传统农业社会中的人地关系逻辑强调天人合一的思想，注重人与自然的本质相通。这种思想经过道家和儒家等流派的传播与发扬，在中国的文化生态景观中被充分呈现和表达。在寺庙、园林等古建筑的设计和布局中，反映出独具特色的地域美学，并承载了文学、宗教等层面的愿景。此外，在尊重自然和顺应自然的基础上改造自然，传统村落、水利工程、军事防御工程的建设，将审美、自然环境和生产生存实践相结合，如土家族、布依族等少数民族的吊脚楼民居、江南徽派村落、长城、都江堰等都反映出中国历史文化的传承和影响。

2. 拥有丰富的自然旅游资源

从自然生态资源来看，我国生态环境复杂多样，自然生态旅游资源丰富，分布广泛。中国的地理位置跨越热带、亚热带、暖温带、中温带、寒温带，拥有森林、草原、湖泊、海洋、荒漠、沙漠等多种自然景观，海拔高度从海平面以下到世界最高海拔，是自然地理条件最具多样性的国家。复杂的地理条件与生产生活实践相融合，创造出绿洲文化、梯田文化、草原文化、海洋文化、森林文化等多种文化生态系统。此外，由于民族的多样性，在对自然环境的改造中也融入鲜明的民族文化内涵，如广西壮族和云南哈尼族的梯田、新疆维吾尔族的坎儿井等，兼具文化和生态价值，从而产生旅游吸引力。

3. 文化生态旅游发展迅速

在中国旅游产业规模不断扩大、产业体系逐步完善的进程中，历史文化名镇名村、古典园林、文化名山、少数民族文化景观等文化生态旅游内容逐渐占据重要地位，成为当下主流的旅游形式之一。一方面是因为传统文化和本土文化被关注和重视。中国作为传统文化资源大国，拥有丰厚的物质文化遗产和非物质文化遗产，这些资源是建构文化认同和文化自信的财富，是抒写民族记忆的载体。另一方面是在后工业文明和后现代社会的背景下，社会中出现对现代商业文明和全球化的反思。工业化和全球化不仅带来了经济一体化，而且带来了世界范围内的文化趋同现象，打破了地域文化个性赖以生存的空间界限和文化界限。① 由此而产生的危机意识使得人们重新审视和思考文化与自然的关系，通过更加关注传统文明而形成一种文化自觉。

① 邓聿文：《传统城市在全球化中消失》，《中国青年报》2011年5月10日，第2版。

（二）文化生态旅游发展的劣势

1. 文化与生态有待深度融合，文化内涵缺少挖掘

首先，文化与生态存在脱节的问题，二者有待深度融合。在产业开发和经营中，通常单一地关注文化或生态的某个方面。文化生态旅游的目标即为旅游者提供一种非模式化城市生活方式的环境和一个接触自然的机会，同时通过吸引旅游者消费，实现旅游地经济效益。但由于复制化的低层级经营理念和经营方式，再加上对受众差异化和个性化的需求关注缺位，以及对文化资源内涵的挖掘有待深入，旅游者在旅游过程中较少地深度体验文化活动，使旅游消费模式停留在浅层次的“快消”状态，难以满足多层次和多元化的消费需求。

其次，景观文化标签化，文化生态旅游价值的整体性被忽视。在文化生态旅游发展中，规划者和经营者过度关注文化生态系统中的一个侧面或一个焦点，对其中某个特殊的经典景观进行放大，因而忽视了其他具有潜在价值的人文资源或自然资源，以及旅游地整体的文化生态，带来个性化资源挖掘和利用不充分，文化生态资源定位重叠，旅游模式、内容及其衍生品同质化、形式单一等问题，陷入进退维谷的经营困境。如生态自然景区的旅游经营者和旅游者将注意力集中在野生动物和自然植被方面，对旅游地的历史文化内涵和背景缺乏关注、挖掘和衍生。

2. 缺少有效的社区参与机制

文化生态旅游吸纳旅游地商业资源和当地居民参与旅游产品的开发、经营与管理，通过对当地旅游资源的价值转化和变现，推动地域经济产业结构调整和升级，以及可持续发展战略的实施，最终实现经济效益和社会效益的平衡。当地社区是联系自然环境保护收益、经济收益与社会收益的重要纽带，是生态旅游最核心的利益相关者。[①] 在传统运营模式中，旅游地通常实

---

① 宋瑞：《我国生态旅游利益相关者分析》，《中国人口·资源与环境》2005 年第 1 期，第 36～41 页。

行经营与管理合一的体制，当开发利用资源时，往往会导致资源争夺，加剧了旅游地经营者和当地居民之间的矛盾。虽然目前有相当比例的社区居民参与文化生态旅游，但社区参与还处于个别参与的初级阶段，呈现随机性较大、参与层次较低、参与形式单一、参与行业和规模有限，以及社区居民获益水平有待提升等特征。此外，当地社区居民的日常生活与活动等资源也成为经营者向消费者提供商品的一部分，这些社区参与的缺位都将对旅游产业的竞争力积累和可持续发展产生不良影响。

3. 缺乏科学的产业顶层设计，未有效执行宏观调控和协同创新机制

生态旅游区具有敏感的天然性，如果随意破坏就会造成生态景观的破坏和不可恢复，因此开发生态旅游产品之前，应经过科学的规划论证。[①] 当前文化生态旅游资源因多重因素影响尚未达到资源普查工作启动的基本要求，缺乏系统的文化生态旅游规划编制。但受市场经济和利益影响与驱动的旅游地利益主体，尤其是占据相当比例的文化生态旅游景区处于生态涵养区，缺乏完善的综合性战略规划和管理规划、生态专项规划，为追求利益最大化而进行盲目开发，造成粗放型的经济增长方式，致使一些原生态的旅游地受到冲击，野生动植物物种减少，一些独特的地貌受到破坏，加剧了生态系统的脆弱性。

三　文化生态旅游发展的机遇和挑战

（一）文化生态旅游发展的机遇

1. 从“物质文化需要”到“美好生活需要”的契机

文化生态旅游是人类设计和选择的一种旅游活动方式，是美好生活的体现和对美好生活的追求。从民族文化生活来看，文化生态旅游也是建构文化自信和建设美丽中国的生动实践，有助于人们对文化与自然关系的重新认识

① 刘家明：《生态旅游及其规划的研究进展》，《应用生态学报》1998 年第 3 期，第 327～331 页。

和进行更科学的解读，突破工业文明时代形成的人与自然的关系，以及征服自然的世界观，从而走向人类社会与自然界的人地协调和有机共生。文化生态旅游已被视为一种新型伦理观，并成为构建新型人类与自然关系的有效途径。独特的文化资源和丰富的自然资源是文化生态旅游可持续发展的基础，是产业吸引力和竞争力的源泉，二者紧密相连。发展文化生态旅游契合国家构建生态文明体系和建设美丽中国的愿景，以及保护本土文化的独特性和民族文化的多样性，符合满足人民群众对美好生活的需求。

2. “一带一路”倡议带来历史性机遇

丝绸之路旅游发展带上的历史文化积淀深厚，自然生态景观丰富，从贯通西北地区的“丝绸之路经济带”，到连接南部沿海的“21 世纪海上丝绸之路”，“一带一路”倡议为相关地区的文化生态旅游提供了广阔的传播和发展空间。首先，“一带一路”倡议推动基础设施联通建设，能够有效提升旅游可达性，特别是改善中西部地区深入内陆的丝绸之路沿线的交通条件。其次，“一带一路”倡议能够在加强文化交融、经济合作和设施互通的基础上实现推动区域旅游合作与融合，以及地方旅游升级发展。最后，“一带一路”倡议能够为宝贵的文化遗产和非物质文化遗产赋予新的生命力和影响力，活化历史文化价值，为沿线地区文化生态旅游业态创造具有生机的发展环境，在此基础上打造出具有丝绸之路特色的旅游产品。

3. 全域旅游战略赋予文化生态旅游发展生机

2017 年，“全域旅游”被写入《政府工作报告》，标志着我国旅游业发展理念的重大转变。2018 年，习近平总书记提出新时代推进生态文明建设，重在构建生态文明体系，形成美丽中国建设的宏大力量。资源全域旅游强调资源整合，在集聚构建旅游目的地的过程中，能够拓展文化和生态资源的意义空间，并赋予其新的文化意义，进而发现新的自然资源。在产业融合层面，全域旅游概念更加关注产业中的关联度、综合性特征，推动旅游业和相关产业共融共兴，有助于有效实现“文化 +”，从而构建新业态，形成有机的产业链。在社区参与层面，全域旅游概念以共建共享的特征强调整个社会多层面利益主体的参与，在更为广阔的社会空间中引导和吸引社会资本、产业、旅游者、居民共同参与，培育更加丰富的产业主体，特别推动当地居民的深度参与，使其不仅成为旅游产业经济中的创业者和服务者，而且成为产业中的获益者和文化中的享受者。全域旅游战略中的统筹布局、产业系统有助于营造良好的人文生活环境和自然生态环境，通过实现全域宜居、宜业、宜游，赋予文化生态旅游新的产业生机。

（二）文化生态旅游发展面临的挑战

1. 文化生态旅游竞争激烈，低层级竞争缺乏辩证生态思维

即使在一些知名的文化生态旅游地，也需要依托独具特色的文化生态旅游资源、精致化的旅游产品和高质量的旅游服务，还需要独具匠心的营销和策划方案，以避免处于低端竞争状态。拥有相似的自然条件、自然资源和社会经济结构的不同旅游地，呈现区域产品趋同的现象，旅游客源市场竞争激烈。一些旅游地对文化生态旅游的内涵、特点、规律把握不到位，同类旅游开发现象普遍，部分旅游产品仅停留于简单的模仿和复制，功能单一，产品和服务缺乏独特性和精致化。如在江南水乡古镇的大规模开发中，受经济利益直接驱动而进行普遍性低层级竞争，出现生态环境退化、农耕经济遭到破坏、水运经济衰落、文化空心化趋势加剧等诸多问题①，以至于在旅游产业经济竞争中失去纯粹的水乡文化底蕴，与文化生态文明可持续发展的价值观和世界观相悖。

2. 文化生态资源保护滞后，可持续发展和保护意识有待增强

环境生态位亟须提升和改善，在文化生态旅游发展中，生态旅游资源保护意识淡薄，生态文化资源的可持续发展存在风险。由于文化生态旅游具有低成本和高收益的特点，被有资源条件的地方政府作为地方经济新的增长点和优势产业进行推动，森林公园、湿地公园、生态公园大量出现，而文化生态旅游的快速发展增大了旅游地的环境压力。为了追求经济效益而不顾及景区有限的承载力，旅游活动对野生动物和植被的生存环境、水体等造成不良

① 周慧：《江南水乡的可持续发展研究》，苏州科技学院硕士学位论文，2015。

影响。影响范围不仅包括旅游地，而且可能波及旅游地周边地区。准确评估旅游地的生态影响程度已成为文化生态旅游应关注的环节。此外，随着消费者对旅游产品文化和生态需求的提升，可持续发展和保护意识也将随之增强，但受传统习惯、个人素质和受教育程度等因素影响，一些旅游者仍停留于“到此一游”式观光，亟须强化保护完整的自然和文化生态系统的责任感和自觉性。

3. 真正的文化生态旅游消费者需要教育和培养

作为文化生态旅游参与主体的旅游者，是决定旅游活动成为生态旅游活动的关键因素，旅游者的缺乏将导致文化生态旅游成为空中楼阁。随着消费理念和消费方式的转变以及生态教育的开展，旅游者会逐渐认识到自己的非生态旅游行为，并不断地改变这些行为。而要实现这种转变，关键的环节之一是让旅游者对文化生态旅游的概念和意义有更深入的了解，增强生态旅游者的环境意识和生态意识。然而生态意识的觉醒不是沉睡在人类心灵深处或存在于潜意识中的生态情结唤醒，而是要通过多层面的行之有效的措施来培养和增强消费者的生态意识，从制度、行为规范、生态教育等方面着手，使生态旅游者的生态行为意识逐渐提升，如制定生态旅游者的行为规范、对旅游者进行生态伦理教育等。所以，培育潜在的消费者也成为文化生态旅游可持续发展面临的一项挑战。

四　生态文化旅游发展案例分析

（一）大数据推动贵州文化生态旅游发展

1. 利用贵州的地理自然优势发展大数据产业

贵州地处中国西南腹地，与美国科罗拉多州山区的斯普林斯市具有相似之处，在发展大数据产业中具有天然的地理优势。贵州的地理位置避开了主要地震带，来自地震的破坏性风险极低；贵州较少发生洪灾、台风和暴雪等自然灾害，在一定程度上降低了雨季机房或者变电站所面临的风险。此外，贵州气候温暖湿润，属于热带湿润季风气候区。贵州作为“数据中心”，风险性和敏感性极高，贵州较低的地理风险为其发展大数据旅游产业提供了天然优势。

2. 时代机遇和国家支持为贵州大数据旅游助力

信息化时代科技革命与产业变革加速，新型高端价值链争夺成为常态，新的商业模式将催生新的行业业态，依托国家新经济战略，贵州将“大数据”和“新旅游”作为“新名片”进行打造。贵州本地所具有的后天优势包括价格低廉的上网电价，而且从政策层面看，从中央政府到地方政府都在重点关注这一项目的推进。例如，中国电信集团两大云计算数据中心之一——中国电信云计算贵州信息园建成后将成为国家级数据中心和国家级战略性新兴产业发展示范基地，以及“自由行大数据联合实验室”落地贵州，标志着贵州大数据和旅游产业融合进入新阶段。

3. 推出以大数据为主题的旅游文化公园和文化节庆活动

中国第一个以大数据为主题的旅游文化公园“贵阳国家高新区·大数据创客公园”是大数据发展战略和旅游产业融合的重要载体，是贵阳市作为“千园之城”的示范性公园，“大数据创客公园”围绕“大数据”和“创客”两大主题，突出高新、智慧、生态理念，定位于“科技文化传承地、创客思维火花激发地”，打造以科技文化为主题的旅游综合体和大数据文化传播中心。此外，贵州举办了相关主题的大数据文化旅游节，将代表大数据产业发展、创新创业和科技文化的旅游景点向市民免费开放，推动大数据引领的新文化旅游经济发展。

4. 以大数据的优势为文化旅游产业注入活力

随着新旅游时代的到来，大数据能够从旅行者数据、决策数据、消费数据、产业数据等多重维度，考察文化旅游产业发展的新趋势、新动向和新特征。尤其是在贵州全域旅游产业链中，大数据能够在旅游产业融合中为决策者提供关于产业发展的具体动态、整体趋势，及时、准确地了解文化和旅游市场的变动情况，提升旅游产品和服务质量，为精准旅游和高效旅游提供更多的数据支持，拓展旅游集约化发展的新路径。

（二）浙江良渚文化村——集文化、旅游、人居于一体的田园卫星城镇

1. 尊重和修复生态环境

良渚文化村依托良渚文化遗址，将良渚文化与自然生态相融合，打造宜居的生态小镇。良渚文化村将自然生态环境作为发展旅游产业的基本要素之一，强调城镇周边和内部自然生态环境系统中物质和能量的自我循环，尽可能实现自我调节的功能，在动态过程中维持自然生态的稳定性。对林地、水体、山体等生态敏感区进行重点保护、修复，提升和完善自然景观环境自身的调节功能，为可持续发展提供基础环境支撑。

2. 科学规划打造特色城镇景观

良渚文化村在利用独特的区位优势和自然景观的基础上，打造了“二轴二心三区七片”的核心构架，文化村东西主干道和滨河道路为“二轴”，旅游中心区和公建中心区为“二心”，核心旅游区、小镇风情度假区和森林生态休闲区是“三区”，“七片”是分布在山水之间的主题居住村落。将公共建筑、商业区、住宅、自然景观、人文景观进行有机结合，在小镇内形成历史文化、自然山水、半自然和现代区域多重景观，在强调协调性的同时保持各区域的显著特色。如在自然景观区使徒步线路顺应地势地貌，在半自然区中进行大地景观塑造，在降低对自然环境系统干扰的同时提升旅游效益。

3. 以人为本提升旅游地的文化气质

良渚文化村在小镇文化建设方面强调人文关怀，倡导营造和谐的邻里关系氛围，打造温情和绿色的生活方式与邻里文化。有效的社会参与和社会协作是对文化活体的有效保护，在发展文化旅游产业中，良渚文化村在文化建设方面关注城镇的社会关系网络建构，设置“村民公约”，并在旅游公共场所中植入图书馆、活动中心等文化公共设施，形成多功能的复合文化活动中心，这样不仅有助于完善社会融合和公共交往功能，而且有助于提升旅游地的文化气质，形成文化吸引力。

4. 产业支撑旅游小镇的可持续发展

产业支撑能够为旅游小镇提供可持续发展的生命力，是旅游小镇发展的关键因素之一，合理布局产业，进行产业转型升级，有助于促进城镇和产业的融合。良渚文化村在产业发展中重视创业功能的实现，建有玉鸟流苏创意产业园，入驻行业覆盖会展、动漫、艺术设计等文化创意领域，是文化创意产业的集聚区。在旅游产业发展中，良渚文化村打造了包括良渚博物馆、美丽洲教堂、良渚生态森林公园、晓书馆等在内的丰富的旅游景点，融入文化创意的休闲旅游成为推动良渚文化村文化旅游产业发展的重要动力。

五 “文旅融合”背景下文化生态旅游发展对策和展望

（一）生产要素层面：在加强人才建设的基础上完善内容生产

1. 加强文化生态旅游专业化人才建设

文化生态旅游是高品位、高质量的旅游形式，其健康、持续发展依赖于旅游主体，需基于以人为本的理念推动旅游者、经营管理者和旅游地居民素质的整体提高以及生态意识的普遍增强。与文化生态旅游迅速发展的现实相比，从业人员的素质与专业能力相对滞后，主要表现为较难对游客提供优质、个性化的服务，使游客获取高品位的享受。目前文化生态旅游景区大多以企业模式运营，专业人才尤其是高端旅游经营管理者和专业基层执行者缺乏，难以满足旅游者对文化和生态层面的需求，直接影响了旅游地管理水平的提高和长远发展。发展文化生态旅游要求经营管理者具有较强的生态意识和经营管理能力，能够科学合理地进行规划开发和经营管理。

加强文化生态旅游专业化人才建设，把引进、培养和用好人才有机地结合起来，建设一支高质量的生态旅游人才队伍，提高生态旅游管理水平。积极引进有经验的文化生态旅游高级管理人员以及能够评估文化生态环境影响和精于生态环境保护方面的专家；对文化生态旅游从业者进行系统培训，从旅游管理、湿地保护与管理、生态旅游、环境科学等多方面培养专业管理者和谙熟地方特色的执行者，促进行业科学、有序、健康、快速发展。

2. 注重文化生态旅游产品的研发与设计

依托生态文明发展文化生态旅游，文化生态旅游与生态文明的内涵、理念、方法原理和社会效益具有一致性，都秉承可持续发展的理念，崇尚尊重自然、顺应自然法则。生态文明发展为文化生态旅游的发展指引方向，并奠定了深厚的基础。围绕生态文明理念，关注文化生态旅游发展的环境条件、基础设施、管理制度和发展空间；文化生态旅游则发挥了保护旅游地自然生态系统和环境、发展经济、传承当地文化的重要作用，是促进生态文明发展的重要途径，能够以全新的视角、全新的理念重新审视旅游发展问题。文化生态旅游对于生态文化系统的意义则体现在建构旅游地的文化生态形象、增强当地居民的生态文明意识与文化自豪感、传承与发展旅游地文化等方面。

在对旅游地的生态旅游资源特色进行细致调查和研究的基础上，应对旅游地的文化生态旅游特色进行清晰定位，构建多元化、立体化的文化生态旅游产品体系，打造包括海洋、湿地、森林、草原等在内的一系列参与度高、体验性强、趣味性高、生态教育效果显著的休闲度假生态旅游产品。通过文化生态旅游的发展和建设，促进旅游和相关产业融合，构筑文化生态文明的发展路径，形成后工业社会生态型区域发展道路，打破传统的观光旅游模式，升级旅游资源的利用方式，实现旅游产品的多元化和复合性供给。

（二）受众需求层面：以 IP 为驱动，满足差异化、个性化需求

1. IP 驱动差异化策略

随着旅游消费者越来越重视通过体验获取身心放松、释放压力、愉悦心情、寻求多元化经历的需求升级，文化生态旅游需开拓创新产品路径，实现全面转型，打造独特的文化生态旅游产品，以高品位、高质量、高标准吸引消费者，培育具有市场竞争力和综合效益的旅游产品。IP 的核心内容在于其品牌化、差异化的内涵，文化生态旅游在 IP 经济模式中具有天然优势，

文化本身就是一种内涵和底蕴。根据旅游地的文化资源以及文化产业发展条件和发展环境等差异，采取不同的IP制定策略和设计路径。旅游地需打破结构单一的文化生态旅游产品体系，加强IP的多元化呈现，注重传统文化与自然生态资源相结合，强调设计，打造具有文化内涵和想象空间的品牌化旅游产品，满足旅游者在不同层面对体验文化和回归自然的多元化旅游需求，促进旅游产品的升级，延长旅游产品的生命周期，最终实现旅游经济收入的增加和旅游产业的增值。

2. IP驱动专业化和深度化策略

注重文化生态旅游产品的设计，与普通旅游产品不同的是，真正意义上的文化生态旅游要求参与者具有较强的文化意识和生态意识，在旅游娱乐的过程中彰显文化教育意义、环境生态保护意义，协调文化、自然与人类的关系。文化和生态在旅游产业中的融合，本质上是文化型旅游产品，需要遵循旅游消费的价值变现逻辑和规律，针对文化产业进行供给侧结构性改革创新，丰富和优化文化产品的创意设计，将艺术化的文化体验、现实化的情感依托与自觉化的生态保护相结合，激活中国宝贵的文化财富，让历史文化和自然生态走进社会生活，真正让文化和自然有价值，让文化和自然可体验。对于旅游产业的转型发展而言，要统筹考虑现有的文化资源和生态资源，全面拓展和提升既有的旅游消费空间和体验。

3. 关注利基市场

消费者黏性指的是消费者出于对品牌的忠诚、信任和良性体验而形成的对某一产品的依赖感和再消费期望值。长尾理论认为，众多零散的、个性化的需求就像一条细长的尾巴，这条尾巴所产生的利润累积起来，可等同于畅销产品的市场销量。由于利基产品数不胜数，它们聚合起来，将共同形成一个可与大热门市场相抗衡的大市场。① 在多样化需求的文化生态旅游市场中，现象级的旅游产品所占比例较小，尤其是小众化的文化需求、旅游需求成为一种潮流，旅游消费者更加关注个体意愿和个性化需求。

---

① 〔美〕克里斯·安德森：《长尾理论》，乔江涛、石晓燕译，中信出版社，2006，第85页。

（三）关联网络层面：加强产业融合，放大“互联网 +”和“文化 +”的聚合力

1. 跨界聚合资源，构建以循环经济为核心的文化生态经济体系

一种形式是产业资源整合，包括文化生态旅游和关联性产业链上某环节多重商业资源的横向整合，以及产业链上、中、下游不同行业调整重组的纵向整合。文化和旅游的融合创新应在产业融合的基础上实现文化产业、旅游产业与相关产业和资源的不断跨界聚合，协调整合国土、农业、林业、草原等各类生态资源，与文化基因有机融合，推动产业业态裂变，对原有产业业态进行转型升级，实现文化生态旅游资源在更广范围、更深程度、更高层次的融合创新。文化生态旅游形式包括科考、游览、探险、诗词、田园、民俗等，其多元化旅游形式具有很强的包容性，易与其他相关产业扩展形成较长产业链，形成生态产业集群，催生更多复合型的文化生态旅游景点。在产品价值、产品与消费者黏性、品牌忠诚度等方面还有很大的提升空间。

另一种形式是产业要素的整合，主要强调文化、技术、信息、资本、市场、品牌、平台等产业要素的重新整合，打破传统的模式，依托联动作用实现产业结构优化。将文化理念和生态理念贯穿于全产业链，以点带线、以线带面，避免有效资源开发的碎片化和过度化，形成循环发展模式，带动整个社会、经济和技术的发展。

2. 利用“互联网 +”平台，打造文化生态旅游新价值链，建设智慧生态文化旅游地

以互联网为代表的新一轮科技革命正在深刻改变着全球经济格局和人们的生产生活方式，文化生态旅游与互联网的深度融合已成为大势所趋。信息时代以人工智能为代表的工业革命推动科技变革进程加速，将带来新的商业模式和行业业态。“互联网 +”有助于资源合理配置，是传统旅游业转型升级的必要途径，也是粗放型传统旅游业向集约型生态旅游业发展的助推力。因此，应推进旅游地互联网基础设施建设、旅游信息互动终端设备体系建设

和旅游物联网建设，通过对文化生态旅游数据的搜集、整合和分析，以及数据共享平台的开放，实现政府、企业等数据的采集和共享，创新智慧旅游大数据应用服务，打造智慧旅游。

3. 以“文化＋”聚集整合人文价值与经济利益，打造具有中国特色的文化生态旅游业态

中国有着悠久的历史，各地的旅游资源与文化资源往往是相互融合的关系。例如，苏州园林既是苏州最有名的旅游资源之一，也寄托着中国古代士大夫“穷则独善其身”的隐逸传统。山西五台山的寺庙群既是游人信众向往的所在，也是中国佛教的标志性地点。但在整个旅游产业发展过程中，文化和旅游的融合发展缺乏对文化资源的深度发掘，这种分离状态导致游客来到某个旅游景区，只能得到表面的感受，如精巧的亭台楼阁、法度庄严的庙宇等，对其中的文化内涵缺乏深入的认知。以“文化＋”的视角介入文化生态旅游产业，要注意文化旅游品牌的培育以及“超级 IP”的打造开发，以此为基础打通旅游地景点、娱乐演出、主题乐园、特色餐饮、特色产品、精品民宿等一系列市场增长点。

（四）产业战略层面：保护和发展并重，活化旅游地文化

1. 资源保护和产业发展并重

文化生态旅游资源保护和产业发展既相互联系又相互矛盾，二者是辩证的矛盾统一体，并在辩证联系中推动文化生态资源和文化生态旅游产业的可持续发展。在文化生态资源的可持续发展中，需以绿色理念为引导，一方面要合理利用文化生态资源获取利益，增强经济实力；另一方面要在实践中探索有效保护文化生态资源的具体措施，促进宝贵资源的科学利用，走“保护—开发—利用—发展—保护”的良性循环发展之路，并带动相关产业和旅游地实现全域发展，构筑保护屏障，处理好社会效益与经济效益的关系，实现两个效益的统一。发展文化生态旅游，要遵循市场经济规律，但不能把经济价值作为唯一目标，而是要把它作为先进文化建设的内容之一，注重文化价值、社会价值的提升以及遗产资源的保护，树立新

的文化生态旅游发展观，满足人们对美好生活的需求。从可持续发展的观点看，保护是开发的前提，开发是保护的基础，要在保护中求发展，在发展中守特色，遵循“统一规划、依法开发、合理利用、科学保护”的原则，充分发挥其展示历史、弘扬民族传统文化的独特功能，避免进行超负荷、掠夺式的开发。

2. 加强文化生态旅游资源的科学性研究

历史文化遗产资源和部分自然生态资源的不可再生性和不可替代性，决定了文化生态资源保护研究与应用的高度严谨性、交叉性、综合性。文化生态资源保护的科学技术包括对保护对象损害的原因及修复等专业性研究。文化生态资源保护问题既是经济问题，也是文化、科技和教育问题，需要充分利用系统工程研究方法，开展文化生态保护发展战略与相关政策研究；实施文化生态旅游资源的科学调查评估行动，客观掌握我国文化生态旅游资源的资料信息。通过计算机网络，利用虚拟技术，整合文化生态旅游资源，实施数字化战略，推动文化生态旅游进入数字化时代，实现资源展示和保护的现代化。从实践层面来看，一方面，要善于学习国际文化建设以及生态保护领域已有的且比较成熟的先进理念和保护原则；另一方面，要创造性地开展工作，探索符合国情及本土实际的建设和保护途径，构建具有中国特色的文化生态建设和保护体系。

（五）未来机遇层面：在顺应国家发展战略的基础上创新产业发展路径

1. 开启文旅新价值时代，推动中国文化基因融入现代社会生活

随着国务院机构改革中文化部和国家旅游局的整合，文化和旅游部成立，“文旅融合”实现了在理念和产业层面的推进，为文旅产业的发展提供了更大的空间和可能，国家宏观战略和政策制定以及管理机构设计都将进入新阶段。国家文化软实力的呈现与输出已成为国家形象和国家实力的重要组成部分，以人文体验和价值观念等方式构建文化话语体系，将产生持久的影响力和吸引力。

“文旅融合”需要将长期以来旅游经济中积累的工具、经验和方法创造性地嫁接到文化传播中，应高度重视和充分发挥旅游在文化传播和传承过程中独特的流量价值和场景价值，通过旅游的方式创意化、体验化、产品化地推进文化的传播，以促进中国文化事业的发展。让文化通过旅游场景和平台实现广泛而有效的传播，将传统文化与生态文化有机融合，避免旅游开发中出现的历史虚无主义泛滥、过度戏说甚至虚假叙事。[①] 从社会治理、文化输出、社会主义核心价值观树立等方面，实现文化的创造性转化与创新性发展，多元化思考新时代的旅游发展。

2. 践行全域旅游理念，以乡村社区营造为抓手推动文化生态旅游发展

具有乡土文化特征的农村社区营造是全域旅游中城乡一体化战略架构的组成部分，是农村经济发展的基础，包括乡村文化、乡村社会与乡村空间三个层面。[②] 乡村文化营造强调对历史文化、本土文化、传统文化的完整性和独特性保存，是乡村文化生态旅游发展的基础，包括历史建筑、传统习俗等内容，同时注重社区居民文化意识的培养；乡村社会营造强调社区居民的参与意识和能力，推动社区居民真正参与文化生态旅游，增强乡村社区居民的文化意识和生态意识，培养社区精英、意见领袖，实现社区凝聚力到社区“文旅经济”竞争力的创造性转化；乡村空间营造强调保存和尊重地域的原有地形地貌，以及乡村生态中的自然肌理，维护生态空间中的自然环境系统，通过布局、民居、古迹、景观和道路等复合因素的有机整合，打造独具地域风情的文化生态旅游空间。

在完善主体功能区制度和生态补偿机制的同时，探索文化生态旅游改善农民生活环境和提高农村生活品质的新路径，以转型升级、提质增效为主线，促进文化生态旅游与农业、森林、草原等相关社区产业和行业融合发展，与美丽乡村建设相结合，延伸生态旅游产业链，形成旅游综合服务体系。践行创新、协调、绿色、开放、共享的新发展理念，围绕满足人民群众

① 叶一剑：《文旅融合与旅游新生》，《中国房地产》2018 年第 20 期。

② 顾朝林、李阿琳：《从解决“三农问题”入手推进城乡发展一体化》，《经济地理》2013 年第 1 期，第 141 页。

日益增长的旅游休闲消费需求和文化生态感受需要，以优化文化生态旅游发展空间布局为核心，以完善生态旅游配套服务体系为支撑，坚持尊重自然、顺应自然、保护自然的原则，加强资源保护，注重生态教育，打造生态旅游产品，促进旅游消费，推动人与自然和谐发展。

红色旅游发展现状及潜力研究

曹贞华*

摘　要： 近年来，红色旅游市场较为活跃，游客参与红色旅游的热情持续高涨，红色旅游已成为游客出游的一项重要选择，且呈现游客年轻化的新趋势，成为年度旅游的新亮点。本报告首先梳理红色旅游的发展现状，针对目前红色旅游市场发展模式较为单一、商业成分所占市场份额较低等问题，提出具有前瞻性的意见与建议。其次对2018年红色旅游热点现象“中国游客赴海外红色旅游”热度持续升温予以关注和剖析。最后对红色旅游的潜力进行预估与展望，认为未来红色旅游的发展要融入商业化经营，与科技融合，增强游客互动体验，注重将红色旅游和其他旅游业态相结合，如生态旅游、乡村旅游等，关注绿色发展，保护生态环境，同时与乡村振兴战略有机结合，依托红色旅游发展契机，助推脱贫攻坚。

关键词： 红色旅游　绿色生态保护　乡村振兴

一　红色旅游的历史嬗变及发展现状

21世纪以来，红色旅游现象引起学界广泛关注，并对其概念进行具体

* 曹贞华，博士后，中国艺术研究院副研究员、硕士生导师，研究方向为文化遗产、中国古代音乐史。

界定。李宗尧认为，“红色旅游”是指以游览革命老区、革命遗迹为主，同时接受爱国主义教育的旅游方式。[①] 高舜礼认为，红色旅游是中国共产党领导的，以在各个历史时期建树丰功伟绩所形成的纪念地、标志物为吸引物，以其所承载的革命历史和革命精神为内涵，组织和接待旅游者缅怀学习或参观游览，从而实现学习革命历史知识、接受革命传统教育、振奋精神、放松身心、增加阅历的一种旅游活动。[②]

国内红色旅游已有近 20 年的发展历史，最早可追溯到 20 世纪末。1999 年 10 月，中央根据当时的国际形势和我国国情部署红色旅游发展战略，进行统筹规划。2004 年 12 月，中共中央办公厅、国务院办公厅发布《2004～2010 年全国红色旅游发展规划纲要》，对发展红色旅游的重要意义、总体思路、总体布局等实施层面做出具体规定，坚持把社会利益放在首位，遵循因地制宜、统筹协调、多方参与的原则，加快红色旅游发展，使其成为爱国主义教育的重要阵地，培育形成 12 个“重点红色旅游区”，完善 30 条“红色旅游精品线路”，打造 100 个“红色旅游经典景区”。2011 年 5 月，中共中央办公厅、国务院办公厅发布《2011～2015 年全国红色旅游发展规划纲要》，对红色旅游的指导思想、基本原则、发展目标、主要任务和主要措施进行了具体部署，坚持统筹规划、突出重点，实事求是、量力而行，政府推动、多方参与，改革创新、提升发展质量。2017 年 4 月，中共中央办公厅、国务院办公厅发布《2016～2020 年全国红色旅游发展规划纲要》，从红色旅游的总体要求、主要任务、组织实施与保障措施三方面进行规划，坚持突出社会效益，强化教育功能；坚持实事求是，保障基本需求；加强统筹规划，促进融合发展；推进改革创新，增强发展活力。表 1 为全国红色旅游发展规划纲要（一至三期）工作要旨。

① 李宗尧：《论“红色旅游”功能的多样性——兼谈蒙阴县野店镇旅游业的综合开发》，《山东省农业管理干部学院学报》2002 年第 4 期，第 66 页。

② 高舜礼：《发展红色旅游的思考》，《中国旅游报》2002 年 8 月 21 日。

表1　全国红色旅游发展规划纲要（一至三期）工作要旨

阶段	年份	工作要旨
一期	2004～2007	培育形成12个“重点红色旅游区”，完善30条“红色旅游精品线路”，打造100个“红色旅游经典景区”；加强基础设施建设和革命历史文化遗产保护，成为带动革命老区发展的优势产业
	2008～2010	进一步巩固和提高基础设施配套水平，实现规划目标，推动红色旅游全面发展
二期	2011～2015	列入全国红色旅游经典景区名录的重点景区基础设施和环境面貌全面改善，重要革命历史文化遗产得到有效保护，红色旅游宣传展示和研究能力明显增强，配套服务更加健全，广大人民群众参与红色旅游的积极性和满意度显著提升，综合效益更加突出
三期	2016～2020	红色旅游经典景区体系更加完善，教育功能更加突出，运行管理更加规范，服务水平持续提升，群众参与积极性和满意度显著提高，红色文化有效传承，革命精神广泛弘扬，经济社会综合效益明显增加，红色旅游实现内涵式发展

国家旅游局统计数据表明，一期和二期全国红色旅游发展规划实施效果明显，全国接待红色旅游出游人数由2004年的1.4亿人次增加到2013年的7.9亿人次，红色旅游出游人数占比由2004年的14.3%增长到2013年的24.2%，2013年红色旅游收入占全国旅游总收入的比重为6.7%。

近年来，红色旅游作为以爱国主义教育和革命传统教育为主题开展的缅怀学习、参观游览主题性旅游活动，结合现代旅游产业模式异军突起，红色旅游文化产业持续发力，在旅游市场所占份额日益提高。2018年，文旅融合为红色旅游发展带来了新契机。文旅融合后带来诸多新变化，对比2018年上半年和下半年的数据可以发现，文旅融合为红色旅游发展带来了前所未有的新机遇和新动力，不断激发红色旅游产业活力，构建文化旅游发展新业态。

2018年8月22日文化和旅游部发布的《2018年上半年旅游经济主

要数据报告》显示，18个红色旅游信息报送重点城市和填报数据的436家红色旅游经典景区共接待游客4.84亿人次，按可比口径同比增长4.83%，相当于国内旅游总人数的17.13%；实现旅游收入2524.98亿元，按可比口径同比增长5.73%，相当于国内旅游总收入的10.32%。2019年8月1日中国旅游研究院（文化和旅游部数据中心）发布的《2019年上半年全国旅游经济运行情况》显示，2018年全国红色旅游出游人数达6.60亿人次，占国内旅游总人数的11.92%；旅游收入达4257.78亿元，占同期国内旅游总收入的7.13%。由此可见，2018年红色旅游市场较为活跃，游客参与红色旅游的热度大幅提升，红色旅游发展较快。红色旅游已成为游客出游的一项重要选择，且呈现客群年轻化的发展趋势，成为年度旅游的新亮点。

驴妈妈旅游网于每年7月发布《红色旅游报告》，对当年1~6月的红色旅游市场进行分析与展望。本报告基于驴妈妈旅游网2016~2018年订购红色旅游产品的客群进行统计分析发现，80后客群在2016~2018年持续发力，成为红色旅游市场的主力军（见图1）。与以往认知不同的是，2018年女性游客参与红色旅游的热度和比例持续攀升（见图2）。驴妈妈旅游网发布《红色旅游报告》的时间节点为每年上半年，其实每年下半年的红色旅游市场更为活跃。下半年的红色旅游围绕建党纪念日、建军节、国庆节等重大事件周年纪念活动展开，这些活动较为密集，且恰逢暑假，学生群体逐渐成为参与红色旅游的主要客群之一。

根据驴妈妈旅游网发布的2016~2018年《红色旅游报告》，以及中国旅游研究院和携程旅游大数据联合实验室共同发布的《2018年暑期旅游大数据报告》，2016~2018年红色旅游热门出发地和目的地变化不大，出发地以上海稳居首位，北京紧随其后，杭州、南京、广州、南昌、西安、深圳等出发地名列前茅；目的地以北京最负盛名，以延安、西安、吉安、井冈山、南昌为代表的红色旅游目的地紧随其后，南京、上海、嘉兴、绍兴、湘潭、遵义、长沙、重庆等目的地颇受游客的青睐。值得一提的是，甘孜和长春等红色旅游目的地也受到较多关注，越来越多的

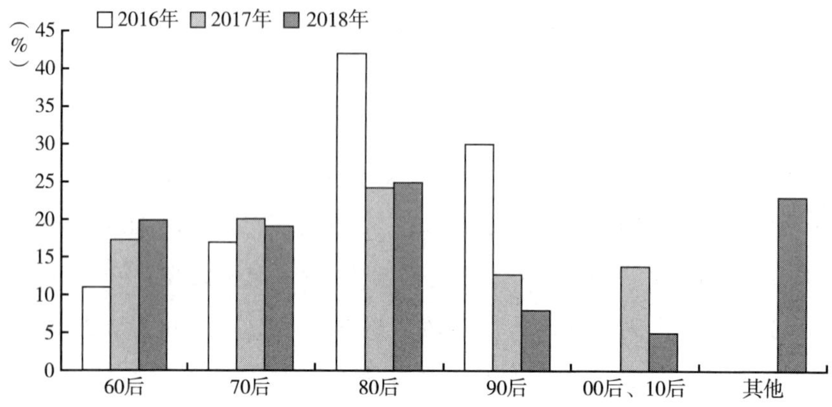

图1　2016～2018 年红色旅游客群年龄分布

资料来源：驴妈妈旅游网发布的 2016～2018 年《红色旅游报告》。

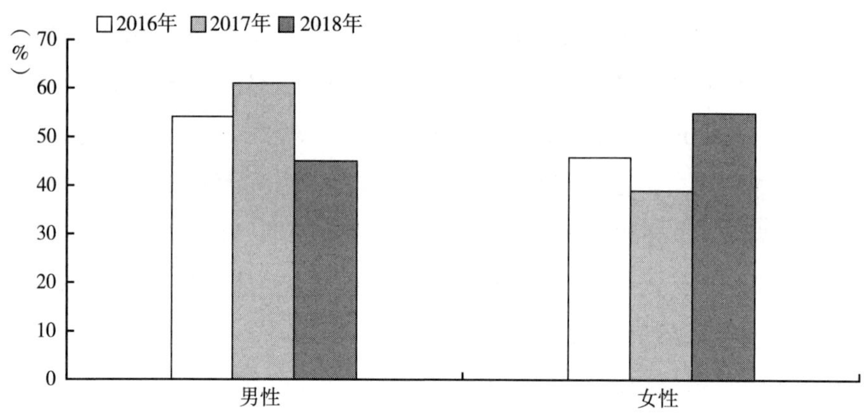

图2　2016～2018 年红色旅游客群性别分布

资料来源：驴妈妈旅游网发布的 2016～2018 年《红色旅游报告》。

游客参与到红色旅游中，不断丰富与拓展红色旅游目的地的范围，助推红色旅游未来发展。2016～2018 年红色旅游出发地和目的地 TOP10 见表 2。

表 2　2016～2018 年红色旅游出发地和目的地 TOP10

出发地				目的地				
排名	2016 年 1～6 月	2017 年 1～6 月	2018 年 1～6 月	排名	2016 年 1～6 月	2017 年 1～6 月	2018 年 1～6 月	2018 年暑期
1	上海	上海	上海	1	北京	西安	北京	延安
2	北京	北京	南京	2	南京	延安	吉安	上海
3	杭州	南昌	西安	3	井冈山	北京	上海	嘉兴
4	南京	广州	深圳	4	延安	南京	延安	重庆
5	武汉	西安	北京	5	上海	绍兴	西安	南京
6	广州	赣州	广州	6	湘潭	甘孜	嘉兴	北京
7	湘潭	长沙	杭州	7	武汉	湘潭	绍兴	井冈山
8	南昌	深圳	长沙	8	遵义	长沙	南京	遵义
9	长沙	青岛	青岛	9	西安	杭州	长春	韶山
10	西安	吉安	玉林	10	重庆	吉安	银川	南昌

资料来源：驴妈妈旅游网发布的 2016～2018 年《红色旅游报告》，以及中国旅游研究院和携程旅游大数据联合实验室共同发布的《2018 年暑期旅游大数据报告》。

二　2018年红色旅游市场现状分析

2018 年 3 月，国务院办公厅印发的《关于促进全域旅游发展的指导意见》正式出台，全面开启了全域旅游发展新时代。该意见提出“以弘扬社会主义核心价值观为主线发展红色旅游，积极开发爱国主义和革命传统教育、国情教育等研学旅游产品”，由此引领红色旅游市场活跃发展，参与红色旅游的游客数量持续增长，红色旅游热门出发地和目的地较以往更为多样，游客参与红色旅游的热情持续高涨，在全域旅游市场中所占份额不断攀升，取得了不俗的表现。

（一）“80后父母＋10后子女”出行模式成为红色旅游市场的主力军

随着爱国主义教育的不断深化，暑期亲子游在红色旅游客群中的占比持续提升。2018 年，红色旅游客群较以往更为年轻化，平均年龄为 35 岁。当下，中小学学校教育中对红色文化的传授日益深入，以 80 后家长为主体，注重家校联动，利用假期带 10 后子女赴红色旅游景区实地参观体验。暑假期间恰逢“七一”“八一”等重大历史事件纪念节点，很多家长愿意带孩子赴红色旅游景区进行游览，通过参观了解，实地感受红色旅游景区的时代印记和红色基因，铭记中国共产党的光辉历史，强化红色教育的传承与教化作用，凸显红色旅游的社会意义和时代价值。

（二）境外游客对红色旅游的关注度和参与度持续提升

近年来，随着“一带一路”倡议的不断推进及其产生的深远影响，中国对世界经济发展的贡献巨大。2018 年，境外游客数量增长显著，同比增长 18%。这部分游客已不再满足于通过网络和电视等媒体了解中国，而是希望到中国身临其境感受和体验红色文化的魅力，探寻中国经济发展和社会进步的动因，追寻中国共产党人的历史发展足迹。

（三）“文化＋旅游”运作模式助推红色旅游文化产业发展

2018 年是文旅融合的开局之年，按照“宜融则融、能融尽融、以文促旅、以旅彰文”的指导思想，文化旅游改革取得新进展，以“文化＋旅游”运作模式为代表，带动越来越多的文化因素注入旅游市场中，引领旅游文化的创新发展，提升旅游行业整体高度。

1. 文化＋旅游＋科技

近年来，随着 VR（虚拟现实）、AR（增强现实）、MR（混合现实）等技术的不断推广，诸多科技手段注入红色旅游景区，形成有力的智力支撑。部分红色旅游景区借助 VR、AR 技术，纷纷推出高科技红色文化体验项目，如贵州赤水以“四渡赤水”为主题，开创红色文化 VR 战争体验项目；福建红色文化 VR/AR 实体体验馆设有红色文化 VR 体验厅，植入 VR，引入 CG 特效（三维影像技术），支持 PC 端和移动端同时访问；还有一些景区采用 VR 技术融入红色故事的现场讲解中，模拟重现英雄们坚贞不屈、勇敢无畏的事迹；等等。科技助力文化旅游，让红色旅游更具吸引力。

2. 文化 + 旅游 + 演艺

大型实景演出融入红色旅游，如《中国出了个毛泽东》《延安保卫战》《延安保育院》《红色娘子军》《太行山》等，以当地红色题材和民俗文化等为主要内容，融合演艺和商业运作的文化模式，助力红色文化推广，游客可身临其境感受红色文化的时代感，实景演出中的互动式体验可增加游客对红色文化的历史感悟。

3. 文化 + 旅游 + 创意

近年来，旅游业的迅猛发展，带来了文化创意产业的繁荣，文化创意产业不断植入并拓展至旅游业，注入红色旅游景区文化创意产品的设计与开发。红色旅游景区相继开发文化创意产品，打造丰富而深刻的红色旅游体验产品。此外，2018 年 7 月，湖南省旅游发展委员会还主办了“红色旅游文化商品创意大赛”，以红色文化、红色精神和红色资源为主题进行红色旅游文化产品开发和创意评选，不断推动红色文化创意产品对红色旅游文化内涵的延续。

4. 文化 + 旅游 + 公共服务

当前红色旅游产业发展要以红色文化为依托，拓展公共文化服务新路径。从服务对象和服务内容出发，注重建设具有时代特点的文化设施，加强数字资源库内容建设，搭建集书刊阅读、宣传教育等功能于一体的红色旅游综合文化站，深入挖掘红色旅游对公共文化服务的导向与影响潜力，塑造红色旅游文化品牌，不断提升公共文化服务能力。

（四）“红色旅游 + ”多重维度探索，打造生态、民俗与研学并举的多元发展模式

1. 红色旅游 + 绿色生态

红色旅游景区大多位于偏远地区，有着优美的自然环境。伴随红色旅游客群日益年轻化，越来越多的游客选择红色文化底蕴深厚且自然风光宜人的地区，将红色文化景区与周边绿色生态有机结合，既能深入了解红色文化的

历史，又能实现绿色生态保护，二者相辅相成。如途牛网推出的“黄果树—镇远—西江—荔波—遵义7日游”以及“红色徒步”（重走长征路）等系列红色旅游产品备受年轻人青睐。

2. 红色旅游＋影视基地

红色题材影视创作对红色旅游产生了较大影响。如《建国大业》《建党伟业》等红色题材的影视作品，通过传播与推广，将革命精神和英雄主义思想风貌呈现于荧幕，以真实的历史人物和事件为基础进行艺术创作；一些抗战片、谍战片、悬疑片、历史片、红色经典改编片等作品，以新颖的表现方式，积极弘扬和传播红色文化，不断提升红色文化的影响力，带动了游客对红色旅游的关注与参与。横店作为国内著名的影视基地，也致力于红色旅游推介，打造横店红色旅游城，依托横店影视文化产业，摄制完成《东方红》《解放》《建党伟业》《澎湃》等一批具有代表性的优秀红色题材影视剧，在一定程度上推动了红色旅游的传播。

3. 红色旅游＋民俗文化

部分红色旅游景区周边留存着悠久的民俗文化，这些地区既有红色文化的积淀，又有传统的民俗文化。例如，延安红色景区周边拥有浓郁的陕北民俗文化，在参观红色景区的同时，还能体验黄土风情。又如，遵义将红色文化与仡佬族民俗文化相结合，在传承红色文化的同时，还能对少数民族民俗文化加以关注。再如，贵州黔西南黎平县还将侗族大歌、侗戏等非物质文化遗产项目融入红色题材故事中。红色旅游与民俗文化互融互促，有利于红色旅游产业全面健康快速发展，不断拓展红色旅游新思路。

4. 红色旅游＋研学教育

当前要围绕弘扬社会主义核心价值观开展红色旅游，致力于开拓集爱国主义、革命传统教育和国情教育等于一体的研学旅游产品。部分单位开展“主题党日活动”，针对青年群体开展研学教育，讲好中国红色故事，结合红色旅游景区智慧化发展，增强沉浸式体验，助推红色文化的传承与弘扬，将红色文化能量传播至青年群体，把红色基因传承好，坚守信念，不懈奋斗。

三 2018年红色旅游热点现象："中国游客赴海外红色旅游"热度逐渐升温

2018 年，红色旅游市场热点聚焦"中国游客赴海外红色旅游"，其热度逐渐升温，主要围绕探访以马克思、恩格斯、列宁、斯大林、邓小平等为代表的伟大人物成长和求学轨迹而展开的海外红色旅游。

（一）海外红色旅游热点线路之一：赴德国、英国寻访马克思工作生活足迹

2018 年，恰逢马克思 200 周年诞辰、《共产党宣言》发表 170 周年之际，中国游客赴海外寻访马克思工作生活足迹受到较多关注，主要分为德国和英国两条支线。

支线一：赴德国红色旅游。2018 年，国内许多旅游网站推出的"欧洲游：德国 + 法国 + 瑞士 + 意大利四国 12 ~ 13 日游"以及"德国 10 日深度游"等畅销路线，设有马克思主题参观活动。马克思故居位于德国西南部逾 2000 年历史的古城特里尔市，马克思曾在此度过了 17 年时光，素有"马克思故乡"之美誉。此前处于修缮状态的马克思故居于 2018 年 5 月 5 日马克思 200 周年诞辰纪念日当日重装开放，与此同时，在特里尔莱茵流域州立博物馆、特里尔市立西麦翁博物馆、特里尔大教堂博物馆和马克思故居博物馆四个场馆同期举行的"马克思主题展"开幕，展览共持续 170 天。展览现场一，特里尔莱茵流域州立博物馆展出马克思《共产党宣言》手稿以及带有马克思亲笔批注的《资本论》；展览现场二，特里尔市立西麦翁博物馆以"人生的轨迹"为主题，展示了马克思人生中不同时期在特里尔、巴黎和伦敦的历程；展览现场三，特里尔大教堂博物馆举办了"劳动的生活价值"主题展，以"劳动"为基点，展现了人与劳动的关系；展览现场四，马克思故居博物馆展出了全新打造的"马克思主题展"。据相关报道统计，来自德国、中国、印度尼西亚、波兰、英国、美国和智利等国家的 16 万人

次前来参观。中国游客选择赴德国马克思故乡身临其境感受这位伟大的思想家成长与生活的轨迹，上述各地举办马克思系列主题展览的博物馆也纷纷推出具有“马克思元素”的文创产品和纪念品，特里尔市街道的红绿灯以“马克思”为原型设计的动漫人物形象鲜明生动、深入人心，给中国游客留下了深刻的印象，成为2018年德国旅游的一个新亮点。

支线二：赴英国红色旅游。2018年，在马克思的第二故乡英国伦敦，亦同时掀起了“红色旅游热潮”。以马克思故居、马克思纪念图书馆、马克思撰写《资本论》并留下脚印的大英博物馆、马克思去世时居住的梅特兰公园路41号旧居以及位于伦敦北部的海格特公墓（马克思墓地所在处）等为代表的场所，纷纷迎来慕名前往的中国游客，以期探访马克思工作生活过的足迹。

（二）海外红色旅游热点线路之二：赴俄罗斯探访列宁故乡

近年来，因受中俄两国间合力互促红色旅游发展、俄罗斯举办世界杯以及中国游客寻访列宁、斯大林等伟人足迹的影响，俄罗斯已逐渐成为中国游客的热门旅游目的地国家之一。中国游客赴俄罗斯旅游的热度持续攀升，赴俄罗斯旅游线路基本可分为“自然风光游”和“红色文化游”两类，其中“自然风光游”以“贝加尔湖5日游”为代表，“红色文化游”则以“俄罗斯：莫斯科+圣彼得堡8日游”为代表，但出团比例以后者居多。2016年以来，俄罗斯每年大约迎来100余万中国游客，俄罗斯红色旅游热门景点主要有红场、克里姆林宫、中国共产党第六次全国代表大会纪念博物馆、列宁故居、斯大林地堡地下展览馆、斯莫尔尼历史纪念馆、喀山大学、阿芙乐尔号巡洋舰等，探访列宁、斯大林等伟人的故乡，成为2018年中国游客赴俄罗斯红色旅游的又一亮点。

中俄两国作为红色文化基因积淀深厚的国度，近年来中俄两国联动，以合作开展红色旅游为契机，不断深耕中俄红色旅游合作交流新模式。2015年，国家旅游局与俄罗斯联邦旅游署在湖南韶山共同举办了“2015中俄红色旅游合作交流系列活动”，随后每年举行一次中俄红色旅游专题会议，对两国红色旅游发展情况进行交流与总结，鼓励共同合作开发红色旅游产品，探索打造中俄红色旅游跨境线路，支持两国间相互推介红色旅游产品。其中，以列宁故乡乌里扬诺夫斯克州最具代表，该州面向中国游客开展“红色旅游”项目，打造专属于中国游客的“红色文化旅游路线”，并以乌里扬诺夫斯克为支点，将莫斯科、乌里扬诺夫斯克、喀山、圣彼得堡4座城市联动起来，在莫斯科镰刀锤子交叉标识中感受十月革命的历史印记，站在红场瞻仰列宁墓；在乌里扬诺夫斯克列宁故居、列宁广场等建筑中寻访列宁的生活踪迹；赴列宁求学圣地喀山大学法律系探访；赴圣彼得堡实地登上“阿芙乐尔号巡洋舰”参观；等等。俄罗斯开展红色旅游不断注入“中国元素”，如将中国共产党第六次全国代表大会纪念博物馆向游客正式开放。近年来，俄罗斯以红色旅游为重点，致力于打造更多红色旅游项目以吸引中国游客的到来。

（三）海外红色旅游热点线路之三：赴法国追寻邓小平留学印记

法国小城蒙塔日是与中国有着不解之缘的城市，距法国巴黎南部约100公里，见证了20世纪20年代以陈毅、邓小平为代表的中国革命先驱者留法勤工俭学所做出的努力。国内部分旅游网站推出“欧洲游：德国+法国+荷兰+比利时+瑞士10日游”，其中专设“访伟人足迹蒙塔日”的路线，引起中国游客对这批新民主主义革命先行者留学印记的关注。

2005年1月，蒙塔日市开辟了一条名为“伟大的足迹”的红色旅游路线，以蒙塔日火车站为基点，为游客开启11处探寻“伟大的足迹”的旅程，其中就有邓小平曾经工作过的哈金森橡胶制品厂制鞋车间。2014年9月，以“邓小平”命名的“邓小平广场”在蒙塔日揭牌。2016年8月，中国旅法勤工俭学主题纪念馆正式开放，以文物、图片、影像等多种方式向游客展示20世纪20年代中国旅法勤工俭学运动的历史影踪。中国游客赴法国红色旅游相较于赴德国、英国和俄罗斯红色旅游的关注度虽低，但蒙塔日市政府多年来致力于红色旅游的各项推广举措，正在吸引更多的中国游客前来参观寻访伟人的留学生活印记。

中国游客赴海外红色旅游不仅是缅怀与追寻历史，而且是一种以现代的纪行方式来连接历史与现实，见证了中国与德国、英国、俄罗斯、法国等国家建立的友好往来，同时也是相互增进了解、共同推动红色旅游发展的积极努力与探索，为中国游客不断拓展赴海外红色旅游市场奠定了坚实的基础。

四　2019年红色旅游市场潜力展望

目前，红色旅游市场发展模式较为单一，商业成分所占市场份额较低，需向多元化发展，增强游客体验性，注重多重体验相结合，将其他旅游业态形式，如生态旅游等融入红色旅游中。红色旅游管理呈现两极化的发展态势，重在引领，需更好地落实与强化在地管理机制。鉴于此，本报告对2019 年红色旅游市场发展前景进行展望，并提出可资借鉴的建议。

（一）以社会效益为重，形成“政府主导、市场运作、多方参与”的多元发展模式

开展红色旅游要将社会效益置于首位，充分调动社会力量参与联动，发挥区域旅游的优势，整合区域内的红色旅游资源，多方参与协作，实现市场化运作，形成“政府主导、市场运作、多方参与”的多元发展模式。

（二）结合当前文化发展战略，加强红色旅游示范基地建设，打造具有影响力的红色旅游特色小镇

伴随红色旅游热度的持续升温，要深入结合当前国家文化发展战略，加强革命传统教育，弘扬以爱国主义为核心的民族精神，以及以改革创新为核心的时代精神，加强红色旅游示范基地建设，打造具有影响力的红色旅游特色小镇。例如，四川培育打造了 12 个红色旅游特色小镇；江西上饶结合当

地红色文化和绿色生态，致力于打造“裴梅镇红色旅游小镇”，将不断形成一批具有社会影响力与吸引力的红色旅游特色小镇。

（三）适当引入商业化，如逐步形成融参观、购物、餐饮等多元因素的成熟的消费模式，注重文创产品的开发和创新

目前，红色旅游市场运作模式较为单一，商业化因素渗入较少，大多数红色旅游景点采取的还是较为传统的运作模式，在2019年红色旅游市场发展中，可适当引入商业化运作模式，加强文创产品的创新和研发，形成融参观、购物、餐饮等多元因素的成熟的消费模式。

（四）结合红色旅游演艺，将现场实景演出融入红色旅游，强化红色文化的教化作用

近年来，越来越多的大型实景演出植入红色旅游中，可探索运用融入式情景剧场演出，结合舞美灯光设置给游客以强烈的视觉冲击，让观众身临其境参与实景演出，展开一场红色历史事件与人物间的穿越之旅，进而通过这种浸入式体验，强化红色文化的教化作用。

（五）科技助力，提升游客现场体验，拓展红色景区数字化博物馆建设

当前科技发展迅猛，进而带动了各种科技手段多方运用并渗透于红色旅游市场。红色旅游市场可继续在科技方面助力，通过VR、AR等技术，积极调动游客参与现场体验。例如，上海推出城市深度游“发现之旅”，从中共四大纪念馆串起40多个目的地，覆盖“四川北路红色文化生态示范区”中20多处可进入、可体验的红色文化旧址，受到游客们的关注与青睐。今后在红色旅游景区可开展真人CS、“红+绿”户外拓展等体验式活动，提升游客现场体验与参与度。此外，可通过数字化科技，加强红色景区数字化博物馆建设，对红色景区博物馆资源进行科学化管理，深入挖掘与利用红色景区数字化博物馆资源，注重提升红色旅游文化价值。

（六）融入“互联网+”、微文化和智慧旅游，加强红色旅游景区的宣传与推广

近年来，随着“互联网+”的普及与推广，需更多地融入红色旅游资源开发、市场运作、营销模式拓展和游客体验提升中，迎合时代发展浪潮，探索一种新的宣传与推广方式。与此同时，微文化的兴起也为红色旅游市场推广带来了一种新的方式，通过互联网和移动互联网，从微信、微博等微媒介的视角，结合智慧旅游的兴起，为红色旅游景区的推广注入新思路和新方法，为红色旅游景区发展带来新的机遇。

（七）以政策导向为有力抓手，以发展红色旅游为契机，助推扶贫攻坚

随着《赣闽粤原中央苏区振兴发展规划》《大别山革命老区振兴发展规划》以及“三区三州”扶贫攻坚规划等政策的相继出台，要以政策导向为有力抓手，结合红色旅游融合发展，助力革命老区及“三区三州”打好脱贫攻坚战。

当前，红色旅游研学现象“过热”，客群覆盖范围较广，以中小学生为主体，还包括部分高校大学生暑期社会实践内容。红色旅游往往形式大于内容，常见部分游客摆拍打卡式应付交作业的现象。部分红色旅游景区定位较保守，仅以配有文字说明的图片展和文物复制品为主，缺乏创新。笔者实地走访部分红色旅游景区，虽针对青少年游客开设了可进行互动体验的“科普展馆”，但实际情况则是VR体验设备故障频发，无法正常使用，形同虚设，未能对青少年游客的红色旅游沉浸式体验真正发挥作用。此外，值得关注的是，与以往大众认知的红色旅游景区多为中老年客群有所不同，青少年客群（以90后、00后为代表）已逐渐成为主力军，且规模将继续扩大。传承红色基因、讲好中国故事，将成为未来红色旅游发展的总体趋势。

参考文献

《2018 年上半年旅游经济主要数据报告》，文化和旅游部网站，2018 年 8 月 22 日，http：//zwgk. mct. gov. cn/ceshi/lysj/201808/t20180822_ 834337. html？keywords = 。

《“2018 旅游经济运行盘点”系列报告（十）：2018 年旅游经济运行分析与 2019 年发展预测》，中国旅游研究院（文化和旅游部数据中心）网站，2019 年 1 月 30 日，http：//www. ctaweb. org/html/2019 – 1/2019 – 1 – 30 – 15 – 21 – 65240. html。

《驴妈妈〈2018 红色旅游报告〉：年轻人逐渐成为“打卡”主力人群》，搜狐网，2018 年 6 月 27 日，https：//www. sohu. com/a/238045957_ 100034113。

《途牛〈2018 年度红色旅游消费报告〉》，百度百家号，2019 年 1 月 11 日，https：//baijiahao. baidu. com/s？id = 1622341954411992867&wfr = spider&for = pc。

《中国旅游研究院 & 携程旅游网大数据联合实验室发布〈2018 年暑期旅游大数据报告〉》，中国旅游研究院（文化和旅游部数据中心）网站，2018 年 6 月 29 日，http：//www. ctaweb. org/html/2018 – 6/2018 – 6 – 29 – 9 – 4 – 22023. html。

《中国游客推动海外红色旅游热　多国开设“红色线路”》，《北京青年报》2016 年 10 月 2 日。

上海现代都市文化旅游的定位和发展方向

叶洛夫*

摘　要： 本报告回顾了上海作为国际城市发展现代都市文化旅游业的主要历程以及目前所处阶段，认为目前上海现代都市文化旅游主要呈现以下特点：创新红色文化旅游、都市文化旅游的主导力量下沉分散、年轻和时尚成为现代都市文化旅游的关键元素。通过对徐家汇历史文化街区的分析，本报告认为现代都市文化旅游的发展应遵循的基本逻辑如下：一是文旅结合，立足城市；二是政策保障，统筹支持；三是文化引领，以人为本。

关键词： 现代都市文化旅游　红色文化旅游　徐家汇历史文化街区

一　现代都市文化旅游的主要特征

近年来，文化旅游作为传统旅游的升级模式，已成为泛休闲文化产业群中的核心概念。文化旅游以文化为核心，以旅游为载体，在我国产业升级过程中起着关键作用。而在中国火热的文化旅游市场中，现代都市文化旅游是其不容忽视的重要拼图。现代都市文化旅游主要是指在具有现代城市规模体

* 叶洛夫，香港中文大学哲学博士，上海交通大学人文艺术研究院助理研究员，研究方向为宗教文化、现代都市文化等。

量，或是以区域性、国际性都市为建设目标的城市或城市群中扶持的文化旅游产业和具体项目。

现代都市文化旅游的定位具有特殊性。现代都市文化旅游属于文化旅游中的城市文化旅游范畴，与同属城市文化旅游的历史名城文化旅游相比，二者既有不同的发展诉求，又有某种共通重叠。以上海为例，上海档案馆相关资料显示，改革开放后国务院正式将旅游确定为国家重点发展事业，上海于1986年成为全国第二批国家历史文化名城，并被列为全国优先发展的7个重点旅游省份和地区之一。经过30余年的发展，上海已经向现代都市文化旅游示范城市这一目标跃进。可以看出，城市文化旅游的定位和发展是与城市的定位和发展紧密相连的，这与国家在现代城市群建设上的愿景规划息息相关。一个城市的文化旅游走向，是向着现代都市文化旅游或历史名城文化旅游倾斜的，在现代都市文化旅游群中成为中心城市或功能性城市，这与各级政府在城市定位、文化产业政策制定上的统筹考量密不可分。现代都市文化旅游的特殊性，要求在城市现代化进程和各级政府部门的政策部署中找准支点，以精准的城市定位促进文化产业联动，以产生有效聚合的后续影响。

现代都市文化旅游的发展具有紧迫性。随着传统城乡二元社会形态的日趋失衡，近10年来现代中国的城市化进程显著提速，并已开始显现后续加速度效应：区域差异和城市同质化。在现代都市形象千篇一律、现代都市功能高度趋同的今天，如何在高速建设的同时，抓住建构城市人文环境的现代价值这一难得契机，在现代都市文化旅游这一平台上重新整合都市旅游资源，保护城市特有的文化记忆，展示其主流、现代又不失内涵、底蕴的形象，是时代赋予的神圣使命。现代都市文化旅游的紧迫性，要求在高速城市化的瞬息万变中，以萃取和锻造城市人文精神为坐标原点，稳健掌握发展方向，扎实扩展产业触角，在发展中回顾和检视，并不断创新变革。

现代都市文化旅游的前景具有未知性。现代都市文化旅游依赖于城市功能定位，并且需要在突出城市人文精神的同时顺应城市的高速发展脉络，这些因素的叠加使得现代都市文化旅游的发展前景具有未知性。首先，庞杂的基础设施建设和对金融、房地产等支柱产业的过度关注使得“千城一面”的趋势日益严重，中国现代都市普遍缺乏识别度高的城市名片，与传统城市形象的日渐疏离将会攫取城市生命之树的养分，造成城市人文精神“不接地气”，难以感知感动。其次，在某些具有历史名城和现代都市双重身份的城市形象的建构上，其现代性的文化特征容易模糊甚至消融。这些问题都要求我们在现代都市文化旅游的定位过程中，把握速度与深度的权重，以明确清晰的目标和合理有效的手段，厘清旅游热点，提升城市格调。围绕城市人文精神，打造具有吸引力的现代都市文化旅游理念。

上海是中国的经济重镇，也是国内旅游产业最为完善、最受国内外游客欢迎的旅游目的地城市之一。上海的旅游产业，经历过传统旅游业的结构性痼疾，经历过市场经济导向的旅游产业的探索，并正在向以现代都市文化旅游为核心理念的新型旅游生态转变。下文将介绍当前上海都市文化旅游的发展特点，并结合徐家汇源景区实例，梳理上海现代都市文化旅游的开发历程，提炼其在发展过程中呈现的特点和经验，并为我国现代都市文化旅游的定位和发展提供建议。

二　上海现代都市文化旅游的定位和发展方向

（一）抓住城市更新契机，提升城市文化内涵

“城市更新”是从西方学界引入的城市规划概念，是指利用创新手段合理化配置城市陈旧的公共设施和空间，使之继续发挥应有作用，并为城市可持续发展做贡献。20 世纪 80 年代的上海有一句俗语叫作“螺蛳壳里做道场”，用来形容普通市民居住条件的恶劣。据统计，1985 年，上海人均居住面积仅为 4.5 平方米。更为棘手的是，上海严峻的居住条件与城市拥有的丰富的人文传统、历史建筑等有形或无形的文化遗产严重不协调，这种“跛足”的情况使得城市形象的对外推广和城市机能的自愈功能频繁遭遇掣肘，

城市发展受到限制。此后，与大多数中国城市一样，上海经历了从颇具计划经济色彩的福利分房等城市住房建筑更新，到市场经济导向的城市住房条件和文化生活更新。

正如其定义所揭示的那样，城市更新并不仅仅意味着城市居住环境的更新，还应包含城市作为生态综合体的永续提升。时任上海市规划和国土资源管理局局长庄少勤在“2015 世界城市日论坛”上的发言中指出，与世界很多大城市一样，上海也经历了城市快速扩张、人口剧增等阶段，面临旧城老化、服务能力不足等困扰。在这个过程中，上海进行了以大规模旧区改造为代表的更新实践。但随着城市的发展，以往“大拆大建”外延式扩张的发展老路已难以为继，注重提升城市品质和活力的内涵式发展成为当务之急。上海城市发展的模式在转变，上海城市更新的理念和方法也在转变。庄少勤认为，上海的城市有机更新不仅将城市作为有机生命体，而且将大城市作为若干“小城市”的共生群体；不仅将城市更新作为城市新陈代谢的过程，而且将城市更新作为一种对城市短板修补和社会治理的过程；不仅强调历史人文和自然生态的传承，而且强调城市品质和功能的创造；不仅是城市发展质量和效益提升的过程，而且是城市各方共建、共治、共享的过程。

基于此理念的驱动，上海市规划和国土资源管理局于 2016 年推出包括共享社区计划、创新园区计划、魅力风貌计划、休闲网络计划在内的四大行动计划，从多角度关注上海城市有机创新和更新，助力上海建设“卓越的全球城市”。“魅力风貌计划”的具体内容为：对具有地方传统特色的里弄街区、公共建筑、产业遗存、风貌道路及其他城市记忆进行抢救性保护。建立分级分类保护机制，协调风貌保护与发展建设的关系。保护非物质文化遗产，提升城市文化内涵，建设更富魅力的人文之城。这意味着推动城市经济多样化、提升文化旅游品质和解决居民就业的城市文化政策慢慢成形，政府正在动用更多的资源运用到城市文化建设中，文化政策主导下的城市更新将成为新一轮城市更新的主要模式，上海的现代都市文化旅游产业就在这样的城市更新和政策扶持的环境中茁壮成长。

（二）政策先行，打造“上海文化”品牌

作为全国优先发展旅游业的省份之一，上海早在1987年就主办了“世界旅游日”庆祝活动。据上海档案馆相关文献介绍，在20世纪90年代至2008年的旅游发展方案中，重要的一条就是始终将发展都市型文化旅游作为上海旅游业的产业目标和定位，力求将都市风光、都市文化和都市商业融合为一体，充分彰显海派旅游文化的特色风貌。长期以来，上海的旅游业主要围绕都市旅游这一主题不断做大做强。上海市统计局数据显示，2017年，全市旅游产业实现增加值1888.24亿元，比上年增长9.1%。截至2017年末，全市有星级宾馆229家，其中五星级宾馆72家；旅行社1578家，其中经营出境旅游业务的有222家；拥有A级旅游景点99家、红色旅游基地34个、旅游咨询服务中心53个、旅游集散中心站点4个。2017年，上海共接待国际入境游客873.01万人次，同比增长2.2%；实现国际旅游外汇收入68.10亿美元，同比增长4.3%；接待国内游客31845.27万人次，同比增长7.5%；实现国内旅游收入4025.13亿元，同比增长16.9%。各项指标较之前都有显著增长。

2018年4月，中共上海市委、上海市人民政府发布《关于全力打响上海“四大品牌”率先推动高质量发展的若干意见》，其中提到要充分利用上海丰富的红色文化、海派文化、江南文化资源，打响“上海文化”品牌。该意见指出，要全面做好文化资源利用、人文精神彰显、文化产业发展、文化服务供给，精心塑造一批海派特色突出、城市特质彰显、内涵价值丰富、感知识别度高的国际国内知名文化品牌。用好用足文化资源。充分利用上海丰富的红色文化、海派文化、江南文化资源，红色文化要完善传承、创新、传播、开发体系，发掘保护建党历史资源，建设思想理论创新和传播高地，打造红色文化旅游品牌；海派文化要强化交流、融合、创新，以“上海名人”“海派地标”“历史事件”为载体传承上海城市文脉，以“五年百部精品创作”为抓手打造海派文艺高峰，办好重大国际性文化节庆活动；江南文化要加强特色历史风貌和文化遗产保护，赋予优秀传统文化新的时代内涵

和表现形式，增强市民的文化认同感、归属感、尊崇感。深化丰富多彩的精神文明创建活动，让海纳百川、追求卓越、开明睿智、大气谦和的城市精神深入人心，全面提升市民的精神气质和文明素养，不断满足人民群众的精神文化需求。

不难看出，“上海文化”品牌的提出，就是要利用上海丰富的人文历史资源，通过符合市场规律、特点明快新颖、受众接受度高的都市文化旅游项目，探索精神文明建设新形式，弘扬社会主义核心价值观。在城市有序发展、有机更新的背景下，用城市文化精神的丰富内涵，拓展都市文化旅游向纵深发展。用都市文化旅游搭建的广阔舞台，传播以人为本的城市治理核心理念。

（三）上海现代都市文化旅游的主要特点

《国家“十三五”时期文化发展改革规划纲要》指出，文化是民族的血脉，是人民的精神家园，是国家强盛的重要支撑。文化发展改革目标任务之一，就是中华优秀传统文化传承体系基本形成，中华民族文化基因与当代文化相适应、与现代社会相协调，实现传统文化创造性转化和创新性发展。“上海文化”品牌的打造，不仅顺应了寻找城市定位和塑造城市精神的需要，而且是对优秀中华文化的传承和推广。相较于传统旅游，现代都市文化旅游虽然在灵活性和创造性上有显著区别，但在坚持传播文化正能量、树立民族文化自信的历史使命上是一以贯之的，也是不容动摇的。近年来，上海现代都市文化旅游围绕树立民族文化自信和推广城市核心精神两大核心理念，呈现以下特点。

1. 创新红色文化旅游

上海不仅是中国的经济中心，而且是中国革命的摇篮之一，拥有众多宝贵的红色文化资源。如何整合这些名人故居、文化遗迹，如何讲述其中的历史故事，让红色基因永远镌刻在城市精神之中，是上海文化旅游的课题之一。红色文化旅游的创新，就是与市民的日常生活相结合，让参与和体验成为文化旅游的主要形式，变被动的信息灌输为主动的知识获取，提升红色文化的可接受度。都市行走阅读成为上海红色文化旅游的主要方式。都市行走阅读，一方面是以特定主题和线索，行走于城市的街道中，阅读建筑、聆听故事；另一方面是借助相关书籍、讲座和影像资料等的储备，在都市行走中产生新的思考火花。

例如，上海市精神文明建设委员会办公室在2018年推出的“不忘初心，牢记使命，红色文化修身路线”，就是将爱国主义红色文化教育与市民日常修身活动相结合，让参与者真正走近红色文化，增强认知体验。该路线共整合了16个爱国主义教育基地资源，设计了一条主线聚焦中国共产党诞生的历程，三条支线聚焦其诞生的历史和社会条件。其中，一条支线带领参与者走进上海市银行博物馆、苏州河工业文明展示馆、江南造船博物馆、上海纺织博物馆，详细介绍上海发展成为远东金融中心的历程，以及伴随而来的上海成为中国工人阶级的发祥地，上海工人阶级在中国共产党的领导下积极参与反帝、反封建、反压迫斗争的历史。上海大学海派文化研究中心每年以“310”为主题，为市民提供名家讲座、沪语教学、儿童手工等一系列海派文化传播活动。自2018年开始，该中心在年度活动中，围绕海派文化的诞生、上海的红色基因等主题，在全市范围内增加都市行走阅读项目。都市红色文化旅游由于融入了市民的日常生活，被接受程度很高。市民也因此类指向性明确的社会公益活动而对身边的红色文化历史增添了兴趣。这种良性的互动正是都市文化旅游的魅力所在。

2. 都市文化旅游的主导力量下沉分散

值得一提的是，城市红色文化旅游作为生动的一课，也被各级党组织运用到党课学习、廉政教育中。一场党史讲座或一部红色电影，配上一次党风廉政教育基地的探访或城市红色文化行走，已经成为备受青睐的组织活动形式。事实上，不仅是党组织，各种企事业单位和社会组织甚至个人，也越来越频繁地运用城市文化旅游多元亲民的特性，开展各种文化交流活动。区别于传统旅游主要依赖主管部门主导、旅游业者具体规划、游客参与的形式，都市文化旅游的主导力量下沉分散到社会各层面，能够充分发挥大众的主观能动性，从形式、内容、创意等各方面丰富旅游作为文化活动的内涵。

以都市行走阅读项目为例，除了上海市精神文明建设委员会办公室规划的“申城行走，人文修身”这一覆盖全市，涉及弘扬红色文化、海派文化、江南文化的市民修身计划外，全市各单位也会按照各自特点和不同诉求，开展各种规模、不同类型的都市行走阅读活动。例如，上海大学海派文化研究中心推出了张爱玲在上海的主题路线，从熊佛西楼、常德公寓等留下过张爱玲印记的历史建筑出发，讲述海派作家的文化苦旅。上海图书馆与上海市团委合作，于2018年策划了“老洋房阅读之旅”系列活动，为每一条线路提供多种阅读书目，从老洋房出发，以点带面串起一部上海精神的成长史，同时吸引更多的青年朋友加入乐阅读、深阅读、群阅读的“悦读青春”计划中，引导他们在行走阅读中了解历史、珍惜当下，继承民族的文化基因。而各种青年团体、书友会等自发的社会机构组织的人文行走阅读就更为活跃。单就都市行走阅读类都市文化旅游来看，就有各种社会单位制定的各种内容的活动项目。可见，都市文化旅游已充分发挥其适应度高的特点，融入上海都市文化的节奏中。

3. 年轻和时尚成为现代都市文化旅游的关键元素

2019年上海交通大学发布的《国际文化大都市评价报告》指出，上海的公共文化参与度指标排在全球文化大都市首位。该报告认为，上海市民对观赏艺术表演、参观博物馆和画廊、观影和观看城市马拉松等文化活动的热情高涨。这种评价不是偶然的，与上海作为中国时尚之都的传统是分不开的。在这座以对标纽约、伦敦、巴黎等国际文化大都市为目标的城市中，各种亚文化类型不断生长，而这又是年轻人主导话语权的领域。可以说，上海都市文化旅游的多元良性发展，与城市中的年轻和时尚元素存在紧密联系。

以前文所举红色文化旅游为例，年轻人不仅是城市行走阅读等活动的积极参与者，而且能够在活动形式上不断推陈出新，为红色文化增添亮色。位于上海市黄陂南路374号的中共一大会址，是全国爱国主义教育示范基地、全国廉政教育基地、国家国防教育基地，是中国的红色灯塔。一大会址从建馆开始，游客就络绎不绝，大多以团体预约参观等形式参观。近年来，由于互联网的普及和社群媒体的流行，地处流行地标新天地的一大会址成为年轻人的“打卡”圣地。年轻人利用城市户外定向越野、签到点赞、完成支线任务、参观心得云分享、手工制作个人专属党章等形式，沉浸式地学习一大会址的陈列展品及其背后的历史意义，有些青年团体还会跟进组织类似TED演讲的现场演讲秀，交流学习经验。这些新颖的活动方式在年轻人中的认可度和参与度都较高，又相对适合于上海这样红色文化线索星罗棋布的都市，可以说是对都市文化旅游的重要补充。年轻人消费能力强，对红色文化景点周边的商场、餐饮等服务行业具有明显的带动作用，这也符合都市文化旅游提升周边产业的基本特点。

上海市统计局数据显示，2017年上海老龄化率达到14.3%，预计到2030年，全市常住人口老龄化率将达到近20%，是全国最先步入老龄化的城市，也是全国老龄化程度最高的城市，城市的“年轻程度”远不及深圳、广州等城市。如何在城市的经济发展和市政建设等各项指标，特别是城市文化气质上展现“活力”，是上海这样的国际大都市所面临的严峻课题。年轻人的创新和冒险精神，以及他们探索未知的勇气，是城市的良性造血机能，也能够体现这座城市的文化气质和开阔胸襟，符合上海的城市精神，也完全符合都市文化旅游的核心诉求。

上海也向国际都市借鉴开拓都市文化旅游的经验，善用历史，把握时尚。每座有魅力的城市都至少有一条文化主轴，如纳什维尔主打乡村音乐，波士顿是学术圣地，阿姆斯特丹和柏林具有前卫气质。知名的世界旅游城市更是拥有迷宫般的文化线索，让游客流连忘返。多元文化杂糅的伊斯坦布尔、罗马、纽约等，就是这样的城市代表。上海都市文化旅游以时尚的城市气质为依托，通过新颖的形式、超前的理念，整合各种旅游概念，不仅与市民的日常生活相融合，而且能够对境内外游客形成强大持久的吸引力。正是在这样的平台上，文学、艺术、建筑、商业、环保等各种社会资源被整合成一个个极具魅力的都市文化旅游产品。例如，外滩建筑史、左翼作家联盟的故事、上海金融演义等，都是引人入胜的上海文化旅游主题。这种层次不断累积、内涵不断丰富的现代都市文化旅游，也更能顺应民众需求，符合城市气质的成长方向。

（四）徐家汇源景区的现代都市文化旅游

1. 徐家汇地区的人文背景

徐家汇位于上海市区西南角，明末名士徐光启的后人在此结庐而居，此地因故得名。因为徐氏一门信奉天主教，徐家汇更是成为近代天主教上海教区主教府所在地，宗教文化遗存丰富，是上海的“拉丁区”。徐家汇还是上海城区规划的城市副中心之一，本土文化浸润颇深，商圈活跃度高，配套完善。这两种异质文化下的徐家汇，再加上华山路以东、衡山路以南的历史名人故居群落，共同构成了徐家汇历史与现代层累、人文和商业耦合杂糅的发展形态。商业中心的建设改变了徐家汇历史文化街区的风貌结构，各种无序行政也间接造成地区历史记忆的不连续。举例来说，普通市民和游客更注重徐家汇的商业功能，而对其人文底蕴感兴趣的访客，又往往因区域内景点复杂的管理归属而错失对其全局性的概览，造成诸多遗憾。例如，徐家汇藏书楼属于上海图书馆，徐家汇教堂是天主教上海教区主教坐堂，土山湾博物馆和徐光启纪念馆归口徐汇区文化局，等等。如果将其割裂开来，作为建筑单体参观游览，不仅缺乏整体观念，而且不利于该区域作为文化记忆和遗址群的整体发展。

由此可见，以文化呈现为核心的城市更新以及现代都市文化旅游，必须在多文化类型共生的基础上，通过共享地区历史记忆，强化公众参与，共同保护和推广文化遗产。

2. 徐家汇源景区的现代都市文化旅游特征

徐家汇源景区为现代都市文化旅游的发展提供了合适的参考样本。根据其官方宣传资料，2010 年中国上海世博会期间，徐家汇源作为城市最佳实践区，引起公众对海派文化深邃灿烂历史的关注。2012 年，徐家汇源景区荣获国家 AAAA 级旅游景区，景区面积约 2.4 平方公里，含历史风貌、繁华商业和生态绿地。徐家汇源景区共包括徐家汇藏书楼、徐汇公学旧址、徐家汇天主堂、徐家汇观象台旧址（上海气象博物馆）、徐光启墓、光启公园、土山湾博物馆、圣母院旧址、百代公司旧址、徐家汇公园、徐家汇大修道院旧址、上海电影博物馆、上海交通大学、董浩云航运博物馆、钱学森图书馆等景点。

（1）深挖资源，合理搭配

除部分景点外，大部分所属景点与徐家汇源景区并无从属关系，景区管理部门以协调资源、统筹监督为主要工作职责。这样的管理布局能够最大限度地减少行政干扰，使得景区的日常维护、形象推广、市场开发相对顺畅。例如，景区内部各区块的形象识别系统能够保持统一，并定时维护更新。这一细微但烦琐的工作，能够极大地提升游客的好感度，使其区别于传统旅游景区的游览体验。徐家汇源还充分利用景区内丰富的各类历史文化资源，通过专业文创公司包装，甚至民间征集的奇闻轶事，开发多种半日游或一日游项目，使游客真正体验到在城市森林中进行文化探索的趣味。

（2）植根江南，孕育海派

徐家汇是中西文化交汇的窗口。外来的宗教传统不仅带来了教育、礼仪、工艺，而且与本土江南文化相结合，孕育出海派文化的雏形。在"上海文化"品牌的建构过程中，徐家汇以其得天独厚的优势，聚合了丰富的海派文化和江南文化历史资源。徐家汇源景区作为现代都市文化旅游核心区域的拓展，就是上海在以"卓越的全球城市"为目标、以建设"上海文化"品牌为抓手、以城市有机更新为手段的稳健发展过程中，努力树立以人为本的执政理念和海纳百川的城市精神的必然结果。

（3）人文商业，和谐发展

作为现代都市文化旅游样本的徐家汇源景区，还能带来另一个角度的思考：现代都市文化旅游已经从传统旅游的"形"，进化为沉浸式的人文洗礼。土山湾博物馆、徐家汇藏书楼、徐汇公学旧址，无不具备把游客拉回那些海派文化初啼的历史瞬间的能力。而崇尚人文思考的旅游景区，与商业高度密集发达的徐家汇商圈重合，则体现了现代都市文化旅游所具备的调和城区建设同质化、为城市生活提供平衡空间和解压管道的重要作用。

三　上海现代都市文化旅游的经验启示

（一）文旅结合，立足城市

文化是社会进步的灵魂，更是旅游产业的核心，而旅游则是文化的最佳载体和传播渠道。为增强和彰显文化自信，提高国家软实力，扩大中华文化影响力，推动文化事业、文化产业和旅游业融合发展，国务院于2018年初组建文化和旅游部。此次改革顺应“十三五”规划核心要求，“文化+旅游”能够使人们采用喜闻乐见的社会交流方式，体验中国不同地域、不同背景的文化性格，使得国人能够增强对中华文化的归属感和自豪感，海外游客也可通过全方位的了解，对中华文化产生亲近感。文化旅游要立足城市资源，吸收城市养分，宣传城市精神。人民网舆情数据中心发布的《2018年中国城市文化旅游品牌影响力排行榜》指出，中国城市在文化旅游领域的竞争更加激烈，几乎可以用“八仙过海，各显其能”来概括，通过拥抱新科技、满足新需求、展现新面貌等形象展示与品牌塑造方式，发掘和创新城市独特的吸引力，树立城市良好的品牌形象，提升城市的核心竞争力，推动城市的良性发展。

（二）政策保障，统筹支持

文化产业和旅游产业对周边产业的经济带动作用明显。在文化旅游全速发展的大背景下，作为其重要组成部分的现代都市文化旅游，应当遵循城市定位，明确发展方向，树立正确的发展意识；应当立足城市本身，慎选发展项目，切忌呈现同质化趋势。2018年12月，中国旅游研究院与联通大数据有限公司联合发布了《“智游广州·文化名城”旅游大数据报告》，从中也能看出现代都市文化旅游的发展趋势。与上海类似，广州不仅是南粤重镇、历史名城，而且是中国的经济和文化重镇，也是长期以来颇受国内外游客追捧的目的地城市。该报告指出，广州的文化类景点涵盖主题文化、红色文化、艺术文化等多种文化，粤剧艺术博物馆凭借粤剧这一世界级非遗项目的中国戏种，依托广州独特的文化根脉，成为最受欢迎的“文化类”景点之一。该报告认为，文旅融合路线的市场接受度更高，深受游客的喜爱。

对比上海和广州的文化产业，不难发现两地都市文化旅游的健康发展离不开政策制定部门的统筹规划和有力保障。2018 年上海推出了《关于全力打响上海“四大品牌”率先推动高质量发展的若干意见》，广州也于 2018 年底发布《关于加快文化产业创新发展的实施意见》。该意见对广州文化产业的重点发展领域，如数字内容产业、动漫游戏产业以及传媒影视融合、打造全球文化创意设计之城、打造全球文化装备制造中心等做出具体部署，并在激发市场活力、提升服务水平、强化辐射带动等方面制定了详细的政策。正是这种完善的政策支持，使得都市文化旅游能够遵循正确的市场规律，有序成长。现代都市文化旅游只有紧密围绕城市战略发展目标和产业升级的整体布局这根主轴，找准发展中心和突破口，才能持续稳步推进。如果只是把文化旅游看作快速提振经济表现的强心针，将会违背文化传播习惯和市场规律，很难达到应有的效果。

（三）文化引领，以人为本

文化旅游的最终目的是传播文化，文化的核心是“人”。现代都市文化旅游应把传递民众所知所感、表现文化底蕴和内涵看成重中之重。现代都市文化旅游要强化组织者的服务意识，努力提升游客的体验和好感。要把现代都市文化旅游看作城市形象的第一张名片，看作服务国内外游客的第一道窗口。同时，都市文化是复合多元、层累交织的，文化旅游产业的发展要注意弹性空间，使都市内的多元文化充分展现魅力。

参考文献

《1978～2008 年上海旅游文化产业发展初探》，上海档案信息网，2013 年 4 月 27 日，

http：//www. archives. sh. cn/slyj/shyj/201304/t20130427_ 38424. html。

《沪推出首条“红色文化”修身路线》，新华网，2018 年 7 月 31 日，http：//sh. xinhuanet. com/2018 －07/31/c_ 137359586. htm。

《人民网舆情数据中心发布〈2018 年中国城市文化旅游品牌影响力排行榜〉》，人民网，2019 年 2 月 1 日，http：//yuqing. people. com. cn/n1/2019/0201/c209043 －30606022. html。

《徐家汇源国家 AAAA 级旅游景区》，徐家汇源国家 AAAA 级旅游景区网站，http：//www. xjh. sh. cn/index. php？ option = com_ content&view = article&id = 48：jqjj&catid = 11&Itemid = 116&lang = zh。

《中共上海市委　上海市人民政府〈关于全力打响上海“四大品牌”率先推动高质量发展的若干意见〉》，上海市人民政府网站，2018 年 4 月 26 日，http：//www. shanghai. gov. cn/nw2/nw2314/nw32419/nw43404/nw43405/u21aw1306312. html。

《庄少勤：上海城市更新已进入新阶段》，上海市城市规划设计研究院网站，2015 年 11 月 2 日，https：//www. supdri. com/2035/index. php？ c = article&id = 228。

博物馆旅游发展现状研究

季　丹*

摘　要： 随着经济的发展，博物馆旅游成为城市休闲娱乐的重要方式之一。本报告首先对国内博物馆旅游的基本定义、分类、特征进行了梳理，在此基础上，重点描述了近年来中国博物馆旅游的发展情况，同时指出与其他旅游形态相比，目前博物馆旅游发展的不足之处。通过对国外案例的研究，结合博物馆旅游发展的不足，给出了相关的政策建议。

关键词： 博物馆旅游　旅游体验　城市休闲娱乐

博物馆旅游起源于西方国家，伴随科技的发展，博物馆业与其他行业不断融合、互相渗透，逐渐形成一个交叉性行业。目前，国际博物馆业的发展呈现与旅游、科技等行业紧密相融的局面，博物馆旅游逐渐兴起。

一　国内博物馆旅游的基本定义、分类、特征

大多数博物馆是以非营利为目的，承担警示、教育等功能的公共文化教育和服务机构，其存在的主要目的是提醒公众勿忘历史，借鉴历史的经验与

* 季丹，博士，上海交通大学人文艺术研究院副研究员，研究方向为文化产业。

教训，并使公众有机会通过馆藏展品与历史进行对话，从而对历史过往进行反思。[①]

博物馆旅游是指博物馆机构与旅游机构合作，以博物馆及其相关衍生产品为核心，通过资金、技术等将博物馆核心产品向现实的旅游产品转化，设计开发文旅产品，打造博物馆旅游产业链，构建文化旅游品牌，以观光、游览、休闲、提高自身综合素养等为目的的吸引游客的各种旅游活动的总称。

大力推动博物馆旅游的发展，一方面，有助于提升地方影响力与内涵，推动地方的旅游业发展与进步。博物馆本身凝聚并集中反映了当地的历史、文化与风俗，具有较高的科学研究价值，同时发挥了传承文化的作用，是外地旅游者了解当地文化与风土人情的重要窗口。另一方面，有助于推动博物馆自身的进一步发展。博物馆旅游的发展，不仅能充分实现博物馆的文化传承功能，而且为博物馆的进一步发展提供了活力与动力。

博物馆旅游中的博物馆范围不仅包括传统意义上的博物馆，而且包括各种文化馆、展览馆等其他群众文化机构类型。从目前的行业业态来看，传统意义上的博物馆旅游已经逐渐成形，而文化馆、展览馆旅游等尚处于孕育期，本报告重点对传统意义上的博物馆旅游进行分析。

根据我国博物馆的主要性质，可将博物馆旅游资源划分为四大类：社会历史类、自然科学类、文化艺术类和综合类。

社会历史类博物馆旅游资源是指以研究和反映社会历史进程，以及历史上的重要事件和重要人物等为主要内容的博物馆；自然科学类博物馆旅游资源是指以自然界和人类认识、保护、改造自然为内容的博物馆[②]；文化艺术类博物馆旅游资源是指以人类文化活动及其创造物为展示主体的博物馆，主要包括绘画、书法、工艺美术、文学、戏剧、建筑等；综合类博物馆旅游资

① 冯荣：《基于 ASEB 分析框架的上海地区博物馆旅游体验研究》，上海师范大学硕士学位论文，2015。

② 李婧扬：《城市博物馆旅游开发研究——以成都为例》，四川师范大学硕士学位论文，2009。

源是指兼具社会科学与自然科学双重属性的博物馆。

与其他种类的旅游相比，博物馆旅游个性化特征明显。第一，博物馆旅游具有深厚的文化底蕴，能够吸引较多游客，这是促进博物馆旅游持续发展的主要动因。第二，博物馆旅游具有人群高度集中的属性，大量游客易于集中在同一空间中。第三，博物馆旅游的游客量不受季节、天气等的影响。与许多自然景观旅游点相比，季节、天气等状况不会影响参观博物馆的游客数量，这是博物馆旅游区别于其他旅游形态的重要特征。第四，博物馆旅游高度满足了游客的需求。博物馆汇集了各类历史文物精华，满足了游客求知、求异的旅游需求。越来越多的博物馆除了实物展品的陈列外，还增加实际体验活动，满足了游客的参与性、体验性要求。另外，博物馆的观摩性、娱乐性与游客的求乐性也刚好吻合。①

博物馆旅游资源是文化旅游资源的重要组成部分，近年来，国内外旅游界对博物馆旅游路线和产品的开发与建设都给予了充分的关注。与欧美发达国家名馆、名院的旅游相比，我国博物馆旅游资源的开发尚处于起步阶段，在规模、档次或技术水平方面都存在较大的差距。以下主要对我国博物馆旅游发展的现状、基本特征进行扫描。

二　国内博物馆旅游开发现状

（一）国内博物馆旅游资源总体概况

1. 博物馆数量

根据国家统计局数据，2009～2018 年我国博物馆规模逐年快速增长，2009 年仅有 2252 家，到 2018 年博物馆数量达到 4918 家，占文物机构总数的 47.5%（见图 1）。

① 冯荣：《基于 ASEB 分析框架的上海地区博物馆旅游体验研究》，上海师范大学硕士学位论文，2015。

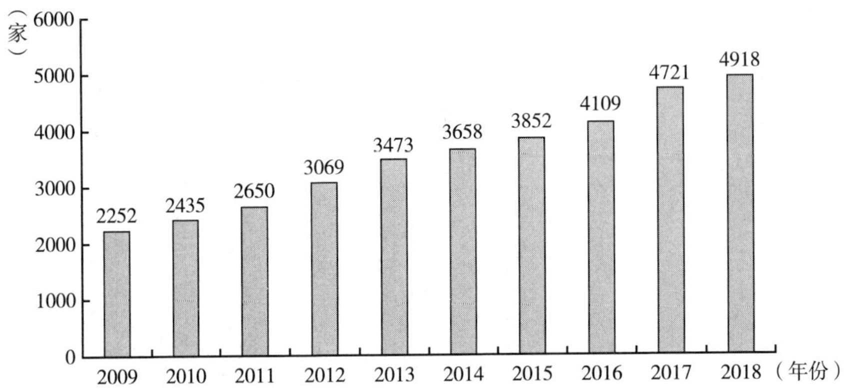

图1　2009～2018年我国博物馆数量

资料来源：根据国家统计局数据绘制。

另外，国家文物局公布的数据显示，全国备案博物馆每年以180家左右的速度在增长，到2017年底，达到5136家，是1949年的200多倍、1978年的15倍，平均两天就有一家新博物馆对社会公众开放，已经位居世界发展速度的前列。截至2018年9月，我国拥有国家级博物馆855家，其中国家一级博物馆130家、国家二级博物馆286家、国家三级博物馆439家，国家级博物馆约占全国博物馆总数的1/5，成为博物馆事业发展的主体阵容。非国有博物馆超过1400家，行业博物馆超过800家，成为博物馆建设快速发展的重要力量。

2. 博物馆从业人数

国家统计局数据显示，2009～2018年，我国博物馆从业人数总体呈上升趋势，由2009年的59919人增加到2018年的107506人（见图2）。

3. 博物馆接待观众人数

《2018年文化和旅游发展统计公报》数据显示，2009～2018年，我国博物馆参观人数呈逐年上升趋势。2018年，我国文物机构共接待观众122352万人次，比上年增长6.6%，其中未成年人29665万人次，比上年增长2.6%，占参观总人数的24.2%。博物馆共接待观众104404万人次，比上年增长7.4%，占文物机构接待观众总数的85.3%（见图3）。

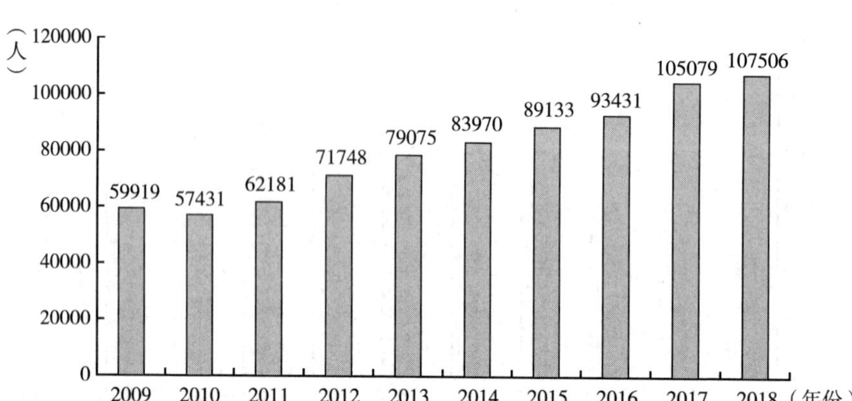

图 2　2009～2018 年我国博物馆从业人数

资料来源：根据国家统计局数据绘制。

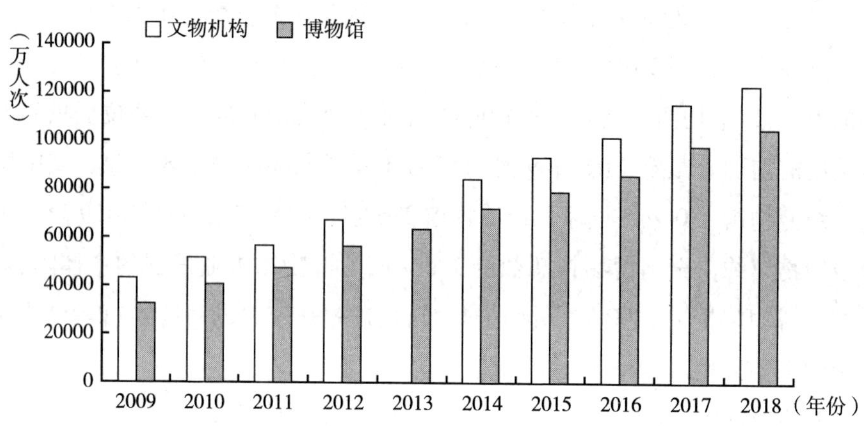

图 3　2009～2018 年我国文物机构、博物馆接待观众人数

资料来源：《文化和旅游部 2018 年文化和旅游发展统计公报发布》，文化和旅游部网站，2019 年 5 月 30 日，https：//www. mct. gov. cn/whzx/whyw/201905/t20190530_ 843997. htm。

4. 博物馆文物藏品数、展览数

根据《中国统计年鉴》数据，2018 年，我国博物馆共有文物藏品 3754 万件（见图 4）。文物机构共举办陈列展览 27925 个，其中博物馆举办陈列展览 26346 个（见图 5）。

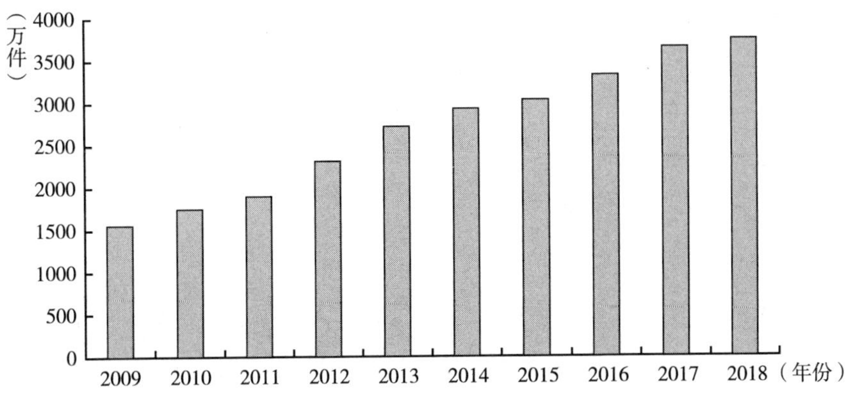

图 4　2009～2018 年我国博物馆文物藏品数

资料来源：根据《中国统计年鉴》数据绘制。

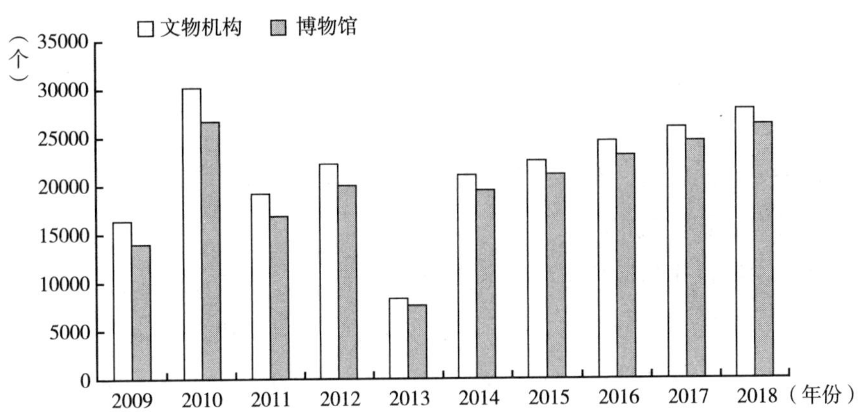

图 5　2009～2018 年我国文物机构、博物馆举办陈列展览数量

资料来源：根据《中国统计年鉴》数据绘制。

（二）国内博物馆旅游总体特征

在当前旅游消费升级趋势下，博物馆旅游获得了前所未有的发展机遇，各地博物馆接待观众人数呈现明显增长态势。特别是博物馆免费开放后，更受社会公众所青睐，目前博物馆旅游呈现以下主要特征。

1. 博物馆旅游概念兴起

越来越多的博物馆管理者意识到博物馆旅游成为未来发展的热门方向，开始依据自身拥有的资源，打造具有鲜明特点的博物馆，相继推陈出新设计了较多的精品展览，根据社会公众多层次、多样化的文化消费需求，不断丰富博物馆藏品和展览的种类。

2. 博物馆旅游数字化萌芽

博物馆陆续实施文物资源的数字化行动。大数据、云计算、物联网、互联网、人工智能等先进信息技术手段的兴起，助力文物资源数字化的开展，文物信息资源沿着共享开放的方向前进。新兴技术也让文物展示从静态转为动态，让古老文物在新时代焕发新的活力。

3. 深挖内涵，加强教育功能

随着科技的发展，蕴含在文物之中的丰富的文化内涵得到进一步挖掘。随着文物研究的推进，文物真正的核心价值不断呈现，文物背后所蕴含的人文精神不断彰显，文化基因由此活化，与各大旅行社合作，通过旅游的方式真正走进人们的生活，起到潜移默化、春风化雨的教化作用。

4. 博物馆展览愈加丰富

博物馆展览作为博物馆旅游的主业，近年来开始走精品路线，各大博物馆提高了策展能力，分主题、分系列、成规模、有计划地推出精品展览，不断丰富展览的主题和形态，文物藏展比例的不断提升，让展览成为公众日常生活的一部分，更好地承担起了教育功能。

5. 文物的流转交流更加活跃

博物馆之间的文物交流合作机制逐渐形成，进一步促进了未来博物馆藏品借展制度化、机制化，重要展览、巡展常态化，进一步盘活了文物资源，通过馆际合作与精品展览的方式使文物活化，为博物馆旅游获得更大发展提供了基础。

6. 博物馆与其他业态不断融合

博物馆逐渐与社会力量相结合，开展多种形式的合作，促进了文物的精准开发与联合协作。在以展览为王的价值观引领下，结合技术的推动，博物馆的供给侧结构性改革和调整拉开序幕，新时代博物馆开始朝总分结合的方向迈进，不断与其他行业交叉发展，开放合作程度加深，走上高质量发展的道路。[①]

三 国内博物馆旅游开发存在的问题

总的来看，目前我国博物馆旅游发展不均衡，主要表现在游客大多集中于遗址博物馆，而大部分藏品博物馆的游客量不大。随着科技的发展，具有互动性的科技博物馆与行业博物馆受到追捧，而数量最多的综合类、历史类博物馆游客量则相对较少。享有世界声誉的大型博物馆游客超过承载量，而中小型博物馆目前维持正常运营都非常艰难。与旅游景区相依托的博物馆游客在数量上也较多。造成博物馆旅游发展不均衡的主要原因在于以下几个方面。

（一）行业定位不清晰，经营意识淡薄，思想理念亟须转变

博物馆作为非营利机构，长久以来受财政支持，免费开放的政策动态调整机制尚未确立，长期形成的相对固化的政策模式已经严重滞后于经济社会和博物馆行业快速发展的节奏。长期以来博物馆行业在国内被定位为“不追求营利的文化事业机构”。很多游客量不大的博物馆管理者认为财政支持足以维持博物馆开支，出于对“非营利机构”的认知，对进一步开发博物馆资源缺乏动力；而游客量较大的博物馆试图在创收方面有所突破，但受制于现有的政策，无法在产品开发与盈利方面更进一步。当然，这与博物馆旅游的概念刚刚兴起紧密相关，大部分博物馆管理者以及相应的政府机构管理者对此概念尚未有清晰的认知，因此积极性不高。

目前很多管理层对博物馆旅游的开发存在顾虑，认为博物馆作为非营利机构从事以营利为目的的旅游业务会对其社会形象产生影响，并对其社会责任的发挥产生不利影响，从而缺乏发展博物馆旅游的动力。

---

① 《国家文物局局长刘玉珠：让“博物馆”成为促进文化旅游消费和相关产业发展的“新引擎”》，搜狐网，2019 年 3 月 4 日，http：//www. sohu. com/a/298893978_ 809097。

但很多文化物品如果没有被充分利用，并承担起文化传播的功能，那么其价值将大打折扣，从而丧失浸透人类精神的精华部分。博物馆传统的经营模式已无法适应目前社会公众对其功能与所承担的社会责任的期待，博物馆的经营状况已发生了很大的转变。博物馆管理者应摆脱传统经营管理模式的束缚，提高除社会效益以外的经济效益与环境效益。

（二）新进导游人员专业素养不高，服务水平低下

一方面，博物馆旅游的兴起时间较短，该行业的专业导游队伍尚未建立，其职能主要由博物馆讲解员担任。另一方面，博物馆陈展的文物不像文字信息那样通俗易懂，而是蕴含了大量文字之外的信息。博物馆浓厚的文化底蕴使其对导游人员的素质要求较高，需要对文物有充分了解，能够向观众解释文物的相关背景知识。

目前国内大部分博物馆招聘时对讲解员的要求主要针对五官、语言表达等方面，对学历要求一般在大专以上，即博物馆招聘的讲解员往往只注重外观及语言表达能力，对专业素养、业务素质无明确要求，忽视了讲解员的专业能力，因而造成目前博物馆旅游导游队伍中的人员缺乏全面系统的专业知识，对馆藏文物所蕴含的丰富的文化底蕴与文化信息无法准确传达，这将影响游客对文物内涵的真正理解，也将影响游客对博物馆声誉的评价。

（三）展示内容不够丰富，技术应用不够广泛，缺乏吸引力

目前全国大部分博物馆的藏品展示内容不够丰富，缺乏互动性、吸引力。传统的博物馆运营忽视了对游客在展览内容、设施陈列等方面的需求。一是设施陈列过于简单，多以图片、说明、文物展示等静态陈列为主；二是游览方式多为机械性地参观，流程单调，缺少互动性、体验性、开放性的动态展示和娱乐性项目等；三是展示主题内容过于专业化；四是技术手段落后，创意和动感效果更是缺乏，除了一些民营博物馆融入了科技方面的声、光、电、影等以外，大部分博物馆的展览技术手段落后。另外，博物馆展品的更迭较慢，如陶瓷陈列室展览的内容几乎几年保持不变，无法吸引回头

客。旅游消费个性化与多元化时代即将来临，观光模式已不能满足游客多层次、多方面的旅游需求，博物馆旅游本应产生的经济效益和社会效益不能得到最大体现。①

总之，大部分博物馆的展示内容、形式、技术、创意等吸引力不够，难以让游客产生流连忘返的感受。

（四）博物馆与旅游部门互动较少

我国大部分博物馆属于国有事业型单位，而旅游行业中的企业主要是营利性企业，在传统理念中两者无直接关联，所以长期以来行业之间缺乏合作，也没有形成联动。而且大部分博物馆实行免费参观制，收费服务的项目几乎没有，旅行社如果与之合作，则无法保证收益，从而使很多旅游企业对博物馆旅游的关注不够，影响了博物馆旅游行业的快速发展。免费开放不仅是门票免收的问题，最重要的是如何利用对文化资源的进一步挖掘、呈现与应用，全面激活其潜在价值，获得持续的文化吸引力和文化魅力。

博物馆作为非营利单位，在人事、财务、业务等方面缺乏应有的自主权，发展活力受到严重制约，过去靠国家行政拨款而勉强运营，目前在发展中将遇到诸多问题，因此适当增加运营收益极有必要。国外很多博物馆面向市场采用较为领先的商业模式以创造充足收益，值得我们参考。

（五）博物馆普遍不善于包装宣传，未能树立品牌意识

目前我国大多数博物馆未能树立品牌意识，很多博物馆具有独特的历史遗迹与鲜明的当地文化特色，但因其对营销工作未能给予足够重视，在品牌宣传方面缺乏主动意识，无法吸引国内外旅游者。受传统观念的影响，我国博物馆在对外宣传、对外营销方面缺乏相关知识，尤其是在互联网时代，更是缺乏应用新媒体进行自我宣传、自我营销的方式和方法。在重要的酒店、

---

① 赵莹：《江西省内博物馆旅游现状及其开发构想》，江西师范大学硕士学位论文，2011。

旅游景点、商场等公共空间经常可见的宣传材料中，缺乏对博物馆的专门介绍。当游客进入博物馆参观时，也缺乏系统详尽、图文并茂的宣传资料以帮助游客更好地计划参观活动。以博物馆藏品为特色、反映博物馆主题的精美文创产品的设计与销售也未普及，大部分博物馆未能形成品牌，这在很大程度上降低了博物馆的知名度与吸引力。

四　国外博物馆旅游开发典型案例分析

（一）古根海姆博物馆旅游的市场化运作模式

古根海姆博物馆总部位于美国纽约，创建于 1937 年，是全球著名的私立现代艺术博物馆之一。作为一个博物馆群，拥有在西班牙毕尔巴鄂、意大利威尼斯、德国柏林、美国拉斯维加斯的 4 处分馆，其经营方式主要采取连锁模式。

西班牙城市毕尔巴鄂的古根海姆博物馆是文化带动区域经济发展的经典案例。毕尔巴鄂也已成为后工业时代全球城市发展与产业转型的重要代表，也是由一座小城向文化大都市转型的重要城市之一。这种由城市文化复兴带动经济增长进而互动融合发展的模式被称为“毕尔巴鄂模式”，而这种以博物馆发展向整个城市博物馆群辐射的效应也被称为“古根海姆效应”。

西班牙毕尔巴鄂博物馆日参观人数众多，每一项重大活动举办之时，月参观展览的观众远远超过毕尔巴鄂城的居民数，其中以欧洲各国和西班牙本国的观众为主。举办重大项目展览获得的收益不仅包括巨额门票收入，而且包括相关周边产品的销售收入等，项目举办者收益不菲。

西班牙毕尔巴鄂博物馆以博物馆的复兴来带动整个毕尔巴鄂城市旅游业的发展，进而带动整个区域经济的振兴，同时也为整个城市的发展注入了新的活力，博物馆直接为该地区带来了 58% 的旅游者。在复兴中，古根海姆博物馆首先引入并应用“文化产业”的概念设计博物馆文创产品，打造了以古根海姆为代表的博物馆产业，并对相关工业遗址进行艺术化、景观化改造，形成了相关文化创意产业集群。

古根海姆博物馆运营模式的主要特征包括以下几个方面。第一，将博物馆旅游进行品牌化。通过运作持续性的国际化文化项目系列，不断吸引游客，获得了丰厚的市场收入，提升了博物馆的知名度与美誉度。第二，进一步将“古根海姆”商业品牌予以产业化，通过不断延伸相关产业项目，采用市场营销策略进行品牌化建设，不断完善博物馆产业。第三，改变传统博物馆运行的目的。博物馆的建设定位不仅仅是非营利的公共服务机构，提供简单的文化设施与服务，还应承担起拉动经济与文化共同发展的功能，因此不论是博物馆的展览项目，还是博物馆建筑本身，都应当成为稀缺价值，形成吸引游客的“热点”。

（二）大都会艺术博物馆旅游的运营模式

位于纽约著名博物馆街区的大都会艺术博物馆（Metropolitan Museum of Art）是美国最大的艺术博物馆，具有浓厚的区域特色，每年都会吸引500多万名游客。大都会艺术博物馆不仅代表艺术与文明、知识与创造，而且代表美国的强大与富足。作为非营利公益事业机构，大都会艺术博物馆的资金来源除基金会筹款外，还来源于企业与私人赞助、社会捐款等。

在日常运作中，大都会艺术博物馆经常与其他博物馆联合打造各种主题展览，或进行展品的馆际互借。其发展部主要负责社会各界对博物馆的支持与赞助，并组织相关研讨会等活动。博物馆内部设置了各种大小不一的餐厅和会议厅，用于举办各种餐会、研讨会，面向大中小学生开展各种与博物馆展品相关的教育活动等。

大都会艺术博物馆的重要资源来自个人或赞助商以各种形式为博物馆捐助的资金，博物馆鼓励以个人名义设置展厅，并将捐助者的名字刻在展厅门上；个人可以通过出资赞助某个单项展览而成为博物馆会员。会员依据其缴纳的会费多少享受不同程度的优惠。博物馆的贵宾能够享受特定时段的参观待遇，博物馆还为其提供了礼品卡、免费入场证，可以优先享受贵宾室和贵宾餐厅以及在博物馆内举办的音乐会门票等。

大都会艺术博物馆不仅拥有多样化的经营方式，而且非常重视自主经营权。博物馆严格限制所有资金的使用，如个人对其捐助的展馆中的布展品不具有决定权，也不可以在博物馆内设永久会所。对于个人捐助的展馆，博物馆不会根据个人意见决定名牌样式或设计等，而是有统一的标准。

大都会艺术博物馆还进行了旅游购物模式的拓展，专门设立纪念品店、礼品店、书店等，总商业面积超过 5000 平方米，年营业额近 10 亿美元。在营销模式上，大都会艺术博物馆的文创产业已经非常成熟，产品不仅在博物馆内售卖，而且已形成独立的产业，在全球拥有 16 家商店，与当地特色元素融合开发新的文创产品，使产品更具地域性。大都会艺术博物馆每年为游客寄出的商品目录达 1400 多万册，还借助机场和百货商店设置文博销售专柜或专卖店，销售文创产品，提高公众对博物馆展品的认识与了解，让博物馆产品以衍生物的形式融入人们的日常生活，以文创产品销售的模式推动博物馆的品牌文化传播，促进了博物馆经济效益的增长，实现了博物馆的市场化运作。

（三）大英博物馆旅游的公共空间开发

大英博物馆的历史悠久、规模宏伟、藏品丰厚，每年吸引约 500 万名旅游者，已经成为英国文化旅游的标志性符号与名片。

大英博物馆直接受英国文化、传媒和体育部的管理，博物馆运行的资金主要来自英国政府，大英博物馆超过 50% 的收入来自政府支持。博物馆通过兴办公司获得盈利以弥补运营经费的不足，分别成立了负责出版、零售、文化旅游和产品开发的大英博物馆公司（The British Museum Company），主要涉及学术、教育、设计等领域，覆盖营销、零售、出版、执照证明、复制品等经营范围；成立了负责接受捐助的大英博物馆发展信托基金（The British Museum Development Trust）；成立了负责新建成的“大庭院”（Great Court）运作的大英博物馆大庭院有限公司（The British Museum Great Court Ltd.）。目前大英博物馆拥有 25 个托管人，相当于博物馆理事会。大英博物馆通过兴办博物馆之友吸收社会资金和利用社会资金增加馆藏，如通过大英博物馆之友、大英博物馆美国之友、大英博物馆加拿大之友吸收社会资金。

另外，大英博物馆还兴办了支持购置文物艺术品的特定外援组织，如赞助收购和研究希腊罗马文物艺术品的外援组织、赞助古近东文物艺术品的古近东之友、赞助日本文物的日本之友、赞助印刷品和绘画艺术研究与购置的大师绘画赞助者组织。从总体运营来看，政府资金约占 70%，大英博物馆自营收入只占 30%。2012～2016 年大英博物馆收入情况见图 6。

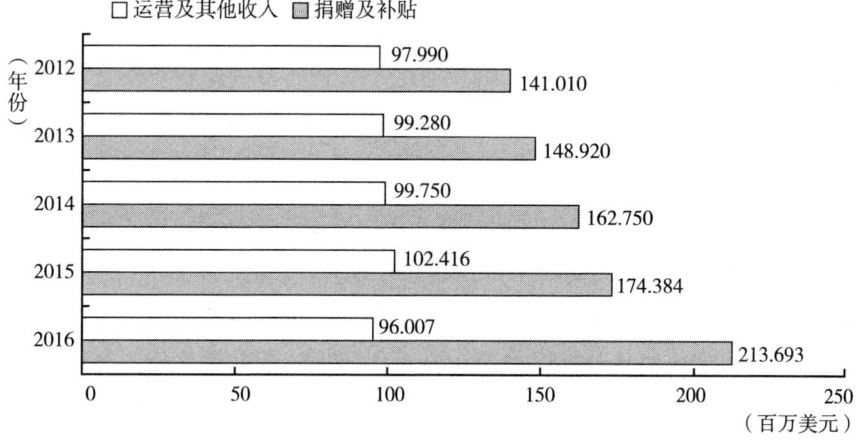

图 6　2012～2016 年大英博物馆收入情况

资料来源：《解密博物馆那些关于“钱”的秘密》，搜狐网，2017 年 12 月 8 日，https：//www. sohu. com/a/209195242_ 426335。

大英博物馆首次在馆内打造开放、舒适的公共空间，以构建“公共空间”为概念，并以其为中心，将各个展览室联通。同时，在公共空间合理布局文创产品销售部、咖啡厅、展览室等多种休闲服务设施。

大英博物馆用公共空间的概念取代了传统的博物馆室内空间概念，打造了整个欧洲最大的有顶广场，其主要特点如下：第一，用建筑艺术与雕像构建公共空间，形成延展厅，成为博物馆正式展厅外的可观赏区域；第二，用公共空间开展旅游参观活动与休闲活动，不仅提高了游客的体验性，而且使其对整个公共空间乃至整个博物馆的文化氛围加深了认知；第三，打破了传统博物馆的呆板性，公共空间使游客更好地与博物馆融合，自由地感受博物馆内部文化，感受博物馆的开放性与公共性。

（四）总结

1 国外知名博物馆将好的创意与市场营销策略并重，所以能够成为游客旅游观光的首选

只有设计精良、满足市场需求的博物馆旅游产品才能够在短时间内获得较高的市场认可度，从而获得较丰厚的经济收益。当然国外商业化运作成熟的博物馆首先应当具备丰富的历史文化内涵，否则无法吸引更多游客。缺乏文化底蕴的博物馆的纯商业化路线只适用于那些旅游资源相对匮乏，且市场规模较小的区域性博物馆旅游。通过“精品路线＋创意性营销”模式可以促进博物馆旅游与区域经济联动发展。

2. 国外博物馆旅游产品中无论是博物馆自身展品还是其衍生产品，都具有独特的创意性与规模性，因而具有市场吸引力

国外城市旅游将城市中其他旅游产品与博物馆旅游产品融合，这种良好的组合不仅能够提升博物馆的品牌宣传效应，而且能够提升城市的形象，如将博物馆与公园、广场等经典的城市建筑组合，充分满足了大众的休闲需求，在设计城市旅游经典线路时，应当把这种有效的组合纳入其中。

3. 博物馆免费开放的策略是国外博物馆吸引游客参观的重要因素

国外博物馆注重通过设计并规模生产博物馆文创产品来传播博物馆的文化，进而对博物馆的品牌进行宣传。对公共空间的开发也是国外博物馆旅游重视的内容之一，对公共文化空间辅之以博物馆文化要素，使其成为旅游参观的一个组成部分。对公共空间的打造，既体现了其旅游价值，也为游客提供了旅游集散地，满足了大众对博物馆“开放”的心理需求，提升了旅游者的感知。

五 国内博物馆旅游开发对策研究

（一）博物馆要转变观念，增强保护意识，积极迎接博物馆旅游的发展

转变观念、深化改革是博物馆相关管理部门应当考虑的首要问题，博物

馆的管理者也应当在新的形势下积极考虑如何应对未来参观者市场多样化的需求。改革首先是对旧有管理体制进行重新思考与谋划，在现有条件下改变现有的聘任体制。依靠市场竞争，择优引入优秀人才，使人力资源得到优化配置，同时靠制度改革最大限度地调动管理者、研究者和服务者的积极性，把博物馆旅游推向新的高度。①

在深化改革的同时，需要进一步增强保护意识。在积极开发博物馆旅游之际，应当明确博物馆作为文化遗产的重要保存机构，对其利用之前首先应当注意保护，应增强文物保护意识。博物馆作为文物保护单位，在保护重点遗址类、古建类博物馆的基础上，在符合文物保护相关规定和要求的前提下，应突破旧有观念，积极拓展与创新开发博物馆旅游产品。

（二）进一步丰富博物馆旅游产品体系

产品是博物馆旅游发展的前提和基础。从目前博物馆旅游发展情况来看，博物馆旅游产品主要分为两类：一类是其核心产品，即传统意义上的馆藏藏品的陈列与展示；另一类则是相关旅游纪念品。馆藏藏品是否具有特色、能否满足游客的需求，以及相关文化创意产品的开发能否满足游客对馆藏藏品的再次联想需求，是博物馆旅游能否发展的关键。

从核心藏品来看，国内的很多博物馆不能满足目前游客对旅游产品的需求，展品较少。需要对博物馆的旅游产品进行重新整合，与其他旅游景区合作，联合开发更多种类的旅游产品（如度假、修学产品，休闲产品，商务产品等）；或者与体验旅游相结合，打造民俗文化体验产品、饮食文化体验产品、古建筑文化体验产品等；制定博物馆旅游精品引领战略，积极打造不同博物馆旅游的鲜明特色线路。

从调查数据可以看出，只有极少数游览者在游览完博物馆之后会选择购买纪念品，原因在于大部分国内博物馆旅游产品的开发力度不大，导致旅游

---

① 何海英：《旅游景区与人文博物馆工作如何有效结合》，《企业文化》（下旬刊）2016 年第 6 期。

产品单一，同质产品多、特色产品少，在定价方面也缺乏与市场对接，造成游客在游览过后缺乏购买旅游产品的欲望。纪念品作为博物馆旅游产品体系之一，通过对其进行开发与销售，不仅能够承载起博物馆所展现的文化特征和历史意义，而且能够为博物馆运营资金提供重要来源，因此对相关旅游纪念品的开发刻不容缓。①

可以进一步将特色产品设计与旅游纪念品的开发相结合，打造吸引游客的艺术工艺品，同时还应推进文物资源开放共享，实施博物馆知识产权授权，提高文化创意产品开发水平。

（三）加快文创产品研发，建立特色文创产品商店

鼓励博物馆开辟独立的空间，打造专门的博物馆商店，根据不同的馆藏特征，围绕大众需求，加快开发具有博物馆特色的文创产品，举办文物鉴赏、手工艺制作、文化赏析等基础知识与技能培训。让游客将蕴含博物馆丰富信息的文创产品带回家，细心品味，永久欣赏。同时，博物馆也可以开设网上商店，通过微店、淘宝、微博等全方位营销方式，将具有该博物馆特色的文创产品出售给那些远距离的、不方便来此参观的游客。博物馆的文创产品及商店的打造，可以营造一个可移动的“博物馆”，这成为博物馆宣传教育功能的一个重要补充。博物馆文创产品的设计、销售不仅能给游客带来诸多方便，而且能促进博物馆自身扩大影响力与知名度。

（四）加强与旅游业的沟通合作

随着旅游经济的发展，社会公众在寻找旅游资源时，开始关注寓教于乐、寓教于游的博物馆旅游这一新方式。公众在博物馆旅游中，既希望获得尽可能多的知识，又希望获得独特的体验，因此应满足公众的心理需求。

博物馆拥有丰富的馆藏资源，而旅游业拥有较为丰富的宣传与渠道资源，博物馆应积极与旅游企业合作，发挥各自的优势，进行资源的重组与整合，

① 倪金萍：《博物馆旅游发展研究》，郑州大学硕士学位论文，2013。

通过强强联合提升各自的竞争力。博物馆业与旅游业共同合作的基础来自市场的需求。博物馆与旅游企业之间进行合作交流，不仅有助于健全博物馆旅游发展的策略，而且有助于双方共同策划大型的博物馆旅游节庆活动等。

博物馆发展旅游业务，不仅可以满足旅游者在精神层面的需求，而且能够将科学文化知识普及给社会大众，既能实现社会效益，也能给博物馆带来经济效益。博物馆可以通过与旅游部门的合作，在组团、购票、安排食宿、引导各项旅游活动以及保障旅游行程安全等方面借助旅游部门的专业优势为游客服务，还可以与旅游部门联合打造与开发旅游产品，借助旅游业覆盖面广的优势对博物馆旅游产品加强宣传。

（五）加强博物馆人才管理工作

对博物馆人才管理而言，可以学习与借鉴国外博物馆旅游发展中的先进经验与管理理念，转变传统的经营方法，重视馆内管理人员的素质、解说员的专业素养，加强对人员的培训工作。对引入的博物馆解说员不仅要具备较强的专业素养，而且应当具备较强的沟通能力。同时，在设计培训课程时应根据市场的要求不断调整内容，以适应新的变化。

可以借助社会力量来解决博物馆解说员稀缺这一难题，通过从社会上征集热衷于博物馆文化、愿意为文博事业做贡献的志愿者，通过严格培训使其更好地补充博物馆专业知识，以解决目前博物馆解说员稀缺的问题。以社会志愿者为载体，也可以更好地发挥博物馆的影响力，使更多的人关注国内博物馆的发展。

博物馆还应拓展传播渠道。一方面，博物馆应通过积极探索用文物讲好“中国故事”的有效方式，策划让公众愿意看、看得懂的展览项目；另一方面，博物馆应举办针对不同年龄、不同群体的教育活动，使更多公众在博物馆获得教益，成为社会文明进步的参与者和推动者。另外，博物馆应加强与各类媒体合作，制作播出更多文物精品节目，让博物馆进一步融入公众生活。

同时，应通过依托互联网、大数据、人工智能等技术，加强博物馆网上展览、网络课堂建设，扩大博物馆文化供给的辐射范围；加强媒体合作，推出更多像《国家宝藏》《如果国宝会说话》之类的优秀节目，提升博物馆文化影响力，让更多公众了解博物馆、走进博物馆。

博物馆旅游是旅游业的重要构成部分，但受各种因素的制约，尤其是传统制度的束缚，我国博物馆旅游业发展缓慢。许多博物馆由于经营不善，勉强维持运营。尽管目前旅游业正处于大发展时期，但博物馆旅游的发展总体而言相对滞后，现有的博物馆旅游产品与路线质量不高，未来在制度进一步放宽的前提下，可以科学地设计、创新博物馆旅游产品，对博物馆旅游资源，尤其是藏品这类不可再生的宝贵资源予以保护，以保证旅游资源的可持续利用，因此必须设计合理的开发方案，以确保资源利用的可持续性。

参考文献

冯荣：《基于 ASEB 分析框架的上海地区博物馆旅游体验研究》，上海师范大学硕士学位论文，2015。

《国家文物局局长刘玉珠：让“博物馆”成为促进文化旅游消费和相关产业发展的“新引擎”》，搜狐网，2019 年 3 月 4 日，http：//www. sohu. com/a/298893978_ 809097。

何海英：《旅游景区与人文博物馆工作如何有效结合》，《企业文化》（下旬刊）2016 年第 6 期。

《解密博物馆那些关于“钱”的秘密》，搜狐网，2017 年 12 月 8 日，https：//www. sohu. com/a/209195242_ 426335。

李婧扬：《城市博物馆旅游开发研究——以成都为例》，四川师范大学硕士学位论文，2009。

倪金萍：《博物馆旅游发展研究》，郑州大学硕士学位论文，2013。

《文化和旅游部 2018 年文化和旅游发展统计公报发布》，文化和旅游部网站，2019 年 5 月 30 日，https：//www. mct. gov. cn/whzx/whyw/201905/t20190530_ 843997. htm。

赵莹：《江西省内博物馆旅游现状及其开发构想》，江西师范大学硕士学位论文，2011。

文化旅游演艺发展现状及策略研究

朱晓梅*

摘　要： 依托城市品牌、旅游景区、主题乐园等旅游资源的文化旅游演艺，综合运用戏剧、歌舞、杂技和曲艺等艺术表现形式，以生动的视觉冲击和强烈的带入感等优势凸显地域文化特色和民俗风情，吸引了众多旅游人群，在文化旅游产业中发挥着越来越重要的作用。本报告主要阐释近年来文化旅游演艺市场的整体发展概况，梳理文化旅游演艺的发展特征与发展趋势，同时指出当前文化旅游演艺发展面临的困境与难点，并对未来做出展望，提出相关策略建议。

关键词： 文化旅游演艺　主题公园演艺　实景演艺　剧场演艺

文化旅游演艺是依托城市品牌、旅游景区、主题乐园等旅游资源，综合运用戏剧、歌舞、杂技和曲艺等艺术表现形式，以凸显地域文化特色或民俗风情为主要内容，以旅游人群为主体观众，在旅游目的地现场进行的艺术表演活动。自1982年陕西省歌舞剧院古典艺术团在西安首次推出《仿唐乐舞》以来，经过30余年的发展和变迁，我国的文化旅游演艺已在全国范围内遍地开花，呈现一片欣欣向荣的景象。文化旅游演艺已从最初旅游领域的新业态逐渐成为新常态，并成长为能够独当一面的文化旅游演艺产业。各旅游目的地争先挖掘演艺资源，各商业娱乐演出场所也纷纷主

---

* 朱晓梅，上海戏剧学院创意学院讲师，北京大学访问学者，研究方向为艺术管理、剧院管理、文化创意产业管理、旅游演艺等。

动携手旅游产业，合力推出具有本地特色的文化旅游演艺项目，为地方经济造福。

一　文化旅游演艺的发展现状

（一）文化旅游演艺政策形势利好

综观2017 ~ 2018 年文化旅游演艺所面临的政策环境，可谓形势一片利好。

2016 年12 月底发布的《文化部“一带一路”文化发展行动计划（2016 ~ 2020 年)》提出，建立和完善文化产业国际合作机制，加快国内“丝绸之路文化产业带”建设，以文化旅游、演艺娱乐、工艺美术、创意设计、数字文化为重点领域，支持“一带一路”沿线国家和地区根据地域特色和民族特点实施特色文化产业项目，在一定程度上为文化旅游演艺的未来发展指引方向。[①]

2017 年4 月发布的《文化部“十三五”时期文化产业发展规划》提出，“十三五”期间，打造一批深受人民群众喜爱、久演不衰的精品剧目，支持建设10 家左右全国性或跨区域的文艺演出院线，大幅扩大城乡居民演艺消费规模；鼓励演艺企业创作开发体现中华优秀文化、展示当代中国形象、面向国际市场的演艺精品；加快演艺基础设施建设改造和文艺演出院线建设；培育旅游演艺市场，丰富旅游演艺产品。[②] 2017 年6 月，国家旅游局发布《全域旅游示范区创建工作导则》，提出依托非物质文化遗产、传统村落、文物遗迹及美术馆、艺术馆等文化场所，推进剧场、演艺、游乐、动漫等产业与旅游业融合，发展文化体验旅游。此外，国家发改委发布的《服

① 《〈文化部“一带一路”文化发展行动计划（2016 ~ 2020 年)〉全文》，中研网，2017 年1 月6 日，http：//www. chinairn. com/hyzx/20170106/133546994. shtml。

② 《〈文化部“十三五”时期文化产业发展规划〉（全文)》，搜狐网，2017 年4 月21 日，http：//www. sohu. com/a/135528366_ 632467。

务业创新发展大纲（2017～2025年）》等政策、指导意见的出台无不为文化旅游演艺的健康发展保驾护航。[①]

2018年3月，文化部和国家旅游局合并，正式组建文化和旅游部。同月，国务院办公厅印发《关于促进全域旅游发展的指导意见》，就加快推动旅游业转型升级、全面优化旅游发展环境，走全域旅游发展的新路子做出部署，其中尤其强调了要“推动剧场、演艺、游乐、动漫等产业与旅游业融合开展文化体验旅游”。演艺与文化旅游的深度融合被提上日程，成为文化旅游产业不可或缺的组成部分。[②]

（二）文化旅游演艺发展稳中有升

1. 整体概况

随着消费升级以及消费者群体对文化需求的增长，从整体来看，文化旅游演艺市场火热，成为不少旅游目的地及旅游景区的“标配”，优质演艺剧目在旺季虽然增加了演出场数，但仍出现观演场景火爆、一票难求的现象。这样的良好表现为2018年文旅融合的顺利展开打下了坚实基础。

中国演出行业协会发布的数据显示，2017年全国文化旅游演艺总场数为7.25万场，实现票房收入42.62亿元，分别比2016年增长8.51%、0.79%。[③] 而道略文旅产业研究中心发布的数据显示，2017年文化旅游演艺的演出场数近8.6万场，剧目数量为268台，较2016年新增剧目22台，停演8台（见表1）。[④] 由于统计口径和调查涉及的范围不同，两家机构发布的数据不尽相同，但不可否认的是，文化旅游演艺的发展已渐入佳境，优胜劣

① 《转载——〈全域旅游示范区创建工作导则〉》，临朐县政府信息公开网，2017年6月14日，http：//xxgk. linqu. gov. cn/XLYJ/201706/t20170614_ 377064. htm。

② 《国务院办公厅发布〈关于促进全域旅游发展的指导意见〉》，百家号，2018年3月23日，https：//baijiahao. baidu. com/s? id = 15957009 16192295396&wfr = spider&for = pc。

③ 《2017～2018中国旅游演艺发展研究报告》，中国演出行业协会公众号，2018年10月11日。

④ 《2017～2018年度中国旅游演艺行业研究报告》，道略演艺公众号，2018年10月14日。

汰的良性代谢实属必然。根据道略演艺公众号往年发布的数据，文化旅游演艺正处于深度发展阶段，相较于2015年之前的高速发展状态，近年来速度明显放缓，维持了稳中有升的增长态势。

表1 2013～2017年全国文化旅游演艺演出情况

年份	剧目数量（台）	同比增长（%）	演出场数（场）	同比增长（%）	观演人数（万人次）	同比增长（%）	票房收入（亿元）	同比增长（%）
2013	187	—	53336	—	2789	—	22.62	—
2014	223	19.25	58187	9.10	3591	28.76	27.06	19.63
2015	220	-1.35	63180	8.58	4746	32.16	35.87	32.56
2016	254	15.45	72057	14.05	5391	13.59	43.03	19.96
2017	268	5.51	85753	19.01	6821	26.53	51.46	19.59

资料来源：道略演艺公众号。

2. 分类情况

目前，业内公认的分类方式是以演出场所为主要依据，将文化旅游演艺分为三类。

第一类是主题公园演艺，主要是指在主题公园内开展的演艺活动，是能为主题公园带来高附加值的复合型文化旅游演艺产品。2017年（有直接票房收入的）主题公园演艺数量为16122场，票房收入为23.31亿元，其中《宋城千古情》《三亚千古情》《丽江千古情》《魔幻传奇Ⅱ》《炭河千古情》等演艺剧目成为典型代表，票房表现出色。

第二类是实景演艺，主要是以旅游景点为依托，将当地的民俗文化与著名景点密切结合打造的演出类型。2017年实景演艺数量为19123场，票房收入为14.56亿元，其中《印象·刘三姐》《长恨歌》《印象·丽江》《文成公主》《印象·大红袍》等演艺剧目成为典型代表，票房表现出色。

第三类是剧场演艺，主要是在剧场等演艺场所内针对旅游人群打造的演出产品，以展示当地具有文化特色的歌舞、戏剧、曲艺、杂技等演出形式为主的演出类型。2017年剧场演艺数量为50509场，票房收入为13.59亿元，其中《张家界·魅力湘西》《又见平遥》《又见敦煌》《汉秀》《刘老根大舞台》等演艺剧目成为典型代表，票房表现出色。[①]

可以看出，大投资大制作的文化旅游演艺项目依然受到更多关注，长期占据中国文化旅游演艺市场半壁江山的“千古情”“印象”“山水盛典”“又见”系列，以良好的品牌和口碑效应得到众多旅游者的认可和热捧。

根据道略演艺公众号发布的数据，在三种类型的文化旅游演艺中，主题公园演艺表现尤为突出，2017 年仅仅以 26 台的剧目数量就拿下文化旅游演艺总票房收入的 45.30%，发展势头强劲（见表 2）。

表 2　2017 年全国文化旅游演艺分类别情况

类别	剧目数量（台）	占比（%）	演出场数（场）	占比（%）	观演人数（万人次）	占比（%）	票房收入（亿元）	占比（%）
主题公园演艺	26	9.70	16122	18.80	3417	50.10	23.31	45.30
实景演艺	71	26.49	19123	22.30	1473	21.60	14.56	28.29
剧场演艺	171	63.81	50509	58.90	1930	28.30	13.59	26.41
合计	268	100	85754	100	6820	100	51.46	100

资料来源：道略演艺公众号。

3. 地区分布

我国的文化旅游演艺在全国范围内遍地开花，从地区分布来看，主要集中在西南、华南和华东地区，重点省份有北京、四川、湖北、广东、山西、云南、河南等，重要城市有深圳、张家界、桂林、西安等。[②] 一般来说，经济相对发达、旅游资源相对丰富、旅游业发展相对成熟的地区，文化旅游演艺项目也相辅相成，同步发展较好。

从票房贡献来看，2017 年华东地区文化旅游演艺票房总收入超过 16 亿元[③]，延续往年的优秀表现，依旧领跑全国文化旅游演艺市场。

---

① 《2017～2018 年度中国旅游演艺行业研究报告》，道略演艺公众号，2018 年 10 月 14 日。

② 王欣：《中国旅游文化演艺发展研究》，旅游教育出版社，2017，第 13～15 页。

③ 《2017～2018 年度中国旅游演艺行业研究报告》，道略演艺公众号，2018 年 10 月 14 日

二　文化旅游演艺发展的特征与存在的问题

随着文化旅游的不断发展和升级，旅游者对旅游目的地的多业态发展提出了更高的要求，“白天看景点，晚上看表演”成为越来越多旅游者的精神文化追求，文化旅游演艺在不断满足旅游者需求的同时，逐渐形成了自身的特征。

（一）文化旅游演艺发展的特征

1. 地域文化特色鲜明

文化旅游演艺活动基于地域文化、本土文化的演艺特性及其承载的历史和社会文化内涵等，决定了其相比其他任何旅游产品都浓缩了更多的文明闪光点。旅游者旅游的过程是体验和感悟文化差异的过程，了解旅游目的地的文明需要对其进行解读，尽管解读的方式不尽相同，但通过一个富有地域特色、具有鲜明文化个性的文化旅游演艺项目来进行诠释，尤其是从侧重视听的角度展现当地文化，无疑是较易获得成功的。

2017 年新增的文化旅游演艺项目都非常注重与当地文化的结合，如洛阳盛世唐园大型实景史诗剧《武则天》，1∶1 还原龙门石窟卢舍那大佛，演绎武则天饱受争议的一生，诗词一般的语法音韵，展现了中华文字之华丽、历史文化底蕴之深厚。湖南长沙的大型歌舞《炭河千古情》以西周王朝灿烂的历史文化为背景，以国之重器“四羊方尊”的传奇故事为主线展开爱恨情仇的演绎。文化旅游演艺以对旅游地文化的再造和活态展现的方式让旅游者在享受视听盛宴、娱乐放松身心、满足求新求异心理的同时，切身体验传统文化的魅力。

2. 形式创新，手段多元

为最大限度地吸引旅游者驻足，文化旅游演艺的内容大多以视觉冲击力较大的歌舞、戏曲、杂技、武术为主，或综合上述演艺品类进行编排。整体来看，民族风情、历史传说和特色歌舞是当前文化旅游演艺的主要内容和形式。

以2017年新增的文化旅游演艺剧目来看，形式上多有创新，较有代表意义的是武汉的《知音号》，作为长江首部漂移式多维体验剧，在以20世纪30年代风格打造的大型主题轮船上演艺，让人眼前一亮。常德大型山水实景演出《桃花源记》以河流为媒介，以画中游的全新观演模式，结合自然生态景观打造世界首个“十里秦溪”河流剧场，让人怡然自乐、流连忘返。

同时，科技手段的运用更是强化了形式创新给旅游者带来的视觉震撼。杭州的《最忆是杭州》旅游版运用全息影像与真人表演实现“天人合一”；成都的《今时今日安仁》中裸眼3D、建筑投影、空间成像等光影体系的应用突出；北京的《满秀》使用3D投影、3D威亚，并加持声、光、电、水、雾、火……多种科技手段的融入让文化旅游演艺剧目散发出独特魅力。

3. 步入品牌时代

从演艺品牌来看，老牌的“千古情”“印象”“山水盛典”“又见”系列是当前文化旅游演艺市场的主力。以“山水盛典”为例，继《禅宗少林·音乐大典》《文成公主》《菩提东行》《报恩盛典》等作品之后，2017年推出陕西宝鸡法门寺大型佛文化互动式体验演出《法门往事》、三亚海棠湾水稻国家公园大型实景演出《田野狂欢》、常德桃花源景区大型溪流漫游实景演出《桃花源记》，2018年推出中国首部与越南跨国合作的实景演出《会安记忆》、大型壮族神话实景剧《花山》及《花山音画夜游》，都取得了不错的成绩并收获了众多旅游者的好评。

同时，“陕旅”“传奇”等演艺品牌也不甘示弱，逐步形成了自己的品牌特色。陕旅集团打造“红色文化”品牌，以挖掘延安文化旅游产业为主导，先后打造了5部红色旅游演艺作品——《延安保育院》《黄河大合唱》《文安驿·穿越道情》《延安记忆》《红色娘子军》。华夏文旅打造“会跑的”“传奇”品牌，先后推出山东威海《神游传奇》秀、福建厦门《闽南传奇》秀、陕西西安《驼铃传奇》秀。

部分旅游演艺领军人物也成为文化旅游演艺的重要品牌，如“印象铁三角”张艺谋、樊跃、王潮歌，中国旅游演艺策划第一人梅帅元，中国旅游演艺导演第一人暨宋城演艺开拓者黄巧灵，等等。

部分城市也着力打造文化旅游演艺品牌。以北京演艺市场为例，目前已形成戏曲品牌——北京梨园剧场、长安大戏院等，杂技品牌——中国杂技团、朝阳剧场等，曲艺品牌——德云社、老舍茶馆等。北京市文化和旅游局、北京演出行业协会发布的报告显示，2018 年北京文化旅游演艺数量为 9651 场，占整体演出市场的 39.1%，观众数量同比增长 7.9%，达到 328.7 万人次，文化旅游演艺成为北京演艺市场的重要增长点。

（二）文化旅游演艺发展存在的问题

在多方支持下，文化旅游演艺正健康、有条不紊地成长，但同时也面临调整和升级的问题。

1. 演艺概念内涵和外延的迭代

在我们以往的印象里，演艺更多的是作为文化的附属产品存在于旅游地、景区中，而随着三亚电音节、乌镇戏剧节等大型音乐节、艺术节以及品牌演艺项目声势的不断壮大，越来越多的观众观看表演不是进剧院，而是在演出地。演艺吸引了巨大的客流量，演出地也因为演艺而升级为旅游目的地，演艺反客为主，在一定程度上成为驱动旅游的主导因素。事实上，文化旅游演艺以文化为衔接点，是旅游业和演出业的智慧结合，优秀的演艺可以转变旅游者旅游的方式，从原来的“去旅游地”转变为“去看旅游演艺”，文化旅游演艺逐渐从“弹性选项”变成旅游者的“刚性需求”，从这一层面说，文化旅游演艺概念的内涵和外延都在不断拓展，如何正确处理演艺与旅游地、景区、剧院周边的关系值得进一步思考。

2. 演出内容的迭代

目前，文化旅游演艺市场处于调整期，参差不齐、优劣两极分化的现象严重。优者，与时俱进，进一步深挖文化内涵，及时更新和丰富演艺产品，不断寻求突破，在提高产品知名度的同时形成良好的口碑，吸引和促进更多旅游者的资源转化，保持良性循环运作，从而立于不败之地。劣者，未能找准定位，或内容空洞，或粗制滥造，或盲从跟风，或盲目贪大。

过度注重视觉呈现，忽略演出内容的文化解构。即使一时间酷炫的灯光或舞美效果博人眼球，能够短暂提升演出带来的感官体验，但由于过分依赖科技手段，不注重当地文化资源的解构，题材受到局限，演出内容同质化，更不用说打造精品力作了，游客“尝鲜”过后缺乏明显的观演记忆点，只能步入“审美疲劳期”，这样的演艺产品终将被市场无情淘汰。

未能深挖文化精髓，导致地区演出内容同质化。据业内专家分析，有的旅游演出定位不准，期望过高，期待借由一台演艺剧目改变一个城市的旅游格局；有的定位曲高和寡，盲目自信，不符合市场需求；有的追求快速上马，粗制滥造，品质缺失；有的过度投资、求大，导致旅游演艺项目扎堆现象频出。有意打造中国演艺之都的张家界便陷入了这样的僵局，2017 年文化旅游演艺项目扎堆，除无数的小型演艺项目之外，相对知名的大型文化旅游演艺就有《武陵魂·梯玛神歌》《梦幻张家界》《烟雨张家界》《天门狐仙·新刘海砍樵》《梦里张家界》《张家界·魅力湘西》6 台，这些演艺作品在文化挖掘上过于近似，内容的重复度过高，导致同类竞争相当激烈。

3. 演出形式的迭代

相较于传统的旅游演艺，如剧院观演、巡游、路秀等形式，“坐着”“被动”观看演出的模式已无法让观众得到充分的满足感，观众更希望能“行走”“主动”，甚至调动起视听以外的触觉、味觉、嗅觉等多种感官共同参与剧情和节奏，从而获得全新、独特的互动观演体验。在这种需求升级的背景下，沉浸式文化旅游演艺走进大众视线，受到演艺投资者和旅游者的青睐。《不眠之夜》《又见平遥》《知音号》等耳熟能详的文化旅游演艺，重新定义了观众与表演者的关系，让游客能够参与其中，获得全新的观演体验，掀起了沉浸式文化旅游演艺的热潮。

真正拉开中国沉浸式文化旅游演艺序幕的，当属 2016 年 12 月中旬火爆开场的由上海文广演艺集团引进并制作的中国版 *Sleep No More*（《不眠之夜》）。自此之后，一大批项目便如雨后春笋般诞生，观众对沉浸式文化旅游演艺的关注度和热情也持续攀升。

下面从时间维度对沉浸式文化旅游演艺进行梳理。2017 年 3 月，老牌旅游演艺企业宋城演艺宣布探索沉浸式演出，首创了全民沉浸式体验主题活动“我回大宋”，公园、演艺、游客、演员、活动“五位一体”，整个主题公园就是一个巨大的沉浸式演出场所，数万人共同完成一次“穿越”。4月，《知音号》作为全球首部漂移式多维体验剧在武汉的一艘游轮上开演，这是湖北省推动“十三五”全域旅游发展战略的重点创新文旅项目，成为武汉城市文化旅游新名片和中国文旅产业新地标。7月，山水盛典文化产业有限公司投资2.5亿元创作的大型溪流漫游实景演出《桃花源记》在湖南常德桃花源景区公演，成为国内首创的4.6公里全新浸入式、全视野、全流域的河流剧场。道略文旅产业研究中心称2017年为中国沉浸式旅游演出元年。

2018年，沉浸式文化旅游演艺依旧受到热捧，发展迅速。1月，采用“实景艺术呈现＋多维（4D、5D、7D）影院技术＋数字成像技术＋机械互动技术＋真人演艺”组合式手段的《极乐敦煌》正式启动。3月，九华山旅游集团牵头打造的《做客九华·问禅》首演。7月，华谊兄弟电影世界（苏州）开园当日，《惊天奇案》首次在“通天帝国”主题区域演出。8月，华侨城投资的成都安仁古镇推出大型公馆实境体验剧目《今时今日安仁》。9月，“黄石号”旅游火车演艺项目启动，以火车为载体，展示黄石多个时期的工业历史和特色文化。10月，上海惊魂密境景点正式营业，在讲述老上海故事的同时，设置机关设备与剧情演艺相结合。宋城演艺更是在2018年全面推出沉浸式演艺“我回”系列产品，如三亚千古情景区“我回丝路”、丽江千古情景区“我回茶马古道”、宁乡炭河古城“我回西周”等。以三亚千古情景区为例，仅在2018年大年初三这一天，单日演出就达15场，接待人数为9.55万人次，营业收入超千万元。

当然，我们也需要理性地认识到，虽然沉浸式文化旅游演艺项目日益火爆，但仍处于起步阶段，相较于国外的发展存在较大的差距，口碑好、票房佳的精品力作尚显不足，尤其是原创IP稀缺，还有巨大的提升空间。

一是内容方面。很多匆匆上马的沉浸式文化旅游演艺项目过于标榜“沉浸”，而忽略了对内容的深度挖掘，“形式华丽、内容空洞”易引人诟病。本该为演出内容服务的科技手段反倒成为吸引游客的“噱头”，重形式、轻内容的倾向有待改善，要知道“沉浸式”只是外壳，只是营销手段，演出内容才是可持续发展的王道，是根本所在。

二是深度体验方面。对于我国的沉浸式文化旅游演艺而言，游客体验大多仅停留在单纯的角色扮演以及与演出项目单向互动的层面，这远远不够，还需要通过环境、氛围、道具、场景、演员的一体化营造，激励游客主动、深度参与演出。如何更好地引导体验者在推动剧情的同时充分享受整个演出过程，甚至感受到幸福感，有待进一步思考。

三是规模效应方面。由于需要兼顾游客的体验感，因此沉浸式文化旅游演艺对单场人数、单场时长都有所限制，同时也限制了规模效应，如何在短期内收回成本，并持续保证盈利能力，仍有待市场的进一步检验。

在开发过程中，不能仅仅把沉浸式文化旅游演艺视作一个独立的项目，而应更多地与现有的环境、人文、科技资源相结合，如与主题公园的游乐设备、旅游景区的商业街区、特色小镇的整体氛围等融合，相信可以碰撞出更多的交叉项目。

同时，我们也应意识到，并不是所有传统的文化旅游演艺都适合走沉浸式这一条路，沉浸式也绝不是未来文化旅游演艺发展的唯一通路，期待能够探索出更新的、别样的演艺形式。如《禅宗少林·音乐大典》计划通过虚拟现实（VR）技术呈现肉眼看不到的影像，为观众带来全新的体验。VR技术的不断发展以及其他高新科技的不断进步势必带动文化旅游演艺的又一轮快速发展。

三　文化旅游演艺发展展望与策略建议

（一）文化旅游演艺发展展望

随着文旅产业的深度融合，对未来文化旅游演艺产业的发展，做出以下几点判断。

1. 夜晚经济助力文化旅游演艺项目长足发展，演艺在未来一段时间内依旧受到民众的追捧

当前，随着人们生活节奏的不断加快，夜间消费习惯已然形成。夜间旅游的出现既是旅游者需求变化的结果，也是当地居民休闲生活的需要，是推动城市夜晚经济发展的重要组成部分，能够有力地提升城市综合竞争力。

从项目开发的角度看，抓住旅游者的心理动因，把握白天 8 小时以外的夜间市场，开发夜游产品，能够让更多旅游者在目的地享受夜间旅游的乐趣，拓展多维度旅游体验空间，同时还能延长旅游时间，刺激旅游消费，创造更多让旅游者留宿目的地的机会，可见夜间旅游比白天旅游的含金量更高。据统计，夜间消费比白天消费平均高 2～3 倍。

从旅游者的角度看，夜间旅游更容易引发情感共鸣。随着夜游模式的开启，旅游者期望在夜晚也能体验到具有当地人文特色、地域特征、民俗特点的项目，“白天观光，晚上看戏”的旅游演艺正是从这方面迎合和丰富游客出行体验的，成为夜晚经济的重要项目。全域旅游概念的提出，也促使旅游景区从组团游向目的地游转化、过境游向过夜游转化、观光游向休闲度假游转化，以文化旅游演艺为代表的“夜晚经济”成为旅游地吸引游客的“法宝”。例如，洛阳的《云溪夜游》、扬州的《春江花月夜》、崇左的《花山音画夜游》等文化旅游演艺作为旅游地文化传播的载体，满足了夜晚经济和旅游者精神消费的需求。

2. 把握区位优势，整合资源，追求最优化配置，打造“演艺＋文化＋旅游”的生态模式

“演艺＋文化”。旅游演艺注重文化底蕴，必须深挖历史文化、民族文化资源，与地方文脉、地域文化相结合，形成文化特色，使静态的旅游资源以活态化的方式进行生动立体的展示，让旅游者真切感受到旅游地的历史人文魅力。文化旅游演艺应成为当地文化展示与传播的重要载体和窗口。

“演艺＋旅游”。旅游演艺围绕旅游地特色文化和主题，将餐饮、文化、资本、政府、酒店、民宿、娱乐项目等结合起来，形成独具魅力的文旅产品。文化旅游演艺不应当被视作延长旅游者逗留时间的孤立存在，而是要与

当地及周边的生活、产业资源形成良性联动，形成有效的旅游者逗留机制，真正把旅游者的流量转变成存量，以“演艺+”为抓手进行综合开发，衍生出多元产业链，反向刺激文化旅游的发展。

3. 树立全球化视野，走差异化路线，打造可持续发展的文化旅游演艺品牌

树立全球化视野，坚定“一带一路”建设是文旅演艺发展的机遇。“一带一路”沿线国家和地区，正是丰富的创意来源，要在演出内容上深度挖掘自然、历史、人文景观等地域文化的差异，呈现不同的演出形式，打造独一无二的文化旅游演艺产品，实现定位、内容的差异化。随着文化旅游演艺的逐渐成熟，品牌化将是未来可持续发展的必由之路。

4. 主题性强、亮点突出、具有文化特色的原创轻小型文化旅游演艺项目或将成为业界新宠

长期以来，大投入、大规模的大型文化旅游演艺项目在市场上占据主导地位，受到政策和资源的偏爱。中国旅游研究院文化旅游研究基地组织编写的《中国文化旅游发展报告2018》数据显示，2017年以来，对外公布投资额度在2亿元以上的旅游演艺项目有8项。在高投资额项目中，1亿~1.5亿元的项目占比最高，其次为2亿~2.5亿元的项目。但投入大也意味着回收成本的周期长、风险高，宋城演艺的《泰山千古情》、山水盛典的《天下・情山》的失败即前车之鉴。宋城演艺鉴于此也已开拓轻资产模式。

放眼全球，近年来小型演出风靡世界各地，如欧美流行的近景魔术表演的演出规模小，有利于成本控制，演出形式也更为灵活。从市场角度看，根据旅游地的不同特色，借助平民化的演艺特技特效设备，融合时尚、动感、科幻等各类主题元素，量身定制轻小型旅游演艺项目，开发有主题、有亮点、有文化内涵、受欢迎的演艺内容，便于输出和复制到其他地区与市场，宛若文旅演艺界的“轻骑兵”，可以与大型演艺项目形成优势互补、错位竞争的关系。在未来旅游景区的开发过程中，定制型轻小型文化旅游演艺项目可以发挥其投资小、效果好、互动体验性强等多重优势，必将迎来更快、更大的发展。

（二）文化旅游演艺发展策略建议

鉴于以上对文化旅游演艺的现状、特征、问题以及发展展望的分析，提出以下几点策略建议。

1. 发挥政府引导作用

就宏观而言，尽管某一地区推出旅游演艺项目更多的是相关企业的自发行为，但在目前政府主导文化旅游的大环境下，政府和政策的支持为文化旅游演艺的健康发展提供了良好的上层土壤和有力的官方保障。

应进一步发挥政府引导作用，完善政府引导机制，出台促进文化旅游演艺高质量发展的相关指导意见，从繁荣文化市场、增强文化自信的角度来引导文化旅游演艺发展。健全监督审核机制，强化对文化旅游演艺节目意识形态和内容的审核，因势利导，科学规划，合理开发。实施奖励机制，鼓励精品、特色、创新，对思想精深、艺术精湛、制作精良的文化旅游演艺作品给予一定的政策倾斜和资金支持。

2. 建立标准化平台，发挥精品示范作用

文化旅游演艺虽然是艺术化的创作与呈现，但在管理和服务上有其相通性。2016 年 8 月，华清宫主导制定的《实景演出服务规范》发布，填补了行业空白。从中观的行业层面来看，一方面，应继续鼓励如《长恨歌》等标准化模式的探索，建立标准化平台，提升文化旅游演艺的专业化、规范化水平；另一方面，应着力打造文化旅游演艺精品示范项目，并指导其发挥龙头标杆的引领作用，提升文化旅游演艺发展的质量和效益。

3. 注重消费者研究

《中国文化消费指数（2017）》数据显示，18～25 岁居民的文化消费意愿和水平指数最高，90 后至 00 前的群体对文化消费的需求最旺盛，实际发生的文化消费支出也最多，已经成为文化消费的主力军。①

在一定程度上，文化旅游演艺的压力并不完全来自同类文化旅游演艺项

① 中国人民大学文化产业研究院：《中国文化消费指数（2017）》，2018 年 1 月 19 日。

目的竞争，而是自身的成长与发展是否达到了旅游者或文化消费者心理期望的水准。因此，在微观的操作层面，需要注重消费者研究。首先，从最初的文化旅游演艺项目的内容与形式开发起，就应充分把握旅游者的需求，将传统与现代的时尚元素加以融合，打造切合年轻人需求的演艺产品；其次，线上线下一体化的营销手段也应多采用年轻人喜爱的方式，提高官方网站、官方公众号的权威性，提高演艺产品的曝光度；最后，要关注旅游者观看文化旅游演艺后的感受，注意好口碑的打造。

2019 年 3 月文化和旅游部出台的《关于促进旅游演艺发展的指导意见》明确提出，到 2025 年，旅游演艺市场繁荣有序，发展布局更为优化，涌现一批有示范价值的旅游演艺品牌，形成一批运营规范、信誉度高、竞争力强的经营主体。可以预见，随着文旅融合的进一步推进，文化与旅游的融合度会越来越高，文化旅游演艺将在其中发挥重要作用，为全域旅游提供有力的保障，其未来发展前途一片光明。

参考文献

《2017～2018 年度中国旅游演艺行业研究报告》，道略演艺公众号，2018 年 10 月 14 日。

《2017～2018 中国旅游演艺发展研究报告》，中国演出行业协会公众号，2018 年 10 月 11 日。

毕剑：《基于空间视角的中国旅游演艺发展研究》，中国经济出版社，2017。

关旭、陶婷芳、陈丽英：《我国大型城市旅游业与演艺业融合路径及选择机制》，《经济管理》2018 年第 1 期。

郭丽君：《新常态下文化创意产业与旅游产业的融合发展研究》，《黑河学院学报》2018 年第 1 期。

《国务院办公厅发布〈关于促进全域旅游发展的指导意见〉》，百家号，2018 年 3 月 23 日，https：//baijiahao. baidu. com/s? id = 1595700916192295396&wfr = spider&for = pc。

河南文化旅游研究院（河南大学）编著《中国文化旅游发展报告 2017》，中国旅游出版社，2017。

林振宇：《中国旅游实景演出产业的发展模式探讨》，《当代经济》2017 年第 11 期。

马素琰：《大型实景演出的运营发展对策》，《全国商情》2016 年第 17 期。

宋瑞主编《2017～2018 年中国旅游发展分析与预测》，社会科学文献出版社，2018。

王欣：《文化创意旅游发展研究——机制与模式》，旅游教育出版社，2018。

王欣：《中国旅游文化演艺发展研究》，旅游教育出版社，2017。

王燕、范永娟：《浅论中国旅游演艺市场的运营发展》，《中国商论》2017 年第 33 期。

王志峰、吴颖：《〈又见平遥〉创新文化旅游产业模式》，《经济问题》2016 年第 10 期。

《〈文化部“十三五”时期文化产业发展规划〉（全文）》，搜狐网，2017 年 4 月 21 日，http：//www. sohu. com/a/135528366_ 632467。

《〈文化部“一带一路”文化发展行动计划（2016～2020 年）〉全文》，中研网，2017 年 1 月 6 日，http：//www. chinairn. com/hyzx/20170106/133546994. shtml。

荀丽洁：《浅谈中国旅游业大型实景演出的概况》，《艺术评鉴》2016 年第 11 期。

尹玉芳：《北京市旅游业与演艺业融合发展的现状及对策研究》，《河北旅游职业学院学报》2017 年第 4 期。

张肃、黄蕊：《文化旅游产业融合对文化消费的影响》，《商业研究》2018 年第 2 期。

中国人民大学文化产业研究院：《中国文化消费指数（2017）》，2018 年 1 月 19 日。

《转载——〈全域旅游示范区创建工作导则〉》，临朐县政府信息公开网，2017 年 6 月 14 日，http：//xxgk. linqu. gov. cn/XLYJ/201706/t20170614_ 377064. htm。

现代文化节庆旅游发展潜力、问题及策略

刘　怡*

摘　要： 现代文化节庆旅游是人民群众美好生活需求的典型呈现，并作为一种新型文化旅游形式应运而生。本报告主要从分众传播视角探讨现代文化节庆旅游产业发展中的内在潜力，群体认同和自我赋权所形成的情感共同体成为现代文化节庆旅游的重要参与者；同时从资源层面、环境层面、需求层面、功能层面和时空层面全面探讨了现代文化节庆旅游产业中存在的问题与短板，并基于现代文化节庆旅游IP全产业链打造提出相关对策建议：在资源层面，系统化、深度挖掘现代文化节庆旅游产业中的文化资源；在环境层面，围绕IP营造适宜的外观环境和具有吸引力的营商环境；在需求层面，满足旅游者多元化的内容需求和深度情感需求；在功能层面，提升品牌IP的影响力价值，推动消费行为转化；在时空层面，与城市形象互动，与城市文化景观相统一。

关键词： 现代文化节庆旅游　分众传播　群体认同　生态位

在传统文化节庆的基础上，现代文化节庆自20世纪逐渐发展演绎。后工业时代的标准化产品中，现代文化节庆同样注重特殊的形象设定，成为一种

* 刘怡，博士，上海交通大学媒体与传播学院助理研究员，研究方向为媒介文化、城市传播。

可消费的商品模式。现代文化节庆打卡成为缓解个体焦虑的工具，社交媒体的打卡文化不仅使得现代文化节庆旅游给参与者带来心理满足，而且带动休闲娱乐成为时尚和潮流。在中国文化节庆中，除了传统的文化节庆，近年来新兴节庆形式不断出现和发展。在现代节庆中，节庆主题和参与主体都逐渐呈现分众传播倾向。在分众化时代，现代文化节庆形式有音乐节、戏剧节、动漫节、电影节、纪录片节、马拉松节、冰雪节，甚至还有更加小众化的昆剧节、赛马节等。这些以分众传播为主且呈现专业性和单一性的现代文化节庆，将文化主题融入现代节庆中。例如，大型户外音乐节将音乐与节庆结合，在特定的场地，围绕一个主题，如民族音乐、摇滚音乐、电子音乐等，持续数日进行演出。

早期分众化的现代文化节庆旨在通过文化艺术本身的吸引力赋予围观者、参与者以情感体验和感官盛宴。从20世纪开始，现代文化节庆在欧美等西方国家逐渐发展和兴盛，风靡至今并形成较为成熟的运作体系。相较于西方国家的现代文化节庆，我国文化节庆产业的发展起步较晚。从西方国家引进文化节庆运营模式，受到国内文化产业公司的认可，文化艺术和节庆融合，能够为不同领域的文化艺术爱好者带来新的情感体验，来自世界各地的文化艺术粉丝赶赴各种文化节庆现场享受文化盛宴。近年来，我国文化节庆随着社会经济发展和文化消费升级而迅速发展，文化节庆产业所带来的效益衍生也在文化旅游产业中逐渐占据重要地位，不仅能够吸引人流、物流、资金流，有效促进地方、区域经济发展，而且能够塑造特殊的艺术气息和文化精神，成为一个城市或地区的文化名片，重塑一个地方的文化形象和城市品格。

一　分众传播视角下现代文化节庆旅游产业发展的内在驱动

（一）支持者：情感体验中的群体认同和自我赋权

1. “养成系”文化旅游节庆：共时性情感体验带来归属感

分众传播背景下，参与者与现代文化节庆的互动关系，不同于与传统文化节庆之间的互动，而是呈现一种新型社会关系，即当下流行的“养成系”。这种新型关系能够有效促成现代文化节庆旅游的经济效益变现，包括城市旅游、节庆票房、周边商品售卖、广告商赞助等多种形式。节庆所获得的投资是否增加、知名度是否提升，与节庆参与者投入的金钱、时间、精力密切相关，粉丝不仅需要支付节庆门票，而且在很多时候作为志愿者需要提供前期和现场人力支持。“养成系”的现代文化节庆成长机制强调忠实粉丝的支持和参与。对于粉丝而言，通过参与一个具体领域的节庆旅游集会，能够创造和寻找到自我表达的空间，并形成归属感，为自我确立一种群体身份。情感体验是一种关于心理、心灵、情绪、感知的综合体验，而共时性情感体验因同一个时间相同的境遇而产生相同的情感，使个体天然形成“在一起”或“抱团”的心理需求。[①] 参与者能够获取归属的满足感，体验回归“共同体”的快乐。文化产业基于粉丝个体寻求归属感，逐步推动“养成系”文化节庆旅游运行机制的成熟。

2. 自我赋权：在群体认同中的自我身份确认

分众传播背景下的现代文化节庆旅游基于“圈子文化”而存在，相近领域的从业者、爱好者相聚集会，围绕共同的主题和专业文化，从线上到线下进行立体式交流。通过微信、微博等社交媒体，参与者不仅可以进行个体之间的实时沟通，而且能够关注节庆旅游文化活动内容的信息发布、圈子中意见领袖的动态更新，甚至可以进行专业话题的讨论。社交媒体的半虚拟性为参与者个体提供了一个更加自由和随意的意见表达平台进行“后台交往”，线下的节庆旅游仪式和节庆旅游活动则为参与者提供了一个能够强化“群体符号边界”的“前台交往”平台。无论是网络群空间还是现场微聚会，其中的参与者都在一种情感共鸣和声音表达中强化确认所属群体的符号边界。

由此，基于分众式传播的文化圈子中的个体，依据所获取的“群体身份”，继而产生自我认同，并同时形成围绕圈子中大咖级别意见领袖的分众

① 王倩楠：《情感共同体：明星“人设”现象背后青年重建社群的尝试》，《中国青年研究》2018 年第 8 期，第 98 页。

文化圈群体。如果将这种关系看作一个同心圆，那么处于圆心的是专业文化大咖，处于中层的是与圈子文化密切相关的从业者和高级粉丝，处于中外层的是大量业余级忠实粉丝和支持者，处于外层的则是有兴趣围观和参与的爱好者。这一文化生态链组合也是圈子成员进行人际互动和专业交流的场域。同心圆中不同圈层的群体互动和同一圈层的个体交流，能够自由选择在网络或线下空间实现。

3. 节庆旅游消费者生产：参与者主体性彰显与释放

无论是大众传播、小众传播还是分众传播，每一个圈子都不可避免地存在大咖现象，也就是一个场域中的意见领袖。在传统媒体时代，偶像崇拜的大咖级领袖通常可望而不可即，粉丝对领袖只能处于仰望的状态，二者之间从话语权到关注度、能动性皆存在显著差距。社交媒体的场域以用户生成内容为主要模式，呈现多节点、碎片化等特征，意见领袖在传统媒体时代的魅力和光环逐渐消解。圈子中的普通个体参与者拥有更多发声和表达的机会，这也是近年来新型小众文化节庆能够生存和发展的推动力。

对于众多的文化节庆旅游从业者和参与者而言，传统的、综合性的文化节庆不再能够满足他们的情感表达和体验需求，不同的文化圈子有不同路径、品位的文化模式，他们则根据日益增长的自我文化需求抱团组群成圈，不断推动和扩张所属文化领域的内部交流，最终形成一个文化群体的节庆仪式。普通参与者已经背离法兰克福学派所认为的被文化工业所控制的乌合之众，更像是伯明翰学派在受众理论研究中所指出的具有主体性和能动性。同时，狂欢性质的现代文化节庆与文化精英领袖的路径也呈现背道而驰的趋势。

（二）情感共同体：转型时期文化节庆参与者的圈群化社会

1. “趣缘”共同体的形成：围绕共同兴趣而自组的圈群

由于对相同的话题和专业文化领域感兴趣，因此与这一领域密切相关的群体结成联盟，以趣缘关系为纽带形成一个群体，文化节庆旅游参与者进行人际互动，不仅可以讨论关于专业文化领域的话题和观点，而且能够形成个别的伙伴关系，甚至合作关系，将人际交流的范围进一步拓宽。当拥有共同兴趣爱好的人加入趣缘群体之后，这一群体就成为个人进行社会化的“同辈群体”，群体其他成员就成为该成员在社会化过程中的“重要他者”。[①] 个体的自我意识催生了兴趣感知，趣缘关系中体现了个体成员的主观能动性和参与积极性，呈现多元化和更迭化的状态。在后现代社会中，纽带的失效和不在场为原子化个体带来孤独和寂寞的存在感，并使情感无所寄托的个体面临道德解组、人际疏离、社会失范的社会危机。

文化节庆参与者以一个兴趣为中心自组群圈，也是个体挣脱近似佛系生存状态，主动寻求和皈依“共同体”的努力，由此嵌入一个群体，从身份认同中获取内心慰藉和安全感。现代文化节庆中形成的趣缘群体，本质上属于美国社会学家和社会心理学家库利所提出的“初级群体”，也就是以情感交流为基础建立亲密关系的社会群体。其中，情感交流的内容涉及对专业文化具体问题的讨论、从业经历的心得和经验以及对文化权威的评价等，多层空间的碰撞和互动，使得初级群体中的参与者在个性发展过程中同时现实地融入社会和集体中，尤其是融入线下合作和交流中，文化节庆为个体社会化提供了一个全方位的平台。

2. 群体共鸣：依托群体记忆和情感共同体深度交往

社会是自成一体的实在，具有自己的独特性质。表达这种性质的表现也与纯粹个体表现具有完全不同的内容。可以预先肯定，社会表现将某些东西加在了个体表现之上。[②] 法国社会学家爱弥尔·涂尔干始终关注社会整合力量的历史起源，他认为“社会存在于集体欢腾时期，如当原始人围着篝火跳舞的时候”。法国社会学家莫里斯·哈布瓦赫继承了爱弥尔·涂尔干对“社会”的强调，于1925年首次完整提出“集体记忆”理论，也回答了英国人类学家玛丽·道格拉斯提出的什么能把平淡时光和常规秩序中的人们整合在一起的问题。

趣缘群体在集体记忆的保存、传播和交流中不断推进集体记忆在群体内

① 罗自文：《新型部落的崛起：网络趣缘群体的跨学科研究》，新华出版社，2014，第268页。

② 〔法〕爱弥尔·涂尔干：《宗教生活的基本形式》，渠东、汲喆译，上海人民出版社，1999，第13页。

部的传承和延续，如动漫节的动漫爱好者对经典作品人物、画家、流派风格的记忆，以及这一领域的里程碑事件。文化节庆旅游参与者在确认自己所拥有集体记忆的过程中，能够明确自身与群体外个体的区别，也因此强化了群体认同感和群体凝聚力。通常而言，旅游参与者通过微信、微博、论坛等社交媒体，以及现实中的组会、集会实现集体记忆留存和传播。社交媒体上的日志撰写和分享、关注、转发、评论、点赞、打赏，以及网络直播、短视频等能够促进群体共鸣，线下的仪式、庆典和相聚能够强化和维系情感共同体的集体记忆。

群体成员在互动中释放共同的情感元素，引发内心的共鸣，实现个体情感的归属感。文化节庆中的参与者从最初的共同兴趣到唤起共同情感，使得情感共同体得到进一步发展。超越趣缘的阶段，参与者通过群体记忆和情感实现了更深层次的联结。

3. 高阶情感共同体：共享小众文化狂欢盛宴

巴赫金狂欢理论指出，“狂欢”由人民大众、狂欢节特殊场景以及广场语言共同构成，狂欢的发生通常是一种群体行为。狂欢式的形成使狂欢节逐渐脱离固定的时间和地点，向人类生活的各个方面渗透，成为一种具有普遍意义的文化形式。[①] 而现代文化节庆的“广场”为参与者提供了一个表面看上去能够自由平等交流的场域空间，参与者深入文化节庆活动的组织和举办，在一定程度上承担起组织者的职责。这种文化节庆体现出的狂欢形式在于圈子中的成员从意识上暂时摆脱了官方话语的支配，使成员集中使用“行话”来观察、探讨和思考世界，集中体验专业文化或者艺术领域的思想碰撞和穿梭的快感。

“狂欢的广场”不仅由作为节庆场地的物理空间所体现，而且体现在微信群、微博评论等网络空间中。在中国社会的转型时期，影迷、乐迷等各种粉丝不仅会选择大型户外音乐节的露营地、国际电影节的观影厅、动漫节的

① 宋春香：《狂欢的宗教之维——巴赫金狂欢理论研究》，中国人民大学博士学位论文，2008。

VR 馆等场地参与体验，而且会不断扫二维码、加群、刷屏，现实中人在现实场地中穿梭，同时手持手机在网络空间中忙碌。现代文化节庆具有巴赫金所描述的“第二世界”生活的特征，有别于官方有秩序的“第一世界”常规生活，在“第二世界”中，交往更加平等和自由，情感的释放更加彻底。现代文化节庆旅游活动的扎根和成长，最终归因于能够持续对情感共同体进行维系，而其能够接近狂欢的群体相处模式使得共同体拥有更高阶的情感体验。

二　现代文化节庆旅游产业发展中存在的问题

（一）资源层面：现代文化节庆旅游产业中的文化资源有待系统化深度挖掘

深厚的文化积淀赋予中国极为丰富的文化资源和深厚的文化内涵，但与欧美等发达国家和地区相比，中国在文化节庆旅游产业的运作中对文化资源的发掘和利用存在较为明显的差距。一方面，许多独特的地方人文生态承载了深刻的历史记忆，是地方文化的宝贵资源，也是中华文明重要的组成部分，但未能得到有效安置和发掘，逐渐濒临消失。现代文化节庆旅游活动中常见的主题有电影、音乐、动漫、京剧、昆剧等，这些知名的文化节庆活动大多围绕拥有较多受众的文化领域而设立，而一些更为小众的文化则难以设立和维持节庆的场面，旅游经济效益更是难以生成和持续，累积效应致使生存空间受到局限，传播渠道更为狭窄。

另一方面，在已有的现代文化节庆旅游产业中，对品牌培育缺少足够的重视，品牌资源开发不到位。近年来，我国音乐节、动漫节、电影节等节庆活动不断出现，但具有国际影响力和话语权的文化节庆活动极为稀缺。如国际文化大都市巴黎拥有“巴黎不眠夜”、巴黎狂欢节、法国遗产日、夏季音乐节、塞纳河沙滩，以及月光电影节等节日庆典。其中，年轻、充满活力的“巴黎不眠夜”以整个巴黎为舞台，邀请并鼓励民众走进博物馆、画廊、图书馆，免费参观文艺演出和展览，并把许多先锋艺术作品作为城市景观，将艺术创新理念在整个城市进行推广，这一节庆活动不仅对法国的文化旅游产业产生了影响，而且其影响力辐射欧洲乃至全世界。而中国城市中的现代文化节庆活动则处于自我欣赏、娱乐和满足的阶段，一些文化节庆活动的影响力仅辐射至有限的区域范围，因此难以实现旅游经济效益。另外，现代文化节庆旅游在有限资源的状态下，生产、内容、渠道、消费、服务等环节相互之间还未进行有机整合，产业链架构未得到充分运用，未形成全产业链模式。如果文化节庆旅游产业走向全世界，还需要从整体上进行产业融合，提升文化影响力和吸引力。

（二）环境层面：有待将空间文化性、功能实用性、视觉艺术性进行系统化融合

首先，现代文化节庆旅游环境资源在空间设计上缺乏文化内涵。在文化旅游泛融合阶段，现代文化节庆旅游产业的整体环境有所改观，但文化节庆旅游本质上属于文化产业，是围绕文化内涵形成的现代节庆旅游，文化氛围至关重要。现代文化节庆旅游作为新兴的文化旅游产业形式，在旅游空间设计上对现代性气质过度关注，很多现代节庆旅游以打造狂欢的氛围为着力点，以现代艺术气质或者根据设计师方案对不固定的旅游场地进行打造，文化底蕴和文化内涵的深度性与连续性有所欠缺。

其次，现代文化节庆旅游在地理区位环境上扩容空间小，功能的实用性不足。目前很多旅游者对知名度较高的现代文化节庆活动的感觉是场地拥堵，现场体验舒适度不足，缺乏安全感。尤其是规模较大的户外音乐节、跨年庆典等现代文化节庆旅游形式中，旅游者参与度较高，而且参与者数量具有一定程度的不可预测性，通常参与者密度可能迅速增大。而现代文化节庆旅游空间在功能设计上还不能较好地满足参与者众多的节庆现场空间要求，在分流性、扩容度等方面有待进一步升级。

最后，现代文化节庆旅游环境在视觉设计上缺乏艺术感。由于文化节庆旅游地中的人文因素占据重要组成部分，所以旅游环境的美感更多地来

自文化资源，较少地依赖于自然风光，而且现代文化节庆旅游的场地具有不稳定性，其中场地环境设计在较大程度上影响外观效果和视觉体验。一些设计效果缺乏创造性和艺术性，出现复制化的场地景观，同质化的节庆风格使得节庆旅游产品出现低端竞争的现象，同时也降低了视觉体验吸引力。

（三）需求层面：文化节庆形式和内容同质化，影响旅游吸引力

首先，在文化节庆旅游形式上，受众的多元化需求满足程度较低。由于中国现代文化节庆旅游产业发展时间较短，并且起步较慢，缺少明确具体的制度规范，同时受到不成文的业内规范的影响，品牌创意、运营策划等因素都制约了现代文化节庆旅游形式和内容的创新，在较长的时间内难以达到国际顶尖现代文化节庆旅游产业的运作规模和水平。创意是现代文化节庆旅游竞争的核心，从目前国内文化节庆活动举办的程度来看，出现了重复率较高的演出阵容、举办模式和周边娱乐等，观众的审美需求和求新需求都难以被满足。就节庆旅游产业的推广而言，媒体宣传主要围绕举办地、时间和参加明星等内容展开，举办者的求稳思维使其难以打破传统套路，在模仿的推进过程中呈现文化内容过度重叠的表象。

其次，在文化节庆内容上，受众的个性化需求满足程度不够。文化节庆旅游产品在本质意义层面的更新较慢，作为一个起步时间较短的新兴综合性产业，同时也是文化节庆产业、旅游产业、演艺产业等多产业之间交叉融合的产业。例如，始于 2002 年的丽江雪山音乐节，最初以摇滚和特殊节庆活动举办旅游地著称，事实上除了音乐以外，丽江的纳西古乐、纳西东巴象形文字、纳西东巴宗教等传统文化，都可以通过数字技术和创新形式，以音乐为载体传递给旅游者。但后来这一节庆活动因国际明星和流行艺人等同质的文化内容而使得具有潜力的音乐节品牌脱离轨道。文化节庆旅游产品是新型文化节庆产业中的重要组成部分，旅游者参与现代文化节庆旅游的重要目的是感受区别于网络和报刊、书籍的文化震撼，如果不能及时更新符合潮流的文化节庆元素和内容等创新 IP，而仅依赖于固化的

思路、产品和服务，将难以按照文化产品的生命周期实现成长和发展，进而可能对文化节庆旅游的升级带来负面影响。

（四）功能层面：现代文化节庆旅游产业中的文化内涵呈现偏差，缺少IP驱动力

现代文化节庆旅游中的功能生态位，主要是依据文化产业生态和旅游者需求、投资者资源优势等，明确文化节庆的文化内涵和产业定位。作为文化产业和旅游产业的融合部分，现代文化节庆旅游产业受到市场和利益的直接影响，在逐利的过程中呈现文化缺位的现象，缺失文化内涵的节庆旅游难以具有可持续发展的潜力。

在文化产业经济发展的潮流中，受旅游经济的驱动，现代文化节庆活动出现过度商业化和伪文化现象。现代文化节庆活动的运营风险主要体现在票房经济促使过度的市场运作，文化内涵让位于经济收益，文化节庆经营者在优先考虑经济利益保障的前提下，更加关注广告商、投资商的需求。而作为普通受众的参与者更加关注文化情怀，在形而上的层面体验文化感受，在形而下的层面实际参与文化节庆活动。如果文化节庆产业不能形成品牌，以强IP形成驱动，体现文化内涵的连续性，参与者可能对这一文化旅游活动产生失望情绪，进而选择其他可替代的文化情怀载体和节庆活动，以达到心灵的慰藉并满足自身的文化需求。

现代文化节庆旅游IP是一个系统工程，通常需要具有鲜明的文化节庆主题、文化节庆形象以及节庆文化的内涵和想象空间等元素。如果缺少强IP驱动，首先，现代文化节庆旅游产业难以使节庆主题形象化，给旅游消费者鲜明的感官认知，从而激发旅游者的情感消费和个性化消费。其次，文化延伸受到限制。IP的影响力有助于提升文化节庆旅游的关注度和传播效应。再次，节庆文化IP缺少解读。无论是戏剧节的戏剧文化、电影节的电影文化、纪录片的纪录片文化还是服装节的服装文化，巨大的文化信息量对于一般旅游者而言既是享受也是挑战。最后，IP难以转化为消费。事实上，消费是文化旅游IP和旅游者的高级互动形式，这种行为不仅是对节庆旅游

行为的纪念，而且是对节庆 IP 的想象延伸和思考，现实中仅停留在创意阶段的 IP 面临巨大的市场经济压力。

（五）时空层面：缺少对城市等旅游地历史内涵和空间形象景观的呼应

现代文化节庆活动缺少对旅游地历史内涵和人文底蕴、空间形象景观的呈现。大多数现代文化节庆活动还处于不定期举办的状态，在时间、空间的延续性和稳定性方面都存在一定程度的不确定因素。受限于场地、政策环境、参与者数量、经济收益等多重因素，市场化的文化节庆旅游通常会出于多方面利益考虑而确定举办的频次、所在地，所以与旅游地的历史内涵、空间形象景观较难维持紧密的关系，形成稳定的利益共同体。通常情况下，现代文化节庆旅游空间在打造的过程中会更加注重相关现代文化元素的彰显，围绕文化节庆主题进行空间设计，因而忽略了与旅游地文化的衔接。事实上，现代文化节庆活动对于旅游地而言是文化形象推广的渠道和机会，无论是乡村还是城市，抑或是历史文化并不丰富的地区，旅游地的文化形象都能够嫁接在文化活动和服务中借势出海。

三　关于文化节庆旅游 IP 全产业链打造的对策建议

（一）资源层面：系统化、深度挖掘现代文化节庆旅游产业中的文化资源

1. 打造现代文化节庆旅游全产业链

将文化节庆旅游资本市场、品牌以及渠道等产业要素进行整合，全方位打造现代文化节庆旅游的产业链，深度挖掘现代文化节庆旅游的功用，通过政府科学引导，形成现代文化节庆旅游产业的统筹规划和顶层设计，发挥连接和融合配置资源的作用，推动分步实施和资源共享，以文化基因为中介，将文化创意、节庆、会展、旅游等多领域通过市场运作完善立体化的产业链，打

造开放式的综合性系统，吸收具有潜力的社会资源和市场资源进入，优化产业链布局。

2. 注重建构内容生命力，打造超级 IP 生态场

内容的生命力，一方面表现在文化空间、节庆象征物设计等固态景观上；另一方面则表现在会展、演出、互动体验等动态节庆活动中。将固态的文化形式和生动的文化参与相融合，在培育阶段以特色文化内容为源头 IP，使其在文化创意产业中成为专业化的文化产品，以影视、综艺、动画、游戏等形式推向市场，在 IP 运营和变现中，反哺节庆文化内涵提升，形成立体化的 IP 生态场，从而推动文化节庆旅游产业转型和升级。

（二）环境层面：围绕 IP 营造适宜的外观环境和具有吸引力的营商环境

1. 营造适宜的外观环境

围绕核心 IP，将空间的文化性、功能的实用性、感官的艺术性进行深度融合。现代文化节庆旅游空间不仅是商业活动空间，而且是具有情怀寄托的文化活动空间，必须能够体现文化底蕴，呈现消费者所期待的气质和修养；文化节庆活动作为文化艺术形式之一，与艺术表达和阐释密切相关，应体现一定的审美价值，提供视听等感官盛宴，在形式上满足文化狂欢的环境要求；文化节庆旅游环境受交通、场馆、建筑、街道、地标等因素影响，整体环境设计必须在分流、安全性能等方面发挥功能的实用性，营造安全和文明的节庆旅游环境。

2. 营造具有吸引力的营商环境

现代文化节庆旅游要与国际化、法治化、人性化 IP 营商环境和金融生态接轨，保护文化创作者、投资者的权益，提供全方位、立体化的用户体验。要为智慧型文化旅游产业的知识产权保驾护航，营造最安全的环境，要适当降低合规成本，吸引高端文化创作人才、节庆运营人才等优质资源。同时，要加大政策资源保障力度，出台规范和条例，给予文化节庆旅游产业中的设计者、创作者、投资者以安全感和信心。

（三）需求层面：满足旅游者多元化的内容需求和深度情感需求

1. 满足旅游者多元化的内容需求和跨界娱乐需求

从内容层面看，要对文化节庆旅游进行深度挖掘和解读，推进小说、动漫、影视、游戏等内容的交叉与互动，增加以 IP 为核心的横跨游戏、文学、音乐、影视等的内容。内容形式的多元化，是一种横向的扩展，有利于满足消费者跨领域的娱乐消费需求。在现代文化节庆旅游中，应广泛应用趣味互动体验，关注重塑受众生活方式的跨界娱乐思维，鼓励旅游者参与到现代文化节庆活动中，成为表演者和真实的参与者，满足受众的娱乐消费需求，形成粉丝经济效应。

2. 满足旅游者精神体验的情感需求

在文化产业发展和居民消费升级过程中发展起来的 IP 经济，也是消费者需求转型的体现。现代文化节庆旅游 IP 的价值体现在通过形而上哲学层面的含义表达，与文化旅游者产生文化情感上的共鸣。IP 所折射出的是一种价值观和世界观，衍生行业是以内容产业为基础，通过多种形式开发，连接消费者与粉丝情感，延续并最终反哺内容本身。在纵向层面开拓 IP 的想象空间和文化内涵，通过丰富的文化意蕴表达吸引文化节庆旅游者，通过深厚的文化内涵解读塑造和延展旅游者的想象空间，最终满足受众的文化需求，形成一种文化心理依赖。

（四）功能层面：提升品牌 IP 的影响力价值，推动消费行为转化

1. 提升品牌 IP 的影响力价值

借助近年来户外音乐节、电影节等文化节庆活动的传播热度，并基于互联网“双微多端”的传播渠道，现代文化节庆旅游吸引了大量普通受众的关注和参与，但 IP 品牌的建构并不能仅依赖于较短时间内的市场生机，还必须形成 IP 全产业链可持续发展的机制，在产业链横向拓展的过程中，建立专业化的开发机制，通过精细化分工与挖掘，关注 IP 如何与新生代消费者保持沟通、建立黏性关系，关注如何通过升级保持影响力价值。

2. 推动 IP 转化为消费行为，拓展市场空间

在注入节庆文化内涵的同时，要平衡经济需求，通过大数据分析、产业链整合和创新价值空间三个方面拓展现代文化节庆旅游产业的市场空间，实现相应的品牌溢价。从创新价值空间切入，就是要进一步延展现代文化节庆的线上影响力，实现文化节庆价值空间向移动端 IP 转移；进一步延展文化节庆的时空影响力，实现规模效益及品牌溢价。同时，要为旅游者提供融合社会人文和环境感染力、视听体验的全新综合体验，并充分开发 IP 授权业务，抓住节庆盈利的重点，最终基于共同目标群体形成 IP 跨界联合，通过品牌共振，使多重利益主体实现共赢。

（五）时空层面：与城市形象互动，与城市文化景观相统一

1. 文化节庆旅游与城市形象形成互动，塑造和传播城市故事

一方面，城市形象构建与现代文化节庆旅游是互相依赖和互为支撑的关系，有故事、有文化底蕴的城市更容易为现代文化节庆旅游提供一个意义空间；另一方面，节庆活动本身有利于提升城市影响力和吸引力。在现代文化节庆旅游设计中，应突出城市标识性景观，传播城市故事，概括和再现当地城市的日常生活，使得城市和节庆活动共同构筑一种张力，形成更为广阔的意义空间。

2. 打破时空局限，与城市文化景观、日常生活相统一

现代文化节庆旅游受到时间和空间的局限，所以文化节庆旅游要与城市日常相融合，打破时空限制，使文化节庆活动本身成为城市美学的组成部分，成为城市故事和城市文化的组成部分，从而延伸现代文化节庆旅游的生命周期。在节庆形式设计中，要在行为、建筑、结构的景观要素中融入城市地标、节点等文化标识，形成互通的符号话语和象征体系，推动现代文化节庆旅游成为市民生活的一部分，使得文化节庆 IP 中的主题、形象、情节在市民日常生活中呈现。

工业旅游发展现状研究

季 丹*

摘 要： 随着中国经济的发展，工业旅游逐步兴起，成为城市休闲旅游的重要形态之一。但目前工业旅游的发展也面临各种问题，如何应对游客多样化的需求，促进国内工业旅游发展是本报告研究的重点。本报告首先阐述了工业旅游的基础理论，分析了工业旅游的内涵、特征等，在此基础上讨论了近年来中国工业发展过程中存在的问题。同时，通过梳理海尔、宝钢、青岛啤酒、鲁尔工业区工业旅游发展经验，以期为未来中国工业旅游发展提供参考，最后结合国内工业旅游发展存在的问题给出了相关对策建议。

关键词： 工业旅游 工业遗产旅游 全域旅游

一 工业旅游的基础理论

（一）工业旅游的内涵

目前，欧美等发达国家和地区大力发展工业旅游，并获得了长足的成效。对于工业旅游的定义，国内外学术界至今没有定论。

广义上的工业旅游应分为现代工业企业游和工业遗产游两大类。狭

* 季丹，博士，上海交通大学人文艺术研究院副研究员，研究方向为文化产业。

义的工业旅游的概念是现代工业企业游，这也是当前国内外发展工业旅游的主要方向，一般以工业厂房、工业建筑片区、工业生产场景、先进工业生产流程、先进管理方法、企业文化等为旅游资源，吸引游客在参观与体验中享受乐趣，满足其对工业生产方面的求知与好奇，是将一种旅游业和工业相结合的专项旅游形式。①而工业遗产游在西方被划归为广义的文化遗产旅游，是一种由工业考古、工业遗产保护而逐渐兴起的新旅游形态。

工业旅游是工业与旅游业发展到一定阶段后逐渐融合的产物，满足了多重旅游的需求，是一种新型的专项主题式旅游活动，是旅游产品进一步朝多元化、多层次化、专业化方向发展的必然结果。

（二）工业旅游的特征

工业旅游的主要特征包括独特的观赏性、资源的垄断性、强烈的依托性、多重的效益性、较低的重游性等。

1. 独特的观赏性

现代工业企业游中包含宏大的工业生产场景、现代化的机器设备与生产流水线、罕见的生产特性、独特的工艺、特有的企业文化等，为游客提供了其他旅游活动所不具备的专业知识和独特的观赏性。②

而工业遗产游中的文化遗产具有独特、艺术的工业象征或精神象征，具有重要的历史价值、社会价值和经济价值，对城市发展，尤其是传统工业城市和资源枯竭型城市的发展至关重要。

2. 资源的垄断性

根据我国工业布局的特色，同一区域内一般不会重复布局同一类型的工业企业。工业旅游产品在地方上具有较强的垄断特性，相较于其他人文、自然等类型的旅游资源而言具有无法复制、无法替代的特性，如青岛

① 谭婕：《湖北工业旅游发展与开发对策研究》，武汉科技大学硕士学位论文，2009。

② 杨洁：《大连工业旅游开发现状及对策研究》，辽宁师范大学硕士学位论文，2009。

海尔、上海宝钢、四川茅台、大连造船厂等大型国有企业，其工业旅游的垄断性特征在国内乃至世界范围内都非常明显，其产品极少甚至不可能具有模仿者。

而工业遗产作为承载和见证人类工业时期的载体，更是具有不可再生性与垄断性，如果一味地清除或废弃工业遗产，将使人类的工业文明从整个人类历史中断裂出去，成为空白。

3. 强烈的依托性

工业企业旅游产品是在工业企业及其产品的基础上设计与开发而来的，企业的规模、生产设备的先进程度、生产流程的复杂性、科技含量的高低、企业文化的类型等都会影响工业旅游的吸引力，对工业旅游产品的发展产生极大的影响。因此，工业旅游产品的设计与开发必须服从工业生产的安排。

而工业遗产的开发则依托近现代工业发展过程中保存下来的工业遗址、遗迹及其遗存下来的物件、工业风貌等，其旧有的景观时空特征、历史文化、景观价值特色等都对其开发具有重要的决定意义。

4. 多重的效益性

工业旅游的开发与推进不仅能够使旅游业、工业企业受益，而且能够带动城市转型、促进地方经济发展，实现多方共赢。第一，对于旅游业而言，工业旅游为旅游业发展带来了新的产品，缓解了目前旅游市场供不应求的问题，丰富了旅游地类型，也丰富了旅游产品体系。第二，对于工业企业而言，工业旅游不仅带来了门票、创意产品的销售等直接收入，而且宣传了企业品牌，提升了企业和产品的知名度与美誉度，树立了良好的企业形象。对于地方政府而言，工业旅游也有助于资源枯竭型城市的转型发展，优化城市功能结构布局，提高当地人民的生活质量，在促进地方经济发展的同时延伸城市文脉，重振城市雄风。

5. 较低的重游性

工业旅游产品属于观光型旅游产品，其内容和形式不会在短期内有较大的变动，加之其娱乐性和参与性较差，当游客的求知欲和好奇心得到满足之后，很难再对其产生强烈的重游愿望。

此外，工业旅游蕴含丰富的知识性，具有较强的参与性，客源市场相对稳定，无明显的淡旺季变化，也是其重要特点。

二 我国工业旅游发展状况及特征

我国工业旅游由来已久。20 世纪 90 年代，海尔集团专门成立了海尔国际旅行社，设计了“海尔工业游”项目，投资 1 亿元兴建了海尔科技馆，开辟了专门的参观路线，招募了专门的讲解员，将旅游、购物、交友融为一体。这成为早期工业旅游的雏形，此类工业旅游还包括首钢的“钢铁是这样炼成的”以及青岛的“青岛啤酒欢迎您”等。

国家旅游局在 2001 年出台了《工业旅游发展指导规范（草稿）》，2002 年实施了《全国农业旅游示范点工业旅游示范点检查标准（试行）》，2004 年发布了《关于命名北京韩村河、首钢总公司等 306 个单位为“全国工农业旅游示范点”的决定》，2005 年国家旅游局正式命名的工业旅游示范单位达到 180 家，这一阶段，工业旅游得到迅速发展。

党的十九大之后，中国工业旅游将进入提质增效的新时代，目前从发展数量、旅游人数等方面都达到了一定级别。

（一）我国工业旅游发展状况

从世界范围来看，工业旅游占旅游总规模的 10%～15%。到 2020 年我国国内旅游人数将达到 70 亿人次，工业旅游人数将达到 7 亿～10 亿人次。

工业旅游仍是相对冷门的旅游产品。据国家旅游局统计，2015 年全国工业旅游接待游客超过 1.3 亿人次，工业旅游收入达 100 亿元。同期旅游总人数超过 41 亿人次，旅游总收入为 4.13 万亿元，相比较而言，工业旅游在其中的占比较低，可见中国工业旅游还有很大的潜力可挖。

根据《中国工业旅游发展报告》数据，未来 10 年，中国工业旅游市场需求将逐渐升温，根据预测，2030 年工业旅游接待游客总量将达到 20

亿人次，旅游综合收入将达到 6 万亿元，占全国旅游综合收入的比重为 30%。①

（二）我国工业旅游发展特征

1. 青少年构成了工业旅游的主体人群

青少年是工业旅游市场的主要消费者。在国内大多数工业旅游中，游客主要面向大中学生，较多的是由学校出面，采取集体组织的方式。大学生游客主要结合辅助教学目的，中学生游客则以扩大知识面或爱国主义教育为主。

2. 游客以国内、当地市民为主

国外游客来华旅游时，倾向于选择著名的风景区、遗址区、休闲度假地游玩，选择现代工业企业旅游的游客大多怀有专业性目的。游客受出国旅游时间的影响，一般倾向于放弃目前尚不成熟的工业旅游产品，而是选择当地最具代表性的景观参观游览。而国内游客，尤其是当地游客则出于地理便利性的考虑，会更多选择工业旅游。同时，我国工业旅游在品牌宣传上的力度不够导致工业旅游的客源不足，尤其是国外游客数量较少，即便是国内游客也以当地市民为主。

3. 工业旅游主要集中在国内大中型城市

工业旅游的各类工业企业分布在全国各地，全国工业旅游示范点总数已达 271 家，涵盖传统工艺、民族特色工艺、现代高科技、智能制造等各类工业生产领域，主要集中在国内大中型城市。《全国资源型城市可持续发展规划（2013～2020 年）》数据显示，目前全国有 262 个资源型城市、145 个国家级高新技术开发区和 219 个国家级经济技术开发区，大量工业遗产保留在这些城市或开发区中，对于这些面临产业转型升级迫切任务的大中型资源型城市而言，工业旅游无疑是转型的突破口之一。

① 《首部〈中国工业旅游发展报告〉正式发布》，搜狐网，2017 年 12 月 1 日，https：//www.sohu. com/a/207834930_ 186475。

4. 工业旅游品牌初步形成

我国工业旅游起步较晚，1990 ~ 1996 年是工业旅游发展的萌芽阶段，仅有 13 家企业开展旅游业。2000 年后，在产业转型升级的过程中，各地工业规模不断扩大，工业实力持续增强，形成了一批规模大、实力强、特色鲜明的工业企业，以及一大批新型工业企业。另外，在产业结构转型与城市规模扩张过程中，很多城市对旧有的工业遗址改变了过去粗放型的拆迁方式，采取保护与再次开发的模式，打造了一批具有鲜明历史特征的工业遗产旧址，吸引了大批游客前来观光。经过 20 多年的发展，目前已形成了许多在国内外享有盛誉的工业旅游品牌。随着工业旅游逐渐深入人心，将有更多的工厂和企业关注工业旅游项目的开发。

三　我国工业旅游发展过程中存在的问题

（一）工业旅游全域旅游的概念尚未形成

作为新型旅游的重要内容，工业旅游的持续健康发展同样离不开旅游的六要素——吃住行游购娱。因此，工业旅游的发展不仅包括参观游览，而且包括对相关旅游产品的设计与开发。目前工业旅游产品的开发呈现“自然的、现实的多，特色的、创意的少”的特征，对游客的吸引力不足。

现阶段工业旅游产品开发人员的“全域旅游”意识还没有完全树立起来，只是将工业旅游开发简单理解为企业生产线与参观线路的设计，将大量精力花在硬件设施建设和观光产品开发上，缺乏活动设计、企业文化建设与市场拓展，导致其产品的开发仅停留在旧厂房的整修、观光厂房的新建、厂区自然环境的美化等比较低的层面。与传统旅游产品相比，企业所在的工业区建筑风格较为单一，配套的环境水平较低，宾馆、饭店达不到标准，缺乏配套的商业设施和休闲活动场所，严重影响了工业旅游的发展，也不能满足游客日益增长的旅游消费需求。

因此，将工业旅游融入周边大环境的人文旅游、特色旅游的全域项目中，才能成功打造工业旅游，让周边景点的游客有更多的选择，同时也能共同分享客流，达到景点之间互相促进、区域之间共同发展的效果。

（二）企业意识亟须转换

行动较早的工业企业在工业旅游开发过程中获得了较为理想的市场利润，但总的来看，国内很多工业企业的管理层对发展工业旅游持比较保守的态度。他们认为游客的到来会影响企业生产活动的正常开展，违背了企业的主营业务方向，工业旅游是工业企业不务正业的行为，所以对前来参观的游客抱着较为排斥的态度。与发达国家相比，企业管理者的认识水平不高。未来工业旅游要想获得更大的发展，必须转变落后的观念。

（三）旅游项目单一，旅游纪念品开发不足，缺乏吸引力

目前从事工业旅游的企业为了不影响生产以及出于安全保密的需要，仅把工业旅游活动限定在特殊的旅游通道内，以观光旅游为主，体验式、互动式旅游项目较少，游客到工厂只能“只旅不游”。

不仅如此，目前工业旅游线路以流线型为主，无法满足消费者日益丰富的多层次精神需求，在旅游内容的设计上以讲解企业的成就和荣誉为主，游客真正能够体验的生产化过程项目非常稀缺。

在旅游收入中旅游文创产品应占有较大比重，传统业态的旅游企业往往很重视旅游文创产品的设计与销售，但是工业企业对旅游文创产品的开发组织重视不够，很少有企业主动向游客销售相关产品，大多通过工艺品展位向游客展示艺术品，忽视了对相关文创产品的开发。

（四）营销渠道垄断，旅游宣传力度不足

在营销渠道上，部分已开展工业旅游业务的企业配备了专业的导游人员，成立了专门的旅行社，并形成了旅游资源的“垄断障碍”，这在一定程度上打击了其他开展工业旅游业务的旅行社的积极性：部分开展工业旅游业务的专门部门执行与工业企业同步的工作制，在节假日不向公众开放，造成

游客无法到景区参观；有些工业企业禁止非本旅行社组织的旅游团前来参观，独家垄断产品线路，通过提高服务门槛形成市场垄断，这种限制造成该工业旅游项目宣传力度不足，大众旅游市场的认知度普遍不高。工业企业对旅游产品的宣传不够重视，不仅报纸、电视等传统媒体的介绍较少，在企业自身网站上的基本宣传也缺失。

（五）服务水平低

全国工业旅游示范点中大多是企业，属于与生产制造活动相关的第二产业，没有真正引入旅游业的质量管理体系，缺乏在旅游服务方面的经验，大多按照管理企业的制度来管理旅游服务事项，旅游服务不够专业化，在旅游服务管理方面还不规范。参与工业旅游服务的人员一般是原企业的员工，相当一部分未受过旅游专业培训，不具备专业的旅游管理和服务水平，专业知识和文化素质不能适应现代旅游业的要求，导致工业旅游的服务质量不高。很多工业旅游企业采取让游客免费参观的政策，这在很大程度上就是担心服务质量达不到游客的旅游期望而影响了效果。这些都成为限制工业旅游快速发展的重要因素。

四　国内外工业旅游案例研究

（一）海尔工业旅游

创立于1984年的海尔集团拥有全球大型家电第一品牌，其产品系列覆盖多个领域，已逐渐由传统家电产品制造企业转型为面向全社会孵化创客的平台。海尔集团总部坐落于青岛市高科园，总占地面积约为1500亩。海尔集团于1995年推出了工业旅游项目，并依托海尔品牌资源成立了专门的海尔国际旅行社。区别于其他集团的工业观光游，海尔集团扎根海尔工业园、海尔中心大楼样品室、海尔科技馆、海尔大学、信息园海尔立体库和海尔生产线、海尔时空飞碟、海尔特种冰箱生产线、海尔开发区物流中心、海尔商用空调生产线等，充分发挥海尔品牌优势，深度挖掘科技在工业中的价值。

海尔集团借助工业旅游不断赋予海尔品牌新价值，提高企业知名度，传递海尔核心理念，增强观光者对海尔文化的认同。海尔文化广场是海尔文化的浓缩地，渗透了丰富的海尔文化，彰显了海尔在文化建设方面的丰硕成果。

海尔集团还凭借自主创新能力、先进的科技、科学管理方法等，打造了海尔科技馆、海尔透明工厂等旅游产品，通过让游客近距离观看生产工艺流程，加深对人工智能在生产线上所发挥作用的了解，可以感受现代科技带来的各种变化，获得了对企业相关知识的认知，在体验未来的你、未来的教室、未来的家庭等各种虚拟情景后，能够获得体验的乐趣，加深对海尔产品的信任，成为忠诚消费者。

海尔的工业旅游不仅注重旅游产品的开发，而且注重消费者个性化、多样化的需求，将工业旅游拓展到修学培训，吸引了更多前来考察培训的人群和普通游客等。

强大的整体品牌优势、高度科技化的生产流程、富有人文气息的企业文化、专业的服务态度成为海尔打造工业旅游的重要优势，也给前来参观的游客留下了深刻印象，提高了品牌的忠诚度。

从盈利模式来看，海尔集团的工业旅游借助“品牌输入 + 先进科技 + 人文体验”的模式，将接待型的工业旅游转变为市场运营型旅游形态，通过品牌、科技、知识、文化实现了盈利。

（二）宝钢工业旅游

宝钢是中华人民共和国成立以来建成的规模最大、现代化程度最高的大型钢铁联合企业，位于上海市宝山区。1997 年，集团直属单位宝钢旅行社开始接待部分前来考察的观光者。之后，集团注重开发工业旅游产品，开发了从原料码头始发、到达成品钢卷出厂共计 3 个小时的旅游线路，同时不断丰富其品牌内涵，形成深厚的文化内涵，将文化馆、展示厅等向游客开放，让其感受宝钢的产品与文化，形成了“红色宝钢之旅”“科技宝钢之旅”

“文化宝钢之旅”等品牌。宝钢还与周边景点组合，打造了以爱国主义教育为主题的“宝山一日游”等项目。

宝钢的工业旅游首先制定了明确的市场目标：以在校学生为主，并通过各种媒体的宣传取得一定的成效，宝钢作为花园式工厂蜚声上海。在上海获得公众的认可后，宝钢进一步加大对海外的宣传，通过举办各种项目，邀请国内外媒体参与，制作与发放专有的宣传品与纪念品，拓展宝钢海外市场。

宝钢的工业旅游产品设计还注重与城市景观、当地人文特色相结合，设计了“游浦江、看宝钢、逛桔乡”等具有地方特色的旅游项目，借助各方力量将宝钢推向国际市场。

随着工业旅游的兴起，工业旅游市场竞争愈加激烈，宝钢早期旅游产品所具有的独特性正面临巨大挑战，宝钢的工业旅游项目朝不断丰富参观内容、充实旅游内涵方向转变，宝钢相继推出爱国主义教育、“钢铁是怎样炼成的”主题征文、“游浦江、看宝钢、逛桔乡”、走进世界500强、18岁成人仪式等活动，获得了“上海市优秀旅游产品”的荣誉，并被国家旅游局列为“全国工业旅游示范点”，是具有中国特色的现代工业旅游的典型代表之一。

（三）青岛啤酒工业旅游

青岛啤酒于2003年打造了青岛啤酒博物馆，正式发展工业旅游，游客人数从2013年的350万人次增加到2018年的450余万人次。

青岛啤酒博物馆作为世界五大啤酒文化展览馆之一，集文化历史、生产工艺、啤酒娱乐于一体，凭借青岛啤酒的品牌优势及先进的运营手段，逐渐成为工业旅游的引领者，其品牌价值高达45.58亿元，连续两年入选“中国500最具价值品牌”。

除青岛啤酒博物馆项目外，青岛啤酒同时打造了青岛啤酒节项目。青岛啤酒节是青岛啤酒与当地政府联合举办的面向海内外的大型活动，自1991年起发展至今，已成为国内外具有较高知名度与较大影响力的盛大活动，被誉为亚洲最大的啤酒盛会。青岛啤酒节内容涵盖文艺演出、巡游、游乐、啤酒盛会和经贸洽谈等。

青岛啤酒的工业旅游采取博物馆与节庆旅游相结合的运营模式，借助青岛啤酒的品牌知名度，凭借良好的群众基础，将各方聚集形成规模效应，工业与啤酒娱乐的盛会相碰撞打破了工业呆板的形象，增强了消费者的体验性与趣味性。

（四）德国“工业文化之路”的启示

鲁尔工业区位于德国西部，形成于19世纪中叶，是典型的传统工业地域，主要包括埃森、多特蒙德和杜伊斯堡等工业城市，拥有丰富的资源、便捷的水路交通和优质的港口，以煤炭、钢铁、化学、机械制造等重工业为核心，是世界著名的重工业区，也是世界最大的工业区之一。20世纪50～60年代，生产结构单一导致大批煤矿和钢铁企业倒闭，鲁尔工业区开始衰落，但经过德国人实施的一系列创新实现了城市发展的转型。

鲁尔工业区改造的最大优势在于多种理念的融合：文化认同、对工业生产的尊重、对生态环境的重视。文化认同就是经过治理改造，让游客通过观光对传统工业产生更深刻的认知。例如，鲁尔工业区大部分药店、酒吧的招牌上显示“Glück auf”（好运，一路平安），彰显了鲁尔工业区的主要文化特征“矿工文化”。这是因为在19世纪，煤矿开采缺乏安全保障措施导致矿难频发。矿工在下井开矿前都会彼此祝福，由此延续了这些日常短语或口号。这显示了鲁尔工业区以矿工为主要消费群体的商业环境。[①] 对工业生产的尊重就是尊重传统的工业技术，尊重工业工作者，肯定工业遗产的价值。对生态环境的重视就是保护和恢复生态，一方面，保护原有的动植物不被破坏；另一方面，对废渣等工业垃圾采取覆盖有机土、网膜等方式进行植物培育，形成新的自然景观。[②]

鲁尔工业区转型的最大特点是尊重旧有历史，以及面向城市发展的区域

① 《“钢铁巨人”走上工业文化之路》，重庆日报网，2017年12月3日，https：//www.cqrb.cn/html/ncb/2017－12/03/007/content_ 187814.htm。

② 张亚红：《唐山工业旅游产业发展研究》，西南交通大学硕士学位论文，2018。

综合改造计划。鲁尔工业区的综合改造计划大面积保留原址的厂房和基础设施，并赋予其新的功能，形成区域性统一开发模式，打造了“工业自然、工业文化、工业建筑、地标之路”四条经典产品线路。鲁尔工业区基于旧有的环境，保留了炼钢厂、煤渣山等生产原址，以改善周边环境为手段，开辟了大片绿地和湖泊，将工业旅游开发与地方经济振兴融为一体。

鲁尔工业区改造的成功离不开其权威组织鲁尔煤管区开发协会持续不断的创新性变革。作为鲁尔工业区的最高规划机构，开发协会的职能和权限随着区域的发展也一再扩大。协会担负起对工业区进行全面规划与整治的职责，直接与工业区的建设和发展挂钩，避免了权责不明、互相推诿。

鲁尔工业区工业旅游的主要产品之一是“工业文化之路”。这条“工业文化之路”将鲁尔工业区所有工业遗产的文化场所串联为一条400公里的环形自行车道，这条车道上不仅包含工业遗迹、工业景观等，而且包括专门为孩子们规划的探险项目。“工业文化之路”的意义在于将工业遗产进行一体化的保护和开发，不仅内容丰富多彩，而且在游览方式上进行了大胆创新，打造了具有鲜明特色的工业旅游网络，形成了统一的工业遗产标识与全面的服务体系，满足了消费者对工业旅游的全方位需求，增强了参与性与体验性。“工业文化之路”致力于打造工业旅游集群，降低了成本，增加了收益，提升了整个区域的旅游竞争优势，也让鲁尔工业区在工业遗产开发利用方面树立了统一强大的品牌形象，吸引了全球游客。

（五）总结

通过上述案例研究可以发现，不同类型和特征的工业旅游资源，在不同的动力机制作用下，形成相应的工业旅游业态，并在后续开发中不断完善业态结构，丰富业态内容，拓展了业态发展方式和发展边界。工业旅游发展的模式逐步形成，并呈现以下特征。

1. 工业旅游的开发必须清晰地了解当地工业的核心资源

工业的核心资源包括外在的物质吸引物、内在的工业文脉，以及地方文化和精神等文化吸引物。进行工业旅游开发应把握工业旅游的特点，一方面，要努力发挥工业旅游的知识性、观赏性、多效益性、无明显季节性等优势，充分挖掘客源市场，针对游客的不同需求进行产品设计、推广；另一方面，要有效规避工业旅游的不利特征，如可以联合节庆旅游或与农业、自然、人文旅游等形式相结合。

2. 对文创产品的设计与开发是对当地工业资源进行整合及再利用的一种方式，也是工业旅游发展的核心动力

在进行工业旅游开发时，应在尊重原始工厂厂区风貌特征及群落特征的前提下，充分挖掘工业废弃厂房与设施的内在价值并予以创新开发，保留传统工业文化的风格特征，利用创意设计吸引游客。在文创产品设计开发中，应对独特的工业建筑风格进行加工，为艺术家和创意者进行艺术创作提供空间，营造具有创意性的创作氛围，激发其创作灵感，以对工业遗产元素进行解构、阐释与开发；融合内在的工业文化与外在的工业景观，将艺术家和创意者共同营造的文化艺术产品及体验融为一体，共同打造工业旅游的业态内容和形态，丰富其文化内涵，使其充满趣味性、互动性、体验性，给游客留下深刻印象。

3. 完善工业旅游运营模式

目前国外已形成较为完善的工业旅游运营模式，由专门的旅游服务机构为各大企业提供旅游产品的设计、开发、服务等，专业化的服务有助于企业开发更为成熟的旅游产品，打造工业旅游精品。工业企业在形象打造与产品宣传中，应采取开放企业工业旅游的方式，利用高新技术进行展示和体验设计，加强参与体验性项目的设计和组织，向旅游者提供了解和体验企业生产流程、生产工艺、企业文化的机会，给游客带来更多的感官体验，丰富游客的感知，提高其旅游满意度，加速打造工业旅游形象与工业旅游品牌。

五　我国工业旅游发展对策研究

（一）制订工业旅游发展专项行动计划，明确重点任务

工业旅游的发展需要各级政府的重视，应制定一整套完善的政策和相关

法规，尤其是制订工业旅游发展专项行动计划，才能保证我国工业旅游的可持续发展。

在制定相关的政策和法规过程中，应借鉴国内外组织开展工业旅游的经验与教训，结合本地区实际情况与工业旅游资源特征，以可持续发展为指导思想，形成一套完善、科学、有效的政策法规体系。

（二）运用各种方式整合营销工业旅游项目

要挖掘工业旅游的潜在优势，形成工业旅游的核心竞争力，就应当充分利用现有的互联网平台，对目标客源市场进行调查，结合客户市场的需求，对工业旅游营销加以规划。通过“主流媒体＋互联网媒体”的方式，加大宣传力度，利用社交媒体的传播特性，促进旅游企业与消费者加强互动，扩大其在海内外的影响力，积极与大型知名旅行社开展合作，从而扩大其市场份额，提升工业旅游的竞争能力，使其成为地区经济增长点。

针对不同的细分市场打造不同的工业旅游主题。例如，针对院校学生，可将修学、择业作为工业旅游产品设计的主题；针对政府机关，可将调研、考察作为工业旅游产品设计的主题；针对投资者，可将招商引资作为工业旅游产品设计的主题。

（三）加大对旅游产品的开发力度，丰富旅游活动

工业旅游产品的开发需将工业特色与当地的自然与人文景观进行融合，形成集聚效应以吸引观光者。将具有差异且各有特色的自然、人文景观与旅游点进行组合，打造定制化的专项产品，并将这一产品纳入当地的旅游专线中，形成具有个性化特色的线路，实现区内成片、跨区成线，使工业旅游产品更具吸引力。

在未来的工业旅游产品开发方面，可将工业园区或经济开发区作为重点对象，这些区域本身具有较为独特的区位优势和产业优势。对于跨区域的工业旅游产品开发，可以考虑将不同行业、不同类型的企业整合串联，增强对

旅游者的吸引力；也可以针对同一行业、同一类型的生产厂商组织生产专门的产品，吸引旅游者前来参观，以加深了解同一产品在生产方面的差异。

（四）打造工业旅游的知名品牌

打造企业知名品牌，建立企业的品牌体系，才能够将工业旅游的社会价值与文化价值充分体现。工业旅游企业的品牌战略是工业旅游发展的关键，也有助于打造工业城市的绿色名片。互联网时代“品牌经济”的影响越来越显著，通过网络传播的力量，工业旅游的品牌形象成为吸引游客的重要因素之一。工业城市转型的重要路径就是通过对本地工业产品进行品牌打造与宣传，形成工业旅游的标识，打造工业旅游城市的形象。打造工业旅游品牌是构建城市文化体系的重要组成部分之一。

（五）培养专业的工业旅游人才队伍

发展工业旅游最重要的两点，一是重视硬件与基础设施建设；二是重视加强软件方面的建设，尤其是旅游人才队伍的建设。作为服务性行业，工业旅游的关键是人，从业人员的服务意识与专业能力是制约工业旅游发展的重要问题与关键问题，尽快培养一支高素质的工业旅游人才队伍是工业旅游未来发展的重要保障。为此，首先，应构建针对旅游专业人才的教育与培训体系，全面提升旅游人才的素质；其次，应注意招募优秀的旅游管理人才与相关专业的优秀大学毕业生，形成优秀的管理团队与员工队伍；最后，应加强与相关旅游院校的联系，合作设计、开发或推广系列工业旅游产品。

参考文献

《“钢铁巨人”走上工业文化之路》，重庆日报网，2017 年 12 月 3 日，https：//www. cqrb. cn/html/ncb/2017 - 12/03/007/content_ 187814. htm。

谭婕：《湖北工业旅游发展与开发对策研究》，武汉科技大学硕士学位论文，2009。
杨洁：《大连工业旅游开发现状及对策研究》，辽宁师范大学硕士学位论文，2009。
张亚红：《唐山工业旅游产业发展研究》，西南交通大学硕士学位论文，2018。

少数民族文化旅游的可持续发展及策略研究

刘 怡*

摘 要： 少数民族文化旅游不仅是民族地区经济发展的重要推动力，而且在我国文化和旅游产业发展中占据重要地位。本报告探讨了少数民族文化旅游的现状特征，以生态位理论分析了少数民族文化旅游中存在的问题，选择云南元阳哈尼梯田和贵州西江千户苗寨的少数民族文化旅游作为个案进行分析和探讨，最后基于"文旅融合"背景下如何打造超级IP提出了少数民族文化旅游产业生态位拓展策略。

关键词： 少数民族 文化旅游 文旅融合

一 少数民族文化旅游发展的现状特征

（一）少数民族地区稳定是少数民族文化旅游发展的坚实基础

稳定是经济发展的前提条件，也是经济发展的要求，少数民族地区的稳定和发展是内在统一的有机整体。通常而言，群体性暴力犯罪事件会给发生地的少数民族地区发展带来显著的负面效应，使得民族文化形

* 刘怡，博士，上海交通大学媒体与传播学院助理研究员，研究方向为媒介文化、城市传播。

象受到影响，少数民族文化旅游市场规模在一定时间内急剧缩减，而社会稳定的民族地区旅游业发展则呈现稳步上升趋势。历经数十年的努力，现今大部分少数民族文化旅游都得到长足的发展，文化旅游经济成为地区经济的重要驱动。可以看出，少数民族地区稳定不仅有利于传播少数民族文化、增强话语权、扩大影响力，而且会对民族文化旅游经济发展环境产生直接影响。

（二）国家支持是少数民族文化旅游发展的推动力量

1999 年中央经济工作会议将旅游业列为新的经济增长点，提出要加大对民族地区旅游业的投资力度和信贷支持力度 。2000 年“西部大开发”作为国家战略实施后，少数民族旅游产业成为西部地区的重要产业，获得了重要的资金、人才和政策支持。2001 年中国加入世界贸易组织，为少数民族文化旅游产业的突破性发展创造了重要机遇，不仅开拓了广阔的市场空间，而且增加了一系列促进民族文化旅游的倾斜性政策。2007 年党的十七大把旅游业定位为国民经济重要产业。2018 年党的十九大报告提出，要实施区域协调发展战略，加强生态文明建设，建设美丽中国，实施乡村振兴战略，为民族地区旅游业发展带来前所未有的新机遇。政府为少数民族文化旅游发展制定了系统的顶层设计和战略架构，有助于推动民族地区旅游业的快速发展和繁荣。

（三）少数民族文化旅游收入和接待游客数地区差异明显

以我国 5 个自治区为例，2017 年，广西壮族自治区接待游客 5.23 亿人次，旅游收入为 5580.36 亿元①；内蒙古自治区接待游客 1.16 亿人次，旅游

① 《2017 年旅游主要指标数据通报》，广西壮族自治区文化和旅游厅网站，2018 年 1 月 18 日，http：//wlt.gxzf.gov.cn/zwgk/sjfb/20180118－660474.shtml。

收入为3440.10亿元[①]；新疆维吾尔自治区接待游客1.07亿人次，旅游收入为1821.97亿元[②]；西藏自治区接待游客0.26亿人次，旅游收入为379.37亿元[③]；宁夏回族自治区接待游客0.31亿人次，旅游收入为277.72亿元（见图1、图2）。[④]

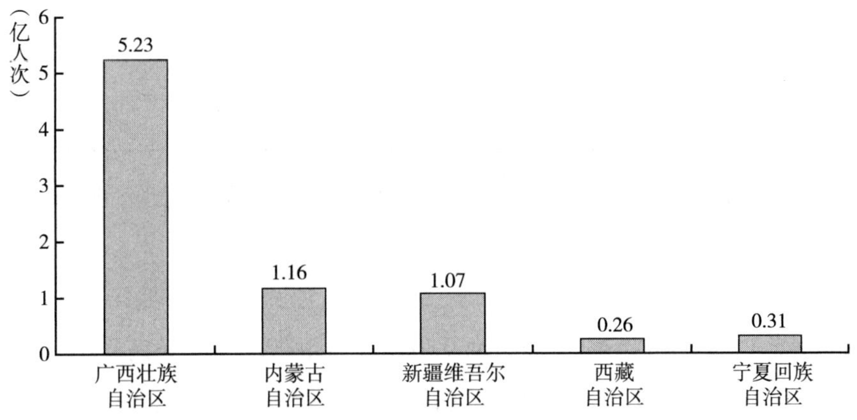

图1　2017年五大少数民族自治区接待游客数

（四）少数民族文化旅游发展逐渐转向以市场为主导，注重旅游管理创新

文化旅游作为少数民族地区的重要产业，能够产生巨大的经济效益和社会效益。在投资利润率提高的背景下，投资者和从业者呈现多元化态势，市场规模迅速扩大，对产业链中的环节提出了更高的要求，业态管理的重要

① 《内蒙古自治区2017年国民经济和社会发展统计公报》，内蒙古自治区统计局网站，2018年3月27日，http://tj.nmg.gov.cn/information/nmg_tjj37/msg10450189979.html。

② 《新疆维吾尔自治区2017年国民经济和社会发展统计公报》，新疆维吾尔自治区统计局网站，2018年4月3日，http://www.xjtj.gov.cn/sjcx/tjgb_3414/201804/t20180403_551601.html。

③ 《2017年西藏自治区国民经济和社会发展统计公报》，西藏自治区统计局网站，2018年12月20日，http://tjj.xizang.gov.cn/tjgb/13566.jhtml。

④ 《2017年宁夏旅游的统计数据全在这儿》，宁夏回族自治区文化和旅游厅网站，2018年1月26日，http://whhlyt.nx.gov.cn/content_t.jsp?id=14400。

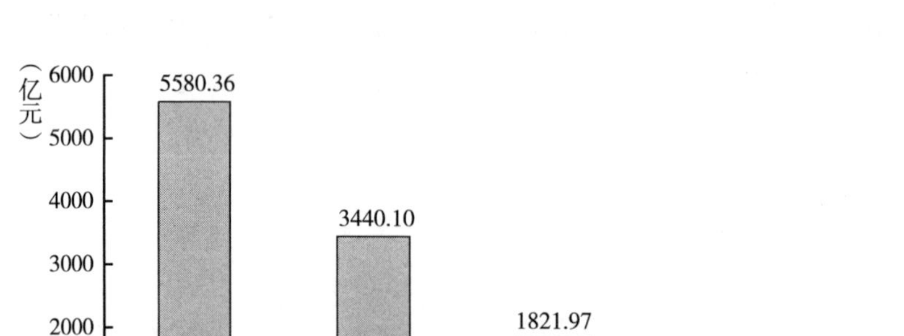

图2　2017年五大少数民族自治区旅游收入

性随之提升，传统的民族旅游业建设呈现以自由市场为主导的倾向。政府职能主要在制度建设、管理机制、行业服务、战略规划等层面发挥作用，而少数民族文化旅游在市场层面的投资、经营等行为中转变为以市场为主导，以少数民族文化景观为吸引物，带动民族地区旅游经济和产业链的发展，推动民族文化资源的集约化与产业化发展，让市场推进行业内部的自我协调机制不断完善。

（五）更加重视可持续发展，少数民族地区生态文化建设受到关注

从历史习俗看，少数民族的传统观念中，贯穿着万物有灵、自然崇拜、天人合一等丰富的生态智慧，共同构成了其对自然的关怀与尊重。从地理层面而言，以我国西部民族地区为例，作为中华文明和世界文明的重要发祥地，占据相当比例的民族旅游地区处于江河上游，生态资源环境脆弱，旅游开发和生态保护并行能够带来双赢效应。2018年在全国生态环境保护大会上，习近平总书记指出，“生态兴则文明兴，生态衰则文明衰”。从人与自然的关系、文明兴衰与民族命运、环境质量与人民福祉等层面强调生态文明保护对可持续发展的重要意义。

二　少数民族文化旅游产业存在的问题和发展空间

（一）资源生态位：少数民族文化旅游资源定位重叠，个性化资源有待深入挖掘和利用

作为少数民族文化旅游发展最根本的生态位因子，旅游资源生态位主要包括民族地区自身的文化旅游资源量和资源发掘利用情况。文化旅游资源的发掘程度、丰富性、特殊性及其所承载的文化意义，以及在资源有限的背景下如何有效通过资源整合等方式拓展生态位宽度，能够在不同层面和不同程度上影响民族文化旅游资源的丰富度。

少数民族地区拥有独特的民族精神和地方文化，沿袭至今的少数民族拥有深厚的异域文化底蕴、丰富多彩的生活方式，以及秀丽的自然风光。相较于我国东部地区的文化旅游发展，以及一些发达国家的少数民族文化旅游，我国边疆地区的少数民族文化旅游仍存在一定的差距。通常情况下，处于传统社会状态下的少数民族在资源保护方面做得较好，生态系统处于较为平衡的状态；而多数进入工业化和后工业化社会的民族地区，原生态文化旅游资源多为失衡状态。

首先，从自然资源来看，20 世纪 50 年代之前，少数民族地区的生产生活状态基本处于传统农业社会时期，受工业化和现代化的影响较小，砍伐开荒都在满足当地民众生产生活所需的情况下进行，长期处于生态平衡的状态。在市场化和现代化的冲击下，边际土地的过度开垦导致水土流失，牲畜密度过大的放牧导致草原退化，森林资源的过度开发导致土地沙化，超出生态系统调节能力的行为屡见不鲜。生态环境的恶化给民族地区的居民带来了更多的生存焦虑和发展危机。

其次，从非物质环境来看，当前除了世界级和国家级的非物质文化遗产受到系统的保护外，较多的民族文化资源受限于经济、意识、能力等多重因素尚未被发掘，再加上少数民族生存环境变迁、民族融合、经济发展等方面

的原因，民族文化资源逐渐闲置甚至面临失传的困境。全国地方戏曲剧种普查结果显示，截至2015年底，全国共有348个剧种，相比《中国戏曲志》记载的，陕西赛戏、闽南四平戏、雁北弦子腔等数十个剧种在20世纪80～90年代已经消亡，还有诸多剧种无任何演出团体，无艺人或仅存数名艺人。① 此外，一些有着严格不外传传统的民族传统技艺，因传承人选择的限制而面临失传。

最后，从民族文化传承载体来看，我国拥有丰富的少数民族语言，55个少数民族中回族和满族一般使用汉语，其他少数民族都有自己的民族语言，瑶族、裕固族等民族还有多种语言。但大部分少数民族语言没有文字，随着民族融合的加强和汉语的普及，一些少数民族语言逐渐消失，而这些语言体系中的民歌、传说等文化资源也遭遇发展困境。所以，对有限的民族文化旅游资源缺少挖掘和创新，将导致其难以承受现代化和全球化语境下来自外部的冲击，造成资源生态位狭窄的生存危机。

（二）环境生态位：民族文化旅游环境亟须改善

文化旅游地的形象塑造和品牌形成，需要经过策划性的传播和一定时间的积淀，通常较难产生立竿见影的经济效益和社会效益。所以，少数民族文化旅游品牌建构，需要对环境进行持之以恒的保护和改善。目前在社会转型的大背景下，环境生态位的可持续发展面临多重挑战。

首先，民族地区的城镇化和市场化，使少数民族生活环境中原生态的生存方式和习俗传统受到冲击。在旅游过程中，文化的交流、碰撞自然地推动民族融合，外来游客不仅带来价值观、世界观的思想冲击，而且在交流中带来新的生活方式和习惯，如饮食起居、教育商业等。旅游可以看作一种互相影响的信息流动，被凝视和观赏的不仅是旅游地的居民和景观，对于少数民族而言，外来的、不同于本地的事物同样是新奇的、具有冲击力的，尤其是

① 余俊杰：《全国共有348个地方戏曲剧种》，百家号，2017年12月27日，http://baijiahao.baidu.com/s?id=1587903927219055478&wfr=spider&for=pc。

席卷全球的消费主义、工业社会、后工业社会的影响力巨大，少数民族群众难以避免被影响和同化。少数民族文化旅游的最大价值除了自然风光，就是特殊的、与全球化不同的小众化民族文化。当民族化的色彩淡去，地方文化的底蕴消逝，势必影响少数民族文化旅游的吸引力。而传统文化传承相对完整的一些民族地区，虽然旅游资源丰富，但地理位置偏远，区域交通闭塞，旅游经济发展相对落后。

其次，部分少数民族古老的传统习俗、民族元素与现代社会的道德、法律制度相悖。对于保护少数民族习惯，中国有少数民族法，如部分民族地区青年男性佩戴刀具甚至土枪的风俗较为普遍，虽然不符合刑法中的非法制造、买卖枪支等条例，但现实中可同时采用“民族特殊性”和“社会危害性”的标准进行衡量，也就是说刑法规定为违法或犯罪的少数行为，需要根据少数民族地区的特殊文化习俗进行区分和对待。但是随着明确的行政地界的划分，现代文化的被认可度得到提升，一些少数民族的传统习俗在跨地域层面则面临触犯法律和现代道德的风险，或者是遭遇跨文化背景下的质疑与争议。

最后，对新媒体的使用，以及与新媒体环境的融合成为原生态少数民族文化环境变迁的挑战。现代文化旅游发展过程中，新媒体传播已经成为信息传播的重要手段，对文化旅游传播具有重要作用。在较为发达的少数民族地区，尤其是对旅游资源进行大规模投资开发的地区，已经逐步接触和使用互联网时代的新型传播工具；而在较为偏僻的少数民族地区，由于数字化程度和普及程度有限，缺少系统和整体性的新媒体传播渠道。民族特色文化资源的数字保存和传播存在不规范、失真等问题，对较为小众的民族文化旅游传播和经济发展形成了限制。

（三）需求生态位：游客的民族文化旅游兴趣和需求满足方面存在差距

在民族文化旅游中，诸多民族文化资源通常作为旅游景点和项目的配套资源进行开发和改造。但是少数民族文化与旅游产业结合时，普遍存在忽视特色民族文化精髓的发掘等问题，而是习惯于在考察其他地区旅游项目的基础上进行模仿式开发运作，呈现内容形式复制和雷同的情形，给游客留下千篇一律的印象。民族文化底蕴的断层是拓宽需求生态位的巨大障碍。

以少数民族地区的实景演出为例，由张艺谋为总导演打造的我国第一部“山水实景演出”《印象·刘三姐》，依托桂林山水和壮族民间传说，为观众呈现了迄今世界上最大的山水剧场。自此之后中国少数民族地区不断推出依托当地自然风光和民族风情的大型实景演出。这种超级旅游项目如果适应地区生态，且运营顺利，就能够产生强大的辐射力和虹吸力，带动当地经济发展，成为民族地区的一张文化名片，从而提升地方形象，如拉萨市政府努力将大型实景剧《文成公主》打造为拉萨的城市文化名片，也成为标志性的重要旅游项目。

但超大型旅游项目动辄需要上亿元的投资，如果观众数量、票房收入难以保证，就意味着面临巨大的投资风险。同样属于“印象”系列的《印象·海南岛》，被认为是高科技手段打造的好莱坞商业片，但因缺少本土元素和文化底蕴，其认可度较低，经营惨淡。有的旅游项目在短时间内就难以运营下去，还有相当一部分旅游项目在较长时间内不愠不火，艰难维持。有的少数民族地区的游客规模有限，再加上受制于特殊的气候条件，难以复制其他地区的成功案例，如《天骄·成吉思汗》每年演出时间仅 3 个半月。甚至有些地区花费巨资打造实景演出场地，破坏了自然生态环境可持续发展的根基。一个实验性旅游项目先行成功后，经过考察，很容易成为其他旅游地区参考的模板，复制的旅游项目内容和形式在操作中，从理论上而言可进行价值预估，但现实中较难跨越已有表达框架和运营体系，最终使需求生态位陷于困境。

（四）功能生态位：形象设计、人格化形象定位与原本的文化内涵存在偏差

少数民族文化旅游中的功能生态位，主要是指根据当前宏观和微观的社会生态环境以及游客需求、自身资源和特色，明确自身的产业定位。功

能生态位在现代产业生态位系统中占据重要地位，是少数民族文化旅游产品和服务人格化形象魅力的体现，也是IP经济时代产业发展面临的机遇和挑战。随着民族文化旅游发展中的路线和景点竞争渐趋式微，民族传统文化和民俗活动显现出作为目的地重要旅游吸引物和竞争策略的多元功能。

少数民族文化具有原真性特点，必须遵循原有的文化内涵。在民族地区旅游经济发展的大潮中，传统民族文化受旅游开发的影响，出现过度商业化和虚假民俗现象。少数民族的文化风险已经表现出传统民族文化在现代社会中的边缘化。面对外来文化的冲击，少数民族文化逐渐流失，在经济利益难以保障的前提下，民族文化的保护者、继承者对自己掌握的民族文化和技艺的可持续发展与保护问题，更可能持抗拒或者不主动的态度。少数民族文化主体归民族地区居民所有，随着政策的改变、民族的融合，以及当地居民的乔迁等不可抗力因素的出现，文化主体的范围逐渐模糊，民族文化旅游经济发展所带来的效益难以均匀分配，当地居民对文化保护的积极性较低，以致现代社会的知识产权保护制度不能适应少数民族文化IP保护，多地区同质化的旅游产品和服务不断出现。

（五）时空生态位：对自身及目标用户时空信息的把握有待加强

少数民族文化旅游中，民族文化的展现形态对所处的具体时空有一定的要求。民族文化不同于现代文化，尤其是迎合旅游需求而不断改良的现代文化，大多能够跨越时空而传播，如电影、纪录片、音乐剧、舞蹈等艺术文化形式。而少数民族文化中，尤其是与民俗相关的文化，通常与节庆仪式、典礼等具体的情境相关，如与生老病死相关的祈福仪式、岁时节令的祭祀，以及特殊的演绎表达空间等。由此，在丰富的民族文化资源中，具备可呈现条件的民族文化仅是其中的一部分，而参与的游客受众群体也较少。此外，还有一些民族文化会随着特殊时空情境的变迁而逐渐消逝。在一定程度上，也需要通过新媒体等现代科技手段，提高少数民族文化旅游传播的效率。一是通过建立数据库对少数民族文化资源进行立体化的记录，从文字、视频、音频等多个层面对资源进行保存，以便更加便捷地进行传播。二是可以更多地实践传统媒体和新媒体相结合的传播方式，用以缓解因时空生态位限制而面临的文化消失困境。

从宏观的时空生态来看，少数民族文化旅游资源面临竞争和淘汰。在同一个时间轴上，少数民族旅游文化之间存在竞争，我国有 55 个少数民族，每一个少数民族都有其独特的文化，不仅如此，不同村寨部落之间甚至也存在差异。对于外来游客而言，这些民族文化的吸引力不同。随着经济利益的竞争升级，民族文化旅游地都在尽可能地对其旅游资源进行开发，力图展示更多的吸引力，使得民族文化旅游市场环境充满竞争性。

三　案例分析

（一）云南元阳哈尼梯田少数民族文化旅游："遗产地＋乡村"模式

2013 年，红河哈尼梯田文化景观被正式列入联合国教科文组织《世界遗产名录》，元阳哈尼梯田则是红河哈尼梯田的核心部分。哈尼族是一个开垦梯田种植稻谷的山地农耕民族，在政府的支持下充分利用少数民族地区独特的地理环境和文化形态，通过文化旅游开发促进当地社会经济协调发展和文化遗产保护。

哈尼梯田文化景观在很大程度上体现了复杂的农业、林业和水分配系统，是少数民族居民与自然环境互动的典型案例。元阳哈尼梯田以其独特的农业文化、深厚的民族文化、别具一格的民俗备受关注。其文化旅游产业发展秉承保护与利用并重原则，科学地进行自然环境与历史文化双重资源的整体性保护。

哈尼族居民在文化旅游中积极推广和传播非物质文化旅游产品。元阳哈尼族和其他诸多少数民族一样拥有古老的传统节日，如昂玛突节是哈尼族最盛大的节日，是一种春耕开始前的祭祀活动。目前昂玛突节已经从最初的民间自发活动，经过科学论证、策划和推广，进行大规模商业性传统文化表演，转变成哈尼族特色节日文化景观。还有具有百年历史的长街宴，是哈尼族十月年中的祈福习俗，长街宴上展示的文化、服装服饰、音乐舞蹈和磨秋表演给人独特的审美体验，所贯穿的传统思想理念和价值准则至今仍然发挥着积极的社会功能，对增强民族凝聚力具有推动作用。[①] 传统民族舞蹈、山歌、民谣、服饰都构成元阳哈尼梯田的文化旅游景观。

此外，哈尼族推出了体现民居民俗风情的文化旅游产品，哈尼族居住在向阳的山腰，依傍山势建立村寨，所居住的房子形状如蘑菇，由土基墙、竹木架和茅草顶构成。这种民居保持了民族传统文化风貌，兼具历史文化、民俗研究和建筑艺术多重价值。在民居体验中，游客可以感受哈尼族的传统款待方式，品尝梯田原生态的传统食物，感受立体化的民风民俗。

（二）贵州西江千户苗寨文化旅游：民族文化引领旅游创新

贵州西江千户苗寨自2008年正式进行旅游开发以来，10多年的发展历程积累了宝贵的经验和做法，形成了“西江模式”，为少数民族地区的文化旅游产业发展提供了可参考、可操作的运行实践体系。现今的西江千户苗寨，已经从10多年前经济落后、交通不便、生产生活资源匮乏的传统村落，发展成为经济繁荣、产业振兴、民族文化可持续发展的标杆性现代村寨。

“西江模式”中重要的一项经验就是“文化引领品牌建设与创新”，文化创新不仅可以推动社会经济的发展，而且能够带动传统文化的革新和变迁。[②] 西江千户苗寨将当地独特的自然景观和人文景观相结合，静态、动

① 《哈尼族长街宴简介》，红河哈尼族彝族自治州人民政府网站，2019年3月22日，http：//www.hh.gov.cn/xxgk/zdlyxxgk/whjgxxgk/fwzwhbhxxgk/fyxmmljjj/201903/t20190322_332376.html。

② 李天翼：《西江模式：成功的乡村旅游发展道路》，《农村百事通》2018年第20期，第11～13页。

态、互动相结合，塑造出立体化的民族文化旅游体验模式。在静态的景观中，有村寨夜景系统、苗族风雨桥、吊脚楼建筑群等自然、人文景观；在动态的景观中，西江千户苗寨在传承传统酒礼习俗的基础上，创新出“高山流水”“五湖四海”等西江特色酒文化，成为备受游客喜爱的体验型旅游产品。

景区制定《西江千户苗寨文化保护评级奖励办法》，强调“人人都是文化主人，个个参与文化保护，家家成为民俗博物馆，户户都是文化保护场所”，积极探索“景区集中管理，家庭分散保护”的运作机制，建立起“全面普查，完整保护，镇村复查，兑现奖励”的长效管理机制。[①] 当苗寨社区居民在参与旅游产业中获取和感受到实实在在的经济利益和社会利益时，其保护民族文化的积极性即得到有效调动，促使基于保护和传承的民族文化创新，成为“西江模式”中“发展式”保护的常态，不仅彰显了西江千户苗寨民众对传统民族文化的现代延续，而且丰富了民族文化的新时代内涵，赋予了传统文化绵绵不断的生命力和活力。此外，在文化旅游纪念品开发中，西江苗族民众把现代审美思维融入苗族传统的刺绣、银饰、蜡染等传统工艺，他们通过苗族山歌、舞蹈、民俗、仪式等参与式活动，不仅为游客带来了丰富的苗族文化动态体验，而且以互动的方式传播、传承民族文化，在交流中活化传统、再造文化价值。

四　文旅融合背景下打造 IP，推动少数民族文化旅游可持续发展

如果将旅游 IP 运用于少数民族传统文化中，将有助于提升民族文化的旅游吸引力和经济价值。超级 IP 能够承载旅游地的文化与精神，成为文化旅游产业的物质基础和精神动力，将作为核心竞争力的旅游文化具象化，赋

① 罗成华：《浅析十年来西江千户苗寨景区文化保护与传承》，《铜仁学院学报》2018 年第 10 期，第 115～119 页。

予其强大的形象彰显力。少数民族地区的传统文化、生活习俗等人文景观构成了少数民族文化旅游体系的核心吸引物，拓宽和发掘旅游地生态位，有助于集中资源构建和传播文化旅游地形象，打造民族文化的现象级旅游产品，赋予游客更好的文化旅游感受。

（一）资源聚合：促进少数民族地区文化资源与旅游资源的融合升级

第一，在民族文化要素和旅游要素融合创新的过程中，将文化旅游产业及其关联性产业链中的相关行业进行立体化重组、整合与升级。横向而言，协同整合少数民族地区的横向文化旅游资源，打造区域文化品牌。围绕重点民族文化资源的集中开发打造，整合其他具有特色的民族文化资源，实现聚合创新，协同打造民族地区特色文化品牌，实现少数民族文化旅游资源生态位的横向拓展。如广西壮族自治区的文化旅游资源开发，不仅能够依托具有特色的壮族文化，而且可以融入宗教、传说、歌舞等民族文化资源。纵向而言，在产业链的上、中、下游层面进行资源重组和整合，从上游资源、中游平台到下游消费，实现跨越行业和产业链环节的纵向资源间整合。

第二，在少数民族文化旅游产业内部，将文化旅游 IP、资本、市场、品牌以及渠道等产业要素进行有机聚合。打造民族文化旅游的超级 IP，充分发掘少数民族优秀文化传统的功用，政府积极引导，加强民族文化旅游产业的顶层设计，将特色的民族文化通过合适的资本运作、市场渠道、品牌内涵进行合理阐释和表达，将蕴藏于民间、可在现代社会环境中进行开发的文化技艺与艺术进行创新转化，在产业跨界融合的基础上实现产业内部资源的有机聚合。

第三，文化旅游地 IP 包括所有具备潜质的商品、服务以及居民形象等景观和人文综合因素，这些因素是 IP 的现实载体和体现。少数民族文化旅游产业中，通过民族文化资源吸引游客，在整合少数民族特色文化环境、活动、居所、服饰、饮食，以及个性化的少数民族生活方式和民俗等旅游地各类因素的基础上，形成超级 IP 生态场，让游客得到全方位、立体化的民族文化体验，并提升旅游地的 IP 识别度和知名度。

（二）利益分享：以文化基因调适民族情绪和价值利益，作为民族稳定与创新发展的原动力

第一，多维度改善少数民族地区文化环境。民族文化生态保护要强调对整体性的保护，除了对国家级自然资源和文化资源进行保护外，还要对相关的文化景观、习俗进行保护。要以“整体性”的视野进行规划，带动民族地区的文化、经济和生态实现全面发展。少数民族聚居区只有基于原生态的文化区位和生活空间，才能更好地呈现当地文化的多样性和丰富性。

第二，保障文化主体的经济利益，改善民族文化旅游发展的政策法律环境。首先，受少数民族地区地域性和民族性等特征的影响，政策法规方面应重视民族文化传统与现代社会制度相融合、相协调的法律缺位问题，并提升法律在少数民族地区的实践可能性。通过全方位的法律政策环境生态的推动作用，更好地为当地居民的合法权益提供系统的保障。其次，由于少数民族文化继承和保护需要较多的人力资源和物力资源，在民族文化被发掘和传播的过程中，如果能够实现利益共享，切实的经济利益将有利于直接推动传承者和保护者的行动力。正如有研究者指出，“知识产权所有人与使用者之间利益共享，发展少数民族地区旅游，当少数民族传统文化 IP 被使用时，其知识产权所有人即当地居民也应该共享其经济效益，使得传统文化保护更具持久性”，如外来企业或商人在经营当地民族文化商品和商业服务时，应获取授权或者支付相应酬金等。

第三，通过产业结构调整和升级，推动少数民族地区物质文明与精神文明同步发展。在少数民族文化旅游产业发展中，大量的人流、物流和信息流不仅促进了交通、服务、贸易、金融、通信等行业的发展，而且促进了各种文化的广泛交流，推动了当地公共产品、公共服务以及综合创新治理体系建设，促进了当地经济发展，有效提升了当地居民收入和生活水平。

（三）活化民族传统文化：旅游与文化IP相结合，以旅游形式加载民族文化内涵

第一，利用民族文化的天然势能，通过民居、宗教建筑、当地景观、旅游纪念物等文化载体活化少数民族文化。在IP时代，少数民族文化的内涵和原生态特征，是IP形象塑造、衍生、内容挖掘的基础，是寻根溯源的根本，应通过文化创意的驱动，提炼少数民族核心文化元素，使得审美价值、实用功能相结合，兼具人文性、艺术性和生活性。民族文化标志具象为静态载体，有助于提升标志文化产品的价值，加强产品与游客的联系，提高文化品牌的忠诚度，不仅能够推动民族地区文化创意产业的转型升级，而且能够增强民族旅游文化IP的感染力和生命力。

第二，通过文化IP打造旅游地独特而鲜明的标志，形成连接少数民族旅游地和游客之间的桥梁。民族文化作为旅游IP的核心元素，能够增强外部世界对民族旅游地的认同，吸引游客进行深度体验。旅游地IP在定位阶段的内容构建上充分利用民族文化这一巨大价值，是提升旅游地IP核心吸引力的重要手段。充分发挥民族传统文化的独特价值与魅力，挖掘丰富的传统旅游文化资源，是活化民族传统文化的重要路径。

第三，在形象设计、人格化形象方面进行超级IP生态系统构建，形成IP驱动。以往的实践表现出IP能够运用于影视、文学中，民族文化旅游IP不仅是民族文化深层次的智慧创造，而且可以具象为一个故事、景点或者感觉，强调要有内涵，能够给予游客想象空间，展现出具有吸引力的情趣和意境。提及西藏，人们会想到净化心灵和朝圣之地；提及新疆，人们会想到异域风情的歌舞和美食。要在原有文化内涵的基础上，打造民族文化旅游的市场品牌，进行旅游衍生品开发，探索新的商业模式，等等。

（四）协同创新：形成少数民族文化旅游全产业链，推动资源有机融合

第一，加强少数民族文化创意与科技创新的高度融合。这种融合主要体

现为民族文化旅游市场主体以新的商业模式、运营方式和技术来驱动传统民族文化产业，或打造新的民族文化业态，通过新的文化旅游产品形式和服务形式来满足新兴市场需求，提升文化旅游产品与新科技时代、互联网社会的契合度，凸显新技术、新手段在数字文化旅游产业中的优势和作用，实现民族文化精神与产业升级的融合，赋予传统民族文化新的生命力。

第二，对少数民族传统文化价值进行转型升级，从而在软实力层面促进文化创新经济的动力提升。我国是少数民族文化资源和旅游资源都较为丰富的国家，但是在民族文化旅游产业的发展过程中一直存在产业链断层以及文化价值层级较低等问题。少数民族文化的价值有待进一步深度挖掘，实现民族文化资源与自然资源的有机融合，开发融合传统文化元素的创意产品及衍生品，不断提升民族文化价值，塑造 IP 时代的文化旅游品牌。

第三，协同创新民族文化资源与旅游资源的融合机制，通过对民族文化旅游经济新模式的开发，探索少数民族文化和旅游产业融合发展的路径，加强全产业链融合，形成有机的大产业生态体系，拓宽民族文化生态位。民族文化和民族旅游产业的融合，要从培育新业态、孵化新产业和打造新模式等层面进行全方位协同创新，打破原有文化产业、旅游产业的边界，利用原有的重合领域，推动新的融合模式，实现生产要素的高效聚合与产业资源的有效配置。

文旅融合与空间载体："IP Town"模式试点报告

孔　蓉　胡梅林*

摘　要： 新型城镇化建设过程中，如何对文化进行保护、传承与发展是以人为本全面发展必须面对的挑战。探索创建一种由多元主体联合开发、由产业支撑非农化的特色小城镇，从而打破城乡二元结构，最终实现城乡一体化的文化演进方式和文化发展路径，需要尝试一种对文化价值开发的新策略，"IP Town"模式正是基于此而建立的，主要围绕文化 IP 提炼、设计、开发、运营与旅游相结合，构建"文化 + 旅游 + 产业 + 城镇化"四位一体的创新开发模式。深圳甘坑客家小镇试点以创建文旅特色小镇为空间场景，尊重原生态文化，保护在地生态，以孵化文化 IP 为核心和龙头，通过内容开发、粉丝积累、场景化流量入口、多媒体传播运营与系列衍生开发，实现文化和旅游的融合发展。

关键词： 文化 IP　创意设计　文旅小镇

以促进人的城镇化为核心、以提高质量为导向的新型城镇化战略，是新

* 孔蓉，文化和旅游部艺术发展中心副主任，中央党校在职研究生，留学英国，"文旅中国建设工程"发起者与负责人，研究方向为"文化 +"产业融合、文旅融合战略研究与发展规划、城市更新与特色小镇；胡梅林，工商管理硕士，高级平面设计师，华侨城文化集团总经理，研究方向为文化内容开发与产业化。

时代中国特色社会主义发展的重要实践，是建设现代化国家的关键举措，也是全面复兴优秀传统文化、实施乡村振兴战略和区域协调发展战略的有力支撑。围绕学习贯彻习近平新时代中国特色社会主义思想和党的十九大精神，履行文化和旅游部新职能，切实推动文化旅游融合发展成为文化旅游系统工作的核心要务。我们在原文化部政策法规司 2015 年重大调研课题“‘十三五’时期新型城镇化进程中我国文化发展重大问题研究”的基础上，以文旅融合为主线，聚焦特色小镇创建中的文化传承与发展，以跨界融合的思维方式推动模式设计与试点创新。

在国家战略性新兴产业的整体布局中，数字创意产业将成为文化产业结构性调整的中坚力量，未来文化领域的创新是建立在创意基础之上的对知识产权的保护，围绕在地文化资源挖掘和文化创意转化拓展产业空间与市场空间，通过文化资源与创意设计相结合提升产业附加值，以文化 IP 的“互联网 +”和创意数字化转换为重点，以多元化市场主体的协同催生新业态、新模式，使丰富的文化资源转化为市场产品，实现文化的创造性转化和创新性发展，是我们探索文化旅游与空间载体融合发展的重要方向。

一　新型城镇化建设进程中文化发展的定位

原文化部政策法规司 2015 年重大调研课题“‘十三五’时期新型城镇化进程中我国文化发展重大问题研究”提出，“新型城镇化过程是将文化融入城镇发展并改变城乡生活方式的过程”，“以城镇人文、绿色、生态集约发展为历史文化传承和文化遗产保护的保障，通过文化发展释放城镇化发展潜力，努力走出一条具有中国特色的以人为本、四化同步、优化布局、生态文明、文化传承的新型城镇化道路，为加快推进新型城镇化进程中的文化发展、全面建成社会主义文化强国奠定坚实基础”。根据这个定位，提出总体目标，即“紧紧围绕以人为核心实现以人为本的城镇化；紧紧围绕产城融合实现彰显特色的城镇化；紧紧围绕改革创新实现集约高效的城镇化；紧紧围绕乡村文化传承实现记得住乡愁的城镇化”。

城镇化既是中国现代化建设的重要抓手，更是实现现代化的一个重要指标体系，在国家战略大局中具有举足轻重的地位。多年来，国家制度政策供应层面和市场要素、资源配置层面不断深化创新，城市及小城镇空间群结构形态日益丰富，但伴随而来的大城市病、城乡二元结构矛盾也日益突出。与城镇化开发相伴随的还有城市记忆的消失、城市遗产的破坏、文化基因的变异与中华文脉的中断。"十三五"时期，要实现文化小康和将文化产业打造成为国民经济支柱性产业的发展目标。党的十九大的召开，以习近平新时代中国特色社会主义思想为指导，对文化发展提出了更高、更远、更深的目标要求，坚持以人民为中心的发展思想，推动文化事业、文化产业和旅游业融合发展，社会主义核心价值观和中华优秀传统文化的广泛弘扬，以及国家文化软实力和中华文化影响力的大幅提升，成为我们工作思考的出发点和工作成果的归宿点。

在国家整体战略布局的层面，结合新型城镇化建设，在推动文化和旅游融合发展的过程中，针对文化和旅游在历史性发展阶段存在的无形资产融资评估困难、轻资产与重资产分离、资金回收周期较长、运营风险难以把控等方面的短板，需要调整产业融合发展的思路和实施路径，在顶层设计、资源配置、多元化主体协同机制制定等方面有所创新。

二　新时代文旅融合发展的新方向

世界文明的发展使一个国家的形象和实力不仅仅体现在政治、经济、外交上，还越来越多地以文化软实力的方式呈现与输出。以精神导引、价值观念、人文体验等多种方式来构建一个国家和民族在世界舞台上的话语体系及持久影响力，让文化日益成为一种强大的力量，引领民族、国家、世界发展的未来。任何一个国家、社会的发展显现的是文明，而支撑的是文化。习近平总书记对此早已做过完整阐述："文化是中华民族屹立于世界民族之林的根基，是推动国家进步发展的内生动力和精神支撑，是中华民族伟大复兴的本质所在。""一个国家、一个民族的强盛，总是以文化兴盛为支撑的，中华民族伟大复兴需要以中华文化发展繁荣为条件。"

改革开放40多年来，国内市场经济正向资本经济转型，产品经济向社群经济转型，规模经济向共享经济转型，行业经济向跨界经济转型。国家战略性新兴产业的部署正是为了推动经济的结构性调整，深化供给侧结构性改革。近年来，国家出台的一系列大政方针，紧紧围绕坚持创新发展、协调发展、绿色发展、开放发展、共享发展，推动形成绿色发展方式和生活方式，以实现中华民族伟大复兴的中国梦。在新形势下，如何落实将文化产业打造成为国民经济支柱性产业的发展目标，提升文化产业发展质量和效益，把文化旅游资源优势转化为产业优势和市场优势，推动丰厚的文化资源转化为特色文化品牌，形成国家文化软实力，将文化和旅游融合发展作为文化产业自身提质增效以及与之相关联的传统产业融合发展的新动能，推动中华民族优秀文化基因与当地文化发展相适应、与现代社会相协调，这是新时代下的新挑战，而政府主导下的市场化运作是推动文化旅游融合发展的重要方向和路径。

三 "IP Town"模式设计及试点工作情况

（一）试点工作背景与"IP Town"模式设计

文化和旅游部艺术发展中心从2016年开始对文化新经济产业开发进行探索研究，2017年探索以文旅特色小镇为空间载体，围绕文化IP内容的生产、管理、运营形成IP资产，打造IP产业链，依托"IP Town"模式设计选取深圳甘坑客家小镇项目作为全国首个文旅融合先导区试点，文化和旅游部艺术发展中心与深圳华侨城文化集团采用央地共建、协同创新方式联合开展，双方充分利用各自的优势资源互为支撑。

甘坑客家小镇在深挖深圳市龙岗区吉华街道甘坑片区非物质文化遗产"凉帽"以及传统特色客家文化的基础上，创造性地设计出与客家文化气韵相匹配的"小凉帽"IP形象，提出"IP Town""实景+虚构"的运营发展模式，即通过IP挖掘、IP构建、衍生开发和产业化路径，通过赋予IP形象独特的历史文化背景及世界观，借助媒体传播运营与系列衍生品开发，发展"IP+文化创意产业"。通过"IP+"模式，以当代的文化表达语言与小镇文旅生活相呼应，快速有效地构建城镇文化、旅游、产业特色，实现传统文化的当代表达和发展，促进旅游产业大幅度增长，推动新型创意产业的形成，打造文旅融合、带动片区经济社会全面发展的全新模式。

"IP Town"模式的设计思路为，围绕文化IP提炼、设计、开发、运营与文旅产业相结合，以"文化+旅游+产业+空间载体"四位一体模式展开。"IP Town"模式的结构为，文化IP生成—"IP Town"模式开发策略—产业链接—运营与市场验证—品牌矩阵构建与品牌授权输出—模式输出与模式迭代。

实际应用场景可以拓展到城市空间更新、旅游景区升级、产业园区改造、田园综合体建设、文化名村名镇名城建设等。目前试点的甘坑客家小镇是在原有行政建制村基础上，以文旅特色小镇为空间载体进行创建的。

"IP Town"模式的主要特征包括以下几个方面。

一是尊重原生态文化，保护在地生态、建筑及民风民俗，传承本土文化，营造公共文化氛围，提供公共活动空间。

二是通过旧村改造，结合当代文化理念对小镇建筑、风貌、景观进行再造，赋予废旧村落以新生。

三是通过对文化资源的深度挖掘与梳理提炼，以创意再生设计形成产品系列与丰富的业态。

四是通过挖掘和开发本土文化IP，并与空间载体相结合，形成高辨识度的品牌形象和代言；通过场景规划与营造，与绘本、影视、动漫等产品形态相结合，形成主题化、系统化格局，以体验经济、粉丝经济、授权经济、会展经济等实现文化旅游与文化创意产业相结合的IP多维衍生与多元变现。

五是构建"实景+虚构"的运营发展模式，以孵化文化IP为核心和龙头，通过内容开发、粉丝积累、场景化流量入口、多媒体传播运营与系列衍生开发，实现"文化+旅游+产业+空间载体"四位一体开发模式。

甘坑客家小镇试点的未来愿景为打造五张国家级文化名片，即中国历史文化名镇、全国重点特色小镇、国家5A级旅游景区、国家文化产业与旅游业融合发展示范区、国家级战略性新兴产业示范区。

（二）甘坑客家小镇文化 IP 策略

从传统意义上看，工业革命之前，文化本身远离商业，以个性化方式呈现，难以像工业产品那样大批量复制生产，因此不能被购买和消费，未能成为产业。但随着社会的发展，工业化、信息化在市场经济的推动下，出现了专门满足人的精神文化需求和服务于人的精神文化需求的产业，文化作为一种特殊的经济形态和特定的生产要素，逐步融入社会经济生产生活的各个方面，文化经济成为经济学门类中的一个分支。国外以迪士尼为代表的 IP 经济已经发展到相对成熟阶段，2014 年以来，“IP”一词从电影业发轫，进而延伸成为国内文化产业的一个热词，目前已泛指具有商业衍生扩张力的内容。优质 IP 可以等同于好的故事和角色，这也成为商业成功的基础。IP 经济也称粉丝经济，从内容制作到粉丝积累、周边开发以及场景化，IP 经济已形成完整的产业生态，俨然成为一个重要的经济载体，其核心是通过粉丝来实现商业变现。

中国近年来最典型的一个例子是故宫博物院，通过对最豪华历史文化 IP——故宫文物的创意开发，形成了约 1 万种文创产品，销售额从 2013 年的 6 亿元增加到 2016 年的 10 亿元。与此同时，超级 IP 故宫也成为新一代“网红”，故宫文创从研发、设计、生产、落地到线上销售、线下体验，形成了完整的体系支撑。

在过去的数年中，IP 进入了大众视野，并随着互联网公司生态的建立，从游戏界逐步延伸至动漫、影视、衍生品、文学等多个领域。IP 概念被不断炒作，各行业也开始了对热门 IP 的争夺。

“IP Town”模式是 IP 模式延展与特色小镇开发相结合的一种创新模式。例如，熊本熊 Kumamon 是日本熊本县的吉祥物，由知名作家小山薰堂和著名设计师水野学联手打造，其诞生后短短两年多时间就给当地带来了约 68

亿元的经济效益。再如 Line 的布朗熊和可妮兔。2016 年，日韩热门应用 Line 在美国上市，市值达到 93.4 亿美元。最为人称道的是它的表情包生意，包含布朗熊、可妮兔的表情包，2015 年为 Line 带来了 2.68 亿美元的收入。

（三）甘坑客家小镇"IP Town"策略

在深挖甘坑片区非物质文化遗产"凉帽"以及传统特色客家文化的基础上，创造性地设计出系列与客家文化气韵相匹配的"小凉帽"IP 形象，提出"IP Town"的运营发展模式。通过挖掘传统文化，形成原创 IP，与小镇开发相结合，以当代的文化表达语言与小镇文旅生活相呼应，形成新的特色小镇发展模式。

"IP Town"是"文化 + 旅游 + 产业 + 城镇化"四位一体创新开发模式，其要义包括以下几个方面。

1. IP 挖掘

以非物质文化为元素，形成可视化的动漫形象。

2. IP 构建

赋予其独特的历史和文化背景及世界观（IP 世界观 + IP 主角和辅助角色 + IP 故事）。

3. 衍生开发

进行传播运营和衍生产品开发。

4. 产业化

通过资本嫁接，利用"IP 创意 + 科技媒介 + 产业资本"，促使 IP 产业化。

通过甘坑客家小镇的实践，我们认为 IP 将快速有效地构建城镇文化、旅游、产业特色，实现传统文化的当代表达和发展，促进旅游产业大幅度增长，推动新型创意产业的形成，成为城市更新的全新模式。

（四）"IP Town"小镇场景规划和营造

甘坑客家小镇位于深圳市龙岗区吉华街道清平高速与机荷高速交会处，

北起甘坑村、凉帽村，南至三联村，占地面积18万平方米，扩展区面积2.3平方公里，统筹旧改治理区域13平方公里。

2016年5月，深圳市龙岗区政府、华侨城文化集团、甘坑生态文化发展公司签署“华侨城甘坑新镇”合作协议。项目签约后，华侨城启动规划和定位，结合文化梳理，对小镇进行分区规划和改造提升，通过IP文创、VR内容产业、古镇生态旅游和旧城改造实现产城游一体化。

1. 修旧如旧，尊重原生态文化

坚持尊重本土客家文化，通过七都116街区、关帝庙、甘坑炮楼院、家风家训馆、甘坑博物馆、凤凰谷、南香楼艺术酒店等改造提升，营造公共文化氛围，提供公共活动空间。

（1）保护客韵资源，传承客家文化

1979年，国务院撤销宝安县设深圳市。深圳由此成为中国第一个经济特区，逐渐成长为一个年轻的国际化大都市。深圳经济特区的发展只有40年历史，却有着1700多年的郡县史，600多年的南头城、大鹏城史，以及350多年的客家人移民史，一如甘坑。

350多年前，甘坑村的开基始祖、梅州的客家人谢文明和卓美发定居于此。此地遍布泉源，泉水清凉清澈，如甘露一般。甘者，水甜也。甘坑由此而来。20世纪80年代以后，处于改革开放前沿的深圳经济发展十分迅猛，甘坑村却因环境恶劣始终没有得到发展机会。村子里环境、安全、社会秩序隐患多，客家老屋后面的边坡经常垮塌，雨污没有实行分流处理，下水道经常被堵塞，村民纷纷搬去更高地势的新村居住，旧的客家老屋几乎没有人居住，也没有人维修，日渐落败，一度成为拾荒者的乐园、被废弃的角落。

华侨城文化集团以客家风情建筑为载体，融合文化、休闲、娱乐业态，对建筑群坚持修旧如旧、保护性开发的原则，通过老屋修缮，对建筑立面、屋檐、外围景观进行改造提升、整体修缮，保留当年的砖墙、屋瓦、飞檐，增加客家特色景观元素，着力打造一个世界级客家文化地标。

（2）通过旧村改造，赋予废旧村落以新生

在保留原始客家古村落风貌的基础上，结合当代文化理念，对小镇建筑、景观进行再造，赋予其全新的生命力。

原甘坑村村民整体搬迁至甘坑新村，老村旧址为华侨城文化集团甘坑客家小镇开发建设提供了条件。甘坑客家小镇自 2012 年开始进行内部改造，对客家文化、建筑等进行梳理。

甘淳庄、城门口等通过“穿衣戴帽”式改造、保护性开发等途径，最大限度地保留古村落原貌。

通过雨污分流、河道治理，构建甘坑客家小镇全新的水系。尤其是甘坑河，由工业废水排放渠道转变为小镇动脉，承载四季流动的风情。

尤其是七都 116 街区，将废弃小巷培植出人文风情浓郁的“清新巷”，既保留了客家居民老宅旧貌，又赋予其全新的旅游观感。通过建筑风貌改造、景观提升、招商优化，七都 116 街区成为甘坑客家风情浓郁的商业街区，引入了客家酿酒坊、客家豆腐坊、客家擂茶铺、客家糕点铺等纯正的客家特色店铺，让游客全面体验客家生活风情。

（3）深入挖掘文化主题，丰富文旅业态，提升互动体验

通过对客家渊源、民风民俗等的系统梳理，厘清甘坑历史文化发展脉络，形成城门怀古、雕梁画栋、骑楼漫步、亭台观湖、霓虹夜市、岭南聚落、景观湿地等特色景点。

同时，深入挖掘文化主题，丰富小镇文旅业态。继续对小镇的客家文化主题进行深入挖掘，对客家博物馆的内容与展示方式进行优化，结合高科技，加强互动体验；挖掘本地区的客家文化传统习俗、民间艺术等，开发更多体验性的文化旅游创意产品；加强客家特色餐饮的产品打造，促进特色餐饮与客家文化相结合。继续加强文化创意、旅游休闲业态的引进与配置，把甘坑客家小镇打造成为主客共享、吸引外地人到此创业、游客喜爱的旅游目的地。未来将以生态田园为基础，以新老客家文化为内涵依托，打造多元复合型文化旅游目的地。

2. 挖掘传统文化，打造“小凉帽”文化 IP

客家凉帽，是一种辨识度非常高的特色民俗文化，被列为广东省第五批非物质文化遗产。

甘坑以凉帽闻名，中华人民共和国成立后，全村家家都是凉帽作坊，成为深圳最大的凉帽生产基地。凉帽工艺精湛，出口东南亚、英国、法国等国家。凉帽村、凉帽街打凉帽的老师傅，都见证了这段鼎盛的历史。

客家文化 IP 模式，即通过挖掘和开发本土文化 IP 凉帽，推动特色城镇和文化创意产业发展。设计新一代“凉帽宝宝”，以亲切、萌态的形象代言甘坑，通过动漫产业和旅游产业相结合等途径，助推甘坑客家小镇全面发展。

通过借鉴国内外成功经验，落地一系列创新文旅产品。推出首家动漫交互体验连锁乐园“V 谷乐园”，利用当前先进的 VR、AR、MR、XR、AI 等科技手段，落地飞行影院、时光列车、麦林号等约 20 个体验项目；以回归自然、传承文化、守护童心为理念，打造国内首家本土原创 IP 生态农场“小凉帽农场”；推出凤凰客家酒店、南香楼艺术酒店、小凉帽之家酒店三大主题酒店；建设主打客家风味美食、“田园美食主义”的凤凰客家餐厅以及主打无公害有机食材、天真童趣的小凉帽餐厅。

围绕小凉帽 IP 开发，后续将形成创意酒店、亲子农场、V 谷乐园、绘本故事、国际赛事、特色景观、文化活动等 IP 产品矩阵。

（1）小凉帽酒店

小凉帽酒店是全国首家原创亲子 IP 主题酒店，以“小凉帽的家”为主题，打造中国首家本土原创 IP 主题酒店。46 间客房，5 款不同设计风格的房型，让游客在此体验最温暖、最舒适的童话世界。小凉帽酒店也是全国首个“IP + VR”亲子度假酒店，将小凉帽 IP 元素植入酒店空间与用品，同时考虑儿童活动规律，打造多元亲子活动空间。

（2）小凉帽农场

以“白鹭回来了”为主题线索，将小凉帽绘本故事“白鹭回来了”的主题元素与项目和活动设计相结合，建设一座亲近自然、场景浸入式、寻根客家文化的小凉帽主题农庄，致力于打造成为全国首个本土原创 IP 亲子农庄。小凉帽农场引入传统自然游乐方式，让游客体验客家农耕文化，感受“小凉帽”的日常生活，返璞归真，寓教于乐。小凉帽农场包含凉帽广场、自然课堂、农耕学堂、泥浆乐园等乐学体验。

（3）V 谷乐园

V 谷乐园是全国首家以原创 IP 为主题的室内 VR 乐园，以小凉帽、魔幻奇兵、铁道飞鹰、二十四史等原创 IP 故事为核心内容，用“VR/AR/MR/XR + 娱乐”的方式呈现，在主题环境包装中融入原创数字内容，多维度、立体化地展现 IP 形象故事与魅力。

（4）小凉帽国际绘本馆

为巩固成果，扩大 IP 影响力，自 2017 年开始华侨城文化集团在甘坑客家小镇创办了国内首个城市级绘本奖，每年投资约 300 万元，以小凉帽 IP 为核心，打造深圳市级最高、范围最大的原创国际绘本大赛。

（5）小凉帽之家

小凉帽之家是小凉帽系列衍生品主题商店，以原创 IP“小凉帽”为角色元素，开发绘本、手办、魔幻光盒、古诗互动学习卡等约 500 种文创衍生产品，实现了商业变现。

（五）“IP Town”虚构模型

甘坑客家小镇试点探索了绘本、动画、XR、游戏等虚构体验形式。

1. 绘本故事

开发绘本《白鹭回来了》。小凉帽绘本《白鹭回来了》将 IP 开发与场地营销相结合，设定了小凉帽世界观与故事创作背景，并于 2018 年 5 月代表华侨城文化集团被收录进“CCTV 国家品牌计划”美好生活典藏馆。

2. 小凉帽国际绘本奖

2017 年成功举办中国第一个城市级绘本大赛——小凉帽国际绘本奖首届赛事，有效带动了绘本产业的发展，也为小凉帽 IP 的可持续发展提供了灵感与养分。2017 年，共征集到来自 40 多个国家和地区的有效参赛作品 1463 件。2018 年，第二届小凉帽国际绘本奖共征集到来自 50 多个国家和地区的有效参赛作品 1766 件，同比增长 20.7%。

3. 小凉帽 TV 动画

《小凉帽之白鹭归来》TV 动画是小凉帽系列动画片的第一部，预计共制作52集，以生活化场景展示耳目一新、宛如仙境的客家风光，深入浅出地诠释人与自然的关系，回归传统价值观，力求实现“人、心、自然”的统一和升华。

2018年深圳文博会期间，小凉帽动画概念片一经亮相，就广受社会各界关注，继2018年5月14日小凉帽亮相中央电视台《新闻直播间》后，5月21日央视《焦点访谈》栏目走进甘坑客家小镇。“小凉帽”将东方乡土魔幻的个性魅力传递至全世界，并荣膺“玉猴奖2018年度十佳文旅吉祥物”。

4. 小凉帽VR电影

VR电影《小凉帽之白鹭归来》是凉帽宝宝系列VR电影，获得第74届威尼斯国际电影节亚太单元最佳沉浸影片、最佳未来影像金狮奖。该影片已在华侨城旗下V谷乐园和成都麦鲁小城VR飞翔影院上映，深受游客的喜爱。

5. 小凉帽AR绘本与互动游戏

依托小凉帽绘本的基础设定，利用AR技术手段，艺术性还原甘坑客家小镇的风情与原貌，打造小凉帽AR绘本。同时，内嵌5款具有小凉帽特色的益智游戏，兼具趣味性与科技感。通过开启摄像头对小凉帽绘本进行AR扫描，一个三维“甘坑小岛”就会凌空出现，点击建筑可以看到该建筑的三维模型和具体介绍。足不出户，边看边玩便能深度了解小凉帽生活的世界。

6. 小凉帽AR古诗

选取现行小学校本课程一至六年级所有60首古诗、32位诗人，运用AR技术，以小凉帽姐妹为主角，制作成精美的寓教于乐、互动学习卡片，配套开发App，让家长和孩子一起开启与小凉帽同行的古诗之旅。既有扫卡即呈现的古诗AR动画，也有考验眼力、记忆力的古诗问答，更有休闲放松的小游戏。

7. 小凉帽涂鸦光盒

将小凉帽与全息互动成像技术相结合，让孩子设计出自己的服装，培养孩子的创造力与想象力。小凉帽涂鸦光盒具有“AR图像（小凉帽）识别、时装上色实时呈现、服装设计真实还原、全息成像不伤眼睛”等特点，在绘画的同时，既能输出华侨城小凉帽的IP形象，又能培养孩子们的时装设计能力与空间想象能力，培养未来的大设计师。

（六）"IP Town"五维全体验模型

通过甘坑客家小镇的试点，我们总结构建了"IP Town"的短周期"DFCCW 五维模型"，形成了独特的"实景+虚构"体验 IP 文旅目的地。

D—Door（入口）。古镇、博物馆、绘本馆、农场、乐园、影院、剧场等。

F—Flow（流量）。周边服务、旅行社、团队服务商、线上平台导流——携程、美团等，以及地铁、公交、私家车等。

C—Change（转化）。家庭、朋友、团队、社交、商务等。

C—Consume（消费）。观光、餐饮、酒店、会议、纪念品等。

W—Week（周期）。以周为单位的循环运行模型，区别于大旅游目的地，面向短途、短周期，周而复始，生生不息。

通过甘坑客家小镇的试点实践，我们总结出"IP Town"的"实景+虚构"营造要点。

1. 实景

实景即基于小镇在地文化的挖掘，可视文化和旅游方式的改造呈现。

2. 虚构

虚构即基于小镇实景非物质文化（小说、绘本、动画、游戏等）的虚构营造，突出梦幻指数。

3. "实景+虚构"

"实景+虚构"即基于小镇"实景+虚构"营造，打造五维小镇 IP 目的地。

在这个过程中，还需要注意以下几点：一是要成本可持续，形成低维护成本的产品体系；二是要配置一定比例的公共文化体验设施；三是要打造夜场体验产品，形成收入来源。

（七）甘坑客家小镇试点经营效果测评

1. 主要景点区域与客流关系

经过华侨城文化集团一年多的运营和打造，甘坑客家小镇游客量实现

10倍的增长，达到2万～3万人次，物业租金也增长了约3倍。甘坑客家小镇成为深圳文化旅游的全新地标。

目前甘坑客家小镇大致可分为小凉帽农场区域、V谷区域、南香楼区域、凤凰客家区域、小凉帽绘本馆区域、甘坑博物馆区域、凤凰谷区域、七都116街区等主要片区。从区域面积来说，小凉帽农场区域占比最大，约为36%；其次是七都116街区和凤凰谷区域，占比分别为20%、19%。

经监测，以节假日客流量为例，各景点节假日客流量高峰从高到低依次为甘坑博物馆区域13240人次、小凉帽绘本馆区域12980人次、七都116街区11530人次、凤凰谷区域9870人次、V谷区域4800人次、小凉帽农场区域2820人次。

其中，客群占比最大的是家庭游客，为43%；其次是亲友、团队、情侣、商务出游，占比分别为22%、18%、14%、3%。因小镇靠近坂田华为研发中心，吸引了一部分外国游客前来观光旅游，约占游客量的1%。

2. 业态分布及租金、坪效关系

甘坑客家小镇业态呈现“小多美”的发展态势。其中，文创零售在小镇业态中占比最大，为45%；其次是餐饮，占35%；另有20%的配套服务业态。

从坪效来说，餐饮业态平均坪效最高，为119元/平方米；其次是文创零售，为113元/平方米；配套业态最低，为80元/平方米。

从租赁场地面积来看，50平方米及以下占比最大，为61.7%；其次为50～100平方米，占比为22.1%；再次为100～200平方米，占比为11.0%；而超过200平方米的，占比为5.2%。通过研究租金与面积之间的关系，我们发现，面积为50平方米及以下的租金坪效最高，坪效与租赁面积成反比例关系。

3. 公共投资及商业影响

特色小镇运营讲究流量为王，通过在小镇内进行公共投资、商业导入，实现了很好的引流效应。

投资项目凤凰客家酒店、绘本馆、关帝庙、甘坑炮楼院等对周边商业的导流带动效果明显，对租金收益有较好的提振作用，投资前后商户的租金坪效涨幅较明显，坪效增长基本翻番。

目前，通过加强市场招商，提升小镇文旅品位。在保留客家腌面、客家擂茶、牛状元、东方神曲（客家黄酒）等客家特色产品的基础上，通过业态分区规划，对小镇商业进行重新梳理，打造特色商业街区。陆续引进手痒痒部落（汉服坊、布艺坊、纸艺坊、沙艺坊、美食坊）、壹米食、德国餐厅、新加坡妈妈烤包、西尾抹茶、玉颜阁、一树繁花花艺 DIY 体验、陶也陶艺 DIY 体验、老蔡工作室（玉器）、福禄斋（木艺）等，营造消费氛围，提升小镇文旅品位。

（八）试点总结

1. 开发机制

在原有行政建制的基础上，采取"政府 + 企业 + 村股份"合作开发，充分发挥政府政策引导，企业资金、管理、创意，村股份土地资源优势，为特色小镇长效发展提供机制保障。重点是与村民的合作，实现村民就业的当地转化，通过文旅与乡村振兴的结合，将特色小镇打造为造福一方的民生工程。

2. 业态配置

突破传统商业小镇形态，建设系列博物馆、酒店、餐厅、农场、水疗馆等体验设施，实现"文化 + 旅游 + 农业 + 康养"等多业态融合发展，打造"文化 +"特色小镇。

3. IP 形态与产品系列

以绘本为中心，融合小说、游戏、TV 动画、VR 电影、VR 乐园、文旅衍生产品开发，打造 IP 产品集群，实现 IP 全覆盖。

4. 活动挖掘

通过对当地非物质文化进行梳理和深度挖掘，举办特色体验活动，如国际绘本赛事、农耕体验活动、民谣节、小凉帽过大年、客家文化节、绘本大师工作坊、客家民俗展等，以活动提振小镇人气，促进挖掘、传播、传承、保护和发展。

5. 就业转化

2006年以前甘坑村是深圳为数不多的扶贫点之一，2010年之前房租每平方米仅2～3元，村集体一年收入1000万元，居民人均分红不到1万元，特别是当地妇女自谋职业的难度更大。通过小镇经营，解决了当地村民就地就业问题。一方面，物业租金明显提高，最高达到每平方米280元；另一方面，通过客家糍粑、茶果、酿酒等特色餐饮及文化元素的挖掘和展示，间接帮助村民，特别是当地中年妇女实现再就业。

6. 商业模式

通过“虚构+实景”“内容+载体”的结合，配比公共文化空间，引进、孵化特色商业品牌，如凤凰客家酒店、南香楼艺术酒店、手痒痒部落等，打造“小多美”的商业集群，实现租金坪效的大幅度增长，未来通过市场区域的扩大，商业结构将进一步升级。

7. 品牌输出路径与授权机制建立

目前已成功实现凤凰客家酒店、餐厅、V谷乐园等业态品牌在成都洛带古镇的输出，通过品牌资源导入，实现当地文化内涵提升，重塑古镇文化形态。

目前深圳市龙岗区正在推进创建国家级文化产业示范园区和粤港澳大湾区数字创意产业中心。如何以甘坑新镇为基地，借助区域已有基础整合内外部资源，紧抓以数字创意内容产业为代表的创新与升级发展机遇，在政府引导及龙头企业的双重带动下，重塑城市功能与产业生态链，实现创新与升级，是甘坑新镇面临的重要机遇与应承担的责任。

作为前期启动的甘坑客家小镇，要进一步做大做强文化旅游产业，带动本地区的经济发展。以甘坑客家小镇为核心，打造文化创意产业平台，带动周边地区成为产业集聚区。甘坑新镇终将成为粤港澳大湾区东部都市门户形象之作，整合城市空间，改变区域落后面貌，以更富生态、更加健康的城市化空间意向，打造更具城市活力的新型城镇；促进区域产业转型升级，导入文创及高科技等产业，提升产业经济效益，引入高素质人才，最终促进文旅融合，推动社会民生、区域环境可持续均衡发展。

四　政策建议

（一）加强投融资方面的支持

特色小镇建设普遍面临资金压力，因开发建设过程需要大量资金投入，经营回收周期较长，造血不足对企业持续经营带来很大影响。建议通过PPP、产业基金、资产证券化等方式，加大对特色小镇开发建设的资金支持力度。

（二）解决土地开发问题

特色小镇开发建设的大部分用地为农地，农地开发程度如何界定，以及如何在国家法律允许的范围内实现土地价值的最大化，需要政策方面给予支持。

（三）协调历史建筑物产权流转

特色小镇原有的历史建筑物，大多无法取得合法产权，如何实现使用权的流转，使之成为企业可经营的物业，需要相关政策给予支持和解决。

（四）政府公共设施支持

特色小镇大多位于交通、环境较差的区域，要进行开发建设，需要政府层面解决交通、环境治理、排水排污等公共设施的投入问题，并承担相关的公共服务管理工作。

Abstract

Research on the Development of China'S Culture and Tourism (*2019 – 2020*) aims to survey the integration of culture and tourism since the establishment of the Ministry of Culture and Tourism of the People's Republic of China in March 2018. It analyzes the features and trends of China's cultural tourism and points out current and potential opportunities, problems, and challenges. It also offers suggestions and countermeasures for related governmental agencies and industrial enterprises.

The book systematically summarizes the overall situation of the integration of culture and tourism since 2018. It discusses the contribution of cultural tourism in the campaign for economic growth, ecological civilization construction, and national diplomatic strategy. In view of some undesirable phenomena in the development of cultural tourism, it proposes strategic countermeasures based on current available data, these studies recognize positive cases, identify problems, propose suggestions and corresponding countermeasures.

The book consists of three sections including the annual theme reports, strategy reports, and special reports. Based on the perspective of global industrial economy and China's localization industry practices, it analyzes the emerging integrated industry, niche market forms and current situation to comprehensively covers all major aspects of China's cultural tourism industry.

The annual theme reports is an overall study of China's culture and tourism development, it explores the integration and innovation of culture and tourism in a forward – looking and theoretical way, meanwhile, it thoroughly analyzes the basic problems of China's cultural tourism.

The strategy reports focus on the issues of great interest of China's culture and tourism development, it explores the potentials and future directions of cultural tourism in the fields of finance, ecological civilization, diplomacy, science and technology, current industry data and human talents in light of industrial collaborations and the integration of culture and tourism.

The special reports illustrate the subdivision of cultural tourism industry, it comprises the following aspects: China's inbound and outbound cultural tourism, market intervention of tourism Apps, tourism of famous historical and cultural cities/towns/villages, theme park tourism, cultural eco - tourism, "red" tourism, urban cultural tourism, museum tourism, cultural tourism performance, modern cultural festival tourism, industrial tourism, ethnic minority cultural tourism, integration of culture and tourism and spatial carriers.

From proposing a theoretical definition of cultural tourism to analyzing the current situation of cultural tourism development, summarizing the progress since 2018 to pointing out existing problems in the process, and consulting successful foreign cultural tourism cases to probing home - grown approaches/modes of Chinese cultural tourism industries, this book represents the most comprehensive research in the field to date. It is hoped that readers will be able to see a relatively complete picture of the current situation and future perspectives of China's cultural tourism.

Keywords: Cultural Tourism; Integration of Culture and Tourism; Innovative Development

Contents

Ⅰ Annual Theme Reports

Abstract: In the background of globalization and technological revolution, the development of modern industrial economy promotes the reconstruction of industrial production factors, business models, value chain patterns and industry boundaries, the culture and tourism industries have multi-directionally and chain-fully shown new trends in integration with other industries. Within overall national strategy-development, the culture-and-tourism integration has presented new trends in product design and influential IP etc. , which are driven by industrial ventures, cross-border aggregation, content activation, and cultural creativity. In new era, the important core task of culture-tourism fusion development is to breed cultural genes, so that to accordingly build space carrier for characteristic cultural tourism; to promote excellent traditional Chinese culture's inheritance and development, cultural tourism industry to become a new kinetic energy for economic transformation and upgrading, and to enhance Chinese culture's soft power, construct Chinese spirit, Chinese value, and Chinese strength.

Keywords: Cultural Tourism; Integrated Development; Industrial Convergence

Abstract: Since the Ministry of Culture and Tourism and administrative organizations at all levels were only established across China in 2018, the industry is still in the process of exploring distinctions and possibilities for collaboration between cultural tourism and general tourism. It is thus necessary to put forward a theoretical exploration and specific analysis from a macro perspective. This paper first defines the category of cultural tourism, a definition which may be further used as a criterion for related administrations and industries to study, plan, implement, and adopt to gather statistics in the future. Through an objective examination of both positive and negative aspects, the author analyzes the present situation of cultural tourism development from a broader perspective, trying to identify urgent problems as well as current opportunities and challenges. The paper concludes by offering potential directions forward while providing the best possible countermeasures for reference.

Keywords: Cultural Tourism; Integration of Culture and Tourism; Cultural Tourism Industry; Transformation and Advancement

Ⅱ Strategy Reports

Abstract: Since the 18th National Congress of the Communist Party of China, China's cultural and tourism policies have played an important role in expanding cultural and tourism production, cultivating market players, upgrading industrial structure, stimulating cultural and tourism consumption, stimulating innovation, improving cultural and tourism market system, and effectively ensuring the rapid growth of cultural and Tourism industry. However, with the continuous development of culture and tourism industry and the deepening of reform, the problems of imperfect, imperfect and inadaptable policy system in the field of culture and tourism gradually appear. The cultural and tourism policy system must adapt to the new requirements and characteristics of the development of the cultural and tourism industry in the new era. With the overall construction of the modern cultural and tourism market system as the core, we must speed up the adjustment of the cultural and tourism support modes, constantly optimize the cultural and Tourism management modes, and further improve the quality, efficiency and high-quality development of the cultural and tourism industry.

Keywords: Cultural and Tourism; Macro Guidance Policy; Supporting and Promoting Policy; Regulation and Management Policy

Abstract: As an important force to promote the development of cultural tourism, technology has not only changed the consumption pattern of cultural tourism, but also provided new driving force for cultural tourism to improve the quality of cultural tourism. Therefore, new formats of cultural tourism such as cultural and performing arts tourism, old-age tourism, new museum tourism, rural tourism and eco-harmonious tourism have been emerged continuously. The technology has also given birth to new cultural tourism consumption, making people more inclined to customized consumption, rational consumption, immerse in experience consumption and "web celebrity" consumption. In order to further innovation of the formats of cultural tourism, this study puts forward several considerations. Firstly, this article focuses on "great integration" to achieve new breakthroughs in the integration of cultural tourism industry. Secondly, promoting the innovation of new cultural tourism formats with technological innovation is studied. Thirdly, we introduced innovation of the talent training which adhere to the strategy of talent tourism. Finally, it analyses the government guidance and policy support which can promote the formation of new formats of cultural tourism.

Keywords: Integration of Cultural and Technological; New Tourism Formats; Cultural Tourism; Cultural Consumption

Ecological Civilization Construction and Development of the Integration of Culture and Tourism

Li Xinjian, Shi Shanshan and Liu Guorong / 089

Abstract: Looking back on the 40 years' tourism development path of China, the past morbid consumption habits and methods of tourists, blind investment of tourism enterprises, and excessive utilization have once caused the development of the cultural and tourism industry to fall into a bottleneck. Since the strengthening of ecological civilization construction, the integration of culture and tourism has broken through the original predicament, adhering to the concept of "development in protection and protection in development", the industry has shown gratifying development trends such as green, low carbon and resource intensification. It is worth noting that the idea of ecological civilization construction is not simply to emphasize the original ecology, but more to stimulate the vigorous of ecological civilization, and to promote the transformation and optimization of China's economic structure and development mode with its construction results. Similarly, the integration of cultural and tourism promotes the overall protection of the natural ecology and cultural ecology of tourism destinations while promoting the transformation and upgrading of tourism destinations. It also helps to increase the enthusiasm of tourists and aborigines, and further promote the cultural heritage and prosperity.

Keywords: Ecological Civilization; Integration of Culture and Tourism; Holistic Protection; Sustainable Development

Talent Upgrading under the Integration of Cultural Industry and Tourism

Chen Shaofeng, Hou Jieyao / 101

Abstract: Promoting the integration of cultural industry and tourism is the current important industrial policy. With the integration of culture industry and tourism in content development, platform construction and technological innovation, the cultural tourism industry needs more and more professional talents. The cross-border upgrade of talents has become a top priority. From a micro level, talent upgrading requires enterprises to cultivate the IP thinking of talents; from a macro perspective, talent upgrading requires the government to create a market environment that values corporation value.

Keywords: Cultural Tourism; Integration of Culture and Tourism; Talent Upgrading

Culture Finance and Tourism Industry Finance: Policy Environment, Development Status and Recommendations

Jin Wei, Yang Tao / 117

Abstract: From a financial perspective, the cultural industry and the tourism industry have certain commonalities. They are based on spiritual consumption, but they are still two different industries. Therefore, culture finance and tourism industry finance have different characteristics. This paper mainly focuses on culture finance, supplemented by tourism industry finance, and analyzes the relevant policy environment and development status of China's cultural and tourism industry finance in recent years. At last, this paper puts forward recommendations for future development from four perspectives: ecology, system, relationship with urban economy, and policy system.

Keywords: Cultural Industry; Tourism Industry; Culture Finance; Tourism Industry Finance

Abstract: China's international tourism exchanges with countries and regions along the "Belt and Road" have developed rapidly since China's President Xi Jinping first proposed the "One Belt, One Road" initiative in 2013. The "Belt and Road" has brought new opportunities for China's cultural tourism development, and promoted cross-regional and cross-border political identity, integration of culture and tourism, economic cooperation, personnel exchanges, facilities and other facilities in China and the "Belt and Road" areas. This report first analyzes the economic development and cultural tourism facilities construction in China along the "Belt and Road" countries. Then, select three cities along the line from the space to focus on the problems and coping strategies of cultural tourism development along the "Belt and Road" in China. Based on the above research, the paper puts forward the prospect of the integration of the culture and tourism industry along the "Belt and Road".

Keywords: "Belt and Road"; Culture and Tourism; Development of Integration

Abstract: In 2018, as the first year of the establishment of the Ministry of Culture and Tourism, remarkable achievements have been made in various cultural and tourism work in China. The development and fusion of culture, cultural industries and tourism is clear, the artistic creation continues to flourish, the public service system is continuously improved, the market management is standardized and orderly, the global tourism is deepening, the industrial development is in a good momentum, and the development of culture and tourism is stabilizing. This paper will be divided into three areas: culture industry, tourism industry and cultural relics industry, focusing on the analysis of national statistical data in 2018 (the tourism refers to the data for the first half of 2019), through detailed combing and forming a brief chart, under the background of the domestic resilient macroeconomics, the stable policy has enabled the development of culture and tourism to develop steadily. The indicators are in good value and show an overall upward trend. Culture and economy coexist and flourish together, building a cornerstone of sustainable development, and will give full play to their respective and integrated development potential in the future.

Keywords: Cultural Industry; Tourism Industry; Cultural Relics Industry; Development of Integration

Ⅲ Special Reports

Abstract: China has become the world's largest outbound tourism consumer. The total amount of tourism market is growing, the structure is optimizing, and the benefits are improving. Under the background of the integration and development of culture and tourism, the mission of the era carried by outbound tourism is more abundant, not only to meet the needs of the people's better life, but also to show cultural self-confidence to spread Chinese civilization, enhance the soft power of the country. In 2018, the Belt and Road Initiative put forward 5th anniversary. Over the past five years, China has made great contributions to the world's tourism industry. Among them, the countries along the belt and the road are the fastest growing group of tourism; cultural heritage tourism represented by museums is becoming a hot spot for outbound tourism; tourism safety incidents have direct and realistic impact on the choice of overseas destinations. This report is intended to analyze the hot issues of China's outbound cultural tourism market in 2018, assess and consider the development of the outbound cultural tourism market, and look forward to the future prospects of outbound cultural tourism.

Keywords: Outbound Cultural Tourism; Tourism Civilization; Tourism Safety

Abstract: China has always been one of the most popular tourist destinations for overseas tourists. As an important part of cultural tourism, inbound cultural tourism is an important symbol to measure the level of internationalization and maturity of a country's cultural tourism industry, as well as an important factor to measure the international competitiveness and level of internationalization of China's cultural tourism industry. With the acceleration of China's modernization construction and the realization of the goal of building a well-off society in an all-round way by 2020, the desire of international tourists to recognize "modern China" and "rising China" has become the original driving force of inbound tourism. In addition to the ancient history, long culture, beautiful landscapes and hospitable people, China's ever-changing social development achievements since the reform and opening up have attracted more and more overseas tourists to visit. This report analyses the market scale and growth of inbound cultural tourism, and the output of inbound cultural tourism in major tourist countries. It examines the hot issues of inbound cultural tourism in China in 2018, and puts forward constructive suggestions for the sustainable development of inbound cultural tourism in China in the future.

Keywords: Inbound Cultural Tourism; All-for-one Tourism; China Story

Tourism App Market Intervention Analysis and Prospect

Cao Zhenhua / 215

Abstract: In recent years, as traditional travel agencies have set foot in the OTA market, and OTA has entered the "Internet Plus" sector, large e-commerce companies have rushed to set up tourism App teams. Comprehensive tourism APPs, represented by Ctrip, Fliggy, Mafengwo, Qunar, Tuniu, eLong, TravelGo, Qyer and Lvmama, and related tourism auxiliary App products, have swarmed into the tourism market. With the help of smart phones as the carriers, they have gradually built modularized tourism App products, and formed a sustainable development trend. Based on detailed data and specific cases, this paper makes an in-depth study of the tourism App market intervention in 2018, mainly analyzing the four tourism App categories of reservation, strategy, tools and sharing. In view of the problems existing in tourism App development in 2018, this paper focuses on the present situation and prospect of museum App and smart tourist scenic spot App development, and the impact of WeChat platform on tourism App. The author believes that in the "post-App era", the "WeChat + tourism App" will become a development trend, and puts forward ideas that can be used for reference.

Keywords: Tourism App; Market Intervention; Online Travel Agency

The Development and Prospect of the Cultural Tourism of State-list Historic and Cultural Cities

Ye Luofu / 236

Abstract: The state-list historic and cultural cities are the cities that carry tremendous cultural relics, and the cities with great historic importance. Adopting a method of extensive case study, this article reviews the development of the tourism industry in these state-list historic and cultural cities and their characteristics during the new stage of cultural tourism. This article summarizes that while these cultural tourism developments shows characteristics such as harmonizing with state level policy and regional development policy, collaborating with other industries, focusing on the preservation of intangible cultural heritage, it also shows tendency of lacking proper preservation and maintenance.

Keywords: State-list Historic and Cultural Cities, Cultural Tourism, Protection of Intangible Cultural Heritage

Abstract: China's tourism of historic and cultural villages and towns is in the ascendant with the Rural Revitalization and new rural construction. Firstly, this study defines the concepts of historic and cultural villages and towns in terms of time, spatial distribution and protection types, and then analyses the development process and existing problems of tourism in historic and cultural villages and towns, including homogeneity of products, complexity of contradictions, hollowness of culture and over-commercialization etc. The study selected three classical cases to focus on analysis and discussion according to the principle of combining spatial distribution with the list of famous historic and cultural towns and villages at the national level. Finally, the paper puts forward some strategic suggestions for the future development of tourism in historic and cultural villages and towns in China.

Keywords: Historic and Cultural Villages and Towns; Rural Revitalization; Space Distribution

Development Status Quo and Promotion Strategy of Theme Park in China

Li Shoushi / 268

Abstract: China's theme park industry is expected to surpass the American market in 2020 and become the world's largest theme park market with the sustained growth of China's economy, the expansion of the middle class and the rapid development of tourism. At the same time, the development of theme parks in China also has some problems, such as lack of independent property rights IP product support, lack of long-term planning, lack of innovation, low-level duplication, over-reliance on real estate, lack of talent and so on. For this reason, the paper makes case studies combining with Disney (Hong Kong and Shanghai) Theme Park, Wanda Theme Park and Guangzhou Changlong Theme Park in order to further elaborate the current situation, future development trend and promotion strategy of China's theme park development.

Keywords: Theme Park; Independent Intellectual Property Rights; Brand Effect

Analysis and Prospect of the Development of Chinese Cultural Eco-tourism

Liu Yi / 285

Abstract: Chinese cultural eco-tourism is a new trend in the development of cultural tourism industry in the period of universal integration of culture and tourism. It is also an important path and channel for the construction of ecological civilization, which will help to form a new concept of cultural consumption and promote the construction of beautiful China in the new era. The paper researches the connotation and development principles of cultural ecotourism, focusing on the development status and advantages and disadvantages of the advantages and disadvantages of Chinese cultural ecotourism. Guizhou Cultural Tourism and Zhejiang Liangzhu Cultural Village were selected as the case for discussion. Finally, the research looks forward to the development of cultural ecotourism from the aspects of production factors, audience needs, related networks, strategic strategies, government and opportunities, and propose constructive countermeasures.

Keywords: Cultural Eco-tourism; Ecological Civilization; Integration of Culture and Tourism

Abstract: In recent years, the red tourism market has been fairly active. Tourists have shown incessant enthusiasm to participate in red tourism. To date, red tourism has become an important choice for tourists, and shown a new trend of more young participants. It turns into a new bright spot of the annual tourism. This paper aims to sort out the present situation of red tourism development, and raise forward-looking opinions and suggestions on the problems of relatively single development patterns and low share of commercial components in the red tourism market. It also highlights and analyzes the hot spot phenomena of red tourism and the increasing popularity of overseas red tourism by Chinese tourists in 2018. Finally, it makes a forecast on the potential of red tourism, believing that the future development of red tourism should be integrated with commercial management, science and technology, enhance interactive experience of tourists, stress the combination of red tourism and other forms of tourism, such as eco-tourism and rural tourism, focus on green development, and protect the ecological environment. It should also be organically combined with the strategy of rural revitalization and, relying on the opportunity of red tourism development, facilitate poverty alleviation.

Keywords: Red Tourism; Green Ecological Protection; Rural Revitalization

The Development and Orientation of Shanghai's Metropolis Cultural Tourism

Ye Luofu / 322

Abstract: This article reviews in detail the development and orientation of Shanghai's cultural tourism as an industry and its characteristics. After a thoroughly introduction of Xujiahui, a local historic and cultural district in Shanghai, this article summarizes the guide lines to build a modern metropolis cultural tourism.

Keywords: Metropolis Cultural Tourism; Red Culture Tourism; Xujiahui Historic and Cultural District

Research on the Development of Museum Tourism

Ji Dan / 336

Abstract: With the economic development, museum-tourism will surely be more and more popular as an urban leisure form. This part will describe the development of the museum-tourism in China these years and will figure out the shortcomings of the museums tourism development compared with other types of tourism activities. And the suggestions for the development of the museum-tourism will be given in the end.

Keywords: Museum Tourism; Travel Experience; Urban Leisure and Entertainment

Research on the Status Quo and Strategy of Cultural Tourism Performing Art

Zhu Xiaomei / 355

Abstract: Relying on tourism resources, such as city brand, tourist attractions, theme parks, Cultural Tourism Performing Art comprehensive uses artistic expressions of drama, song and dance, acrobatics, Quyi, etc. It highlights regional cultural characteristics and folk customs with vivid visual impact and strong sense of bringing in, so it attracts many tourists, and has played an increasingly important role in the cultural tourism industry. This paper mainly explains the overall development of Cultural Tourism Performing Art in recent years, sorts out it's characteristics and development trends, points out it's difficulties and problems, and further proposes it's future prospects and strategies.

Keywords: Cultural Tourism Performing Art; Theme Park Performing Art; Live Acting Performing Art; Theater Performing Art

Abstract: With the continuous development of China's economy and comprehensive strength, the main contradictions of society have changed. Modern cultural festival tourism is a typical representation of the people's good living needs, and emerged as a new form of cultural tourism. This study mainly explores the intrinsic potential of the development of modern cultural festival tourism from the perspective of Focus Communication. The emotional community formed by group identity and self-empowerment has become an important participant in modern cultural festival tourism; the research explored comprehensively the problems and shortcomings in the modern cultural festival tourism industry from the resource level, the environmental level, the content level, the demand level and the space-time level; and proposed relevant countermeasures based on the modern cultural festival tourism IP industry chain.

Keywords: Modern Cultural Festival Tourism; Focus Communication; Group Identity; Niche Theory

Research on the Development of Industrial Tourism *Ji Dan* / 385

Abstract: With the economic development, industrial tourism become one of important urban leisure form. This part will describe the development of the industrial tourism in China these years and will figure out the shortcomings of the industrial tourism development compared with other types of tourism activities. And the suggestions for the development of the industrial tourism will be given in the end.

Keywords: Industrial Tourism ; Industrial Heritage Tourism ; All-for-one Tourism

Study on the Sustainable Development and Strategy of Cultural Tourism of Ethnic Minorities *Liu Yi* / 401

Abstract: Cultural tourism of ethnic minorities is not only an important driving force for economic development in ethnic areas, but also plays an important role in the development of China's cultural and tourism industries. The study explores the status quo of cultural tourism of ethnic minorities, and analyzes the problems existing in cultural tourism of ethnic minorities by the niche theory. The ethnic cultural tourism of Yunnan Hani Terrace and Guizhou Thousand Households Miao Village were selected as case studies and discussions. Finally, based on building a super IP by the "intelligence and travel integration" background, the research puts forward the strategy of niche expansion of minority cultural tourism industry.

Keywords: Ethnic Minorities; Cultural Tourism; Integration of Culture and Tourism

Abstract: In the process of new urbanization construction, how to protect, inherit and develop culture is a challenge that must be faced along with people-oriented comprehensive development. To explore and create a joint venture mode that connects united developments of multiple entities and supports non-agricultural characteristic small town by industries, so that can break dual estrangement in terms of city and town, finally achieve urban-rural integration with cultural evolution mode and cultural development path, there is a necessity to try a new strategy for cultural value exploration, the mode of 'IP town' is actually built based on this, which surroundings with cultural IP refining, design, development, operation, along with tourism, to construct a four-in-one innovative development model of "culture + tourism + industry + urbanization". The pilot Gankeng Hakka Small Town is to create a special cultural tourism small town for scene space, it respects the original ecological culture and protects local environment, with the incubation of cultural IP as the core and the leading, through content development, fans accumulation, scenic flow entry, multimedia's dissemination operation and series of derivative development to achieve the integration of culture and tourism.

Keywords: Cultural IP; Creative Design; Cultural Tourism Town

图书在版编目(CIP)数据

中国文化旅游发展研究报告. 2019－2020 / 孔蓉，杨晓能主编. －－北京：社会科学文献出版社，2020. 11
ISBN 978－7－5201－7598－2

Ⅰ. ①中… Ⅱ. ①孔… ②杨… Ⅲ. ①旅游文化－旅游业发展－研究报告－中国－2019－2020 Ⅳ. ①F592. 3

中国版本图书馆 CIP 数据核字（2020）第 222664 号

中国文化旅游发展研究报告（2019～2020）

主　　编 / 孔　蓉　杨晓能

出 版 人 / 王利民
组稿编辑 / 恽　薇
责任编辑 / 冯咏梅

出　　版 / 社会科学文献出版社 · 经济与管理分社（010）59367226
　　　　　地址：北京市北三环中路甲 29 号院华龙大厦　邮编：100029
　　　　　网址：www. ssap. com. cn
发　　行 / 市场营销中心（010）59367081　59367083
印　　装 / 三河市龙林印务有限公司

规　　格 / 开 本：787mm × 1092mm　1/16
　　　　　印 张：28. 75　字 数：442 千字
版　　次 / 2020 年 11 月第 1 版　2020 年 11 月第 1 次印刷
书　　号 / ISBN 978－7－5201－7598－2
定　　价 / 168. 00 元

本书如有印装质量问题，请与读者服务中心（010－59367028）联系